D1563662

La niña inquebrantable

Date: 8/20/18

SP 362.76 CAL
Calcaterra, Regina,
La niña inquebrantable /

PALM BEACH COUNTY
LIBRARY SYSTEM
3650 SUMMIT BLVD.
WEST PALM BEACH, FL 33406

La niña inquebrantable

REGINA CALCATERRA
y ROSIE MALONEY

HarperCollins *Español*

© 2017 por HarperCollins Español
Publicado por HarperCollins Español, Estados Unidos de América.

Título en inglés: *Girl Unbroken*
© 2014 por Regina Calcaterra
Publicado por William Morrow, un sello de HarperCollins Publishers.

Todos los derechos reservados. Ninguna porción de este libro podrá ser reproducida, almacenada en algún sistema de recuperación, o transmitida en cualquier forma o por cualquier medio —mecánicos, fotocopias, grabación u otro— excepto por citas breves en revistas impresas, sin la autorización previa por escrito de la editorial.

Editora-en-Jefe: *Graciela Lelli*
Traducción: *Ana Belén Fletes*
Adaptación del diseño al español: *Grupo Nivel Uno, Inc.*

ISBN: 978-0-71809-213-9

Impreso en Estados Unidos de América
17 18 19 20 21 DCI 6 5 4 3 2 1

Para Rosie:
Mia bambina, je t'aime
—Gi

Para Daniel, Alexis y Brody:
A diario recuerdo que ustedes son las razones por las que
persevero. Me han bendecido con una felicidad sin límites y me
siento honrada de ser la persona a la que llaman mamá.
—con amor incondicional, mamá (Rosie)

Tienes que recorrer ese camino solitario

tienes que hacerlo

sola

y no hay nadie que lo

recorra por

ti.

                    —R. Calcaterra (9 años)

Contenido

Nota de la autora

CUANDO ESCRIBÍ *GRABADA en la arena*, volví a revivir los desgarradores detalles de mi propio viaje mientras deliberadamente permanecía siendo conservadora con respecto a cuánto compartía sobre las propias historias de mis seres queridos. En realidad, era hacia Rosie, mi hermana menor, la que mayor instinto de protección evidenciaba, el cual hasta la fecha todavía tengo que eliminar. Aunque me mostraba firme acerca de no revelar sus experiencias, también sabía que su historia podría inspirar a aquellos atrapados en la oscuridad a avanzar a través de esta hacia la luz.

Animada por los lectores de *Grabada en la arena*, quienes por los últimos tres años se mantuvieron preguntando por el bienestar de Rosie, ella se sintió inspirada a contar su historia. Rosie y yo nos embarcamos en el viaje de escribir juntas *La niña inquebrantable*. Para ella fue tremendamente fortalecedor; para mí fue una sincera tarea de amor, un regalo eterno que constantemente le recuerde lo fuerte que en verdad es. Con el fin de contarla bien, nos pareció necesario escribirla con la voz de Rosie, en primera persona, de modo que los lectores pudieran compartir su viaje junto a ella, tal como lo hicieron conmigo en *Grabada en la arena*.

La niña inquebrantable es la historia real de las experiencias que viviera Rosie poco antes de que fuera separada del cuidado de sus hermanas mayores y de las atrocidades que soportó después de que nuestra madre los arrastrara a Norman y a ella a través del país y lejos de aquellos que los amaban más. Todos nuestros hermanos dieron su consentimiento para la publicación de *La niña inquebrantable* y el uso de nuestros nombres reales en las siguientes páginas. Sin embargo, los nombres de algunas personas han sido cambiados con el objetivo de proteger su anonimato, lo cual incluye, pero no se limita, a los padres de crianza de Rosie y Norman, parientes de ambos tanto vivos como fallecidos, y aquellos con los que nuestra madre se asoció. En específico vale mencionar al padrastro de Rosie, a quien nos referimos con el seudónimo de Clyde Hapner. También se ha hecho referencia por medio de seudónimos a algunas de las ciudades donde Rosie y Norman predominantemente residieron cuando se encontraban en Idaho, así como a sus puntos de referencia y sus ocupantes. Para facilitar la

xii • La niña inquebrantable

descripción, los novios de secundaria de Rosie se consolidaron en un solo personaje, al igual que sus trabajadores sociales, y cada uno de ellos está representado por seudónimos.

En los reconocimientos de *Grabada en la arena*, le agradecí a Rosie: *Amor y adoración sin límites para Rosie, que tiene su propia historia que contar, lo cual voy a animarla a hacer... solo cuando esté lista.* Y ahora ella está lista...

—REGINA CALCATERRA

Introducción

ÉRAMOS CINCO HERMANOS de cinco padres diferentes: uno que primero fue a la cárcel y despúes murió, dos desaparecidos y dos desconocidos. Nuestra madre, Cookie, pasaba más tiempo fuera que dentro de casa, más veces borracha que sobria, más enferma mentalmente que mentalmente sana. Cookie entraba y salía de nuestras vidas como un huracán, ciega e insensible a todo lo que se interponía en su camino. Cuando aparecía, propinaba palizas o ataba a mi hermana Gi desnuda al radiador, o les llamaba prostitutas y zorras a mis hermanas mayores por el mero hecho de que pese al hambre, el agotamiento y los muchos inviernos sin calefacción en Nueva York seguían siendo bonitas, decididas, fuertes y cariñosas. Cookie no podía arrancarles todas esas cosas buenas, pero ellas se las ocultaban lo mejor que podían, guardando toda su dulzura y bondad para mí y nuestro hermano, Norm. Norm y yo éramos los pequeños, a los que querían salvar.

Mi hermana Gi veía en mí su segunda oportunidad. Ella me daba todo lo que le había faltado en su infancia. Me leía, apilaba ropa sobre mí para que no tuviera frío, me bañaba, me cepillaba el pelo castaño claro y me enseñaba a contar hasta diez en inglés, español e italiano.

Durante los momentos de tormenta en que mi madre estaba en casa y en la calma de su ausencia, lo único que sabía con seguridad era que Gi se ocuparía de que no me pasara nada. Así siempre me sentía segura, querida y cuidada. Yo era su Rosie, su preciosa hermanita, su *bambina*.

Cuando tenía nueve años, Gi escribió un poema que su profesora guardó y no se lo devolvió hasta pasados varios años.

Tienes que recorrer ese camino solitario
Tienes que hacerlo sola,
Y no hay nadie que lo recorra por ti.

Por ese entonces no lo sabíamos, pero aquel poema y aquellas palabras fueron mi guía antes de cumplir los nueve. Gi me acompañó hasta donde pudo. Sin embargo, al final no pudo seguir aferrándose a mí cuando nuestra madre, los trabajadores sociales y el estado de Nueva York decidieron que yo estaría mejor separada de mis hermanos.

Esta es la historia de los años en los que estuve desaparecida, en los cuales mis hermanas no se encontraban cerca para salvarme. Fueron los años durante los cuales recorrí aquel camino solitario. Y no dudes de que tan pronto pude mantenerme en pie y tener las fuerzas suficientes, di media vuelta y regresé directo a buscar a las personas que me querían.

1

Mocosos de acogida

GI ME DIJO que nos mudábamos otra vez. Contando las casas de acogida y las veces que vivimos en autos, en los que yo, al ser la más pequeña, dormía en el espacio para poner los pies del asiento trasero, nos habíamos mudado por lo menos diecinueve veces ya. Y solo tenía ocho años. Sin embargo, aquel cambio iba a ser peor, porque esa vez iban a separarme de mis hermanas.

La mayor, Cherie, ya se había independizado. El resto nos encontrábamos, una vez más, bajo la tutela del estado: Camille, diecisiete años; Gi, casi catorce; Norm, doce; y yo.

Estábamos en una habitación del piso superior de un centro al que habíamos bautizado como la Casa Sapo, porque tenía un color gris pardusco y unos grandes ventanales frontales que parecían los ojos caídos de un sapo. Mi ropa se hallaba en aquella habitación, pero yo no había dormido nunca allí. Gi, Norm y yo éramos como una camada de cachorros, acurrucándonos todas las noches en el sofá del salón, donde nos sentíamos seguros.

Meses atrás, nuestra madre, Cookie, nos había abandonado en aquella casa. Más tarde aquel mismo día, Camille se fue a vivir a casa de su mejor amiga. No quería dejarnos allí, pero pensó que si conseguía un hogar de verdad donde no tuviera que preocuparse por la comida, podría trabajar como canguro y ganar el dinero suficiente a fin de comprar comida para nosotros. Cuando Cookie regresó dos noches más tarde, le pegó a Gi tal paliza que le salieron unos moretones abultados como nueces desde la ceja hasta la mejilla. Alrededor de los labios hinchados y ahora torcidos de Gi se formaron unas marcadas líneas de costras. Fue el profesor de ciencias sociales de Gi, el señor Brown, quien llamó a servicios sociales al día siguiente. Gi me dijo que no se había dado cuenta del horrible aspecto que tenía hasta que se percató de la palidez del señor Brown cuando la vio. Siempre resulta más difícil pasar por alto la verdad cuando la ves en los ojos de otra persona.

Ahora Cookie estaba en la cocina con una trabajadora social de pelo canoso, mientras que otra esperaba en el salón. Era una mujer rubia, guapa, que se parecía a la señora de Brady, la de la serie televisiva *La tribu de los Brady*.

—¿Por qué no puedo ir contigo? —le pregunté a Gi.

Las dos mirábamos desde la ventana los dos autos grises aparcados en el sendero de grava de la entrada. Una de las trabajadoras sociales esperaba para llevarse a Camille y a Gi, mientras que la otra haría lo mismo con Norm y conmigo.

—Somos demasiados y no cabemos en un solo auto, bichito —contestó Gi. Ella estaba tan flaca como un regaliz y se le caía el pelo a causa de la malnutrición y la ansiedad de tener que robar comida para que Norm y yo pudiéramos crecer.

—¡Pero si siempre cabemos todos en un auto!

—Esta vez no —contestó Gi, con lágrimas en las mejillas.

Me agarré a la pierna de regaliz de Gi y le dije:

—Pero tú siempre dices que estamos tan flacos que cabemos en cualquier sitio. Y *en realidad* estamos muy flacos. ¡Cabemos todos en el mismo auto!

—Bueno, es posible, pero la casa a la que van prefiere a niños pequeños como Norman y tú, porque son más lindos, dulces y fáciles de abrazar.

Gi me levantó y me estrechó en sus brazos. Pude sentir sus huesos y sus músculos, y todo su amor. Cookie, nuestra madre, tenía unos brazos tan grandes como mi barriga. Todo ese montón de carne y no fue capaz de utilizarla para querernos. No obstante, sí tenía novios, hombres para los que ella reservaba una versión encantadora y cariñosa de sí misma, solo para ellos. A veces pagaba el alquiler a cambio de su carne. Mientras la observaba, recibí una rápida lección que no entendería por completo hasta más tarde, y es la gran utilidad que puede llegar a tener el cuerpo femenino.

—No soy un bebé —le dije a Gi.

Ella me acarició el pelo con sus dedos inquietos y dijo:

—Tú siempre serás mi bebé, *mia bambina* —guardó silencio un momento, como si se le hubiera atascado algo en la garganta. Tenía el rostro hinchado empapado por las lágrimas—. Lo siento mucho, *mia bambina*. Lo siento —añadió al final.

—¡Pero tú no has hecho nada malo, me estabas protegiendo! —dije, acariciándole el rostro, aunque aparté rápidamente la mano al recordar lo mucho que le dolían aquellos moretones grandes la última vez que los toqué.

—Se suponía que siempre cuidaría de ustedes —dijo Gi y empezó a llorar otra vez.

Después de todo lo que habíamos soportado y visto, uno pensaría que también habíamos presenciado muchas lágrimas. Sin embargo, éramos seres abandonados, resueltos y decididos. Éramos capaces de salir de la tienda con una barra de pan sin dinero en menos de sesenta segundos. Sabíamos manejar a los caseros, los que venían a cobrar las facturas, los antiguos novios de nuestra madre, las esposas furiosas (cuyos maridos se habían acostado con Cookie) y los vecinos curiosos que la perseguían. Éramos capaces de convencer a todo el sistema escolar de que teníamos una madre y un hogar, las únicas dos cosas que podían impedir que nos separaran y nos enviaran a hogares de acogida diferentes. Y sabíamos cómo escapar de nuestra madre cuando estaba borracha como una cuba y deseando descargar su peso y su desesperación sobre el primero de nosotros que se le cruzara por delante. Sobre todo Gi. Porque el padre de Gi había sido el hombre que le rompió el corazón a Cookie. Visto así, puede que yo hubiera sido la más afortunada. Mi padre no le rompió el corazón, simplemente fue a la cárcel. Y cuando salió, lo mataron antes de que pudiera rompérselo.

En general, con todo lo que habíamos pasado, la verdad es que no solíamos llorar. Hasta ese día, en el que Gi no podía parar de hacerlo.

Mi hermana me dejó de nuevo en el suelo y fingió buscar entre mi ropa recogida de la basura, que ya había ordenado por colores en el piso un rato antes.

—Esta será la ropa perfecta para cuando conozcas a tus padres de acogida —dijo Gi, sorbiéndose las lágrimas al tiempo que sacaba de la pila de prendas dobladas de color oscuro unos pantalones morados que imitaban el terciopelo y una blusa que hacía juego con florecitas bordadas a lo largo de la línea del cuello. El conjunto estaba limpio y en perfecto estado.

A pesar del caos que reinaba en nuestras vidas, a pesar de que nuestra madre no comprara tampones y en su lugar utilizara paños que iba dejando por toda la casa, a pesar de los innumerables roedores y sus excrementos que llenaban todas las rendijas de la casa en la que vivíamos (como un mugriento confeti marrón lanzado como un último adiós cada vez que entrábamos a vivir en una), mis hermanas lo mantenían todo limpio. Limpiaban, organizaban, doblaban... y recogían. El año que tuvimos piojos, Gi, Camille y Cherie nos cepillaron el pelo hasta que el cuero cabelludo se nos llenó de puntitos rojos. En la mayoría de nuestras casas no teníamos agua caliente, y por lo tanto no había manera de eliminar los piojos. Así que tiramos toda la ropa y fuimos al Ejército de Salvación por la noche, a rebuscar entre los contenedores hasta que encontramos cosas que reemplazaran lo que habíamos tirado. Así era como conseguíamos la ropa cada temporada, todos los años. Así fue como encontré mi conjunto que imitaba el terciopelo.

—Ven —dijo Gi, poniéndome la blusa por encima de la cabeza y luego quedándose ahí parada, con el pecho subiendo y bajando mientras seguía llorando. En ningún momento se me ocurrió que aquella ropa probablemente hubiera sido de alguna niña a la que se le habría quedado pequeña, quien la llevaría puesta el domingo de Pascua, un día en el que recibiría la cesta de caramelos del conejito y se deleitaría con un jamón en la cena, dos cosas que yo aún no había disfrutado.

—Mis brazos —dije agitando las manos como si estuviera atrapada. Gi se rio entre lágrimas, ayudándome a introducir los brazos por las mangas.

—Estarás perfecta para tu nueva familia.

Gi me acomodó bien el pelo por detrás de las orejas y luego estiró la cinturilla elástica de los pantalones para que pudiera meterme en ellos.

—No necesito una familia nueva.

Mi familia era a la única que yo quería. No había diferencia entre el corazón que latía en mi pecho y los corazones de mis hermanas y hermano, que latían fuera de mí. Todos éramos una misma entidad.

Gi lloró aun más fuerte. Me besó en la frente y las mejillas, y a continuación metió mi ropa doblada en una bolsa de basura. Encima de la ropa puso mis juegos favoritos: Candy Land, el Parchís y Operación. Gi, Cherie y Camille habían tenido que hacer muchos viajes al Ejército de Salvación durante varios días para reunir las piezas faltantes y completar los tres juegos. En una vida fracturada, mis hermanas no dejaban de intentar el rellenar los huecos.

Bajamos al primer piso. Norm estaba sentado en el sofá del salón sin hacer ruido, esperando a que le dijeran cuál sería el siguiente movimiento. Cookie seguía en la cocina, podía oírnos, pero no vernos. A su alrededor flotaba siempre un aire de timidez extraña después de que diera rienda suelta a una de sus salvajes palizas. Era como si la violencia que ejercía sobre nosotros fuera un animal salvaje encerrado bajo su piel y tuviera que estarse muy callada para evitar que volviera a soltarse. Como es natural, nunca había dejado escapar a la bestia delante de ningún trabajador social.

Gi dejó la bolsa de basura con mis cosas en el suelo del salón. Yo me abracé otra vez a su pierna, alejándome de la señora Brady. Camille bajó con la bolsa de ropa de Norm y la dejó junto a la mía.

—¿Qué hay ahí dentro? —preguntó la señora Brady. No tenía la voz de la mujer que hacía el papel de la madre en la serie televisiva. Aquella mujer tenía una voz dura, oficial, como si su garganta estuviera hecha de acero.

—Su ropa —dijo Camille.

Resultaba obvio que Camille y Gi eran hermanas. Camille era una versión más suave y con los ojos más redondos de la propia Gi.

—Y unos juegos —añadió Gi.

—Saquen los juegos —dijo la señora Brady, levantándose y alisándose la falda beige.

—Pero son sus juegos y les encanta jugar con ellos —replicó Gi.

—Saquen los juegos. Allí tendrán juegos.

Miró hacia la puerta. Era hora de irse.

—Pero tienen todas las piezas —dijo Camille—. Están completos.

—¡SAQUEN LOS MALDITOS JUEGOS! —gritó Cookie desde la cocina. Todos nos sorprendimos al oír su voz.

Dos días antes, el miércoles, nuestra madre había llegado a casa con un cartón de leche y una caja de macarrones con queso. Estaba borracha y furiosa, porque su último novio la había echado. No hubo saludos ni besos. Cookie dejó la bolsa de comida en el suelo y se tiró en el sofá, boca abajo, quedándose al momento. Su rostro estaba de lado, aplastado como si no tuviera huesos. Roncaba de forma tan profunda y ruidosa que Norm y yo nos echamos a reír.

—Parece un viejo corpulento —dije yo, y nos reímos aun más.

Gi preparó los macarrones y los tres nos sentamos en el suelo del salón a comer y beber leche hasta que se acabó. Gi y Norm terminaron antes y se fueron a descansar con los estómagos llenos mientras yo seguía comiendo. Cuando terminé, coloqué el vaso encima del plato y me levanté para ir a lavarlos. En el preciso momento que di el primer paso, se me cayó el vaso y se rompió al golpear contra la madera del suelo, justo al lado de la cara flácida de Cookie. Mi madre se levantó de un salto y se abalanzó sobre mí. Me agarró del pelo gritando:

—¡Mocosa estúpida!

Al cruzarme la cara de una bofetada, se me cayó el plato y también se rompió. Gi y Norm llegaron corriendo, y Gi apartó a Cookie de mí de un empujón. La pelea que siguió fue tan horrible que solo puedo recordarla como una sucesión de imágenes congeladas. Se oyó el ruido de cristales al romperse; Cookie golpeaba a mi hermana en la espalda, la cara, los brazos y las piernas con uno de sus zapatos de tacón de madera; había sangre en el rostro de Gi; el corpachón enorme de Cookie estaba encima del cuerpo delgado de Gi; se escuchaban palabras: los gritos de Gi y a Cookie repitiéndole una y otra vez que ojalá nunca hubiera nacido; y Norm y yo dábamos gritos los dos, suplicándole a Gi que no siguiera peleando con nuestra madre para que así tal vez dejara de golpearla.

—Por favor, ¿podemos llevarnos los juegos? —les pregunté en un susurro a mis hermanas, haciendo caso omiso a la trabajadora social.

—Hay muchos niños en el sitio al que van y no caben más juegos —dijo la señora Brady.

Mis hermanas se miraron con una expresión tan parecida que era como estar viendo solo a una frente a un espejo. Gi abrió mi bolsa y sacó los juegos.

Camille cogió a Norm de la mano y Gi me llevó en brazos al auto. Iba llorando contra mi cuello mientras sus pies aplastaban la grava del camino de entrada. Un hombre rechoncho y con el rostro oculto por el pelo esperaba junto a uno de los autos. Junto al otro, en el que la señora Brady metió las bolsas de basura con las cosas de Norm y mías, esperaba un hombre grande, de rostro rosáceo. Él abrió la puerta trasera y dejó que mis hermanas entraran y nos abrazaran y besaran por última vez. La señora Brady se sentó en el asiento delantero y se abrochó el cinturón de seguridad. Miraba hacia delante con la espalda rígida.

—*Je t'aime* —me susurró Gi al oído, y luego Camille y ella salieron del auto. Levanté las manos y me toqué la cara, húmeda y resbaladiza por las lágrimas de mis hermanas.

Justo cuando el hombre cerraba la puerta de mi lado, Cookie salió de la casa dando traspiés como un elefante borracho.

—¡Mis niños! —se lamentaba dramáticamente.

El hombre se metió en el asiento del conductor apresuradamente y cerró de un portazo. Se produjo un sonoro clic antes de que Cookie llegara hasta las ventanillas, aporreando el cristal con los puños.

—No bajen las ventanillas —ordenó la señora Brady sin volverse a mirarnos.

—¡Mis niños! —lloraba Cookie—. ¡No se preocupen. mis niños! ¡Los traeré de vuelta!

Me quedé mirando a mi madre con su overol de licra dando saltitos al otro lado de mi ventanilla. Sus súplicas falsas no sonaban reales. Era como estar viendo una función en el colegio. Norm se mostraba tan impasible como yo. Lo que me llamó la atención en aquel momento no fueron las emociones de Cookie, sino cuán ceñida llevaba su ropa y cómo su cuerpo se contorsionaba a pesar de estar aprisionado bajo la tela.

Me alcé lo que pude y vi por el parabrisas del auto cómo Camille y Gi entraban al vehículo que estaba delante del nuestro. Cookie no representó ningún espectáculo con respecto a ellas. Ya por entonces ellas sabían cosas que yo percibía, pero no sería capaz de expresar con palabras hasta más adelante: Cookie solo nos quería debido al dinero que le daban los servicios sociales por nosotros. Solo ella se beneficiaba de ese dinero. Entre la enfermedad mental y una feroz adicción al alcohol, Cookie estaba atrapada en el túnel sin ventanas de sus propios deseos. No había espacio en él para otro ser vivo, ni siquiera unos tan escuálidos como Norm, mis hermanas y yo.

Cookie corría junto al auto, gritando cuando salimos marcha atrás por el camino de entrada. Sus enormes pechos subían y bajaban con el esfuerzo, casi a cámara lenta en su intento de alcanzarnos. Solo habíamos avanzado el tramo correspondiente a una casa cuando se detuvo, sacó un cigarrillo del bolsillo del overol y lo encendió. Norm y yo miramos por la ventanilla trasera y buscamos el auto en el que iban Gi y Camille. No podíamos verlas bien en el asiento de atrás, tan solo su silueta. Un brazo huesudo nos decía adiós, era el brazo de Gi, sabía que era así. Aquel brazo, y no el histerismo de Cookie, me hicieron llorar. Y cuando empecé a sollozar, Norm también lo hizo. Intentábamos controlarnos, sorbiéndonos la nariz mientras nuestras cabezas se movían al ritmo de nuestros sollozos. La señora Brady hablaba con nosotros desde el asiento delantero. Quería que supiéramos que nadie tenía sitio para cuatro niños. Y aunque lo tuvieran, las personas dispuestas a acoger niños pequeños no querían saber nada de otros más grandes. Y las que estaban dispuestas a acoger a niños grandes no querían a los pequeños.

Cuando nos detuvimos en el semáforo, el auto de Gi y Camille se detuvo a nuestro lado. Gi tenía la cara pegada al cristal y me decía cosas moviendo los labios en silencio: *Je t'aime, mia bambina, je t'aime.* Camille se lanzó hacia adelante junto a Gi y por un momento pensé que iban a saltar del automóvil. Y entonces su auto giró hacia la derecha y el nuestro hacia la izquierda. Un sonido se escapó de adentro de mí. No fue un grito, sino más bien un gemido entrecortado. Era como si me hubieran arrancado las tripas. Lloré más fuerte que nunca.

—No pasa nada —dijo Norm. Se tragó las lágrimas y me rodeó con un brazo—. Ahora me toca a mí cuidar de ti.

Mucho más tarde nos detuvimos delante de una casa de estilo victoriano y aspecto triste. En el jardín delantero había tres autos, uno de los cuales se sostenía sobre unos bloques de cemento y no tenía maletero ni capó. Entre los automóviles desperdigados sobre la tierra cubierta de malas hierbas había bicicletas, patinetas y carretillas. A todos les falta algo: una rueda, un asiento, el manillar.

—Es hora de bajarse, niños —dijo la señora Brady, de pie junto a la puerta trasera del auto abierta.

—¡Quiero que vengan mis hermanas! —grité entre sollozos, apretándome contra el asiento trasero, negándome a salir.

—Norman, ayuda a tu hermana a salir del auto. Ahora —dijo la señora Brady.

La verdadera señora Brady habría echado mano del sentido del humor, o tal vez hubiera sacado dulces o galletas del auto. Aquella señora Brady hablaba muy en serio.

Norm, siempre tan pragmático, le dijo:

—Señora, este parece un mal lugar. Y si Rosie no quiere ir, creo que será mejor que no vayamos.

La señora Brady levantó los hombros y resopló. El conductor de cara rosácea salió de su asiento, abrió la otra puerta trasera y se estiró a lo largo del asiento. Me agarró por las piernas y tiró de mí mientras yo pataleaba y gritaba. Norm me sostuvo con una expresión de valiente determinación en el rostro.

Cuando me soltaron de Norm y me dejaron de pie en el suelo, temblando, mi hermano se escabulló y me tomó del brazo.

—No nos queda otro remedio —dijo—. Pero no te preocupes, no nos quedaremos aquí mucho tiempo.

En los escalones de cemento de la entrada principal esperaba una mujer delgada con el pelo castaño y algunas canas. Llevaba unas mallas negras y una sudadera bien grande de Popeye. En la misma mano en que Popeye sujetaba su pipa, ella sujetaba un cigarrillo. Nos miró de arriba abajo, frunció los labios y la nariz como si oliéramos mal y tiró el cigarrillo al suelo, el cual aplastó luego con su zapatilla blanca de lona. Había visto a Cookie hacer aquel mismo gesto muchas veces, aunque a ella le gustaban los tacones que hacían aquel ruido de cascos de caballo cuando andaba.

—Pensaba que se habían perdido —dijo la mujer con una voz que parecía hielo picado.

—Hemos tardado un poco más que de costumbre con esta niña —contestó la señora Brady.

—Conque son estos dos, ¿no?

Sus ojos eran como dos diminutos puntitos azules con los que me taladró durante un segundo, antes de hacer lo mismo con Norm.

—Este es Norm y esta es Rosie —dijo la señora Brady—. Niños, les presento a la señora Callahan, su nueva madre de acogida.

—Yo quiero ir con Gi —susurré.

—Yo estoy contigo —me susurró Norm.

—Los veo demasiado flacos —dijo la señora Callahan—. No quiero niños melindrosos con la comida aquí, ¿me oyen? Aquí se come lo que yo sirvo. Esto no es una cafetería y yo no soy una cocinera de comida rápida.

—Seguro que sabrán apreciar lo que se les ponga en el plato. Hace semanas que no comen como es debido —dijo la señora Brady, esbozando una sonrisa forzada que me hizo preguntarme si no le gustaría la señora Callahan.

—¡Y con seguridad la paga no me da para comprarles comidas separadas! Apenas cubre el costo de tenerlos aquí. Hago esto por pura generosidad, ¿oyen? Hay que ser un alma caritativa y generosa para gastarse su propio dinero en personas como estas.

La señora Callahan arrugó la nariz de nuevo. Me pregunté si sería parte perro, parte humana y por eso nos olfateaba de ese modo.

—Estoy segura de que sabrán apreciar su bondad y su comida —dijo la señora Brady—. ¿Verdad que sí, niños?

—Sí, señora —dijo Norm, colocándome a continuación las manos en los oídos para evitar que yo dijera que *no* con la cabeza.

—Becky les mostrará los alrededores —dijo la señora Callahan y a continuación gritó hacia el interior—. ¡Becky! ¡Ven ahora mismo!

Un segundo después apareció una chica pecosa, que respiraba afanosamente por la boca abierta, un poco más alta que Norm. Llevaba unas gafitas con montura metálica y el pelo castaño cortado como un tazón. Cuando se detuvo, su cuerpo formó una letra S: los hombros hundidos hacia delante, la espalda redondeada en la parte superior, el estómago prominente y sin trasero. Y debajo de todo aquello mostraba unas piernas muy separadas, con los pies formando una V.

—Enséñales la casa —dijo la señora Callahan, que fue a acompañar a la trabajadora social hasta el auto tras dejarnos a Norm y a mí con Becky pies manchados.

—Vengan —dijo Becky, que echó a andar como un pato seguida por Norm y yo—. Mamá dijo que ya no recibiríamos más niños mugrientos en alquiler, pero mira ahora.

Becky nos miró como si nosotros supiéramos que éramos los niños en alquiler de los que hablaba.

Entramos en la cocina.

—Esta es la cocina —dijo—. Obviamente.

Norm y yo nos miramos intentando no hacer muecas burlonas.

—No pueden tocar nada de lo que hay aquí. Jamás. A menos que les dé permiso mi madre, pero jamás se los dará, así que no pregunten siquiera.

Becky cogió de la encimera un bocadillo envuelto en papel celofán, se lo quitó, y se lo comió en tres bocados mientras Norm y yo mirábamos.

Aún estaba masticando el bocadillo cuando entramos detrás de ella en el salón.

—El salón —dijo—. Obviamente.

Norm me apretó la mano y yo me mordí el labio para aguantarme la risa.

—No pueden entrar aquí nunca.

—Obviamente —me susurró Norm. Becky no pareció oírlo, sino que echó a correr con torpeza escaleras arriba, arrastrando los pies a cada paso. Norm y yo la seguimos en silencio.

Nos detuvimos delante de un cuarto de baño con los azulejos marrones y amarillos, una ducha con puerta corrediza y un inodoro al que le falta la tapa. Norm y yo nos miramos, evitando sonreír. Habíamos visto baños mucho peores. De hecho, en lo que a cuartos de baño se refería, aquel era uno de los mejores.

—El baño. Obviamente —dijo Becky, estirando la palabra esta vez, como si el cuarto de baño fuera aun más obvio que el resto de las habitaciones—. Ustedes y los demás niños de alquiler tienen que mantenerlo siempre limpio y solo pueden usarlo por el día.

—¿Y qué hacemos si tenemos que usarlo por la noche? —preguntó Norm.

—Se aguantan —contestó Becky.

—Obviamente —dijo Norm.

—O lo hacen en un cubo —dijo Becky con una sonrisilla desdentada.

—¿En un cubo? —repitió Norm soltando una carcajada mientras yo me reía por lo bajo.

—No se reirán tanto cuando encuentren la puerta cerrada y tengan que oler ese cubo —dijo Becky.

La seguimos por el pasillo hasta una habitación con las paredes recubiertas de madera con cuatro literas y una bombilla que colgaba del techo. El interruptor de la luz estaba en el pasillo, fuera de la habitación. Becky lo encendió.

—La habitación de las literas. Obviamente —dijo, y luego señaló hacia el único espacio que no estaba cubierto por una cama—. Siéntense ahí y esperen a que venga mi madre.

Norman y yo lo hicimos. No podíamos quitarle la vista de encima a la figura encorvada y plana de Becky en la puerta. Unos segundos después, giró la cabeza y gritó en dirección al pasillo:

—¡Mamá! ¡Ya he acabado de enseñarles la casa!

Entonces llegó la señora Callahan y Becky entró en la habitación.

—No quiero problemas con ustedes dos, ¿me oyeron? —dijo la señora Callahan.

Norm y yo asentimos.

—Si hacen lo que yo les digo, nos llevaremos bien. Y ni se les ocurra intentar escabullirse a mis espaldas, porque tengo ojos y oídos en toda la casa.

Pensé en ojos que flotaban y orejas despegadas de la cabeza que oscilaban contra el techo como si fueran globos olvidados en una fiesta.

—Y les aseguro que Becky —continuó la señora Callahan, señalando a Becky que miraba fijamente a su madre boquiabierta— lo ve todo. No se le escapa nada. ¿Lo han entendido?

—Sí —contestó Norm, y me dio un codazo para avisarme de que yo también tenía que asegurarlo.

—¿Les dices tú las normas o lo hago yo? —le preguntó la señora Callahan a su hija, que seguía tan sorprendida que no era capaz de cerrar la boca.

—Tú —contestó ella.

—Está bien. Primera Norma: todos los mocosos de acogida en la cama a las 8.00 p.m. con las luces apagadas.

Becky sonrió al oír que los llamaba «mocosos de acogida», y yo me pregunté si cambiaría su frase «niños en alquiler» por esta.

—Segunda Norma —continuó la señora Callahan—. La puerta del dormitorio de las literas estará cerrada con llave desde las ocho de la noche hasta las seis de la mañana siguiente. Tercera Norma: si tienen que ir al baño después de las ocho, utilizarán el cubo.

La señora Callahan miró con un pequeño gesto de asentimiento a Becky, que sonrió y salió disparada hacia el armario. Abrió la puerta y señaló arriba y abajo con su grueso brazo en dirección al cubo plástico.

—¿Puedo contarles sus obligaciones con el cubo? —preguntó Becky con una sonrisa.

—Sí, hazlo, pero rápido —contestó la señora Callahan.

—Tienen que llevar el cubo abajo —comenzó Becky, elevando el tono de voz como si aquello fuera una pregunta— sin derramar nada o tendrán problemas. Lo llevan al patio de atrás y lo tiran en el hoyo de los excrementos.

Ahora ella estaba realmente riéndose, como si la palabra «excrementos» le diera un placer especial.

—Cuarta Norma —continuó la señora Callahan—. No pueden utilizar el cuarto de baño más de tres veces al día. Esto no es una fábrica de papel higiénico. Y no utilicen más de tres cuadraditos de papel cuando hagan pis y no más de seis cuando hagan caca.

Me estaba preguntando cómo sabría ella cuántos cuadraditos utilizaba cada uno cuando dijo:

—Becky sabrá si usan demasiado y me lo dirá.

—Obviamente —susurró Norm en voz tan baja que más que escuchar las palabras, las sentí.

NORM Y YO pasamos el resto de la tarde en nuestra litera, él arriba y yo abajo. Nos dijeron que el resto de los chicos tenían actividades escolares y llegarían tarde a casa. Norm y yo pensamos que estar lejos de Becky y la señora Callahan era una buena idea, así que decidimos apuntarnos a todas las actividades escolares que pudiéramos al día siguiente.

Sobre las cinco, la señora Callahan apareció en la puerta del dormitorio, acompañada por la sombra deforme y boquiabierta de Becky. Detrás de ellas había una fila de cuatro chicos de diferentes tamaños que iban desde uno más grande que Camille y Gi hasta otro más pequeño que yo. Calculé rápidamente: ocho camas, seis niños grandes y pequeños, había sitio para Gi y Camille. Se me llenaron los ojos de lágrimas de frustración.

—Aquí tienen a dos desarrapados más para el grupo —les dijo la señora Callahan señalándonos a Norm y a mí—. Creo que estos chicos son un poco lerdos, será mejor que les repitan las normas.

Ella nos dio la espalda y se fue escaleras abajo seguida por Becky. Nuestros compañeros de dormitorio fueron entrando, mirándonos como si fuéramos gatos con ganas de arañarlos.

Brian, un chico de pelo negro, fue el primero en hablar. Era de aspecto frágil y rígido, con unas piernas que movía como si fueran hechas del aluminio de las tuberías y unos brazos que doblaba y estiraba espasmódicamente como si fueran reglas de madera plegables. Brian empezó a tartamudear y los párpados le temblaban como mariposas nerviosas.

—Tengo tre-tre-trece años y es-es-estudio en ca-ca-casa —dijo después de decirnos su nombre—. Espero de-de-dejar de tartamudear cuando cum-cum-cumpla los ca-ca-ca-catorce, porque a na-na-nadie le gusta andar con tar-tar-tar-tartamudos.

Pensé que yo sí andaría con alguien tartamudo, pero era demasiado tímida para decirlo y, además, pensé que un chico de trece años no querría saber nada de una niña de ocho.

Un niño rubio se inclinó por encima del borde de su litera con los brazos colgando por delante como si estuviera a punto de saltar de un momento a otro.

—Yo soy Charlie —dijo—. Tengo nueve años y mis padres están en la cárcel, pero tengo abuelos. Les gusta verme cuando tienen tiempo. ¿Sus padres están en la cárcel?

Norm negó con la cabeza y yo afirmé, a pesar de que sabía que mi padre había estado en la cárcel, pero en ese momento estaba muerto. Charlie no se dio cuenta y siguió hablando.

—Esta es Hannah —continuó Charlie, señalando a la chica que estaba en la litera debajo de la suya—. Y aquel es Jason —dijo, señalando al chico de la litera que se encontraba enfrente—. Son hermanos, como vosotros. Hannah tiene diez y Jason...

—Tengo once —dijo Jason.

—Hannah no habla —explicó Charlie.

La chica no levantó la vista. Con la cabeza gacha como estaba me di cuenta de que su pelo rizado estaba lleno de nudos. Me dio pena que no tuviera una hermana como Gi que la peinara por las noches y las mañanas. Y entonces sentí pena de mí misma, porque ¿quién iba a peinarme a partir de ahora?

—Hannah lleva un año sin hablar —dijo Jason—. Pero a mí sí me gusta hablar y no paro de hacerlo.

Hannah seguía mirándose las rodillas, Brian se agitaba entre espasmos, y Charlie parecía un chimpancé blanco colgado de su litera mientras Jason nos contaba que su padre perdió el trabajo y empezó a beber todos los días. Nos explicó que su padre no quería hacerle daño a nadie, pero que no podía evitarlo cuando estaba borracho, y por eso la trabajadora social pensó que sería mejor separarlos a Hannah y a él de sus padres mientras resolvían la situación.

Y de repente nos preguntó:

—¿Y ustedes por qué están aquí?

Miré a Norm para que respondiera él. Yo no quería decir lo que pensaba: *Estamos aquí porque hace dos noches mi madre le dio tal paliza a mi hermana que todo su cuerpo parecía un trozo de carne morado e hinchado; estamos aquí porque tenemos tanta hambre que robamos mantequilla del supermercado y nos la comemos sola; estamos aquí porque hemos pasado todo el año sin agua caliente ni calefacción; estamos aquí porque nuestra madre desaparece durante meses y cuando vuelve bebe, nos insulta, fuma y mete a hombres desconocidos en la casa.*

—Estamos aquí porque nuestra madre está demasiado ocupada para ocuparse de nosotros —contestó Norm.

—¿Y su padre? —preguntó Jason.

Volví a mirar a Norm. Él y yo llevábamos el mismo apellido, Brooks, aunque teníamos padres diferentes. Norm sí se apellidaba Brooks y fue el único de los cinco que nació mientras Cookie estaba casada con su padre. Gi y mi hermana mayor, Cherie, llevaban el apellido de soltera de Cookie, Calcaterra. El de Camille era otro distinto. Nadie, ni siquiera Cookie, sabía de dónde era su apellido. Cuando le preguntábamos, se encogía de hombros o nos decía «Cierren la maldita boca» o «¡Déjenme en paz!». Gi me dijo que cuando yo nací, a mi madre, descarada por lo general, le daba vergüenza que cada uno de sus hijos tuviera un padre distinto. Por eso me puso el apellido del último, para que pareciera que no teníamos tantos padres diferentes.

—Nuestro padre también está demasiado ocupado —contestó Norm.

Que yo supiera, Norm no podía recordar a su padre. Él se fue antes de que Norm cumpliera tres años. Yo tenía vagos recuerdos del mío, casi como si fuera un sueño; recuerdos sensoriales: el olor especiado de su loción para después del afeitado, los zapatos negros relucientes, la barba que me arañaba cuando me besaba la mejilla.

Brian y Charlie nos aconsejaron que nos mantuviéramos alejados de Becky.

—Es un de-de-de-demonio —dijo Brian.

—Miente más que habla —añadió Charlie.

—De-de-debería tener una na-na-nariz co-co-como Pinocho —comentó Brian, y todos nos reímos hasta que oímos la voz estridente de Becky al pie de las escaleras.

—¡Mocosos de alquiler! ¡A cenar! —gritó.

Ya sabía yo que utilizaría la nueva la palabra: «mocosos». Norm y yo nos miramos. Él estaba pensando lo mismo.

Hígado. Después de tantos meses comiendo mantequilla, galletas saladas y todo lo que Gi y Camille lograban coger en el supermercado sin ser vistas, lo único que no era capaz de tragarme era el hígado. Norm miró su plato y luego el mío. Se inclinó de modo que nuestros hombros casi se tocaran y susurró:

—Nos hemos pasado toda la vida con hambre. No pasará nada si no nos lo comemos.

Mientras los otros niños comían en silencio los trozos de carne gris y aspecto baboso, Norm y yo nos comimos los pocos guisantes de acompañamiento. En el plato de Becky había trozos de manzana, rebanadas de queso y un montón de papas fritas con kétchup. Supongo que ella tampoco comía hígado.

El señor Callahan, nuestro padre adoptivo, comía con la cabeza inclinada sobre el plato como si no hubiera nadie más en la mesa. Tenía la piel del mismo color y textura que la carne que se metía en la boca. Su pelo parecía húmedo y brillante, del color de los cables de acero. La señora Callahan y Becky charlaban en voz más alta de lo normal. Parecían creer que nos hacía falta una lección sobre conversación durante la cena e iban a darnos un ejemplo práctico. No podía concentrarme en lo que decían, porque estaba hipnotizada observando cómo colgaban los labios de Becky cuando hablaba y la comida que se quedaba entre los huecos de los dientes a la señora Callahan como si fuera masilla. Cada pocos minutos se metía el dedo en la boca, sacaba la porquería atascada, se chupaba el dedo a continuación y se lo tragaba.

Cuando quedó claro que Norm y yo no nos íbamos a comer el hígado, Becky le dio unos golpecitos en el codo huesudo a su madre y nos señaló con su plato de ensalada. La señora Callahan golpeó la mesa con el puño y gritó:

—¡Me están faltando el respeto! A su cuarto.

Y siguió comiendo como si tal cosa. Becky sonrió de oreja a oreja y nos miró salir con las mejillas sonrojadas.

Cuando los otros llegaron a la habitación, hubo un denso silencio. Me pregunté si Becky o la señora Callahan estarían al otro lado de la puerta esperando a que dijéramos algo malo de ellas.

Al final, fue Jason quien nos contó lo que había pasado, sonriendo como si le gustara el mensaje que nos iba a dar.

—La señora Callahan dice que no les va a dar comida en una semana y que será mejor que coman todo lo que puedan en el colegio, porque "será lo único".

Norm y yo soltamos una carcajada. Acostumbrados a que no hubiera comida, o un poco a veces los fines de semana, la comida del colegio iba a ser un banquete. Llevábamos años viviendo de la comida gratis del colegio. Aquello era lo normal para nosotros, no nos parecía un castigo siquiera.

Jason se quedó perplejo. Entonces sonrió todavía más y dijo:

—Y...

Todos lo miramos en silencio.

—¿Y-y-y qué? —preguntó Brian.

—Y les toca ocuparse del cubo durante la semana —afirmó Jason.

—Lo sien-sien-siento —dijo Brian.

—No es culpa tuya —contestó Norm, luego se dio la vuelta hacia mí—. Nos turnaremos. Yo lo haré primero, si quieres. No será lo peor que hemos hecho.

—Yo lo haré primero —dije—. Quiero acabar con ello.

Jason y Brian me explicaron a dónde tenía que ir y lo que tenía que hacer exactamente con el cubo por la mañana. Me parecía de locos que teniendo agua corriente e inodoros recurriera al cubo.

A las ocho, se apagó la luz y todo el mundo guardó silencio. Después oímos el ruido de la llave en la cerradura, seguido por el ruido seco de un cerrojo. Los pasos que se alejaban no eran los propios del andar desgarbado de Becky ni tampoco el golpeteo de las zapatillas planas de la señora Callahan. Aquellos pasos era firmes, recios. El silencioso señor Callahan. Supongo que a fin de cuentas sí sabía que estábamos allí, aunque a juzgar por su cara durante la cena cualquiera diría que era ajeno a todo lo que no fuera la comida que tenía delante.

Permanecí tumbada en mi cama mientras escuchaba la televisión en la habitación del piso de abajo. Estaban viendo *Mork y Mindy*. La última vez que vi aquella serie me encontraba en casa de una amiga del colegio, sentados en el salón con sus padres y su hermana gemela. Todos estábamos tumbados en el sofá, con los pies apoyados en la mesa de centro y una fuente de palomitas que iba pasando de mano en mano. Y todos nos reíamos. Recuerdo que entonces pensé, igual que lo hacía en ese momento en la litera, que cuando creciera tendría una familia, un sofá y una televisión, y todos veríamos *Mork y Mindy* juntos, felices y contentos.

A LA MAÑANA siguiente, abrí la puerta del armario con una mano mientras me tapaba la nariz con la otra. Separándome todo lo posible del armario, agarré el asa de metal del cubo de plástico azul y me fui caminando como un equilibrista, despacio y firme, para no derramar nada. Salí de la habitación y luego bajé por las escaleras como una novia: daba un paso, juntaba los dos pies, daba un paso, los juntaba los dos pies. Becky y la señora Callahan no querían que pasáramos por la cocina con el cubo, así que salí por la puerta principal, atravesé el desguace del patio y lo rodeé en dirección al lateral lleno de malas hierbas, dejé a un lado el edificio independiente del garaje y el cobertizo de metal corrugado (que Brian decía que estaba lleno de muebles rotos) y llegué al patio trasero de suelo de tierra y al hoyo de los excrementos, que tenía el tamaño de una tapa de alcantarilla y era tan profundo como un sótano con escaleras. Me quedé todo lo lejos que pude del pozo, volví la cabeza para no ver lo que había dentro del cubo y lo volqué. Allí cerca había una pala clavada en la tierra. La cogí, siendo casi tan alta como yo, y eché unas paladas de tierra encima. Al volver a la casa me detuve junto al cobertizo donde estaba la manguera y enjuagué el cubo antes de regresar al dormitorio.

Después de repetir aquella acción durante varios días me di cuenta de que si en el cubo solo hubiera contenido pis, la cosa no habría sido tan mala, pero uno de los ocupantes del dormitorio hacía caca por la noche. Norm sospechaba de Jason, ya que Charlie dormía como un tronco y había que despertarlo por las mañanas. A Hannah se le veía demasiado tímida como para ser capaz de hacer caca en un cubo, y Brian se agitaba tanto que no parecía muy posible que fuera capaz de hacer sus necesidades en un cubo sin mancharlo todo a su alrededor.

Una noche, Norm preguntó en la habitación a oscuras:

—¿Qué pasa cuando se llena el hoyo?

—Es un vie-vie-viejo pozo —contestó Brian.

—Probablemente nos obliguen a cavar otro —dijo Charlie.

—Seguro —comentó Norm—. Entonces de aquí a unos años el patio será un hoyo de excrementos gigante.

Todos nos reímos al imaginar a la torpona Becky, a la señora Callahan con sus pies planos y al señor Callahan y su cara de hígado viviendo encima de un hoyo de excrementos gigante.

Hubo una cosa buena en aquella primera semana en casa de los Callahan. Todos los días al volver del colegio, Norm y yo nos encontrábamos comida debajo de la almohada: un pedazo de panqueque, un puñado de cereal y media naranja para cada uno. Nosotros lo engullíamos rápidamente antes de que nos pillaran los ojos y las orejas flotantes.

2

El demonio desconocido

CUANDO SE NOS permitió volver a comer con la familia, también tuvimos que participar en las tareas de la cocina, lo cual resultó ser igual de malo que lo del cubo de las necesidades, ya que la señora Callahan y Becky se quedaban sentadas en la cocina mirando mientras nosotros limpiábamos. Muchas veces había una caja de cereales o un recipiente de plástico con bizcochos sobre la encimera, y yo no podía evitar quedarme mirándolos mientras fregaba y secaba los platos.

«Ni se te ocurra», decía la señora Callahan al verlo. O comentaba: «Si esos ojos tuyos hablaran dirían: "Quiero un poco", ¿verdad?». Becky se reía a carcajadas mientras su madre se burlaba de mí. Y cuando me ponía de puntillas para guardar los platos que acababa de fregar, aplaudían como si yo formara parte de un espectáculo de payasos. Costaba mucho poner los vasos en el primer estante de los armarios altos sin subirme a un taburete o una silla. La única forma era apoyando el vaso en el borde del estante y empujándolo después con el siguiente. Cuando se me caía uno (consecuencia desafortunada de no ser aún lo bastante alta), recibía el mismo castigo que cuando la señora Callahan consideraba que no había limpiado bien las sartenes o los fogones: me golpeaba con una cuchara de madera. Por supuesto, ella iba derechita hacia mi cabeza, permaneciendo de pie frente a mí como una máquina que me golpeaba rítmicamente en la coronilla una y otra vez. A veces le decía a su hija: «Ahora hazlo tú». A Becky y su boca siempre abierta nada le gustaba más que golpearme en la cabeza. Era más alta que yo, pero no tanto como su madre, y compensaba la distancia menor entre su brazo y mi cabeza golpeando con tanta fuerza que sentía retumbar cada golpe en el estómago y se me nublaba la vista. Era una sensación conocida y extraña al mismo tiempo. Cuando mi madre estaba en casa, solía pegarme en la cabeza o en el cuerpo con el puño o un pie, según lo que le resultara más fácil. Sin embargo, siempre estaban mis hermanas para alzarse a la más mínima señal como una barricada entre mi cuerpo y el de Cookie. Mis hermanas me envolvían como parachoques humanos en cuanto mi madre lanzaba el primer puñetazo. Así que nunca había tenido que aguantar que me pegaran como me ocurría en casa de los Callahan. Hasta ese momento, lo único que conocía era ese primer puñetazo.

Intentaba hacerlo todo bien para evitar la cuchara de la señora Callahan, pero había trampas por todas partes. Aunque lo hiciera todo bien, el comportamiento de mis hermanos de acogida podía acarrearme golpes en la cabeza con la cuchara o algo peor. Jason en particular le ocasionaba muchos problemas al grupo. Se negaba a cumplir con la tarea del cubo de las necesidades cuando le tocaba, y por mucho que suplicáramos o tratáramos de convencerlo por las buenas, no había forma de lograrlo. El caso es que si el cubo no se vaciaba, no nos dejaban coger el autobús escolar, y si perdíamos el autobús, no íbamos al colegio. Y cuando no íbamos al colegio, nos dejaban encerrados en el dormitorio hasta la hora de la cena.

Brian se convirtió rápidamente en mi hermano de acogida favorito. Antes de que lleváramos ahí una semana ya me llamaba *Pétalos de Rosa*. Yo subía corriendo las escaleras cuando llegaba del colegio y al pasar junto a su cama en la litera de abajo, él sacaba su mano temblorosa y chocaba los cinco conmigo.

«¡Pétalos de Ro-ro-sa! ¿Qué-é-é tal el colegio?», me decía. Mi hermana Gi siempre me preguntaba qué tal me había ido en el colegio y ella también tenía un apodo para mí: *mia bambina*. Fue entonces cuando empecé a entender que la curiosidad es una forma de querer y que las palabras a veces contienen un sentimiento que va mucho más allá de su simple significado.

Claro está que no todos los apodos son cariñosos. Norm no tardó en ponerle a Charlie el apodo de *Charlie Brown*[1] cuando se hizo caca en la bañera y le tocó a Norm limpiarlo. Y Jason decía que yo era un bebé porque era la única que no sabía atarse los zapatos. Incluso Brian, cuyas manos se movían sin parar, era capaz de atárselos, mientras que yo escondía los cordones pulcramente debajo de la lengüeta de las zapatillas. Aparte de eso, Jason también me llamaba *Rosie la andrajosa* y a mi hermano *Norm el andrajoso*, ya que nuestras ropas eran andrajos. Yo alternaba entre mi bonito conjunto de terciopelo de imitación y unos pantalones con agujeros en la rodilla. Norm tenía dos pantalones y la suerte de contar con tres camisetas que le iban bien.

Un sábado por la tarde, cuando Norm y yo estábamos sentados en la terraza de atrás que daba al hoyo de los excrementos y el cobertizo, se apareció el señor Callahan. Su pelo metálico brillaba a la luz del sol.

—Vengan conmigo —dijo.

No estaba acostumbrada a oír su voz y me sorprendió lo aguda que era.

Entramos con él en la casa, pasamos por el salón y seguimos por el pasillo donde había una entrada al sótano. El señor Callahan abrió una puerta chirriante y nos indicó que bajáramos. Yo me agarré a la espalda de

---

1. Charlie Brown es el personaje principal de la tira cómica Snoopy. Además, *brown* significa marrón en inglés (N. de la T.).

mi hermano y me quedé así. Aquel sótano disparó una alarma en mi cuerpo. Me sentía como un perro ante una jaula con la puerta abierta. Norm permanecía inmóvil en lo alto de la escalera.

—En el sótano hay ropa vieja. Pueden coger algo —dijo el señor Callahan con aquella voz suya casi de niña.

Norm negó con la cabeza.

—Yo me quedaré sentado en el salón —dijo el señor Callahan, señalando hacia la habitación—. Pueden bajar y coger algo de ropa.

Norm asintió, pero ninguno de los dos nos movimos hasta que el señor Callahan se sentó en su sillón delante de la televisión. Yo pasé primero y Norm entró detrás al tiempo que cerraba la puerta chirriante.

—Así lo oiremos si baja —dijo Norm, señalando con la cabeza hacia la puerta.

El suelo del sótano era mitad cemento resquebrajado mitad tierra. Olía como una cueva y había moho en las paredes, como si fueran las piernas de una anciana con moretones. Grillos de color verde saltaban de un lado a otro a nuestro paso. Contra la pared manchada del fondo había una lavadora y una secadora, y a su lado un sofá viejo con la superficie irregular, sobre el cual reposaban tres cajas de cartón llenas de ropa sin doblar. Mi hermana Gi las habría vaciado y hubiera doblado todo antes de decidir qué llevarse. Norm encontró tres pantalones y un suéter de rayas azules. Yo encontré dos pantalones, un vestido y tres camisetas de manga corta que sabía que me servirían.

—¿Nos lo llevamos todo? —le pregunté a Norm. No quería ser avariciosa, pero sería bueno quedarnos con todo.

—No estoy seguro —contestó él, que permaneció mirando la ropa con los labios fruncidos como si fueran a darle una respuesta.

—¿Y si nos llevamos una prenda de arriba y unos pantalones cada uno? —dije yo.

Lo que más quería era el vestido. Cuando vivía con mis hermanas, Gi me peinaba después de bañarme y me ponía un bonito vestido. Nunca había ido con vestido al colegio. Los vestidos bonitos que encontrábamos en el contenedor o las bolsas que dejaban en el Ejército de Salvación si las oficinas se encontraban cerradas se reservaban para cuando estaba tan limpia que mi piel chirriaba al pasarle el dedo.

—Sí, un conjunto cada uno —dijo Norm, devolviendo todo excepto un par de vaqueros y el suéter. Yo me quedé con la camiseta roja y un par de pantalones marrones de pana, porque imaginaba que sería fácil disimular la suciedad con los colores oscuros.

Al subir, el señor Callahan estaba esperando al otro lado de la puerta.

—Gracias —dije, demasiado asustada todavía como para atreverme a mirarlo a la cara.

—Gracias, señor —dijo Norm, extendiendo la mano para estrechársela, pero rápidamente la apartó y se la metió en el bolsillo al ver que el hombre no respondía.

Cuando terminamos de guardar nuestra ropa nueva en la habitación, los otros niños estaban en la terraza de atrás. Resultó que la señora Brady se había equivocado y allí no había juegos de mesa ni ningún otro tipo de juego. Lo único que hacían era quedarse allí hablando de los Callahan (si no estaban cerca), gastando bromas sobre el hoyo de los excrementos o riéndose de alguna cosa que hubiera ocurrido por la noche (Charlie se caía de la cama con frecuencia, Brian a veces golpeaba la parte de abajo de la cama de Charlie con sus espasmos y Hannah había hablado una vez.)

Yo sugerí que organizáramos un concurso de talentos o de canto, algo que mi hermana Gi solía hacer cuando estábamos los cinco juntos. A todos les pareció una idea genial. Jason entró en la casa y salió un momento después con la radiocasetera portátil de Becky, una caja con cintas y, lamentablemente, Becky. Ella dijo que podíamos utilizar su música si la dejábamos actuar primero.

Cuando terminó de cantar la canción «Paper Roses» acompañando a la cantante Marie Osmond, Becky volvió a la casa arrastrando los pies. No tenían ningún interés en ver cantar a los demás.

Norm les dio un vistazo a las cintas y eligió un dueto de Meat Loaf, «Paradise by the Dashboard Light». Él se llevó el micrófono a la boca y cantó todas las partes masculinas, que constituían casi toda la canción. No me importó. A Gi le gustaba aquella canción, así que a mí también. Cuando llegó el momento de que cantara la chica, me puse el micrófono en la boca, cerré los ojos y canté. En la canción yo le preguntaba si me querría siempre. Imaginé que les estaba cantando a mis hermanas. Las tres me responderían: *¡Sí, claro que te querremos siempre!*.

A veces, cuando nos sentábamos la una frente a la otra en la cena o el autobús de vuelta a casa, Hannah levantaba la vista y me miraba fijamente. Yo imaginaba que nos comunicábamos en silencio, compadeciéndonos de cómo estaban las cosas en el hogar de los Callahan. Incluso me parecía oír sus palabras en mi cabeza: *¿Por qué Becky come perritos calientes y a nosotros nos dan sopa de guisantes?*

Un día, después del colegio, Hannah se detuvo en las escaleras que subían al dormitorio, se volvió y me miró de aquella forma suya. Yo iba justo detrás, Norm detrás de mí, Jason detrás de Norm y Charlie Brown subía de último. Brian se había quedado en casa ese día, ya que había tenido fiebre la noche antes.

—¿Qué? —dije.

Hannah se puso la mano alrededor de la oreja a modo de altavoz y se inclinó hacia delante. Todos la imitamos. En momentos como aquel sentía que ser una niña de acogida era similar a ser una mascota que sufre malos tratos. Solo podíamos estar en una habitación, nos mandaban a la cama y nos encerraban cuando les apetecía a los dueños; siempre teníamos más hambre que el perro de un ciego, un hambre que no tenía que ver con si nos alimentaban o no; agradecíamos la más mínima palmadita en la espalda y el más mínimo bocado que comer; y vivíamos con el miedo constante a que nos golpearan con sus botas de suela de clavos. Como les pasaba a los perros y a los gatos, el instinto era lo que nos ayudaba a sobrevivir. Y el instinto era lo que nos guiaba en aquella ocasión, todos formando una fila en las escaleras, escuchando.

Jason empezó a hablar y yo me volví y lo mandé a callar. Un gemido apenas audible provenía del dormitorio. Hannah me dirigió una mirada. Sus ojos castaños claros tenían la forma de los limones, y cuando me miró fijamente parecieron agrandarse y vibrar.

—Brian —dije, y todos subimos corriendo.

Norm se me adelantó.

—¡Lo han atado! —dijo Norm cuando entramos los demás en la habitación.

Brian tenía las manos sujetas con unos calcetines deportivos blancos sobre los cuales habían enrollado varias veces una extensión eléctrica, cuyos extremos se perdían debajo de la cama.

Charlie se tiró al suelo y se metió bajo la cama.

—Está atado a los muebles —dijo.

—N-n-n-no lo toques —señaló Brian.

—Tenemos que desatarte —dijo Norm, tirándose al suelo junto a Charlie.

—¡N-n-n-no! —repitió Brian. Charlie y Norm salieron de debajo de la cama y lo miraron—. Les pe-pe-pegarán si me de-de-desatan —explicó, tragando saliva como si intentara no llorar. Y luego sonrió.

—¿Quieres otra almohada? —le pregunté, agarrando la mía de mi cama para ponerla sobre la almohada plana de Brian, que estaba sucia y mojada, probablemente de sus lágrimas.

Norm y yo nos sentamos en el suelo a su lado, Charlie se tumbó colgando de la litera de arriba, Jason se acostó en su cama y Hannah en la suya, mientras Brian nos contaba lo que había pasado. Ese día, cuando su fiebre cesó, la señora Callahan le pidió que le subiera la ropa lavada doblada del sótano. Él bajó al sótano, pero no pudo subir la escalera sin que el montón de ropa se le escapara de sus temblorosas manos. La señora Callahan de inmediato lo llevó a rastras escaleras arriba y lo ató a la cama. Le dijo que pensara en lo que había hecho para que no volviera a desparramar la ropa lavada y doblada.

—¿Te duele estar así atado? —le pregunté.

En una ocasión había visto cómo ataban a mi hermana Gi a la barra de las perchas dentro del armario. Si había podido evitar las peores torturas a manos de mi madre fue porque Gi no había permitido nunca que mi madre se acercara lo bastante como para atarme.

—Es-es-estoy ya a-a-acos-cos-costumbrado —dijo Brian.

—¿Cómo es eso? —preguntó Norm, que se acercó a la muñeca de Brian e intentó aflojar el cable. Brian se removía como un pez en el anzuelo.

—En la úl-úl-última casa en la que estuve me a-a-ata-ta-taban —explicó Brian.

Normalmente no teníamos paciencia suficiente para dejar que acabara la frase y siempre uno de nosotros se le adelantaba. No obstante, aquella tarde todos estábamos sentados a su alrededor, esperando a que Brian nos contara las diversas torturas que había recibido en todas las casas en las que había estado. La peor fue la que sufrió en la casa en la que pensaban que su tartamudeo se debía a que tenía el demonio dentro. Su madre de acogida lo ataba de pies y manos a la cama, sobre la cual había un crucifijo, y le golpeaba la cabeza con una Biblia mientras recitaba todo tipo de oraciones para expulsar al demonio.

—¿Y funcionó? —preguntó Norm.

—N-n-n-no —contestó Brian—. ¡Si-si-sigo tar-tar-tartamudeando!

Todos nos reímos como si fuera lo más gracioso del mundo.

Tener a Brian atado de aquella forma, como un ejemplo de la brutalidad ante nuestros ojos, hizo que todos fuéramos más sinceros en nuestra conversación esa noche. Al final, cada uno acabó enumerando los hogares de acogida por los que había pasado. Para todos nosotros, aquellos lugares habían sido transitorios y rara vez los consideramos un hogar al que pertenecíamos.

—Nuestras dos hermanas mayores tuvieron que rescatar a Rosie de uno de los hogares de acogida porque se pasaba el día sentada en una mecedora y no podía hablar ni comer.

Norm y yo observamos a Hannah, que miraba fijamente las puntas de sus pies. Yo sabía lo que era guardar silencio como hacía ella. Me acordaba de la horrible soledad que había sentido, una soledad que bloqueaba mis pensamientos y movimientos. Cuando abría la boca, no tenía fuerzas para hablar. Mis hermanas fueron las únicas capaces de liberarme y aclarar aquella bruma que me impedía hablar.

—A veces tengo pesadillas. Sueño que estoy en aquella mecedora otra vez, sola —dije—. Y siempre me despierto con hambre.

Todos se rieron. Fue entonces, cuando recordé aquella sensación de hambre, que me vino a la memoria la comida que Norm y yo habíamos encontrado debajo de nuestra almohada la semana que la señora Callahan nos castigó sin comer.

—¿Eras tú quien nos dejaba comida debajo de la almohada? —le pregunté a Brian.

—Sí —dijo él. Me había fijado ya en que Brian nunca vacilaba cuando contestaba afirmativamente, pero siempre se encasquillaba cuando lo hacía de forma negativa.

—¿Tú les dabas comida? —preguntó Jason—. ¿De dónde la sacabas?

Brian nos explicó que con sus espasmos le resultaba fácil guardarse comida en los bolsillos. Cuando metía las manos debajo de la mesa, todos creían que estaba teniendo otra sacudida de las suyas.

—Gracias, amigo —dijo Norm y chocó los cinco con las manos atadas de Brian.

—Gracias —le dije yo, y también choqué los cinco con él.

No sé por qué, pero me entraron ganas de llorar. Tal vez fuera porque a veces uno sentía que las cosas pequeñas eran inmensas. Era como si aquellos dulces gestos fueran trozos de madera que había estado guardando, poco a poco y durante mucho tiempo, sabiendo que al final reuniría los materiales suficientes para hacerme una balsa y alejarme remando.

Brian tuvo que quedarse atado a la cama durante la cena. Yo intenté meterme un trozo de carne debajo de la camiseta, pero Becky debió notar algo, porque se pasó la comida entera mirándome fijamente con aquellos ojillos suyos.

De vuelta en el dormitorio, Hannah sacó algo que llevaba enrollado debajo de su camiseta. Demasiado tímida para dárselo ella misma a Brian, me lo entregó a mí, y yo le di de comer mientras los demás se preparaban para acostarse.

Norm volvió después de lavarse los dientes y se puso a cantar la canción de Three Dog Night, «Joy to the World». Brian nos había contado no hacía mucho que era su canción favorita. Yo me puse a cantar también y luego fueron uniéndose los demás. El volumen fue subiendo con cada verso hasta terminar cantando a voz en cuello, desafinando. Incluso Hannah participó, pronunciando las palabras en silencio, solo moviendo los labios. Creo que todos sabíamos que los Callahan no subirían a decirnos que nos calláramos. Si lo hacían, tendrían que mirarnos y a su vez estarían viendo a Brian atado a su cama. Una cosa era torturar a un chico y otra totalmente diferente tener el valor suficiente como para hacerles frente a los testigos.

Cuando acabamos la canción, les enseñé a todos una cosa que había aprendido en el colegio unos días antes.

—Contamos hasta diez, pero empezando la palabra por CH —les dije.

Todos empezaron a la vez.

—Chuno, chos, chres, chuatro, chinco, cheis, chiete, chocho...

Estallamos al unísono en carcajadas.

—¡Cho-cho-chocho! —gritó Brian otra vez, y todos nos reímos aun más.

Me desperté a media noche al oír que Brian me llamaba entre susurros angustiados.

—¡Pé-pé-pétalos de Ro-ro-rosa!

Me levanté y fui hasta su cama, donde seguía atado por las muñecas.

—¿Estás bien? —le pregunté en voz baja.

—Ten-ten-tengo que haces pis —dijo él.

Brian no solía utilizar el cubo, pero llevaba atado desde la tarde.

Le di unos golpecitos a mi hermano en la pierna y este se despertó asustado, como si alguien lo estuviera atacando. Luego se calmó, se inclinó sobre la litera y nos miró.

—Brian tiene que hacer pis —dije yo.

Norm se bajó de un salto y los dos nos metimos debajo de la cama de Brian y buscamos a tientas el cable que lo ataba a los muelles. Al cabo de unos minutos fuimos capaces de desatarlo. Entre los dos lo ayudamos a salir de la cama y luego Norm lo acompañó al armario. Brian temblaba más que de costumbre y sus piernas rígidas se doblaban como una silla de jardín rota. Norm se quedó con él junto al armario para asegurarse de que todo cayera dentro del cubo y luego lo acompañó a la cama.

—Tie-tie-tienen que a-a-atarme —dijo Brian—. Si no ten-ten-tendrán pro...

—Ni hablar —dijo Norm—. No pienso hacerlo.

—Nadie dirá que te desatamos nosotros —dije yo.

—N-n-n-no quie-quie-quiero que les pe-pe-peguen —dijo Brian.

—Pues yo prefiero que me peguen a atarte —dijo Norm.

Ninguno volvió a decir una palabra, pero me pareció oír un ruido procedente de la cama de Brian como si se sorbiera la nariz, como si tal vez estuviera llorando.

Siempre resultaba un alivio estar en el colegio, inmersa en los libros, estudiando y jugando en el recreo. Era justo lo contrario del miedo que sentía cuando el autobús se paraba delante de la casa de los Callahan por la tarde. El día después de que atara a Brian, la señora Callahan nos estaba esperando en la acera. Cuando la vi por la ventanilla, el miedo habitual pasó a ser como si ladrillos de cemento me cayeran al fondo del estómago.

—¡Miren, alguien se ha metido en un lío! —gritó Jason con la enorme sonrisa del gato de Cheshire.

Todos bajamos del autobús y cuatro de nosotros nos detuvimos delante de la señora, nerviosos. Jason pasó al lado de nuestra madre de acogida y entró en la casa. Becky salió disparada detrás de él.

—¡Mocoso uno y mocoso dos! —dijo la señora Callahan, señalando a Norm y agarrándome a mí por la cola de caballo—. A la cocina. Ahora mismo.

Iniciamos la marcha, Norm delante y la señora Callahan arrastrándome del pelo.

La cuchara de madera estaba encima de la mesa. La señora Callahan soltó mi pelo, levantó la cuchara y golpeó a Norm en la cabeza muchas veces seguidas. Presenciar esto era como si también me estuviera pegando a mí. Sentía que el dolor me bajaba por la espina dorsal. Norm hacía gestos de dolor y los ojos se le llenaron de lágrimas, pero no hizo ni un ruido.

—¡Esto —dijo la señora Callahan, sacudiendo la cuchara delante de Norm—, es por desatar a Brian antes de que se lo mereciera! ¡Y ahora pide perdón!

—Lo siento —dijo Norm.

—Sabes que es por su propio bien —añadió ella—. Ese chico tiene que aprender a controlar los músculos y lo ato para ayudarlo, ¡pero entonces llegas tú y estropeas todo el bien que yo le he hecho!

—Lo siento —repitió Norm.

La señora Callahan levantó la cuchara y la dejó caer otra vez, justo donde yo imaginaba que le estaría saliendo un chichón. Su cuerpo se inclinó hacia atrás por efecto del golpe.

—Esto es por llamarle *Charlie Brown* a Charlie —continuó ella, y su aguda voz adquirió un tono cantarín estridente al decir *Charlie Brown*.

—Lo siento —repitió Norm.

Tenía los ojos cerrados y temblaban como si los tuviera pegados y él quisiera abrirlos sin éxito.

La señora Callahan levantó la cuchara y volvió a dejarla caer una vez más sobre el mismo punto. Norm dejó escapar un sonido entre atragantamiento y tos.

—¡Y esto es por decir que mi jardín está lleno de excremento! ¡Te he visto retozar entre la basura como el animal que eres, así que deberías saber que no es un jardín lleno de excremento!

La señora Callahan respiraba con dificultad al tiempo que hablaba. Parecía que el esfuerzo de golpear con la cuchara a la vez que daba sus entusiastas explicaciones era demasiado para sus pulmones.

—Sí, señora —dijo Norm, levantando los párpados. Sus pestañas húmedas brillaban.

—¡Di que no es un jardín lleno de excremento! —gritó la señora Callahan, levantando la cuchara sobre la cabeza de Norm.

—No es un jardín lleno de excremento —replicó Norm y cerró los ojos, apretándolos mucho a la espera del golpe. La señora Callahan sonrió. Levantó la cuchara aun más alto y yo también tuve que cerrar y apretar los ojos. Pero entonces bajó la mano y le dio un toquecito leve. Una sola vez. Como si la cuchara fuera una varita mágica en vez de un instrumento de tortura. La señora Callahan soltó una carcajada, sus pulmones hicieron un sonido como de violín, y Norm tragó saliva aliviado.

—¡Y ahora fuera de mi vista y no me causes más problemas o terminarás como Brian anoche!

Norm se volvió hacia mí, buscándome con una mirada aterrada y sobrecogedora en los ojos. Estaba asustado por mí, pero no podía hacer nada, así que salió corriendo. La señora Callahan me sonrió como si yo fuera un filete y estuviera a punto de zampárselo.

—Tú también ayudaste a desatarlo, ¿no?

Yo asentí con la cabeza.

—Y robaste un panecillo de la mesa durante la cena y se lo diste, ¿verdad?

El sonido de violín de sus pulmones sibilantes ascendió una segunda nota. Ahora parecía más como si estuvieran tocando un acordeón dentro de ella.

Volví a asentir. De ninguna manera le diría que había sido Hannah quien robó el pan. Por la forma de dormir encogida y en silencio que tenía estaba claro que ya le habían dado bastantes palizas en su vida.

—¿Sabes lo que eres? —continuó la señora Callahan, sosteniendo la cuchara sobre mi cabeza ahora—. Eres una bobalicona asquerosa.

Cerré los ojos y me preparé para el golpe.

—Dilo —dijo la señora Callahan entre las notas de acordeón de sus pulmones.

Abrí los ojos y la miré, implorante. No sabía qué se suponía que tenía que decir.

—¡Dilo! —gritó la señora Callahan.

—¿Digo que *lo siento*? —pregunté.

—Di *soy una bobalicona asquerosa* —replicó ella riéndose, mientras el acordeón sonaba más fuerte.

—Soy una bobalicona asquerosa —dije.

—¡Cómo te atreves a quedarte tan fresca en mi cocina!

Y entonces llegó. El juego del martillo. Me golpeó una y otra vez en el centro del cráneo con la cuchara de madera. Sin embargo, yo no tenía la resolución ni la fuerza de mi hermano, y aullé de dolor.

—¡Quiero a mis hermanas! —grité entre lágrimas cuando terminó conmigo.

—Sí, menuda ayuda son —aseguró la señora Callahan, riéndose entre los silbidos de sus pulmones—. Y ahora cuéntame qué es ese jueguito que le enseñaste a todo el mundo.

Me sorbí la nariz y tomé aire, titubeante, varias veces.

—¿El concurso de talentos?

—No, el jueguito. El juego de contar.

El silbido de acordeón se estaba transformando en un rebuzno con cada densa inhalación.

—¿Empezando por CH? —pregunté.

—Sí, por CH.

¡Iii-aah!

—Contamos pero empezando cada número con CH —expliqué.

Me corrían las lágrimas y los mocos por la cara. Quería levantarme la parte baja de la blusa y limpiarme la nariz, pero me daba miedo moverme.

—Hazlo —dijo la señora Callahan—. Cuenta así que yo lo oiga.

—Chuno, chos, chres —me detuve y la señora Callahan levantó la cuchara más arriba, tomando una enorme y ruidosa bocanada de aire.

—Dilo, sigue contando —dijo.

—Chuno, chos, chres, chuatro, chinco, cheis, chiete, chocho —dije y cerré los ojos a la espera del golpe.

—¿Cómo has dicho?

Dejó la cuchara en la mesa y se me quedó mirando con la boca abierta y la cabeza ladeada.

—Chuno, chos...

—No, la última palabra, dila —se detuvo a tomar varias sibilantes bocanadas de aire como para poder terminar la frase— el número ocho.

—¿Chocho?

Me encogí a la espera de lo que pudiera pasar. Estaba claro que no aguantaría que yo estuviera delante de ella diciendo palabras feas.

—Otra vez —dijo con un silbido.

—Chocho.

No entendía por qué no me pegaba. ¿Acaso estaba esperando a que llegara Becky y me tirase de un pescozón al suelo de linóleo?

—Otra vez, pero ahora alarga la palabra, como si cantaras.

La señora Callahan cogió el paño de cocina con la muñequita Holly Hobbie de la encimera y se lo envolvió alrededor de la mano izquierda como si fuera a entrar en un cuadrilátero de boxeo.

—Choooo —empecé a decir yo, mientras la señora Callahan me metía la mano envuelta en la boca y la apoyaba en los dientes inferiores, presionando hacia abajo para que yo no la mordiera, al tiempo que me introducía tres dedos bien profundo hasta la garganta. Le agarré las muñecas, pero no conseguí apartarla. Tenía la sensación de que un hombre de noventa kilos me presionaba la garganta, mientras un peso enorme me sujetaba la boca para que no la cerrara. Cuando yo retrocedía, ella avanzaba, llevando a cabo una danza horrible por toda la cocina (yo hacia atrás, ella hacia adelante) hasta que me acorraló contra la puerta trasera, entretanto yo no dejaba de sentir arcadas, pero no podía toser.

—¡No quiero volver a oír una palabra cochina salir de tu asquerosa boca! ¿Me has oído?

Los silbidos de sus pulmones eran tan agudos como su voz. De violín a acordeón, de acordeón a burro, y ahora sonaba como si hubiera un grupo de hombrecitos dentro de ella, animándola a gritos para que continuara mientras ella seguía llenándome la garganta con la mano.

Entonces movió los dedos como si estuviera limpiando un desagüe. Me faltaba el aire para poder emitir ruido alguno. La garganta me ardía y sentía como si se me fuera a descolgar la mandíbula de la presión. Tenía unos dedos ásperos como cepillos de limpiar botellas. Yo seguía tirando de sus brazos, pero ella no parecía darse ni cuenta, sino que seguía inclinándose sobre mí, metiéndome la mano cada más adentro de la garganta.

—¿Lo has entendido? ¡Bobalicona asquerosa!

En ese momento empezó a mover la mano dentro y fuera, dentro y fuera, como si estuviera limpiando el inodoro. Se me oscureció la vista y sentí un espasmo en el estómago, estando a punto de devolver la pizza que había comido en el colegio a la hora del almuerzo. Sin embargo, ella seguía provocándome la sensación de que un tornado hacía girar mi cabeza y mis pulmones. Iba a borrarme del mapa, acabaría conmigo para siempre, asfixiándome ante su absoluta indiferencia.

Y en ese momento, la señora Callahan sacó la mano de mi garganta y el tornado desapareció. Yo tosía y jadeaba, y mis pulmones silbaban como los suyos. Estábamos cara a cara, las dos dobladas hacia delante tomando atronadoras bocanadas de aire. En aquel momento no sabía expresarlo, pero sentí la perversa intimidad que hay en un acto de violencia entre dos. El ying y el yang del torturador y la víctima.

La señora Callahan fue la primera en incorporarse. Se acercó al fregadero a lavarse las manos y después inclinó su desaliñada cabeza por encima del grifo y se puso a beber a lengüetadas. Cuando terminó, se volvió hacia mí por encima del hombro y dijo:

—Como te vuelva a oír decir palabras feas te arranco los pulmones.

Yo me incorporé y asentí con la cabeza. El agua del grifo parecía tan reconfortante que era lo único que quería. Mi único deseo.

—Ahora fuera de aquí antes de que te meta la cuchara por la garganta, porque entonces sí que vas a llorar.

Y cogió la cuchara mientras tosía. Yo salí de la cocina antes de que se me acercara.

En el cuarto de baño de arriba, me incliné sobre el grifo y bebí agua sin respirar casi, igual que la señora Callahan en la cocina. El agua me corría por la garganta, la barbilla, el cuello. Cuando no pude beber ni una gota más, cerré el grifo y me miré al espejo. La parte marrón de mis ojos estaba enmarcada por un charco venoso rojo. La piel que los rodeaba estaba hinchada que parecían salvavidas en miniatura. Tenía enrojecidas las ventanas de la nariz y se me habían partido las comisuras de los labios, también hinchados. Me mojé la cara, me arreglé la cola de caballo y fui al dormitorio. Todos estaban sentados en círculo jugando al *gin rummy*. Se detuvieron y me miraron.

—Pé-pé-pétalos de Ro-ro-rosa. ¿Es-es-estás bien? —me preguntó Brian.

—Sí —contesté con voz áspera.

—¿Seguro? —preguntó Norm.

—Reparte cartas para mí.

Me tragué la mitad de las palabras. El mero hecho de hablar era como sentir una lima de uñas dentro de la garganta.

Hannah se movió a un lado para que me sentara entre Norm y ella. Jason me repartió cartas en la siguiente mano. No paraba de hablar de un chico que se había hecho caca en los pantalones en el colegio. Norm se inclinó hacia mí y me susurró al oído:

—Tenemos un chivato.

Aquella noche, mientras escuchábamos a oscuras la serie de *Mork y Mindy* en la televisión del cuarto de estar, todos supimos quién era el chivato. Jason no estaba en la cama. Y lo oíamos reírse cada vez que Mork hacía alguna payasada.

En segundo grado, después de leer la historia de *Charlotte's Web* [La telaraña de Carlota],[2] mi profesora, la señorita Evans, dijo que las personas que nos maltratan tendrían que darnos lástima, porque son almas miserables y desdichadas que intentan que nosotros también lo seamos. Traté de sentir lástima por Jason, quien veía la televisión mientras yo estaba en la cama, con la cabeza y la mandíbula doliéndome tanto, y sintiendo unas punzadas en la garganta tan horribles, que la dolorosa sensación me irradiaba hasta los pies. Sin embargo, no pude. Solo era capaz de odiarlo. Lo odiaba y me alegraba de que todos los que estábamos en aquella habitación, Hannah incluida, también lo odiaran.

---

2. *Charlotte's Web*, cuya traducción sería *La telaraña de Carlota*, es un clásico de la literatura infantil escrito por E. B. White y está considerado el título del género más vendido de todos los tiempos según Publishers Weekly. No está publicado en España (N. de la T.).

3

Adiós al hoyo de los excrementos

PENSABA EN MIS hermanas a todas horas y casi nunca en mi madre. Sin embargo, era Cookie la que tenía derecho a visitas regulares supervisadas, organizadas por la trabajadora social. Antes de las primeras dos visitas, la señora Callahan nos llevó a Norm y a mí a la cocina, nos dio galletas Oreo y nos dijo:

—Como le cuenten a alguien lo que ocurre en la intimidad de esta casa, les meteré la mano en la garganta y les arrancaré los pulmones.

Cookie llegaba a las visitas acompañada por la trabajadora social que se parecía a la señora Brady. La trabajadora social se sentaba en la mesa de la cocina, encorvada sobre un montón de papeles, y no nos hacía caso. Nosotros comíamos los sándwiches y las patatas fritas Lays que Cookie nos llevaba mientras nos hablaba de la gente que había conocido en las reuniones de Alcohólicos Anónimos a las que el juez la había obligado a asistir. Normalmente se burlaba de ellos, porque lloraban o hacían cosas que para ella eran estupideces. Norm se reía con las historias y yo escuchaba en silencio, comiendo todo lo que podía y tan deprisa como era capaz antes de que se acabara la comida. Cuando Cookie nos alimentaba de aquella manera, hablando con la vocecita que solía poner con los hombres que le daban cosas, como alcohol, cigarrillos, afecto o una casa vacía en la que meter a sus hijos, casi me convencía de que era una buena madre. Cuando se marchaba, Norm decía cuánto la echaba de menos y lo genial que sería que volviéramos a estar con ella. Después de vivir con los Callahan, yo casi la echaba de menos también. Al menos de ella sabía exactamente qué esperar.

Mientras Norm y yo esperábamos en la cocina a que la señora Brady llegara con nuestra madre, la señora Callahan dijo:

—Una palabra de lo que ocurre aquí y los golpeo con la cuchara de madera en la cabeza, mocosos de acogida.

Luego sonrió y nos acercó el paquete de Oreo, primero a mí y luego a Norm, al tiempo que decía:

—¡En realidad, golpearé a todos sus compañeros de dormitorio!

Norm y yo nos miramos y tuve la seguridad de que los dos pensamos lo mismo: a todos menos a Jason, ya que era él quien le contaba a la señora Callahan todo lo que ocurría en el dormitorio.

Esta vez, la señora Brady se quedó en el auto, aparcado en la entrada de la casa, porque Cookie había conseguido estar seis semanas seguidas sobria. Cookie hizo toda una representación teatral, dándonos besos y abrazos cuando llegó. La señora Callahan estaba allí de pie, observando, con la raíz gris que le dibujaba una espiral como la de un sacacorchos en el centro de la cabeza castaña. En ese momento se me ocurrió que Cookie y la señora Callahan eran iguales. Visualmente, eran dos mujeres disparejas: el pelo de Cookie era de un precioso negro teñido, sus labios eran del color rojo de la sangre y se ponía ropa que resaltaba sus enormes pechos. La señora Callahan vestía sudaderas grandes con ositos de peluche dibujados y su cara y su pelo eran un árido desierto sin variaciones de color. Tenía los ojos grises, igual que las cejas casi invisibles y los labios perfilados. Sin embargo, las dos sabían quién era su público y las dos tenían dos personalidades perfectamente definidas que elegían en función de quien estuviera presente: la madre buena y amable, y la dictadora agresiva que se nutría del maltrato físico a unos niños pequeños.

—Siéntase como en su casa —dijo la señora Callahan, sujetando la puerta de la cocina.

Ella esbozó algo parecido a una sonrisa. Nos sentamos a la mesa y nos comimos los sándwiches de mortadela y los Fritos que nos había llevado Cookie. Como siempre, Becky y la señora Callahan entraban y salían de la cocina.

—Si sigo sobria unas cuantas semanas más, ustedes dos vendrán a casa en Navidad —dijo Cookie.

—¿Estarán también nuestras hermanas?

Lo único que yo quería por Navidad era ver a mis hermanas. Punto. Ni se me ocurriría soñar con un osito Ruxpin de peluche o una pizarra Lite-Brite, o un bonito vestido con una diadema a juego. Como nunca habíamos tenido unas Navidades normales con árbol y regalos de Papá Noel, soñar con cualquiera de esas cosas era como desear convertirme en la primera niña de ocho años presidente del mundo.

—Depende de ellas —contestó Cookie.

Norm se volcó los restos de la bolsa de Fritos directamente en la boca.

—No se te ve muy emocionado —le dijo a Norm—. ¿No quieres estar con mamá en Navidad? Les compraré regalos. Y dulces. ¿Y he dicho que tendrán regalos?

Cuando Cookie sonrió, su rostro me pareció casi irreconocible. Sus ojos se transformaron en dos lunas crecientes y sus labios se estiraron como dos estrechas gomas de color rojo.

—Estamos cansados —dijo Norm—. Pero sí nos sentimos emocionados.

Se frotó el lugar en la coronilla de la cabeza donde lo había golpeado la señora Callahan la noche anterior. También me había pegado a mí. Nuestro crimen esta vez fue no haber vaciado el cubo de los excrementos cuando le tocaba a Jason y se negó a hacerlo.

—¿Tienen piojos? —preguntó ella—. ¿Estas personas son sucias?

Cookie se levantó y se acercó a Norm. Le apartó el pelo corto y se encogió de dolor cuando tocó el chichón amoratado.

—¡¿Qué demonios ha pasado aquí?!

Cookie parecía realmente furiosa. Tenía la cara que normalmente ponía cuando nos tiraba botellas de cerveza y los zapatos de tacón a las piernas.

Norm se encogió de hombros.

—¡Dile a mamá quién te ha hecho daño!

—Nadie —masculló él.

—¡Dime quién te ha hecho daño!

Cookie estaba cada vez más furiosa, pero su furia no iba dirigida a nosotros. Era extraño encontrarse en el mismo lado de la rabia que nuestra madre, estar alineados con ella.

Antes de que Norm pudiera decir nada, Becky entró arrastrando los pies y fue al armario. Cookie se sentó y miró a Becky mientras abría una caja de dulces de chocolate relleno y sacaba tres. Luego se los apoyó en el pecho cóncavo y salió con paso cansino de la cocina.

—¿Ha sido ella? —susurró.

—Fue... —empecé a decir yo.

Norm se puso el dedo en los labios para indicarme que me callara. Hizo un gesto con la cabeza en dirección a la puerta de la cocina. Yo no quería que les pegaran a nuestros hermanos de acogida, especialmente a Brian y Hannah. No obstante, las palabras salieron de mi boca sin que pudiera detenerlas. Me sentía agotada y adolorida. Y, sobre todo, estaba asustada. Me daba más miedo la señora Callahan del que jamás me había dado Cookie. En la casa de los Callahan no había una Gi, o una Camille o una Cherie que me defendiera.

—La señora Callahan —revelé.

—¡Pero es mucho peor! —dijo Norm.

Una vez que había comenzado la revelación, él tampoco pudo contenerse. Los dos le fuimos susurrando por turnos toda la historia: que ataron a Brian, los golpes en la cabeza con la cuchara de madera, que me metió los dedos en la garganta, que cerraban con llave el dormitorio a las ocho, sobre el cubo de la caca, que Jason nunca lo vaciaba, que nos dejaban sin comer como castigo, que la comida que nos daban era de menor calidad que la que comía la princesa de la casa, Becky, siempre respirando por la boca abierta, y la injusticia de haber tenido que sacar mis juguetes favoritos de la bolsa de mis cosas cuando nos fuimos de casa y llegar al hogar de los Callahan y que no hubiera ningún juego.

Cookie ahogó un gemido, maldijo y se pasó los dedos de afiladas uñas rojas por debajo de los ojos para secarse las lágrimas negras de máscara de pestañas. Echó hacia atrás la silla arrastrándola por el suelo y abrazó a Norm, besándole toda la cabeza. Después se acercó a mí y me besó en las mejillas y la coronilla.

—Mis dulces niños, mis preciosos y dulces niños...

Esta resultaba una extraña demostración de sentimientos. Lo único que yo deseaba era que me quisieran y allí estaba ella, queriéndome. Sin embargo, no me parecía más sincera que la sonrisa congelada de la señora Callahan. *Qué extraño*, pensé, *que hubiera tenido que pegarnos una buena tunda otra persona para que nuestra madre sintiera el horror de que maltrataran a sus hijos.*

Se sentó y se sonó la nariz con papel de cocina. La señora Callahan entró en la habitación, cogió un paquete de carne seca del armario y lo abrió con sus dientes pequeños.

—¿Quieren? —nos preguntó, ofreciéndonos el paquete. Norm metió la mano y sacó un trozo pequeño y arrugado de carne deshidratada.

—Coge un poco más —dijo ella, agitando la bolsa—. Coge todo lo que quieras.

Norm cogió una tira grande y se la dio a Cookie. Luego cogió otra y me la dio a mí, la cual rasgué en dos con los dientes y me puse a masticar como si fuera chicle.

—Les enseñé a no ser codiciosos —le dijo Cookie a la señora Callahan con aquella seductora voz suya.

—Pues parece que lo hizo usted muy bien —respondió la señora Callahan, que salió de allí con la bolsa de carne.

Cookie se inclinó sobre la mesa, y Norm y yo nos acercamos a ella. Yo seguía masticando mi trozo de carne seca.

—¡Prometo que los sacaré de este agujero en cuanto pueda!

Mi madre sabía tan bien como Norm y yo que nada bueno sucedería si se enfrentaba a la señora Callahan. Nos habían apartado de ella porque era alcohólica y nos maltrataba. En una batalla de credibilidad entre nuestra madre y la señora Callahan, nuestra madre saldría perdiendo. Cookie no había estado nunca lo bastante sobria como para salirse con la suya como hacía la señora Callahan.

Llévame con Gi. Ella cuidará de mí, pensaba yo.

EL DOMINGO ANTES de Navidad, la señora Brady vino a recogernos a Norm y a mí. Se nos había permitido ir a ver a nuestra madre a su apartamento, una visita de dos horas a solas con ella.

—Has-has-hasta lue-lue-luego, Pé-pé-pétalos de Ro-ro-rosa —gritó Brian desde arriba de las escaleras justo antes de que saliera por la puerta.

—¡Hasta luego! —le respondí yo—. ¡Si me han puesto caramelos en el calcetín, te guardaré unos pocos!

Yo sabía que no habría calcetín, pero si mi hermana Gi estaba allí, probablemente tuviera un dulce para mí y yo lo compartiría con Brian.

—Tenemos que darnos prisa —dijo la señora Brady colocándome en la espalda su mano firme para que saliera por la puerta rápidamente. Norm ya estaba esperando junto al auto.

—¿Estarán mis hermanas? —pregunté mientras me ponía el cinturón de seguridad.

La señora Brady no respondió y en su lugar se puso unas gafas de sol negras como las que había visto que llevaban en los afiches de la película *The Blues Brothers*. Salió del sendero de entrada dando marcha atrás y nos pusimos en camino. Yo me volví a mirar por la luna trasera cómo la casa de los Callahan se iba haciendo más y más pequeña en la distancia. Aparte de Brian, no había nada en aquella casa que fuera a echar de menos si no volvía.

—¿Estarán mis hermanas allí ya? —volví a averiguar.

—No —dijo la señora Brady—. Están...

—¿Cuánto vamos a tardar en llegar? —pregunté.

—Quince minutos —contestó ella.

—¿Están incluidos esos quince minutos dentro de la visita?

Yo no quería acortar el tiempo que pudiera estar con Gi y Camille, y con Cherie si le daba tiempo a llegar también.

—No —contestó la señora Brady—. Y ahora déjame conducir.

—Si mis hermanas se tardan, ¿las dos horas pueden empezar cuando ellas lleguen? —pregunté.

—Rosie —dijo la señora Brady—. Tus hermanas no van a estar allí. Pero la trabajadora social que se ocupa de su caso las llevará a casa de los Callahan cuando vuelvan de visitar a su madre.

—¡Espera! ¡¿Van a ir a casa de los Callahan?! ¿Saben a qué hora volveremos?

—Sí. Les llevarán regalos.

—¡¿Puedo esperarlas en casa de los Callahan?!

Me di la vuelta para mirar por el cristal trasero. La casa había desaparecido hacía un buen rato. Dos horas con Cookie me parecían una tortura que tendría que soportar para ver a mis hermanas.

—¡Vamos a ver a mamá! —dijo Norm—. ¡Deja de hacer preguntas!

Cerré los ojos y me dejé caer sobre el respaldo del asiento. Quería que existiera un botón para acelerar el tiempo como en una película. Y cuando estuviera otra vez con mis hermanas, hacer que no pasara.

Esperaba que la visita de mis hermanas fuera de más de dos horas. Al fin y al cabo, ellas no nos habían pegado y matado de hambre. Lo único que habían hecho era robar comida para darnos de comer, lavarnos con agua fría para que estuviéramos siempre limpios, y querernos hasta el extremo de soportar que les tirasen un zapato de tacón a la cara con tal de que a nosotros no nos pasara nada.

La señora Brady detuvo el auto delante de un edificio de estuco desconchado rodeado de apartamentos de dos plantas mugrientos que parecía que se iban a caer. La mitad del porche delantero se había descolgado sobre el jardín lleno de malas hierbas. La puerta delantera tenía unos barrotes negros que daban la impresión de ser la entrada a una celda. Cookie esperaba en el sendero de entrada con unos pantalones de licra negros y una blusa blanca que se fruncía delante. Parecía el demonio de Tasmania de los dibujos animados.

Norm salió corriendo del auto y se abrazó a su cuerpo fornido. Yo me quedé en la acera mirando cómo besaba a mi hermano en la cabeza y le acariciaba el pelo negro.

—Volveré a las tres en punto —dijo la señora Brady—. Si todo sale bien, podremos organizar visitas como esta cada dos semanas.

—Estoy sobria como un juez —dijo Cookie, dirigiéndole a la señora Brady aquella sonrisa de goma elástica tensa que parecía que se fuera a romper.

Permanecimos de pie en la entrada, Norm rodeando a Cookie con los brazos y ella agarrándome el hombro con sus dedos de garras rojas, hasta que la señora Brady se alejara en el auto. En cuanto desapareció al doblar la esquina, Cookie apartó a Norm de ella, nos cogió de la mano a cada uno y echamos a andar rápidamente por la acera.

—¿Adónde vamos? —preguntó Norm.

Teníamos que trotar para seguirle el paso a Cookie. Me tiraba tan fuerte del brazo que pensé que me lo iba a desencajar y me parecería a la Barbie con un solo brazo que Gi se encontró una vez en un contenedor del Ejército de Salvación.

Nos detuvimos en la siguiente manzana, junto a una larga furgoneta gris con una banda adhesiva de imitación a madera en el lateral que se estaba despegando. Se encontraba aparcada delante de una boca de incendios. Tres multas en el limpiaparabrisas se agitaban con el gélido aire. Tan preocupada había estado pensando en si llegaríamos a tiempo para ver a mis hermanas que no me había dado cuenta del frío que hacía hasta ese momento.

—¿Este es nuestro nuevo auto? —preguntó Norm.

No parecía que tuviera frío, aunque él no llevaba abrigo como yo. La semana anterior las temperaturas habían bajado a cero grados. Yo había cogido prestado un abrigo grande con una capucha bordeada de pelo (probablemente de una niña de quinto grado) de la oficina de objetos perdidos del colegio y fui con él a casa de los Callahan. Estuve cuatro días con aquel abrigo hasta que una niña grande con el cabello naranja como el fuego me paró en mitad del pasillo y me preguntó si no era su abrigo. Yo me encogí de hombros. Ella metió la mano pecosa por el cuello del abrigo y le dio la vuelta a la etiqueta. Detrás estaba su apellido, O'Brien. Me quité el abrigo roja de vergüenza y se lo devolví. Ella lo cogió sin decir palabra, se lo ató a la cintura con las mangas y salió del edificio sin ponérselo siquiera.

—¡Este es el auto en el que nos vamos a escapar!

Cookie enarcó las cejas y sonrió. Abrió la puerta trasera y nos dijo que nos subiéramos. Estaba todo lleno de ropa, zapatos, mantas sucias, botas con la suela llena de barro reseco, bolsas antiguas de McDonald's y Wendy manchadas de grasa, latas de cerveza vacías y los ruidosos envoltorios de papel aluminio de los dulces de chocolate Sno Balls y Mounds. Olía como la ropa que recogíamos de los contenedores de basura: calcetines sudados, grasa refrita y humo de cigarrillo.

—¿Podemos sentarnos encima de tu ropa? —le pregunté.

Nuestra madre era lo contrario a nuestras hermanas. Cherie, Camille y Gi le quitaban las bolitas a los suéteres, rociaban con agua las prendas arrugadas y las colgaban para que no se formaran muchas arrugas al secarse, mientras que Cookie trataba la ropa, la única ropa de toda la familia que no procedía de un contenedor de ropa usada, como si fueran pañuelos de papel usados.

—¡No! —dijo ella—. Siéntense en el suelo, debajo de la ropa. Tápense con ella.

Cookie esperó junto a la puerta mientras Norm y yo nos metíamos debajo de todo como si fuéramos hámsteres. Se inclinó hacia el interior y nos colocó la ropa por detrás de la cabeza y la espalda. Oí el ruido de las latas de cerveza vacías que también nos echó por encima.

—Norm, tú eres el hombre ahora. Estás al mando, ¿entendido?

—Entendido —dijo Norm con la voz amortiguada.

—Cuida a tu hermana y que no salga de su escondite hasta que yo vuelva.

—Entendido —repitió Norm.

—Y no salgan de ahí pase lo que pase, ¿me has oído?

—Entendido —dijo él con firmeza.

La puerta se cerró con un clic y Cookie desapareció.

NORM ME TOCÓ el brazo metiendo la mano por debajo de la ropa. Toqué una sudadera con olor a sudor rancio por encima de nuestras cabezas. Él me indicó que guardara silencio poniéndose el dedo en los labios. Se oían los gritos de Cookie fuera del auto. Y después, la voz de la señora Brady.

—¡Norm! ¡Rosie! ¡Pueden salir! —dijo la señora Brady.

—No te muevas —susurró Norm.

La señora Brady y Cookie se detuvieron junto al auto. Cookie lloraba mientras hablaba, pero no parecía que derramara lágrimas.

—¡Y tenían que hacer caca en un cubo! —se lamentaba Cookie—. ¡Un cubo! Dígame una cosa, ¡¿le parece civilizado hacer las necesidades en un cubo de plástico a estas alturas?!

—Prometo que los encontraremos y no los llevaremos de vuelta a...

—¡Encuentre a mis hijos ahora! —gritaba.

La conversación se fue disipando conforme se alejaban del auto. De vez en cuando, una u otra gritaba:

—¡Norm! ¡Rosie! ¡Salgan! ¡No van a volver con los Callahan!

Al final se hizo el silencio y al rato oímos un auto que pasaba despacio a nuestro lado. Noventa segundos después, Cookie abrió la chirriante puerta delantera. El auto se inclinó hacia la izquierda cuando se sentó.

—Niños, no se destapen la cabeza —dijo mientras ponía el motor en marcha—. Nos largamos.

Los neumáticos rechinaron en el asfalto cuando el auto se puso en marcha. Cookie encendió un cigarrillo y el olor mentolado se mezcló con el resto de los olores acres.

—¿Y qué pasa con la visita de nuestras hermanas? —le susurré a Norm—. ¡Nos traen regalos!

Norm sacudió la cabeza y yo empecé a llorar. No quería vivir con los Callahan, pero tampoco quería vivir con mi madre. Yo solo deseaba estar con mis hermanas. Quería a Gi y a Camille, y a Cherie también, aunque ahora estuviera casada y tuviera su propia familia.

—¡Mamá! ¿Podemos recoger a nuestras hermanas? —pregunté, asomando la cabeza entre la pila de basura como Óscar, el gruñón de Plaza Sésamo.

—¡No saques la cabeza, por lo que más quieras! —gritó Cookie, tirando el cigarrillo por la ventana. Luego puso una cinta en el radiocasete y se puso a cantar «Coward of the Country» con Kenny Rogers.

Me hice un ovillo entre la ropa cerré los ojos y le dirigí un mensaje a Gi, esperando que me oyera como por arte de magia: *Mamá nos ha raptado de la casa de los Callahan. ¡Ven a buscarnos lo antes posible!*

4

Antes de la tormenta

—LAS SEÑALES DE PARE no son obligatorias —nos gritó Cookie por encima de la voz de Kenny Rogers. Los autos pitaban, presumiblemente a nosotros. No tenía ni idea de cuán rápido íbamos, pero tenía la sensación del exceso de velocidad por el modo en que vibraba y retumbaba el suelo.

—¡Los semáforos rojos también son opcionales cuando llevas una carga tan preciada en el asiento de atrás! —gritó.

Más sonido de bocinas.

—¡Eh! —dijo Cookie, pisando a tope los frenos que chirriaron y temblaron mientas nos deteníamos en seco. Yo estaba tan protegida entre la basura que casi no me di cuenta cuando el movimiento me impulsó de nuevo contra el asiento que tenía delante—. ¡QUÍTENSE DEL MEDIO, ESTÚPIDOS! —gritó ella, y nos pusimos de nuevo en movimiento.

Me quité la ropa y las latas de cerveza de la cabeza para tomar un poco de aire cargado de humo. Norm hizo lo mismo. Parecía un muñeco asomando de una papelera. Me reí.

—¿De qué te ríes? —preguntó Cookie, bajando la música.

—De nada —dije yo.

—¿Siguen escondidos?

—Sí —contestamos los dos y él me guiñó un ojo.

—¿Saben? Kenny pronuncia su nombre "Kinny" —comentó Cookie.

—¿Es tu nuevo novio? —preguntó Norm.

—¡Ya quisiera yo! —dijo ella, riéndose. Oí el mechero y me llegó el olor a mentol del cigarrillo que acababa de encender—. Me refiero a Kenny Rogers, el cantante.

—Seguro que si lo conocieras, sería tu novio —dijo Norm. Él siempre sabía cómo hablar a Cookie. Los cumplidos te llevan a donde quieras.

—Seguro que sí —dijo ella—. Kenny y yo haríamos buena pareja. ¿Sabes? Me encantaban Frank Sinatra y Elvis, pero Elvis está muerto y Frank es viejo, viejo, viejo. Yo le hacía los coros a unas cuantas bandas musicales, ¿lo sabían? Cuando no iba de gogó.

—Sí —dijo Norm.

Habíamos oído la historia de sus tiempos como gogó y corista muchas veces. Todos nos creíamos lo del baile, pero a Gi le gustaba decir que Cookie no era capaz de seguir la melodía. ¿Quién la iba a contratar como cantante?

—Ahora solo pienso en el futuro. Enfocada hacia adelante. Viviendo el momento. ¿Me entienden?

—Sí —dijo Norm.

—Y Kenny Rogers es el futuro. Ahí es donde está todo.

Cookie subió la música y empezó a cantar «The Gambler» a voz en cuello. Cuando terminó la canción, volvió a bajar la música.

—¿Se acuerdan de Jeff? —preguntó, pero no esperó a que respondiéramos—. Ese policía alto y sexy, bueno, un policía jubilado. Pues me va a ayudar a conseguir la custodia de ustedes dos.

—Genial —dijo Norm.

—Genial —dije yo con menos entusiasmo.

Por supuesto que me acordaba de Jeff. Nunca lo vi en persona, pero fue con él con quien estuvo viviendo los cuatro meses que nos dejó abandonados en la Casa Sapo a Norm, a Gi, a Camille y a mí. La noche que volvió nos dijo que se había tenido que quedar con Jeff porque su mujer había muerto de cáncer y nadie podía cuidar de su hija Candice. A Gi se le demudó el rostro y tuvo que pestañear muchas veces para alejar las lágrimas cuando Cookie nos contaba la pena que había sentido por Candice y lo mucho que necesitaba una figura materna. Después, mi hermana nos susurró a Camille y a mí que le indignaba que Cookie cuidara de la hija de otro y no se ocupara de sus propios hijos. Hasta aquel momento no había comprendido lo absurdamente desencaminado que estaba el cariño de Cookie.

La carretera llena de baches por la que transitábamos cambió a un asfalto suave y silencioso. Íbamos más despacio y ya no se oían autos. Poco después nos detuvimos y Cookie apagó el motor. Oímos varios clics, señal de que el automóvil se estaba enfriando. Mi madre se estiró hacia la guantera, sacó una botella de perfume Jontue y se perfumó el pecho y la nuca. Ahora el auto olía a almizcle, cigarrillos, cerveza y comida rápida.

—Esperen aquí, niños —dijo Cookie.

Su puerta chirrió ruidosamente. Luego oímos el sonido de la puerta de una casa que se abría y volvía a cerrarse. Un minuto después, Cookie regresó al auto. Abrió la puerta de atrás y nos miró, enterrados hasta los hombros entre ropa sucia y basura.

—¿Podemos salir? —preguntó Norm.

—Sí. Nos vamos a quedar aquí por ahora, pero ustedes tendrán que compartir un sofá cama en el cuarto de estar.

Cookie se dio media vuelta y regresó a la casa mientras Norm y yo salíamos como podíamos de la montaña de basura, tirando varias latas de cerveza al suelo con el movimiento. Sentí el punzante aire de diciembre en la cara y me pregunté si no habría un abrigo que me sirviera entre toda aquella basura.

Cookie entró alegremente a la casa, balanceando sus anchas caderas como un péndulo. Nosotros la seguimos hasta el salón, ordenado y simétrico. Una alfombra marrón gruesa cubría el suelo de pared a pared y había dos sofás también marrones, adornados con un cojín de flores en tonos melocotón en cada brazo. Las paredes eran del mismo tono melocotón y había una alfombra circular de color melocotón como un lago entre ambos sofás.

—Una alfombra encima de otra —le susurré a Norm. Jamás había visto cosa igual.

—Siéntense aquí —dijo Cookie, señalando uno de los sofás antes de abandonar la habitación.

Norm y yo nos sentamos el uno al lado del otro, con las manos en el regazo. Los dos llevábamos puesta la ropa que habíamos cogido del sótano de los Callahan. Yo llevaba tres días con lo mismo, incluso para dormir, porque no teníamos pijama.

Cookie llegó con Jeff, el hombre alto cuyos ojos parecían de plástico y vacíos como los del muñeco Ken. Me preguntaba si seguiría estando triste por la muerte de su mujer. Su boca era un rayita encima de la barbilla. Su nariz formaba un triángulo perfecto. Su hija Candice estaba de pie, a su lado. Era del alto de Gi y también tenía el pelo oscuro como ella, solo que el de Candice era liso como una regla. Gi siempre había querido tener el pelo así de liso. Una vez se fue a la cama con la cabeza mojada envuelta en una bufanda y encima un gorro de lana para ver si así domaba un poco sus rizos. A la mañana siguiente, cuando se quitó la bufanda y el gorro, tenía el pelo de la coronilla aplastado y de las orejas para abajo todo alborotado. Parecía un paraguas abierto. Tuvo que meter la cabeza debajo del agua fría para arreglar lo que había hecho por la noche.

Cuando miré a Candice, deseé poder meterme debajo del grifo y desaparecerme por completo. Candice llevaba unos vaqueros Jordache, como las niñas ricas del colegio. En la parte de arriba llevaba una camiseta brillante de color morado con unos volantes ligeros como plumas en los hombros. Le cubrían las piernas de la rodilla para abajo unas polainas también brillantes de color morado y por debajo asomaban unas botas de gamuza con cordones morados. No parecía que llevara nada usado, ni viejo. Ni que hubiera dormido con ello puesto.

—Él es Norman —dijo Cookie, colocándose detrás de Norm y poniéndole las manos encima de los hombros—. Y esta es Rosanne —añadió, alargando la mano para tocarme el hombro.

—Hola —dijo Candice, que bajó la cabeza un poco y sonrió. Jeff mantenía los ojos vacíos y el rostro duro fijos en Cookie.

—¡Va a ser una noche maravillosa! —exclamó Cookie, dando palmadas—. Nuestra primera noche como una familia completa.

—Qué bien —dijo Norm.

—Qué bien —repetí yo, sin poder evitar preguntarme cómo podíamos considerarnos una familia si acabábamos de conocernos, y cómo esta familia podía estar completa sin mis hermanas.

A LA MAÑANA siguiente, Jeff llevó a Candice al colegio y nos dejó a los tres solos en la mesa blanca de la cocina. Había una fuente de panes y queso crema. Yo ya iba por el tercer pan. Me dolía el estómago y se me estaba hinchando. No confiaba demasiado en que aquello no fuera a ser lo último que comiéramos en días.

—¡Jeff nos ha invitado a vivir con él para siempre! —dijo Cookie.

Dejé el pan a medias en el plato. Los «para siempre» de Cookie no eran muy de fiar, pero significaba que al menos habría más comidas.

—¿Podemos ir al colegio? —pregunté. El colegio era el único refugio fiable en mi poco fiable vida.

—No hasta que no me quite a la pasma de encima —respondió Cookie, levantándose. Se inclinó delante del tostador de acero y se pintó los labios de rojo—. Jeff me va a conseguir trabajo. Él tiene contactos.

—¿Qué clase de trabajo? —pregunté.

—De secretaria —dijo ella—. Es un buen trabajo.

—¿Vas a ir hoy? —pregunté.

—Voy a ir a hablar con ellos hoy, sí —contestó ella, jugueteando con el delgado pelo que se había ahuecado como si fuera un casco sin dejar de mirarse en el tostador.

—¿Puedo ir contigo? —pregunté.

Cookie se volvió hacia mí.

—¡Claro que no! Y menos cuando la pasma me está buscando. Si nos pillan, a mí me llevarán a la cárcel y ustedes volverán a la pequeña casa de los horrores —dijo y se rio.

Cookie cogió su bolso grande plateado de la encimera y se lo colgó al hombro. Después nos dio un beso en la cabeza.

—Eres el hombre de la casa ahora, Norm —le dijo, revolviéndole el pelo primero y rascándole rítmicamente la nuca con sus vibrantes uñas.

Norm cerró los ojos. Me recordó a los perros cuando les rascas donde más les gusta y me pregunté si empezaría a menear la pata de puro placer.

Cuando Cookie se marchó, Norm dijo:

—¿Crees que hay alguna posibilidad de que Jeff me deje ser el hombre de la casa?

—¡Ni de broma!

Jeff solo hablaba con Candice y Cookie, y solo las miraba a ellas. ¿Cómo iba a ser Norm el hombre de la casa si Jeff ni siquiera veía que estaba en la misma habitación?

—Espero que le den el trabajo —dijo Norm.

Norm cogió el pan que yo había dejado a medias y le dio un mordisco. Se le quedó un poco de queso crema en la comisura del labio.

—¿Qué es la pasma? —le pregunté a Norm.

—La policía —dijo él, masticando.

—¿Por qué los llaman pasma?

—No lo sé —contestó él, metiéndose el resto del pan en la boca.

—¿Y Jeff no forma parte de la pasma?

—Supongo —dijo Norm de manera casi imperceptible, pues tenía la boca llena—. Pero él no va detrás de ella para arrestarla. Va detrás de ella para tocarla.

—Qué asco —dije yo, y Norm se rio, dejando a la vista restos de queso de untar sobre los dientes.

ANTES DE QUE se fuera al colegio, Candice nos había dado a Norm y a mí una bata de raso rosa y un camisón blanco también de raso. Los dos habían pertenecido a su madre. Nos los teníamos que poner mientras se lavaba nuestra ropa.

—Te dejaría mi ropa —me dijo—, pero no te serviría.

Me dio la sensación de que le alegraba y me pregunté si realmente me dejaría su ropa si me quedara bien. Yo no deseaba nada más que ponerme algo morado, brillante y con plumas como la ropa que Candice llevaba cuando nos conocimos.

Norm se puso la bata y yo vestí el camisón, que se me arrastraba y me hizo tropezar cuando subía del sótano después de meter la ropa sucia en la lavadora. Nos pasamos el día en el salón marrón y melocotón viendo reposiciones de *Los Jefferson* y *Vacaciones en el mar*, y todos los concursos que trasmitían por el día.

—¿Crees que la señora Callahan les habrá pegado a Brian y a los otros porque no regresamos? —le pregunté a Norm.

En la televisión había un anuncio de la Golden Dream Barbie. Me encantaría tener esa Barbie con su pelo lacio y dorado que podía peinarse de varias formas usando las diminutas tenazas para el cabello que se incluían en la caja.

—Mamá le dijo a la trabajadora social lo que ocurría en la casa. Te garantizo que nadie va a pasar una noche más allí.

—¿Estás seguro? —pregunté yo.

—¡Confía en mí! —exclamó Norm—. Soy el hombre de la casa y lo sé.

Me preguntaba por qué Cookie quería que Norm fuera el hombre de la casa. ¿Y yo? ¿Es que yo no podía estar al mando también? Aun así, quise creerle a Norm. Creer que mis hermanos de acogida estaban bien me permitía disfrutar de los lujos de vestir un camisón de raso, tener comida en la nevera y ver concursos en la tele.

—¿Nos encontrarán nuestras hermanas si estamos aquí? —pregunté en el siguiente segmento de anuncios.

—Mamá no quiere que nos vean —dijo Norm.

—¿Por qué?

—Cree que le avisarán a los servicios sociales o a la pasma y la entregarán.

—¡No lo harán! ¡Nos han comprado regalos! ¡Solo quieren venir a vernos!

—No se fía de ellas —dijo Norm—. Y ahora cállate.

Los anuncios se habían terminado y Norm estaba concentrado en la televisión. Yo no podía ver lo que aparecía en la pantalla. Sentía como si mi cabeza estuviera en estado de efervescencia y tenía el cuerpo electrizado. Quería a Camille y sus mejillas suaves que se transformaban en manzanitas cuando se reía. Quería a Cherie, que ya era adulta y no había nada que no pudiera hacer. Y quería a Gi. Yo era su *mia bambina*, lo que más amaba. *Je t'aime*, susurré, con la esperanza de que mis hermanas escucharan el mensaje, allí donde estuvieran.

CENAMOS A LAS cinco y media: hamburguesas y patatas fritas que preparó Jeff y sirvió Cookie. Después de cenar, Jeff bajó al sótano y subió con un árbol blanco de plástico brillante. Faltaban tres días para Navidad. Jeff se sentó en el sofá con las largas piernas estiradas, y Cookie apretaba sus redondeces contra él, riéndose como una niña, mientras miraban juntos a los tres niños decorar el árbol. Todos los adornos eran plateados o color melocotón. Cuando ya solo quedaba por poner la estrella en lo alto del árbol, Jeff se levantó despacio del sofá, estiró su largo brazo, y la colocó de una vez en la blanca y resplandeciente copa. Su boca estaba curvada hacia abajo como en un gesto de enfado, y yo me preguntaba por qué aquel árbol tan precioso no lo hacía sonreír. Cookie apagó las luces del salón y Jeff encendió las luces del árbol. Era mi primer árbol de Navidad. Deseaba que mis hermanas pudieran estar allí para verlo.

—¡Es perfecto! —dijo Cookie, rodeando a Jeff con sus brazos y apoyando sus pechos en él como si estuvieran bailando.

Jeff no se movió, firme como un poste de teléfonos. Sin embargo, yo sabía que le gustaba por la forma en que la sujetaba por la cadera. Cookie siempre se comportaba así cuando estaba con un hombre: acaparadora y consentidora, como si creyera que su hombre se esfumaría si se despistaba un segundo.

—Es un árbol genial —dijo Norm con las manos apoyadas en las caderas, como un superhéroe a punto de echar a volar, mirándolo de arriba abajo.

—Un árbol precioso para una familia preciosa —dijo Cookie, mirando a Jeff con el rostro iluminado.

Yo seguía sin comprender por qué decía que éramos una familia.

—Echo de menos a mi madre —me susurró Candice.

—Y yo a mis hermanas —le susurré.

—¡Va ser la mejor Navidad del mundo! —dijo Norm.

No lo fue. Había un calcetín de Navidad morado de pelo sintético para Candice colgado de un gancho dorado en el alféizar de la ventana. Estaba lleno a reventar de chocolatinas de Papá Noel y todo tipo de galletas y caramelos, además de tres cajitas de cartón, cada una de ellas con un par de pendientes en su interior. Cookie había cogido un par de calcetines de deporte grandes de Jeff y había escrito nuestros nombres en la parte de arriba. Los había dejado sobre el respaldo de uno de los sofás. En nuestros calcetines había un Papá Noel de chocolate (que seguro había cogido de la montaña de dulces de Candice), un paquetico de galletas de mantequilla de cacahuetes (había una caja llena en el armario, y Candice metía una en la bolsa de la comida del colegio todos los días), un dulce Twinkie (que también llevaba Candice al colegio), una naranja, un cepillo de dientes, un peine (en el calcetín de Norm) y un cepillo del pelo (en el mío). Norm se comió todos los dulces en un santiamén y luego se sentó como un perrito al lado de Candice a ver cómo abría sus chocolatinas y caramelos, y les daba mordisquitos que saboreaba sin masticar. Más tarde, cuando todos estaban en la cocina desayunando, Norm robó un paquete de chocolatinas y otro de caramelos del calcetín de Candice. Me las enseñó por debajo del mantel de la mesa de la cocina. Yo sonreí y no me sentí mal porque se las hubiera quitado. Los dos sabíamos que tenía tantos dulces que no se daría cuenta de que le faltaban dos paqueticos.

Después de desayunar huevos revueltos con salchichas que había preparado Jeff, volvimos al salón a buscar los regalos. Candice fue abriendo una caja tras otra, regalos de su padre, de sus tíos y de los abuelos por las dos partes de la familia. Había incluso un regalo del cartero y también fue Candice quien lo abrió. Norm y yo recibimos un regalo cada uno. En la tarjeta decía: «Con cariño, de mamá y Jeff». Para Norm, una chaqueta marrón. Para mí, una chaqueta rosa. Candice también recibió una chaqueta morada de parte de Cookie y Jeff.

Resultó que mi primera Navidad con árbol y regalos no fue mejor que todas las demás que había pasado viendo árboles de Navidad y regalos en la televisión. En realidad, fue mucho peor, ya que no estaban mis hermanas presentes.

EN ENERO, MI madre empezó en su nuevo trabajo. Norm y yo seguíamos sin poder ir al colegio, porque a ella le preocupaba que la pasma se enterara de dónde estaba y la llevara a la cárcel. Una mañana nos explicó que había órdenes de arresto contra ella por diferentes motivos: hurto, atropello con fuga, conducir borracha y multas de estacionamiento. Me dio la impresión de que casi estaba orgullosa de la lista, del número de cosas de las que se había librado.

Norm y yo nos quedábamos en casa viendo la televisión o jugando con distintos juegos de mesa. Cuando hacía sol, salíamos a dar una vuelta por el jardín cubierto de nieve donde no había un hoyo de los excrementos ni trastes. Pensaba en mis hermanas todos los días. En mi cabeza, imaginaba que le escribía cartas a Gi en las que le contaba lo que veía en la televisión, o lo bonita y ordenada que estaba la casa de Jeff, o que Cookie lo amaba tanto que solo tenía ojos para él. Jamás llegué a escribirlas, porque no sabía a qué lugar enviarlas. Cookie decía que no tenía ni idea de dónde estaban y que si de verdad me quisieran vendrían a buscarme. Cada vez que lo decía, yo cerraba los ojos y recordaba a Gi cuando me decía *je t'aime*. ¿Cómo podía alguien decirte eso y no pensarlo de verdad?

UNA VEZ QUE Cookie estuvo cobrando un salario, empezó a salir después del trabajo y a llegar habitualmente cuando Norm y yo estábamos ya en la cama. Una noche oímos que llamaban a la ventana del cuarto de estar del primer piso donde dormíamos. Norm se levantó y descorrió las cortinas. La cara de Cookie estaba aplastada contra el cristal. Se reía y babeaba.

—Abran la puerta principal —masculló con voz casi ininteligible.

Norm y yo fuimos de puntillas hasta la puerta principal, abrimos el pestillo y la dejamos entrar. Olía a cerveza, cigarrillos y sudor. Llevaba la blusa mal abotonada y el faldón del lado izquierdo le colgaba por encima hasta la entrepierna. En una mano sujetaba las medias de color carne que llevaba puestas cuando salió de casa; en la otra, los zapatos blancos de tacón.

—He perdido el bolso —dijo—. Y las llaves.

—¿Cómo has venido a casa? —preguntó Norm.

—¿Dónde está el auto? —pregunté yo.

—¿El auto? —repitió ella, ladeando la cabeza como si tratara de acordarse—. ¿Y a quién demonios le importa?

—¿Has perdido la cartera? —preguntó Norm.

—Mamá no tiene tarjetas de crédito, tesoro —dijo ella, dejando caer las medias y los tacones para apretujarle las mejillas, como si fuera a besarlo.

Norm se libró de ella.

—¿Cuánto dinero has perdido?

—No te preocupes —canturreó ella—. Mamá lo tiene todo bajo control.

Cookie se fue zigzagueando hacia las escaleras. Subió un escalón y lo volvió a bajar. Lo intentó otra vez. Arriba y abajo otra vez. Norm se acercó y la empujó por la espalda.

—¡Ayúdame! —me susurró.

Yo la agarré de la mano. Era una mano sudorosa, caliente, desconocida. Me di cuenta de que nunca había agarrado de la mano a mi madre. Había tomado de la mano a mis hermanas. Era la norma: tenía que tomar su mano para cruzar la calle. Pero aquel trozo de carne me resultaba tan extraño como si fuera la mano de Jeff.

—¿Les gustan los Bee Gees? —preguntó Cookie, mientras subíamos con esfuerzo la escalera.

—Sí —dije yo.

—Son tan buenos como Kenny Rogers. Kinny. Llámenle Kinny. ¡Se acabó Elvis! ¡Se acabó Frank! —dijo Cookie entre carcajadas—. Un día me fornicaré a este hombre. Un día me fornicaré a Kinny Rogers. ¿Verdad, Norm?

Norm no contestó. Yo había oído a Cookie decir palabrotas muchas veces, pero nunca la había oído utilizar aquella. Creía que al decir que se iba a fornicar a Kinny Rogers se refería a que le iba a dar de comer. Me la imaginé hundiendo un tenedor de plata en un plato de espaguetis con salsa de tomate e introduciéndoselo en la boca. Me pareció gracioso.

Cuando llegamos al descansillo del piso de arriba, Norm abrió la puerta del dormitorio de Jeff y yo empujé a Cookie hacia el interior. Al oír la voz de Jeff, Norm y yo bajamos las escaleras corriendo y volvimos al cuarto de estar. Oíamos a Jeff dando gritos encima de nuestras cabezas. Cookie guardaba silencio. Al final, la voz se redujo a un murmullo. Y después dejamos de oírlos.

EN FEBRERO, JEFF se hartó. Estábamos desayunando cuando le dijo a Cookie que tenía una semana para irse. Candice dejó de comer su cereal, manteniendo la cuchara en el aire. Nos miró a Norm y a mí. Al ver nuestras caras impasibles, se levantó, tiró lo que quedaba en el tazón en el fregadero y salió de la cocina. Seguro que sentía alivio al volver a tener a su padre para ella sola.

Cookie acarició la rodilla de Jeff y subió hasta su entrepierna con las uñas largas y pintadas de rojo.

—Tesoro, no hablas en serio, ¿verdad? —ronroneó.

—Una semana —dijo Jeff, retirándole la mano. Después se levantó y salió de la cocina también.

—¡PUES JÓDETE, MALNACIDO! —gritó ella tirando su servilleta al suelo y después barriendo la mesa con el brazo, lanzando por los aires la caja de cereales, el tazón de Norm y el mío, y las tazas de café de Jeff y ella—. No pienso quedarme en este agujero un maldito minuto más —añadió y salió de la cocina como si no hubiera pasado nada.

5

El demonio conocido

AQUEL MISMO DÍA a la hora de la comida aterrizamos en un hotel de la autopista. Tenía la forma de una granja blanca con aquel tejado de hojalata tan inclinado. Todos los autos del estacionamiento mostraban una matrícula de Nueva York. También había dos camionetas, una de California y otra de Florida. Yo no había salido en toda mi vida del condado de Suffolk, Nueva York, y aunque seguíamos en él, las matrículas de otros estados hacían que me pareciera que el hotel estaba más lejos que cualquiera de los otros lugares en los que habíamos vivido.

—Está claro que esto no es el Hotel California —dijo Cookie, empezando a cantar la canción.

Norm y yo cantamos con ella. Cuando cantábamos juntos como en ese momento, parecíamos una familia común, personas normales. Y me gustaba mi madre cuando cantaba: se veía feliz, su voz no tenía aquel matiz cortante. No estaba enfadada.

Cookie seguía cantando a voz en cuello cuando giró un poco el retrovisor hacia ella para retocarse el pintalabios rojo y aplicarse unas cuantas capas de máscara de pestañas. Se ahuecó el pelo con los dedos de uñas pintadas y colocó bien sus pechos dentro del sujetador para levantarlos antes de rociarse con perfume.

—¡Hora del espectáculo! —exclamó Cookie, interrumpiendo la canción y agitando los dedos a ambos lados de su rostro. Se volvió hacia nosotros que íbamos sentados detrás y nos habló con firmeza—. Esperen aquí.

Ojalá hubiéramos podido retroceder en el tiempo, cuarenta segundos nada más, para estar cantando otra vez.

Al cabo de unos minutos, Cookie estaba de vuelta en el auto. Había conseguido una habitación con un buen descuento en el segundo piso y un trabajo como camarera en la barra del hotel. Le pagarían con las propinas, pero podía beber gratis.

—Por mí, está bien —dijo Cookie.

—Por mí también —aseguró Norm, recogiendo su ropa de la pila de basura del asiento trasero. Después del tiempo que habíamos vivido en casa de Jeff, los dos teníamos más de un conjunto de ropa para ponernos. Y teníamos nuestras chaquetas de Navidad.

—Ya saben, los clientes de un hotel con «camas calientes» están aquí unas horas, no varias semanas. Por eso agradecen que una bonita familia como nosotros se quede y le dé un poco de clase al sitio —explicó Cookie.

No entendía muy bien a qué se refería mi madre con «camas calientes», pero me dio la impresión de que a mis hermanas no les gustaría que estuviéramos allí.

—¿Pueden venir Gi, Camille y Cherie a visitarnos? —pregunté.

—¡De eso nada! —dijo Cookie—. Esas zorras se quejarán a Servicios Sociales en cuanto a mi persona y entonces todo habrá terminado.

—¿Pero de qué se van a quejar? —pregunté—. Tienes trabajo. Tenemos un sitio donde dormir. Tenemos ropas —expliqué, cogiendo las mallas moradas que me había regalado Candice.

—¡Son unas zorras mentirosas! —dijo Cookie—. ¡Todas! Harán lo que sea con tal de destruir esta familia. ¡Espera y verás!

Sabía que si lloraba, la tomaría conmigo. Tenía que ocultarle mi amor por mis hermanas o yo también entraría en la categoría de estúpida mentirosa. Sin importar lo que significara eso.

La habitación tenía una cama grande, un sofá cama y un catre. Cookie reclamó la cama, Norm cogió el sofá cama y yo me quedé alegremente con el catre, que estaba en el otro extremo, lejos de la ventana y también de los ruidos de los clientes borrachos que salían del bar.

Aparte del hecho de que Cookie seguía sin llevarnos al colegio, no me importaba vivir en un hotel. Me sentía segura, porque había mucha gente alrededor y siempre alguien estaba despierto en la recepción del hotel. Era como tener portero o mayordomo. Y cuando Cookie empezó a ganar lo suficiente, se mudó a la habitación contigua. Yo seguí durmiendo en el catre y Norm se fue a la cama. Esta vez, los ruidos de los que quería alejarme eran los que llegaban a través de la pared: la voz cantarina y mimosa de Cookie cuando tenía a un hombre en la cama durante una noche, o a veces por unas pocas noches. Si se quedaban más de una semana, Cookie hablaba de amor y decía que éramos una familia. Cuando se iban, Cookie nos echaba la culpa.

—¡Lávense para no asustarlos! —dijo una noche, dejando caer su cuerpo tambaleante y sin fuerzas sobre la pared—. ¡Nadie quiere a una mujer cuando ve que dos mugrientos mocosos como ustedes han salido de su coño!

Ya empezaba a entender qué significaba aquello de «coño» y de inmediato quise corregirla. Éramos cinco. Habían salido cinco como nosotros de su coño.

Cookie se pasaba la mayor parte de los días viendo la televisión hasta que se iba a trabajar por la noche. Cuando Norm y yo teníamos hambre, llamábamos a su puerta. Ella buscaba en el sujetador y sacaba un billete siempre un poco pegajoso y caliente. Cuando nos daba uno de veinte, comíamos en el restaurante del bar, ordenando comida suficiente para mantenernos llenos todo el día. Era divertido mirar a las otras personas que comían allí: montones de mujeres bonitas con minifaldas brillantes, zapatos con un tacón tan alto como un cuchillo de la carne en vertical y unas pestañas tan largas que parecían mariposas negras. Cuando nos daba uno de diez o cinco, íbamos por el arcén de la transitada carretera hasta el supermercado que estaba a un kilómetro y medio de distancia y comprábamos todo lo que podíamos con los cinco dólares. A mi hermano solo le preocupaba la cantidad, no la calidad, así que nuestra dieta consistía fundamentalmente en bolsas gigantes de carne seca y paquetes de malvaviscos recubiertos de caramelo con forma de cacahuete, los cuales costaban menos de un dólar.

Un día de aquel invierno, nos adentramos en el barrio que se hallaba cerca del supermercado. Había casitas unifamiliares, jardines con el césped cubierto de nieve sin autos, bicicletas y juguetes rotos asomando la cabeza como lápidas en un desguazadero, y buzones junto al bordillo con el nombre de la familia pintado en letra cursiva o con vivos colores. Al final de una calle encontramos una biblioteca. Aquello era tan genial como encontrar comida gratis. Daba igual donde viviéramos, mis hermanas nos llevaban a la biblioteca casi todos los días. En ellas había calefacción, cuartos de baño con abundante papel higiénico y agua caliente si querías lavarte la cara. Nadie te gritaba ni te hacía daño en una biblioteca, y había libros, por supuesto. Tantos libros que nunca se acababan.

Norm echó a correr y yo lo alcancé rápidamente, resbalando casi en los escalones helados de la entrada. Cuando ingresamos, caminamos en círculo por las dos plantas hasta encontrar las secciones en las que deseábamos quedarnos. Norm, cerca de los cómics y las novelas gráficas. Le encantaba todo lo que tuviera que ver con robots, monstruos o fuerzas del mal que amenazaban con destruir el mundo. A mí me gustaban los libros de Judy Blume sobre chicas interesantes que tenían muchas cosas en las que pensar y mucho que decir. De vez en cuando dejaba de leer, cerraba los ojos e imaginaba que era uno de sus personajes. Mi personaje favorito era Sheila Tubman, de *Sheila la magnífica*. A Sheila le daba miedo todo: los perros, nadar, los truenos. Sin embargo, se obliga a pasar por ello. Yo quería ser Sheila la magnífica y vivir una vida en la que los truenos fueran la cosa más terrorífica.

Para la primavera, los bibliotecarios ya nos conocían y nos dejaban sacar a cada uno más de los cinco libros permitidos. Y como vivíamos en una habitación de hotel, no nos costaba encontrar los libros cuando teníamos que devolverlos. Lo más lejos que se podía esconder algo era debajo de la cama de Norm, donde las sirvientas, que solo iban cuando les apetecía, nunca limpiaban. Yo siempre esperaba que se hicieran amigas nuestras o reemplazaran a nuestras hermanas. Eran jóvenes y guapas, como ellas, y yo deseaba que nos llevaran caramelos, me cepillaran el pelo y jugaran a los concursos de talentos con nosotros. Sin embargo, ellas no nos hacían ni caso, como si fuéramos una pareja de peces de colores abandonados en una pecera de agua sucia.

En verano, algo después del cumpleaños decimotercero de Norm, Cookie empezó a salir del hotel a diario. Volvía alrededor de una hora después con una bolsa de papel llena de cosas. Un día fueron toallas de color malva. Otro día una cafetera. Almohadas y sábanas. Una radio. Y unas botas de goma de color morado brillante para mí cinco tallas más grandes.

Cuando se presentó en nuestra habitación con una radiocasetera y una caja de zapatos llenas de cintas, Norm le preguntó de dónde estaba sacando todo aquello.

—Es mío. Cosas que tenía en un depósito.

Yo rebusqué entre las cintas.

—¡*Saturday Night Fever*! —exclamé.

No había visto la película, pero a todos en la familia le gustaban las canciones cuando las ponían en la radio, sobre todo a Cookie. Gi y Camille habían aprendido algunos de los bailes en el colegio y me los habían enseñado a mí. También intentaron enseñárselos a Norm, pero siempre iba hacia la izquierda cuando se suponía que tenía que ir a la derecha, y se tropezaba como si llevara los zapatos cambiados de pie.

—¡Vengan, vamos a bailar! —dijo Cookie.

Cuando Cookie bebía, su estado de ánimo iba variando según iba aumentando la cantidad de alcohol en su cuerpo, como si fuera un pastel con capas de diferentes sabores. Con la primera copa seguía siendo mala y estando furiosa. A la segunda se calmaba un poco. Después de la tercera era divertida. Quería bailar, cantar, a veces me maquillaba o peinaba a Norm con gel fijador. La cuarta volvía a ponerla furiosa. Y a la quinta era mejor no estar cerca, porque eso significaba que de un momento a otro te daría una tunda terrible. (Y cuando había una primera copa, siempre había una quinta). No obstante, aquel día, el día que llegó con las cintas de música, Cookie quería bailar y parecía completamente sobria.

Puse la primera canción de la cara A, «Staying Alive». Cookie la recibió dando palmas y nos pusimos a bailar por toda la habitación alfombrada. Su trasero saltaba con ritmo propio cuando ella se movía, pero bailaba bien. Mejor que yo, y casi tan bien como Camille, cuyas amigas la llamaban la Reina del Baile. Norm se sentó en la cama, cantando en un falsete perfecto.

Cuando se terminó la canción, Cookie se sentó en la cama, jadeando.

—Si no hubiera jodido las cosas por tenerlos, mocosos, podría haber seguido ganándome la vida como gogó.

Y así sin más, se esfumó la alegría del momento.

EL DÍA QUE Cookie entró en nuestra habitación con una gran caja de madera de joyería, cuyos cajones forrados de terciopelo estaban llenos de joyas de plata, oro, diamantes y otras piedras preciosas, fue el día que arrestaron a mi madre. Norm y yo estábamos en la biblioteca cuando ocurrió. El recepcionista, un hombre con mechones de pelo brillante que parecía que se había pegado a la cabeza, nos dijo que el tipo al que nuestra madre le estaba robando la enfrentó en el estacionamiento. Ella se volvió loca y empezó a pegarle puñetazos y patadas. Fue entonces cuando apareció la policía y la arrestaron por robo y agresión. Los delgados labios del recepcionista dibujaron una irremediable sonrisa cuando dijo:

—No fue fácil ponerle las esposas.

Apreté los puños y sentí pena y vergüenza por mi madre. Norm lo había sabido todo el tiempo, pero no me contó hasta que volvimos a nuestra habitación que las cosas que Cookie nos había estado llevando eran de Jeff. Ella seguía teniendo llave de su casa.

Norm y yo esperamos en el hotel mientras Cookie estaba en la cárcel. No sabíamos cuándo volvería o si irían por nosotros los de Servicios Sociales. Norm quería caminar hasta la tienda de comida, tenía ochenta centavos que había juntado a lo largo de la semana recogiendo las monedas del cambio que quedaban en las cabinas de teléfono. Sin embargo, yo me negaba a ir por si llegaban mis hermanas. Me pasé el día enviándole mensajes mentales a Gi, repitiendo las direcciones que venían en el folleto de información que había en recepción: *¡A un minuto de la I-495! ¡Estamos en el viejo edificio blanco tipo granja con aire de nuevo!*

Cookie regresó al día siguiente. Había llamado a Cherie para que pagara la fianza.

—¿Va a venir a vernos? —pregunté—. ¿Le ha dicho a Gi y Camille dónde estamos?

—¿Acaso eso es una maldita broma? —dijo Cookie—. ¡Fue la estúpida zorra de tu hermana la que llamó a servicios sociales! Les importas una mierda a esas niñas y yo les importo dos mierdas. ¡Jamás vendrán a verte!

Yo no le creía. Yo era la *bambina* de Gi. Si supiera dónde estábamos, iría a vernos.

La trabajadora social a la que llamábamos señora Brady se presentó en el hotel más tarde aquella misma mañana. Cookie interpretó su papel de buena madre. Me acarició el pelo y cogió a Norm de la mano mientras prometía que seguía yendo a Alcohólicos Anónimos y llamando a su supervisor todos los días.

—Busco terapia —dijo—. *¡Quiero* ser mejor persona, de verdad!

Ahora que Norm tenía ya trece años, la señora Brady no puso objeciones a que nos quedáramos solos mientras Cookie trabajaba por la noche. Prometió esforzarse para que Cookie tuviera nuestra custodia si se mantenía sobria y seguía asistiendo a las reuniones.

Norm me susurró al oído que la única razón por la que nos dejaban con nuestra madre era que la señora Brady estaba sobrecargada de trabajo y no tenía la ayuda que necesitaba para ocuparse de dos niños a los que habían raptado de un hogar de acogida abusivo. Yo pensé que mi hermano tenía razón. Resultaba obvio que aquello de que Cookie iba a Alcohólicos Anónimos era mentira. ¡Trabajaba como camarera! Dejarnos con nuestra madre probablemente era más fácil que lograr enrolarnos en el sistema. Por mí, estaba bien, claro, no quería volver a la casa de los Callahan. Y estaba contenta de saber que como la pasma ya sabía dónde estaba Cookie, no teníamos que seguir escondiéndonos y Norm y yo podíamos volver a matricularnos en el colegio.

Cookie vio alejarse a la señora Brady en su auto desde la ventana.

—¡Esa zorra estúpida no diferencia su coño de su culo! —dijo Cookie, riéndose al tiempo que sacaba un paquete de Virginia Slims mentolado de su escote.

—El coño es el lugar por el que salen los bebés, ¿verdad? —pregunté. Tenía que confirmar lo que me decía el instinto. Quería estar segura.

—¡Ja, ja! —dijo Cookie, pero no se estaba riendo—. Es tu chocho, tu vulva, tu chumino, tu agujerito.

Y encendió un cigarrillo.

Norm se tapó los oídos con las manos y cerró los ojos.

—Ya basta —susurró.

—Es lo único que quieren los hombres. ¡Aparte de tus tetas!

Cookie soltó una carcajada que sonó como un graznido y el humo le salió por la boca como si fuera mitad dragón.

Yo la miré, miré a mi madre mientras fumaba y graznaba preguntándome por qué no podía responder a mi pregunta sin más. Cuando les preguntaba alguna palabra a mis hermanas, ellas me explicaban su significado claramente, con precisión. A Gi le gustaba buscar palabras en el diccionario de la biblioteca. Me sentaba encima de su rodilla y pasábamos las páginas hasta que encontrábamos la palabra. Luego me leía la palabra en voz alta, pronunciándola debidamente, y después leía la definición. La próxima vez que la viera, le pediría que buscáramos la palabra «coño». Y «fornicar». A ella le gustaba buscar palabras siempre. Cerré los ojos y volví a llamarla: *¡A un minuto de la I-495! ¡Estamos en el viejo edificio blanco tipo granja con aire de nuevo!*

Como por arte de magia, Gi y Camille se presentaron en el hotel aquella misma tarde. Resultó que Cherie había pagado la fianza de Cookie a cambio de que le dijera dónde estábamos.

—*MIA BAMBINA* —gritó Gi, y me lancé a sus brazos.

Norm estaba abrazando a Camille, dejando que esta lo besara en la coronilla. Luego nos cambiamos y Camille me abrazó a mí y Gi abrazó a Norm.

Nos llevaron unas gorras de béisbol de un viaje a Disneylandia que habían hecho con su familia de acogida.

—¿Te imaginas que los Callahan nos hubieran llevado a Disneylandia? —preguntó Norm. Y los dos nos reímos.

Cuando Gi soltó a Norm, Cookie se le acercó y le clavó el dedo en el pecho, acusándola de ponernos a Norm y a mí en su contra.

Camille encendió la televisión con nerviosismo y nos llevó a Norm y a mí a sentarnos con ella en el suelo, con la espalda apoyada en la cama.

—No escuchen —dijo, y nos rodeó con el brazo, mientras nos contaba cuánto nos habían extrañado y por qué Cherie no se había quedado, pues tenía que trabajar.

Yo no era capaz de prestarle atención a lo que nos decía, porque Cookie y Gi estaban levantando la voz. Y luego empezaron a gritar. Y entonces Cookie les dijo a Gi y Camille que se fueran de allí *de una maldita vez*.

Abracé a Camille y empecé a llorar. Ella me soltó y abrazó a Norm. Al momento, Gi estaba de rodillas llorando mientras me abrazaba.

—No te vayas —le dije.

—*Mia bambina* —susurró Gi—. *Je t'aime*. No lo olvides.

—¡Fuera de una puta vez! ¡AHORA! —bramó Cookie, y mis hermanas se levantaron y salieron a toda prisa de la habitación, cerrando con tanta fuerza que las ventanas vibraron.

—¡QUE SE PUDRAN! —gritó Cookie, mostrándole el dedo del medio en un gesto obsceno a la puerta cerrada—. Que se jodan, putas engreídas —y mirándonos, siguió hablando—. Tenía que haberlos abortado a todos ustedes.

Ese otoño me desperté porque había alguien en nuestra habitación. ¿Quién iba a ser excepto Cookie? No obstante, incluso a oscuras pude percibir que aquella persona era alta y delgada como un número uno, en vez de parecer un macizo número ocho como Cookie. Quise llamar la atención de Norm, pero las palabras no me salían. Lo único que pude hacer fue gritar. La figura se agachó detrás de la cama de Norm, que se despertó y, al verlo, se puso a gritar también. Los dos montamos un buen escándalo. La figura alta y delgaducha se levantó y salió corriendo sin que pudiéramos verle la cara. Norm fue hasta la puerta, cerró con llave y se dejó resbalar por ella hasta el suelo. Yo seguía gritando.

—¡Cállate! —dijo Norm—. Ya se ha ido.

Me levanté de la cama y me senté a su lado, apoyada contra la puerta cerrada con llave. Oímos pasos por el pasillo de afuera. Y luego llamaron a la puerta.

—¡Vete! —gritó Norm.

—¿Están bien? ¿Necesitan ayuda? —dijo un hombre.

Norm y yo nos miramos. ¿Cómo podíamos saber que el hombre que ahora nos ofrecía ayuda no era el mismo que acababa de salir huyendo?

—¿Quién eres? —preguntó Norm.

—Estoy en la habitación de al lado. He oído gritos.

—¿Eres el tipo que acaba de colarse en nuestra habitación? —preguntó Norm.

Más voces se escucharon en el pasillo. El hombre que estaba en la puerta les explicó la situación a los demás. Entonces se oyó una voz de mujer, susurrante y dulce.

—¿Están bien, niños? ¿Necesitan ayuda?

—¿Abrimos la puerta? —le susurré a Norm, pero él negó violentamente con la cabeza.

—¿Les ha hecho daño ese hombre? —preguntó la mujer, y Norm y yo nos miramos otra vez. No se me había ocurrido que el hombre hubiera entrado para hacernos daño. Al parecer, a Norm tampoco se le había ocurrido.

—No. Creo que quería robar —dijo Norm.

Si era un vulgar ladrón había escogido el lugar equivocado. Lo más valioso que había allí era la televisión, la cual pertenecía al hotel y no funcionaba bien, porque salían unas líneas rosas en la pantalla.

—¿Qué aspecto tenía? —preguntó otra voz.

Norm me miró. Yo respondí.

—Alto y muy delgado. Un adulto.

Oímos mascullar y debatir a las personas de fuera. Algunos salieron a buscar al intruso.

—¿Dónde están sus padres? —preguntó la mujer.

—Nuestra madre trabaja en el bar del hotel —dijo Norm.

—¿Cookie? ¿Cookie es su madre? —preguntó un hombre.

—Sí —contestó Norm—. Ya estamos bien, pero si pudiera decirle que subiera sería muy bueno.

Oí que los pasos se alejaban por el pasillo. Con suerte a buscar a Cookie.

—¿Quieren que entre y me quede con ustedes hasta que llegue vuestra madre, niños?

—No, gracias —dijo Norm con firmeza.

Pasarían años, décadas incluso, hasta que Norm o yo pudiéramos confiar en una persona extraña. Ya habíamos estado en manos de muchos desconocidos y, aunque algunos eran buenos de verdad, los que nos habían hecho daño habían influido en nuestra forma de responder a una sonrisa. Un ofrecimiento. Una voz. Al fin y al cabo, incluso nuestra propia madre era capaz de hablarnos con la dulzura de la mamá de una comedia televisiva y al mismo tiempo actuar con la maldad de una villana cinematográfica.

—Bueno, mi novio y yo nos quedaremos aquí en la puerta hasta que venga su madre —dijo la mujer.

—Estamos aquí del otro lado —dijo el hombre.

Oí que cambiaban de postura y se sentaban en el suelo. Imaginé que podía sentir el calor de sus espaldas, los cuatro unidos como sujetalibros de un único ejemplar.

Veinte minutos más tarde, escuché a Cookie riéndose a carcajadas en el pasillo. Norm y yo nos levantamos y quitamos el pestillo. La llevaban entre dos hombres, uno por cada brazo. Se le caía la cabeza a un lado y se le había corrido el pintalabios por la barbilla.

—Él tenía que habérselos llevado —dijo, mirándonos—. ¡Me habría facilitado muuuuucho la vida que se los hubiera llevado! —añadió, riéndose tan fuerte que roncaba. Entonces empezó a reírse todavía más fuerte. El hombre y la mujer que habían esperado sentados junto a la puerta ayudaron a los otros dos a llevarla hasta la cama. Norm y yo, juntos con los cuatro adultos desconocidos, nos quedamos al lado de la cama, esperando a que se calmara. Ella se dio la vuelta hasta quedar boca arriba y sacudió los pies para quitarse las sandalias de tiras.

—Muy bien —dijo uno de los hombres que la habían llevado hasta allí, y él y el otro hombre salieron de la habitación.

—¿Van a estar bien? —preguntó la mujer que se había sentado afuera de la puerta. Llevaba una blusa tan corta que se le veía la parte inferior de los pechos—. ¿Quieren quedarse en mi habitación?

—¿O prefieren que nos quedemos hasta que se vuelvan a dormir? —preguntó su novio, vestido con un pantalón rojo de nylon.

Yo dije que no con la cabeza.

—Estamos bien —dijo Norm, apartándome de ellos con un brazo y acercándome a él.

Dos horas más tarde, cuando el sol estaba ya alto y Cookie seguía roncando de la borrachera, el dueño del hotel llamó a la puerta.

—Soy Benny. Tengo que hablar con Cookie —dijo.

Norm lo dejó entrar, mientras yo intentaba despertar a nuestra madre. Olía a rancio y a falta de higiene, como cuando se derrama cerveza en el suelo del baño.

—¿Qué...? —dijo Cookie, apartando mis manos.

—Benny está aquí—dije yo, volviéndome hacia él, que permanecía al pie de la cama, y luego de nuevo hacia Cookie, que me empujaba para que me apartara.

—Cookie, siéntate —dijo Benny.

Benny era un hombre bajo y delgado con voz exigente. Estaba calvo y tenía tanto pelo en el mentón y sobre el labio que siempre pensaba que por qué no se lo cortaba y se lo pegaba en la cabeza.

—Estoy durmiendo —dijo Cookie.

—Siéntate —repitió Benny—. Tenemos que hablar.

—Siéntate, mamá —dijo Norm. Se puso detrás de ella en la cama y la empujó hasta colocarla sentada. Cookie eructó y lanzó una risita. Norm y yo nos miramos avergonzados.

—¡Benny! —dijo Cookie, como si acabara de verlo.

—Necesito que tus niños y tú se vayan este fin de semana.

—¿Por qué? —preguntó ella, enarcando una ceja y dando un giro con la cabeza, como si fuera asombroso que alguien le pidiera que se fuera de un sitio.

—Tienes que cuidar mejor a tus hijos.

Benny nos observó y después volvió a mirar a Cookie, que parecía más despierta.

—¿De qué mierda estás hablando? —preguntó ella, arrastrándose hasta el borde de la cama para levantarse. Se tambaleó un segundo antes de recuperar el equilibrio.

—Hablo de que dejas a tus hijos solos en la habitación mientras tú bebes y tonteas con todos los clientes. Eso no está bien y no lo permitiré en mi establecimiento.

—¿Que yo *tonteo*, Benny? ¿Eso es lo que hago? ¡¿*Tontear* con los *clientes*?!

Cookie se echó a reír y se acercó a él. El labio del hombre temblaba un poco y me pareció que iba a decir algo, pero no lo hizo.

—¡Creo que no tienes derecho a decirme que no puedo *TONTEAR*! —le espetó y soltó una carcajada.

—He llamado a Servicios Sociales —dijo Benny, que se dio media vuelta y salió de la habitación.

Cookie salió corriendo tras él. Se quedó parada en mitad del pasillo, gritando:

—¡¿DIRIGES UN BURDEL DE PORQUERÍA Y ME CRITICAS A MÍ POR TONTEAR?! ¡¿TONTEAR?! ¡VETE A LA MIERDA!

Cookie entró de nuevo en la habitación, pero al momento volvió a darse la vuelta y salió de nuevo al pasillo.

—¡Y QUE SE VAYA A LA MIERDA TU FEA MUJER TAMBIÉN!

Cuando volvió a entrar en la habitación, se reía y jadeaba por el esfuerzo de gritar.

—¿Hacemos la maleta? —preguntó Norm.

—Sí —dijo Cookie, inspirando con fuerza unas cuantas veces—. Pero no porque nos eche. ¡Nadie echa a Cookie!

—¿Entonces por qué nos vamos? —pregunté, y Cookie me miró con malas pulgas.

—Nos vamos, doña sabelotodo, porque no queremos estar aquí. ¡No queremos *tontear* con una clientela de tan baja calaña!

6

No hay lugar seguro

DURANTE LOS POCOS meses que habíamos vivido en el hotel habíamos acumulado al final muchas cosas, la mayor parte de ellas era ropa que dejaban olvidada en las habitaciones sin cerrar, las cuales Cookie registraba cuando volvía del bar antes de que el personal de servicio entrara a limpiar por la mañana. Con la excepción de unos cuantos casetes de música, Jeff recuperó todo lo que le había robado.

—¿A dónde vamos ahora? —preguntó Norm.

Acabábamos de pasar por McDonald's con el auto a fin de comprar comida para llevar. Cookie conducía con una lata de cerveza Schlitz entre los muslos, una caja de patatas fritas grandes sujeta entre la cerveza y su barriga, y un Big Mac en la mano. Yo me inclinaba hacia el asiento delantero para coger patatas fritas de la caja de Norm. No nos había alcanzado el dinero para comprar una ración para cada uno, y por eso Norm y yo compartíamos una.

—Vamos a donde terminamos —dijo ella, metiendo una cinta en la radiocasetera sin soltar su Big Mac. Un trozo de pepinillo aterrizó en el asiento entre mi madre y Norm, pero ella lo ignoró y empezó a cantar a voz en cuello «Looks Like We Made It» con Barry Manilow.

—¿Cómo nos encontrarán nuestras hermanas? —le pregunté a Norm.

Él se encogió de hombros y cogió un buen puñado de patatas fritas y se lo metió en la boca. Mi hermano nunca se preocupaba por nuestras hermanas como yo, pero lo entendía. Norm siempre había sido más independiente, jugando con otros niños o incluso él solo en la calle hasta que alguien iba a buscarlo. Y no podían traerlo y llevarlo como si fuera un bebé como habían hecho conmigo. Norm no era la *bambina* de Gi, eso me estaba reservado a mí.

—¡Parada de rigor! —dijo Cookie, bajando la música. Llevábamos recorrido un kilómetro y medio y acabábamos de parar delante de un pequeño edificio de ladrillo lleno de letreros de neón de Miller, Bud Light y Schlitz. Norm se volvió hacia mí y puso los ojos en blanco.

—Nosotros nos quedamos aquí —dijo Norm.

—No, de eso nada —contestó Cookie.

Ella bajó la ventanilla, cogió los envoltorios de McDonald's y la basura, y lo tiró todo en el pavimento. Yo no podía entender por qué mi madre nunca utilizaba los basureros públicos. Como el papel higiénico en los servicios sanitarios, para mí la papelera era algo que todos deberíamos utilizar siempre que nos fuera posible.

—¿Podemos quedarnos aquí, por favor? —preguntó Norm.

—*¿Podemos quedarnos aquí, por favooooor?* —se burló Cookie.

Seguidamente se inclinó sobre Norm para abrir la guantera donde llevaba el perfume. Tras rociarse tres veces (escote, escote y cuello), tiró el perfume en el suelo del auto y abrió la chirriante puerta. Se bajó despacio y esperó a que Norm y yo lo hiciéramos. Mi opinión era que la única razón por la que deseaba que entráramos en el bar era demostrarle a Norm que él no era su jefe.

Norm buscó un banco vacío en un rincón. Este tenía una cubierta de vinilo rojo cuarteado y desde allí veíamos bien a Cookie en el bar. Nos sentamos sin hacer ruido y nos entretuvimos sacando el relleno blanco que sobresalía entre el vinilo del asiento y viendo a nuestra madre charlar con otras personas.

—Creía que la señora Brady había dicho que no podía beber —dije yo.

—¡Bah!

—Y Gi me dijo una vez que es ilegal que nos lleve a bares.

—Solo ignóralo —replicó Norm.

Yo no dejaba de mirar alternativamente a mi madre y la puerta. Si la policía entrara en el bar, quería salir corriendo y esconderme. Después de lo que habíamos pasado en la casa de los Callahan, prefería vivir en la furgoneta con Cookie como Óscar el gruñón que ir a otra casa de acogida.

Cuando se terminó la segunda copa, Cookie se inclinó por encima de la barra y besó al camarero en la mejilla. Él se puso a hacer aspavientos y a actuar como si le acabara de dar un beso una estrella de cine. Cualquiera que no supiera que era madre de cinco, tres lejos de ella y dos escondidos en ese mismo momento en un banco del bar; cualquiera que no supiera que le habían retirado la custodia de todos sus hijos por pegarles y matarlos de hambre; cualquiera que no supiera que gastaría hasta el último dólar en cigarrillos Virginia Slims 100s mentolados y una caja de Schlitz antes que alimentar a sus hijos; cualquiera que no supiera que cuando conocía a un hombre que le gustaba, abandonaba a sus hijos sin dinero, ropa, comida, calefacción o agua caliente; cualquiera que no supiera nada de eso, pensaría viéndola sonreír con sus nuevos amigos: *¡Qué mujer tan simpática! ¡Qué divertida!*

Cuando se terminó la tercera copa, Cookie se acercó al banco con una Coca-Cola para Norm y un Shirley Temple para mí.

—Esa es una bebida cara —comentó Norm, señalando mi Shirley Temple rosa.

—¡Pues espera, hay más! —dijo Cookie, regresando al bar contoneándose para volver con un tazón de cacahuetes—. ¡Postre! —exclamó antes de regresar con sus colegas.

En algún momento de la cuarta copa, entró en el bar un hombre pelirrojo de pequeña estatura y se sentó junto a mi madre. Estuvieron hablando un minuto y se besaron en los labios. Cuando se separaron, ella nos señaló a Norm y a mí. El hombre nos saludó y se acercó. De cerca se parecía a Richie Cunningham de la serie *Días felices*. Incluso sonreía como él.

—Ustedes deben ser Norm y Rosanne —dijo, extendiendo la mano para estrechar la de Norm—. Yo soy Ricky —añadió, sonriéndome a mí.

—Hola —dije, comiéndome la cereza que estaba en mi bebida.

—¿Tienen hambre? —preguntó Ricky.

—Sí —contesté yo.

En realidad no tenía hambre, pero mi instinto me decía que comiera cuando hubiera la oportunidad, para cuando no tuviéramos comida.

—Ahora mismo vuelvo —dijo.

Norm y yo nos quedamos mirándolo. Rodeaba la gruesa cintura de Cookie con un brazo mientras hablaba con el camarero. Al cabo de unos minutos volvió con una cesta de plástico roja llena de patatas fritas.

—Su madre dice que necesitan un sitio donde dormir esta noche, ¿no es así?

—Supongo —dijo Norm.

—Resulta que yo tengo un sitio pequeño aquí al lado. Es realmente poca cosa, estaremos un poco apretados, pero por mí no hay problemas si a ustedes no les importa.

Ricky me miró y me guiñó un ojo. Al contrario que la mayoría de los novios de Cookie, este no hacía como si no existiéramos.

—Lo que diga mi madre —dijo Norm.

—Creo que ella lo prefiere a pasar la noche en el automóvil —dijo Ricky—. Y si ustedes quieren, pueden venir conmigo en mi grúa.

—¿Tienes una grúa? —preguntó Norm.

—Sí. A eso me dedico. ¿Y saben cuántos empleados tengo?

—¿Cuántos? —preguntó Norm.

—¡Uno! ¡Yo! —dijo Ricky riéndose, hasta que Norm finalmente sonrió.

EL BANCO ERA cómodo para dormir a pesar del mal olor del cojín. Me quedé boca arriba para no tocar con la cara el vinilo y dormí profundamente hasta que Cookie me despertó. Eran más de las dos y el bar acababa de cerrar.

—Nos vamos a casa de Ricky —dijo, con los labios colgando como si no tuviera fuerza para controlar su boca.

Norm y yo salimos arrastrándonos del banco y seguimos a nuestra madre hasta la puerta. Ricky la sujetó para que los tres saliéramos, Cookie tambaleándose en primer lugar.

—¿Podemos ir en tu grúa? —preguntó Norm.

—Me nie-go —dijo Cookie.

—Les dije que podían ir conmigo —replicó Ricky, sujetando a Cookie por la cintura.

Norm y yo los seguimos hasta la furgoneta. El aire era frío y húmedo, y deseé tener un suéter. El abrigo de las últimas Navidades estaba en algún lugar de la parte trasera del auto con las latas de cerveza vacías.

—Así es —aseguró Norm—. Dijo que podíamos ir con él.

—¡¿Y si intentas raptar a mis niños?! —le dijo Cookie, apartándose de él para abrir la chirriante puerta del vehículo.

—¿No le dijo a la gente del hotel que ojalá nos hubiera raptado el ladrón? —le susurré a Norm.

—¡Shhhh! —dijo él.

—¡SUBAN AL AUTO! —gritó Cookie.

Norm se trepó rápidamente al asiento delantero, mientras yo ocupaba mi sitio detrás. Ricky se subió a su grúa, a un par de lugares para estacionar de distancia. No me gustaba despertarme en mitad de la noche de aquella manera y deseé que pudiéramos quedarnos en el automóvil para volver a dormirme.

Ricky se detuvo con la grúa a nuestro lado con la ventanilla bajada.

—No se separen mucho. Está aquí mismo —dijo.

Cookie sacó el auto del estacionamiento y lo primero que hizo fue girar en la dirección equivocada.

—¡A la izquierda! —gritó Norm—. ¡Él ha ido hacia la izquierda!

—Está bien, está bien —dijo ella, dando la vuelta y acelerando tanto que me caí hacia atrás del impacto.

—¡SEMÁFORO! —gritó Norm, y Cookie pisó el freno de golpe.

El auto dio un par de tumbos y derrapó al frenar, y yo salí despedida hacia delante, contra la parte trasera del asiento delantero.

—Es difícil seguir a alguien cuando no ves —dijo Cookie.

—Yo veo por ti —dijo Norm—. Vamos. ¡Ahora! ¡Está en verde!

Aquella no era la primera vez que uno de sus hijos le decía por dónde tenía que ir con el auto. Normalmente lo hacía la hija mayor. Sin embargo, como mis hermanas no estaban, Norm se había convertido en el nuevo copiloto.

Cookie se pasó la entrada a la casa y se subió a la acera siguiendo a Ricky hacia la parte trasera de un edificio de apartamentos de ladrillo. Había rejas en todas las ventanas.

—Cojan los pijamas —canturreó Cookie. Apagó el motor y salió dando tumbos del automóvil dejando abierta la puerta chirriante.

—¡Que cojamos los pijamas! —le dije a Norm y los dos nos reímos.

No habíamos tenido nunca pijama. Las pocas veces que me habían invitado a dormir en casa de alguna amiga del colegio, había fingido que había olvidado el pijama en casa y las otras niñas siempre se ofrecían a prestarme uno suyo. La sensación de ponerse un pijama limpio era tan deliciosa que no podía dejar de acariciarme los brazos y las piernas para sentir el algodón en la piel.

Norm rodeó el auto hasta el lado de Cookie y cerró la puerta. Yo salí y seguimos a nuestra madre y a Ricky al interior del edificio, subiendo dos pisos de escaleras metálicas.

En el salón de Ricky había una ventana que daba a un patio, un televisor grande en el suelo debajo de la ventana, y dos sofás verdes muy gastados situados uno frente al otro.

—Elijan un sofá y ahora les traigo sábanas y mantas —dijo Ricky, revolviéndole el pelo a Norm antes de salir. Cookie ya estaba en el dormitorio.

—Boooobyyyyy —canturreó con su voz más dulce—. ¡Tengo algo muy jugoso y especial para tiiiiiiii!

Ricky llegó corriendo con una pila de sábanas y mantas.

—Algo húmedo y delicioso te está esperandooooo —lo llamó Cookie de nuevo.

—¿Necesitan ayuda? —preguntó Ricky, pero yo sabía por su expresión de perro babeante que lo único que quería era meterse en el cuarto con Cookie.

—Podemos solos —dije, y Ricky se fue.

—Ponte de lado y tápate la otra oreja con la mano —dijo Norm.

Él tiró las sábanas al suelo, se tumbó en el sofá y se tapó con la manta. Yo hice lo mismo.

El 6 DE octubre, día de mi noveno cumpleaños, seguíamos viviendo con Ricky. Norm y yo llevábamos más de tres semanas sin ir al colegio, desde que nos fuimos del hotel. Pasábamos la mayoría de los días dando vueltas por ahí en la grúa de Ricky. Era mejor que quedarse en casa cuidando a Cookie, a quien le gustaba tumbarse en la cama de Ricky y que le lleváramos cosas: comida, café, cerveza, cigarrillos.

Cuando llegamos a casa aquella tarde después de haber estado remolcando autos todo el día con Ricky, Cookie se encontraba sentada frente a la mesa de la cocina con seis latas de Schlitz y una tarta helada Baskin-Robbins.

—Hoy es un día maravilloso —dijo.

Me quedé mirando la tarta deseando hincarle el diente. Esperaba que me dejaran comerme la mitad a mí sola.

—¿Y eso por qué? —preguntó Ricky.

Yo no le había dicho que era mi cumpleaños, y a Norm parecía habérsele olvidado. A mis hermanas no se les olvidaba nunca. A Gi le gustaba lograr que el cumpleaños de cada uno fuera algo especial, cantar canciones o hacer juegos de palmas. Cuando no teníamos dinero ni cupones para comida, Camille y ella iban a la tienda con unos pantalones elásticos o dos pares de pantalones, el de fuera especialmente grande para guardarse un paquete de bizcochos. Una tarta pesaba demasiado y una mezcla preparada para hacer una tarta en casa no servía de nada si no tenías el resto de los ingredientes. Y además, casi nunca teníamos electricidad o gas para cocinar. Antes de comernos los dulces, Gi me lavaba el pelo y me hacía una trenza o un peinado lindo. Si habíamos encontrado algún conjunto bonito en el contenedor de la ropa, me lo ponía y yo tenía mucho cuidado de no mancharme con el glaseado de los dulces.

No recordaba que hubiera pasado un cumpleaños con Cookie, aunque puede que hubiera estado presente en uno o dos.

—¡Hoy es mi cumpleaños! —dije yo.

Una expresión de sorpresa se dibujó en el rostro de Cookie, pero seguidamente compuso una gran sonrisa forzada. ¿La tarta había sido una coincidencia o de verdad se había acordado? Si la realidad era que se le había olvidado, prefería no saberlo.

—Exacto, es el cumpleaños de Rosanne. Y... —Cookie hizo una pausa para abrir una cerveza y pasársela a Ricky. Luego abrió otra para ella y le dio un sorbo—. El juez de la audiencia imparcial me ha dado la custodia absoluta de estos dos enanos.

—Genial —dijo Norm.

—¡Ustedes ya no están secuestrados! —se rió Cookie.

—Felicitaciones —dijo Ricky, inclinándose sobre Cookie para darle un beso húmedo con la boca abierta.

—¿Podemos comernos la tarta ahora? —pregunté yo.

—¿*Podemos comernos la tarta ahora*? —repitió Cookie con una voz infantil que en mi opinión no se parecía a la mía, y luego bebió un sorbo de cerveza.

—¿Podemos? —preguntó Norm. Los dos estábamos de pie junto a la mesa mirando la tarta.

—Primero limpien la casa y luego comerán —dijo Cookie, acabándose la cerveza y dejando la lata vacía en la mesa.

—¿Tengo que limpiar en mi cumpleaños? —pregunté.

Cookie ladeó la cabeza y me imitó otra vez al tiempo que cogía otra cerveza del paquete de seis.

—¿*Tengo que limpiar en mi cumpleaños*?

—Yo estoy de acuerdo con Rosie —dijo Ricky—. Y de todas formas no hace falta limpiar la casa hoy.

—Servicios Sociales vendrá mañana para comprobar que vivimos en una casa decente para estos dos. ¡Cualquiera diría que estoy criando al próximo rey y la próxima reina de Inglaterra! —exclamó Cookie, riéndose, y Ricky se rio con ella.

—¿Puedo comerme mi tarta antes de limpiar la casa, por favor? —pregunté.

—¡No, no puedes comerte la condenada tarta antes de limpiar la casa! No te pienses que vas a llevar una vida de ocio y diversión solo porque naciste un día como hoy hace nueve años. ¡Soy yo la que tendría que comerse la tarta! ¡Soy yo la que se pasó la noche retorciéndose de dolor empujando tu cabeza de alcornoque fuera de mi coño! —exclamó, mirándome de arriba abajo hasta que bajé la cabeza.

—Dale la tarta, Cookie —dijo Ricky, empujando la caja hacia mí y abriéndola. Había cuatro tenedores en la mesa y me dio uno—. No le hagas caso a tu madre, niña. Venga, come.

Así lo hice. Y luego Norm y yo limpiamos la casa.

EL DÍA DE Acción de Gracias por la mañana, Ricky se quedó dormido. Sus pantalones vaqueros estaban en el suelo de la cocina donde se los había quitado la noche anterior, cuando él y Cookie llegaron borrachos. Ella hurgó en los bolsillos hasta dar con un billete de veinte y nos empujó a mi hermano y a mí fuera del apartamento sin dejar que nos pusiéramos el abrigo siquiera. Estábamos viendo el desfile de Macy's en la televisión y el locutor acababa de decir que hacía dos grados bajo cero, el día más frío del mes. Cookie quería comprar un pavo a mitad de precio antes de que se agotaran o la tienda estuviera cerrada. Cualquiera de las dos posibilidades podía darse, ya que la tienda cerraba a las doce y ya pasaban de las once.

Nuestra primera parada fue en la licorería, donde Cookie compró dos cajas de cervezas Schlitz de alta graduación.

—¿Nos va a quedar dinero para el pavo? —preguntó Norm, cargando con una caja mientras Cookie llevaba la otra.

—¡Claro que sí! ¡Todo está en oferta, por el amor de Dios! ¡Deja de preocuparte por tu pavo! —exclamó ella, abriendo la puerta del pasajero de la furgoneta. Norm dejó la caja en el suelo. Cookie puso la suya en el asiento—. Siéntate detrás —le dijo.

Hice a un lado la basura y la ropa, y Norm se sentó detrás conmigo. Cookie abrió una cerveza y se la bebió de un trago antes de salir del estacionamiento. Tiró la lata vacía hacia atrás y abrió otra. No llevábamos ni dos kilómetros cuando el vehículo derrapó en el hielo bajando la calle.

Norm y yo nos reímos con el movimiento zigzagueante del auto y Cookie también se rio. Cuando vi su sonrisa en el retrovisor, comprendí por qué los hombres se sentían atraídos por ella. Un aire de seducción envolvía a mi madre cuando estaba contenta. Un momento poco usual.

—Menos mal que no hay nadie por la calle —dijo.

Claro que la forma de conducir de Cookie no era más peligrosa o errática sobre el hielo de lo que lo era en cualquier otro momento.

—¿Puedo conducir? —preguntó Norm. Quería aprender para poder coger el automóvil cuando Cookie no veía de lo borracha que estaba.

—Sí, pronto te enseñaré —dijo Cookie. Era la primera vez que accedía.

—Tengo una idea —dije yo, queriendo aprovechar que Cookie estaba de buen humor.

—¿Cuál? —preguntó Cookie, encendiendo un cigarrillo. Llevaba una mano en el volante y la cerveza y el cigarrillo en la otra.

—¿Por qué no invitamos a Cherie, Gi y Camille a pasar con nosotros Acción de Gracias?

—Basta —dijo Cookie, dando un sorbo.

Como no parecía haberse enfadado como hacía normalmente cuando sacaba a relucir el tema de mis hermanas, lo volví a intentar.

—Si trajeran comida...

—¡He dicho que ya basta! —exclamó Cookie, tirándome la cerveza. Me salpicó la blusa y cayó al suelo. La recogí y se la devolví.

—Lo siento —dije.

—Si crees que voy a dejar que esas zorras mentirosas entren en mi casa, estás más loca que ellas.

Cookie estaba más irritada que enfadada. Eso me dio esperanza. Es posible que se estuviera suavizando. Dio otro sorbo y al hacerlo se chamuscó el pelo con el cigarrillo. El olor a quemado nos era familiar. Mi madre muchas veces se quedaba dormida, o perdía el conocimiento, con un cigarro en la boca y se había chamuscado zonas de pelo por toda la cabeza. También acostumbraba a dejar agujeros de quemaduras en cualquier lugar donde aterrizaba: sillas, sofás, alfombras y asientos de auto.

Cookie encendió la radio y empezó a cantar con Willie Nelson. Era una canción sobre madres y bebés, y no dejar que tus hijas se casaran con vaqueros. Me pregunté si Cookie pensaba alguna vez en el tipo de persona con la que yo me casaría cuando fuera mayor. No parecía importarle en absoluto que Cherie se hubiera casado. Probablemente porque ella, Cookie, afirmaba seguir buscando marido.

—¿Y si me caso con Brian? —le pregunté a Norm.

—Casi no puede caminar —dijo él.

—Pero no es un vaquero.

—Solo es una canción —replicó Norm—. No es un consejo real que tengas que seguir.

EL DINERO NOS alcanzó para un pavo pequeño y un paquete de relleno preparado, pero no nos quedó nada para el postre o una lata de judías verdes. No me importaba. Llevaba toda la semana viendo anuncios del relleno preparado que habíamos comprado y estaba deseando probarlo. Pusimos el pavo y el relleno en el asiento de atrás, encima de la montaña de basura y ropa, junto con Norm y conmigo. El alcohol seguía en el asiento delantero del pasajero. En una ocasión, cuando Norm ganó la pelea entre los dos por ver quién se sentaba delante, mi hermano se volvió y me dijo:

—La persona más importante se sienta al frente.

Y esto me pareció una absoluta verdad ahora que las cervezas ocupaban el asiento delantero.

Cookie iba por la quinta cerveza cuando se pasó al otro carril de la carretera casi desierta y cayó de frente por un terraplén. Fue tan repentino que cuando quisimos asustarnos o gritar ya nos habíamos detenido. La basura y las ropas nos protegieron del golpe, pero Cookie chocó contra el volante y se golpeó la cabeza con la luna, que se había partido mostrando una grieta que se parecía a un rayo de dibujos animados.

—¡Mis tetas! —gritó Cookie—. ¡Me he aplastado mis condenadas tetas! Ninguno llevaba el cinturón puesto.

Norm y yo salimos dando tumbos del auto, y Norm ayudó a Cookie a salir. Rebusqué en el asiento trasero y cogí una manta vieja para taparme con ella.

—Alcánzame una cerveza —dijo Cookie, y a continuación se puso a gritar—, ¡MALDICIÓN, ME DUELEN LAS TETAS!

Cogí la cerveza para Cookie y salí corriendo detrás de ellos, que ya caminaban hacia la carretera. Cookie abrió la cerveza y se le bebió de un trago. Cuando terminó, tiró la lata vacía en la cuneta.

No estábamos lejos de una gasolinera con una cabina. Cookie llamó a cobro revertido a Ricky.

—¡Date prisa, maldición! —le dijo—. ¡Tengo un montón de órdenes de arresto y como aparezca la policía, esta noche no probarás mi chocho!

No me hacía falta mirar esa palabra en el diccionario. Cookie la utilizaba con tanta frecuencia, de forma tan explícita, que para mí era tan normal como «mesa» o «silla».

Ricky no tardó ni cinco minutos. Al principio pensé que se dio tanta prisa por la amenaza de quedarse sin «chocho». Sin embargo, cuando vino primero hacia nosotros para comprobar que no teníamos ningún chichón ni las pupilas de tamaño desigual, y luego se aseguró de que Cookie estaba bien, me di cuenta de que se había dado tanta prisa porque estaba preocupado pos nosotros. Y aunque no me alegraba que hubiéramos tenido un accidente, sí me hacía feliz ver que alguien además de mis hermanas se preocupaba por nosotros.

Echamos mano de todo lo que pudiera tener algo de valor de lo que había en la furgoneta (el perfume Jontue de Cookie, un cartón de Virgina Slims mentolados, el pavo, el relleno y unas cuantas cosas más) y dejamos la basura y algunas de las mantas y las ropas más sucias. Ricky le quitó las placas de la matrícula y las lanzó al suelo de la grúa. Y después de todo eso, nos alejamos del vehículo y no volvimos a verlo.

Cookie se encontraba demasiado golpeada para preparar el pavo y nadie más sabía cómo se hacía. Pero Norm y yo hicimos el relleno, y estaba delicioso. No le ofrecimos a ninguno de los dos. De todas formas, se pasaron el día en el dormitorio. Parecía que tenían todo lo que necesitaban.

Al día siguiente fui con Ricky al depósito de la grúa a buscar un auto nuevo para Cookie. Le había ordenado que «le llevara un maldito barco». El pavimento estaba helado y lleno de baches, y como la grúa no tenía cinturón de seguridad, yo iba dando tumbos por toda la cabina.

—A mi hermana Gi le gusta llevarme a la biblioteca —dije, como si estuviéramos en medio de una conversación.

—¿Qué? —dijo Ricky, girándose hacia mí—. ¿Tienes una hermana?

—Tengo tres.

—Tu madre no me ha dicho nada.

—Eso es porque no las quiere.

—¿Y por qué no?

—Hmmm —dije yo, deteniéndome a pensar un momento—. Puede que sea porque fueron ellas las que llamaron a Servicios Sociales. O tal vez porque son tan guapas y listas que mi madre no las puede mangonear.

Ricky se rio.

—¿Y dónde se encuentran?

—Cherie está casada, y Gi y Camille viven en una casa de acogida, pero mi madre no quiere decirme dónde.

El corazón me dio un vuelco ante el recuerdo de mis hermanas. Sabía que a Ricky les agradarían si las conocía.

—Tu mamá actúa de formas misteriosas —dijo riéndose, y luego me miró y me guiñó un ojo.

—¿Podemos conseguir un auto rosa?

Me imaginé con Ricky en un auto rosa yendo a visitar a mis hermanas a su casa de acogida todas las veces que quisiera.

—¡Si hay un auto rosa, es tuyo!

Ricky alargó la mano para darme unas palmalditas en el hombro y lo siguiente que recuerdo es aquel horrible ruido del metal aplastado cuando chocamos con el automóvil que iba delante de nosotros. Me golpeé la cabeza contra el panel de instrumentos y reboté hacia atrás. Estaba llorando, pero no lo sentía. Lo único que sentía era un tambor que no dejaba de retumbar en la parte frontal de la cabeza.

Notaba algo húmedo en el ojo derecho, más húmedo que las lágrimas. Y no veía. Me toqué y vi que tenía la mano llena de sangre. Ricky estaba llorando. Había visto llorar a Norm, pero nunca a un hombre adulto. Me sorprendió tanto que dejé de llorar. Ricky salió de la grúa y la rodeó para venir a verme a mí. Abrió la puerta y me sacó, murmurando lo mucho que lo sentía. La cabeza seguía retumbándome y tenía revuelto el estómago.

—Creo que voy a vomitar —dije, y Ricky empezó a llorar más.

Una mujer pequeña de pelo negro salió del auto con el que habíamos chocado. Señalaba y le gritaba a Ricky como lo hacía Cookie. Delante del suyo había otro automóvil al que había golpeado. Era un choque de tres autos en cadena y nosotros estábamos al final.

—Estoy atendiendo a una niña pequeña, así que cálmese un poco —le dijo Ricky a la mujer gritona mientras me acunaba en sus brazos como si fuera un bebé. Todo me dolía por dentro, pero el vaivén me hizo sentir mejor. Cuando te abrazan así, todo lo malo mejora.

La grúa de Ricky seguía funcionando, así que tras intercambiar la información con los conductores de los otros dos autos, me llevó al hospital. Estábamos en la sala de espera de urgencias cuando llamó a Cookie desde una cabina. Gritaba tan fuerte que Ricky se apartó el teléfono de la oreja y yo también pude oír lo que decía.

—¡Pero... eso es imposible, maldición! ¡Imposible! —gritaba Cookie—. ¿Cómo ha podido tener dos accidentes de auto en dos días esa mocosa de mierda? ¡Es imposible!

—Bueno, imposible no es, porque ha sucedido. Ven al hospital en un taxi. Yo lo pagaré cuando llegues.

—¿Te volviste loco? ¡Si has tenido un accidente, la pasma aparecerá en cualquier momento! ¡No me presenté a juicio por los cargos de robo! Has perdido la PUTA CABEZA si crees que me voy a acercar a...

Cookie siguió gritando hasta que Ricky terminó por ponerse el teléfono contra el pecho para que no pudiésemos oírla. Luego le dijo suavemente que volvería pronto a casa.

Tres horas después, con un vendaje rosa en la frente y la palabra «conmoción» flotando en mi cabeza, Ricky me llevó al apartamento. Cookie tenía puestos unos zapatos negros de tacón muy alto, un sujetador negro de encaje y ropa interior de raso de color negro también. Estaba detrás de una tabla de planchar de poca altura planchando una blusa de seda de color vino. Le sobresalía una barriga pálida, como si fuera una marquesina gelatinosa justo encima de su entrepierna. Norm se encontraba en un sofá viendo la serie *Los días de nuestras vidas*. Levantó la vista y me miró.

—Tengo una conmoción —dije.

—No es grave —replicó él y volvió a la televisión.

Creo que estaba celoso porque a él no le había pasado eso nunca.

Cookie apartó la cabeza de la televisión y observó cómo Ricky me depositaba en el sofá y luego me tapaba con una manta. Empezó a dar golpecitos con el pie en el suelo. Había un cigarrillo encendido consumiéndose en un cenicero en el extremo de la tabla de planchar.

—¿Por qué han tardado tanto? —preguntó, desenchufando la plancha a fuerza de tirar del cable repetidas veces hasta que lo consiguió.

—Había mucha gente en urgencias —dijo él, sacándome el pelo que se me había quedado debajo de la manta. Me acarició la cabeza—. Tenemos que despertarla a cada hora esta noche para asegurarnos de que está bien.

Los dos vimos que la plancha salía despedida por el aire. Yo grité. Ricky se tiró sobre mí y recibió la plancha con la espalda.

—¡¿QUÉ DEMONIOS TE PASA?! —preguntó él, recogiendo la plancha del suelo y a continuación acercándose a la tabla y colocándola encima con fuerza—. ¡¿Qué demonios te pasa?!

Cookie cogió el cigarro y le dio una calada. Hizo caer la ceniza acumulada con un toquecito del dedo y dio otra calada. Se veía que respiraba con fuerza por la forma en que subía y bajaba su estómago. Tenía unas rayas de piel brillante del ombligo hacia abajo. Estrías. Siempre me culpó por ellas. *El quinto te deja el cuerpo hecho una mierda y no hay nada que hacer*, me dijo una vez.

—Te gustan las niñas, ¿eh?

Cookie estaba tan calmada que yo sabía que solo era el calentamiento.

—¿Qué?

Ricky me miró como si no estuviera seguro de que yo fuera la niña a la que se refería. A los nueve años de edad comprendía por completo lo que Ricky no sabía: Cookie podía convertir en un crimen y un criminal a cualquier circunstancia y persona inocente. Esto era lo que ella les había hecho de continuo a mis hermanas, insistiendo en que habían hecho cosas terribles para lastimarla.

—Te gustan las niñas. ¡Maldito pervertido!

Cookie intentó agarrar la plancha, pero Ricky llegó antes. La sujetó en el aire lejos de sí. Norm y yo observábamos desde nuestros respectivos sofás. Yo iba a decir algo, pero Norm me hizo callar con un gesto. Yo sabía lo que pretendía decirme con eso: Ricky era un hombre adulto. Cookie no podría hacerle a él lo que le había hecho a mis hermanas.

—No sé de qué rayos hablas —dijo él—. Tu hija se golpeó la cabeza con el panel de instrumentos de la grúa. ¡Ha dejado en él una marca y todo! Fuimos al hospital y tiene una conmoción. Siento que no fueras capaz de ir...

—¡No es más que una zorra confabuladora como sus hermanas!

Cookie aplastó la colilla y rodeó la tabla de planchar para plantarse frente a él. Con aquellos tacones era casi tan alta como él, y desde luego más ancha.

—No tengo ni una maldita idea de lo que estás diciendo. ¡Me he enterado hoy mismo de que tiene hermanas!

—Te gustan las niñas, ¿no? Te gustan las putas jóvenes, ¿verdad? Nunca le has dicho que no a una niña.

Hablaba tan bajito que empecé a preguntarme si esta vez, con este crimen inventado, estaría bromeando y se echaría a reír de un momento a otro.

—¡Tranquilízate, Cookie! ¡Tiene nueve años! ¡La he llevado al hospital!

—Mamá —dije yo—, hemos estado en el hospital, te lo juro.

Esperaba que la confirmación de nuestras actividades la calmara, ya fuera que estuviera bromeando o no.

Norm me miró con los ojos desorbitados y volvió a hacerme callar.

—¡Shhh!

—¡¿Quieres fornicar con ella?! —dijo Cookie, gritando a esas alturas, Definitivamente no estaba bromeando—. ¡Cógetela! ¡Te puedes quedar con ella, es toda tuya!

Cogió la blusa de la tabla de planchar y metió un brazo por la manga.

—Vete a la mierda, estúpida loca —dijo Ricky, yéndose con la plancha en la mano hacia su habitación arrastrando el cable por el suelo, y luego la cerró de un portazo.

—Mamá, no ocurrió nada. Solo me llevó al hospital —dije.

Cookie vino corriendo hasta mí con la camisa colgándole de un brazo. Me dio una bofetada y me siseó:

—¿Lo quieres? ¿Es eso lo que quieres? ¡¿Carne colgante de un hombre viejo?!

Me dio otra bofetada y yo me cubrí el rostro con la manta.

—¡Mamá! —dijo Norm—. ¡Basta!

—¡No ocurrió nada! —balbuceé yo entre lágrimas.

—¡PUTA!

Cookie me agarró del pelo y me levantó del sofá. Yo grité y aterricé en el suelo. Me cubrí la cabeza con las manos y bajé el rostro cuando Cookie empezó a pegarme patadas, clavándome el tacón en la espalda, las costillas, las piernas, los brazos. Era como si los gritos los emitiera otra persona, pero sabía que los daba yo. Dentro de mi cabeza lo único que oía era el latido de mi corazón, los pulmones expandiéndose y contrayéndose, la sangre fluyendo a toda velocidad por mis venas.

Norm intentaba apartarla de mí. Levanté la vista justo a tiempo para ver cómo le lanzaba un puñetazo. Ricky volvió al salón, gritándole a Cookie. El sonido parecía lejano y hueco. Los sonidos magnificados dentro de mi cuerpo se elevaban por encima del ruido.

Cookie y Ricky tuvieron una buena pelea. Aún le dio tiempo a darme varias patadas más antes de que él finalmente consiguiera separarla de mí. Los dos resoplaban y jadeaban. Norm estaba hecho un ovillo en el suelo, junto al sofá.

—Como vuelvas a tocar a esa niña, llamo a la policía —dijo Ricky. Un rastro de sudor brillante le recorría todo el nacimiento del pelo.

Cookie miró a Norm y se acercó. Intentó abrazarlo, pero Norm la empujó y vino a gateando a sentarse junto a mí.

—Cielo, siento haberte hecho daño —dijo Cookie, arrodillándose junto a él y besándole la coronilla.

Norm se cubrió la cara con las manos y la ignoró. Al final, Cookie lo soltó y se sentó en el suelo a su lado, con las piernas estiradas hacia delante y la barriga sobre el regazo como una bolsa de ropa sucia. Ella se quedó mirando fijo la televisión, aunque no creo que viera nada.

Ricky me ayudó a levantarme. Me examinó desde todos los ángulos. Era evidente que no quería levantarme la camiseta ni mirar las zonas de piel desnuda para no volver a enfurecer a Cookie. Me ayudó a tumbarme de nuevo en el sofá y se fue a la cocina. Volvió con una bolsa de guisantes y otra de maíz congelados.

—¿Quieres que prepare guisantes y maíz? —pregunté, y Ricky se rio de una manera que parecía que estaba llorando.

—Póntelas donde más te duela —dijo él. Y después se volvió hacia Cookie, que seguía en el suelo con Norm y habló con una voz potente y cortante que no le había oído utilizar nunca—. Te digo en serio lo de la policía. Me da igual las órdenes de arresto que tengas o si no cumpliste con la fianza. Como la vuelvas a tocar, llamo.

RICKY ME DESPERTÓ a cada hora. Me preguntó cómo me llamaba, cuántos años tenía y dónde estaba para asegurarse de que lo sabía. La última vez que me despertó antes de que se hiciera de día me dijo:

—No te preocupes, pequeña. Siempre que yo esté presente, estarás a salvo de las golpizas de tu madre.

—De acuerdo —le dije yo, y sabía que estaba sonriendo cuando me volví a quedar dormida.

7

Remolinos

El día que Ricky le compró a Cookie un Chevy Vega de uso fue el día que lo abandonamos. Aún estaba magullada, amoratada y adolorida a causa de la paliza. Seguía llevando el vendaje rosa, al que se le habían empezado a despegar los bordes sucios.

—Pasamos un tiempo allí, pero no nos íbamos a quedar, y de todos modos, no nos gustaba ese lugar —dijo Cookie cuando nos alejábamos del apartamento de Ricky.

Norm se le unió y los dos repitieron esto una y otra vez a coro mientras yo lloraba. En el primer semáforo en rojo, Cookie se dio la vuelta y me dio una bofetada justo donde más me dolía.

—¡He dicho que dejes de llorar, imbécil!

Aquel fue el comienzo de meses viviendo en el auto, y entrando y saliendo de las casas de desconocidos, a lo largo de las calles de Long Island. Cookie rápidamente bautizó al auto como Espermita Verde. Norm y yo lo llamábamos el Veg.

Durante el tiempo que vivimos en el Veg, nos pasamos la mayoría de los días sentados en el automóvil mientras Cookie dormía la borrachera. Y las noches transcurrían esperando en el auto mientras ella bebía en un bar, o a veces entrábamos con ella. Pronto se dio cuenta de que había hombres que sentían lástima de aquellos dos niños con carita triste y la invitaban a tomar unas copas.

Una vez al mes, cuando recogía su cheque de la oficina de Servicios Sociales, íbamos a un salón de videojuegos lleno de máquinas Pac-Man amarillas. A Cookie le gustaba el Pac-Man casi tanto como Kenny Rogers. Y Norm y yo estábamos tan enganchados con el juego como ella. Empezábamos los tres en fila, con un puñado de monedas en el bolso de Cookie. Si yo terminaba antes, me levantaba y miraba hasta que mi madre terminaba su partida. Entonces buscaba una moneda en el bolso y me la daba. Ella nunca jugaba mucho. Le gustaba más el alcohol que el Pac-Man y Kenny Rogers juntos. Antes de marcharse, le entregaba a Norm un paquete de monedas de un cuarto de dólar entero o por la mitad, y le decía que era el hombre de la casa, de modo que estaba a cargo del dinero. Yo siempre me preguntaba de qué casa era el hombre, teniendo en cuenta que vivíamos en un auto.

Normalmente, mi hermano y yo éramos los últimos en salir del salón de juegos cuando cerraba. Esperábamos sentados en la acera a que llegara nuestra madre o recorríamos todos los bares cercanos hasta que dábamos con ella. Entonces Norm cogía las llaves y la esperábamos en el auto. Si no se iba a casa de ningún hombre, salía del bar entre las dos y las tres de la mañana, a la hora que la echaran. En muchos bares la dejaban quedarse hasta que se iban los propios empleados, vaya a saber qué hacía ella para que la dejaran. Después de salir del bar, mi madre conducía como si fuera en un trineo de carreras por las calles vacías. Aparcábamos detrás de las tiendas de comida o los supermercados pequeños, por donde entraban los productos recién horneados en la mañana. Norm y yo levantábamos a nuestra madre que roncaba apaciblemente cuando nos despertaba el ruido del camión del reparto. Observábamos mientras el repartidor llenaba un carro metálico y lo entraba en el establecimiento por una puerta trasera que algún empleado madrugador le había dejado abierta. Entonces salíamos del auto al gélido aire del amanecer y agarrábamos toda la comida que pudiéramos del camión abierto: bolsas de pan, cajas de rosquillas y, una vez, cinco cajas de bizcochos de canela gigantes. Devorábamos la comida mientras nos dábamos a la fuga. Era igual de peligroso ir con Cookie al volante comiendo o borracha. Costaba saborear el primer bizcocho o la primera rebanada de pan, que me comía tan rápido como podía intentando calmar los ruidos de mi estómago vacío. Muchas veces, cuando me tragaba trozos muy grandes, me sentía como una boa constrictor asfixiando a su última víctima, mientras gigantes trozos de bizcocho se atoraban en mi garganta. Cookie bajaba la comida con la primera botella que encontraba por el auto. Le daba igual que fuera vodka o cerveza. Se la bebía como si fuera agua. De vez en cuando, Norm tomaba un sorbo de la botella de Cookie para bajar la comida que él también engullía.

Después aparcábamos en otro sitio y mi madre se pasaba el resto de la mañana durmiendo. Cuando despertaba, bajaba la ventanilla y echaba al suelo la basura que no hubiera almacenado en el asiento trasero: botellas de alcohol, cajas de bizcochos, envoltorios de comida y trapos manchados de sangre cuando tenía el período. Cada vez que el auto se movía de un lugar a otro, quedaba detrás un montón de basura como evidencia de nuestra existencia.

Cuando no pasaba la noche con nosotros, Norm dormía atravesado en el asiento de atrás y yo en el asiento delantero del pasajero, reclinada hasta que casi tocaba las piernas de mi hermano. Si Cookie dormía en el auto, ella se tumbaba detrás, Norm en el asiento reclinado del pasajero, y a mí me tocaba el asiento del conductor, que solo se reclinaba un poco. Cuando hacía buen tiempo fuera, Norm abría el espacioso maletero y dormía en él, y yo pasaba al asiento del pasajero. Si Cookie estaba enfadada con nosotros o se ligaba con un tipo que tenía mujer o novia y solo podían estar un rato en el auto, nos tocaba pasar la noche sentados en la acera del estacionamiento de algún bar o tumbados en alguna zona de césped cercana. En las noches frías, nos abrazábamos, sintiéndonos demasiado miserables como para hablar siquiera. Me dolían los huesos y los músculos de lo mucho que temblaba mientras intentaba entrar en calor. Nada me ha resultado nunca tan agotador como tener frío.

Y también estaban aquellas noches en las que nos quedábamos dormidos en el auto mientras Cookie se encontraba en el bar y nos despertaba después de estacionarnos en la casa o el apartamento del novio de turno.

—Cojan los pijamas —decía siempre.

Y Norm le respondía:

—Eso es tan gracioso que se me ha olvidado cómo reírme.

En todas aquellas casas desconocidas, Norm y yo dormimos en sofás, habitaciones de invitados, sillones, suelos de madera, suelos alfombrados, suelos de baldosas, bañeras llenas de toallas para estar más mullidos, debajo de mesas, en patios de césped, porches traseros, balcones y terrazas, en el suelo del armario (más veces de las que podría uno imaginar), en cocinas entre cucarachas y ratones, en el vestíbulo con perros y gatos que se nos subían por el cuerpo y nos pisoteaban la cara. Si la superficie era lo bastante plana, dormíamos encima. Nosotros no veíamos aquello como un regalo o un lujo, ya que nos habíamos acostumbrado al Veg. Sin embargo, poder utilizar un inodoro de verdad (algo que nunca dejé de apreciar después de haber tenido que usar el cubo de los excrementos), darnos una ducha cuando podíamos o disfrutar de una habitación con calefacción eran cosas por las que habríamos dormido en cualquier sitio.

Las noches que Cookie no conocía a ningún hombre en el bar, me echaba a mí la culpa. «¡Me has jodido la vida!», decía. Ella se asomaba entre los dos asientos delanteros y me golpeaba una y otra vez con el mango de madera del cepillo en la cabeza o el oído, o en la espalda y las piernas si me escondía debajo de las mantas o la basura. El cepillo del pelo se convirtió en su herramienta de tortura preferida. Le gustaba pasarlo con fuerza entre los nudos que se me hacían en la nuca. Después arrancaba con las uñas el pelo que se había quedado enganchado en las cerdas y lo dejaba caer al suelo allí donde estuviera sentada.

En las raras ocasiones que estaba sobria, nos regalaba una versión de sí misma que me hacía desear su amor. En aquellas ocasiones parecía posible otra vida, otra infancia. Una vez nos llevó a J. C. Penny y me compró unos zapatos y una blusa. Otro día le compró a Norm un juego portátil del Pac-Man. Y con frecuencia íbamos a comer bocadillos de carne curada tan grandes como un ladrillo y bebíamos refrescos directamente de la botella. Mi madre hablaba de otra forma cuando estaba sobria: largos monólogos sobre el amor, la familia y lo mucho que necesitábamos estar juntos, porque éramos lo único que teníamos en la vida. Norm apoyaba la cabeza en su hombro y ella le rascaba la nuca. Y nos llenaba de besos y nos decía lo mucho que nos quería. Norm siempre respondía: Yo también te quiero, y yo me preguntaba si lo diría en serio.

Norm tenía la capacidad de saber vivir el momento sin pensar en nada más. Cuando Cookie se portaba bien con nosotros, él dejaba que todo lo ocurrido antes desapareciera. Sin embargo, yo no podía vivir el presente sin recordar el pasado. Quería preguntarle a mi madre por qué si la familia era tan importante, mis hermanas no estaban con nosotros.

EL DÍA QUE cumplí diez años, en 1982, Cookie compró otra tarta helada. La caja abierta se sujetaba en precario equilibrio sobre el freno de mano mientras nos comíamos la tarta usando cubiertos plásticos de Baskin-Robbins. Cookie y Norm estaban delante y yo me inclinaba desde el asiento trasero.

Era miércoles, un día de octubre inusualmente cálido para ser otoño, algo que era de agradecer, porque ya no me servía mi abrigo. La tarta, el buen tiempo y el hecho de que Cookie pareciera estar sobria contribuían a hacer de aquel un cumpleaños bastante bueno.

Hasta que mi madre dijo que nos íbamos de Nueva York.

—¿Y mis hermanas? —pregunté.

—¿Qué demonios pasa con ellas? —replicó, frunciendo el ceño como si acabara de morder un limón.

—¿Cómo podré ir a verlas si nos vamos de Nueva York?

—No las ves de todos modos, maldita sea —dijo mi madre, metiéndose en la boca un trozo enorme de tarta.

—No tenemos casa —dijo Norm—. No pueden venir a vernos.

Le transmití mentalmente un mensaje a Gi: *¡Date prisa! ¡Estamos en el estacionamiento de Baskin Robbins, pero dentro de poco saldremos del estado!*

—De todos modos —añadió Cookie—, tenemos que irnos o me llevarán a la trena.

—¿Qué es la trena? —pregunté.

—¡La cárcel, tonta! —dijo Norm, que miró a Cookie a continuación y le preguntó por qué.

—Lo de siempre. Multas, conducir borracha... —contestó ella, comiendo otro gran bocado.

—Si es lo de siempre, ¿por qué no nos podemos quedar?

Se me había quitado el hambre, así que dejé la cuchara dentro de la tapa de la caja.

—No, ahora dicen que golpeé a un chico que iba en bicicleta en Mastic —contestó ella.

Tenía el labio de abajo manchado de glaseado, pero se encogió de hombros y se metió otro trozo en la boca.

—¿Y lo hiciste? —le pregunté.

—Qué más da si lo hice o no, señorita abogadilla. Si me agarran, saldrán a la luz muchas otras cosas. ¿Sabían que se suponía que tenía que haber ido a la cárcel por falsificar cheques después de nacer Cherie? —preguntó sin dejar de comer.

—No —respondió Norm y yo negué con la cabeza.

—Pues sí. Pero ya estaba embarazada de Camille y nadie quiere meter en la cárcel a una mujer con dos bebés, así que... —dijo, dejando la frase inacabada mientras se metía un trozo enorme de tarta en la boca.

—Supongo que tener tantos hijos tuvo su parte buena —dije.

—¡Ni en broma! ¡Se me jodió el cuerpo de gogó! —rezongó, dejando caer el tenedor en la caja y agarrándose un rollo de carne en su barriga, que movió arriba y abajo—. Yo era delgada. ¡Era alegre! —se soltó la barriga y cogió otro trozo de tarta—. Menos mal que a los tíos les gustan las tetas grandes.

—¿Podemos llamar a mis hermanas para decirles que nos vamos? —pregunté.

—Ni siquiera te he dicho a dónde nos vamos —contestó ella.

—¿A dónde nos vamos? —preguntó Norm.

—A Idaho —respondió ella.

—¿Por qué a Idaho? —preguntó Norm.

—A ver a mi amiga Jackie. Luego podremos preparar nuestro viaje a Arizona.

—¿Por qué a Arizona? —preguntó Norm.

—El padre de esta —respondió ella, señalándome con el tenedor embarrado de tarta— compró unas tierras en Lake Havasu antes de que lo borraran.

—¿Qué significa que lo borraran? —pregunté.

Mi madre se colocó el tenedor en la sien como si fuera un arma y luego dejó caer su cabeza a un lado, como una pantomima de haber sido baleado.

Cookie continuó explicando que Vito, mi padre, había comprado las tierras por el tiempo en que yo nací. Cookie y Vito fueron allí a verlas y nos trajeron camisetas iguales a todos. Gi siempre llevaba encima una foto de los cincos, con Norm y ella vestidos con aquellas camisetas, todos sonriendo. Debió ser Vito quien tomó la foto, la reveló y luego nos la dio. Aparte de aquella foto, la única otra que había visto en la que yo saliera era la del anuario de primer grado. Mis hermanas la compraron entre todas, trabajando como niñeras para reunir el dinero. Era un lujo que tuvo lugar solo una vez.

Imaginaba que aquellos meses que vivimos con mi padre antes de que fuera a la cárcel habían sido maravillosos. Según Cookie, Vito era un hombre carismático, nacido para ser un líder y listo como él solo. Concluí que si Vito era tan genial como afirmaba Cookie, habría adorado a cualquier hijo suyo de la forma en que mis hermanas me adoraban a mí. Saber que mi padre me quería me produjo una sensación de calor en el centro del estómago. Vito ya no estaba, pero la conexión permanecía.

—No habrá problema para recuperar tus tierras —dijo Cookie—. Te reconocerán como una de los suyos.

—¿Quiénes me reconocerán? —pregunté.

—La familia de Vito. La Asociación Italiana de Madres y Padres —dijo—. Te pareces a ellos.

Era agradable pensar que tenía una familia que podría reconocerme.

—¿Y mi padre compró algunas tierras? —preguntó Norm.

—¡Rayos, claro que no! El hijo de puta de tu padre jamás compró ni ropa interior siquiera.

Supe por la forma en que se puso a comer tarta que Norm deseaba que hubiera sido su padre el que hubiera comprado unas tierras.

8

Hacia Idaho

NORM Y YO nos apoyábamos en la pared del corredor descubierto en la segunda planta de un motel de la carretera. Era el día siguiente a mi cumpleaños por la noche, y Cookie estaba en la habitación con un hombre llamado Mack. Tenía una barba larga, gris y desaliñada, y una barriga gigante que le caía por encima de los pantalones. No hablaba casi, pero fumaba muchos cigarrillos y bebía tanto como Cookie. Cuando empezó a besarla en el cuello mientras se desabrochaba el cinturón, salimos corriendo de la habitación.

Empezaba a hacer frío fuera. Yo quería entrar y ver la tele.

—Cinco minutos más —dijo Norm.

Tenía una intuición asombrosa sobre el tiempo que llevaban aquellas cosas. O tal vez escuchara con más atención los sonidos del interior de la habitación: gemidos y unos gritos periódicos de parte de Cookie.

—Está bien —dijo Norm cuando percibió que habían terminado.

Cookie y Mack estaban en una cama. Él se encontraba dormido con la boca abierta, como los cadáveres que salían en las películas. Ella se había tapado, con la manta metida por debajo de las axilas, y estaba viendo *Knot's Landing* en la televisión, manteniendo una cerveza en una mano y un cigarrillo en la otra. Parecía totalmente relajada. Feliz casi. Norm fue directamente al cuarto de baño y abrió el grifo de la ducha.

—¿Salimos mañana hacia Idaho?

Me senté en el borde de la cama, todo lo lejos que pude de Mack. El suelo estaba lleno de latas de cerveza vacías.

—Sí —contestó Cookie, dándole un sorbo a la cerveza sin apartar los ojos de la televisión.

—¿Podemos llamar a mis hermanas antes de irnos?

—¿Por qué quieres llamar a esas zorras estúpidas? —repuso ella. Su voz no tenía tono de enojo. Estaba borracha, medio dormida, puede que satisfecha porque Mack el de la panza inflada estuviera roncando a su lado.

—Para despedirme —dije yo.

Cookie se volvió hacia mí y me escudriñó como si tratara de decidir lo mejor.

—De acuerdo —dijo—. Llámalas, despídete de mi parte también. ¡Para siempre! ¡De parte de todos nosotros!

Y soltó una carcajada, los ojos convertidos en dos ranuras como medias lunas. Yo sabía que estaba a tres sorbos de la inconsciencia. Probablemente por eso me había dicho que sí a la llamada.

—¿Cómo consigo el número de ellas?

—En mi bolso, en el bolsillo interior con cremallera, está el número de la casa de la zorra que es guardiana de tus hermanas. Y deja de molestar —dijo, poniéndose de lado, con el trasero apretado contra Mack.

Sentí un nudo en la garganta y los ojos se me llenaron de lágrimas. Mi madre había tenido su número todo el tiempo. Yo podría haberlas llamado a su casa de acogida todas las semanas. Todos los días. ¡Cada vez que hubiéramos pasado cerca de un teléfono! Encontré el papelito con el número. No indicaba ningún nombre ni ninguna otra información.

—¿Cómo funciona el teléfono? —pregunté, levantando el teléfono que había en la mesa. Tenía una fila de botones cuadrados.

—Y yo qué rayos sé —dijo Cookie con los ojos cerrados.

Estudié el aparato. Escrito en letra impresa decía: «Marcar el 9 para llamar al exterior». Apreté el botón del 9 y escuché el tono. Entonces marqué el número del papel.

Respondió una mujer con voz tranquila y risueña.

—¿Puedo hablar con Regina o Camille? —pregunté con voz temblorosa.

Cuando Gi se puso al teléfono, rompí a llorar.

—¡Nos vamos mañana!

—¡*Mia bambina!* —exclamó Gi—. ¡Pero no puede ser verdad que se vayan a Idaho! ¡¿Cómo los encontraré en Idaho?!

—No lo sé —repliqué yo, llorando.

—*Bambina* —dijo Gi con tono apremiante—. Esto es una locura. Dime dónde están ahora mismo y voy por ustedes.

—En un motel —indiqué yo, sorbiéndome la nariz.

—¿Qué motel? ¡¿Dónde?!

—Un motel amarillo a la salida de la autopista.

—¿Cómo se llama? ¡¿En qué calle está?!

Cookie se levantó pesadamente de la cama y se acercó tambaleándose a mí, desnuda. Tenía el rostro contraído y una mirada amenazadora.

Miré hacia el teléfono, los folletos y los papeles desperdigados sobre la mesa, buscando algo que tuviera el nombre del hotel escrito. En el cajón había una libreta con un dibujo del motel y el nombre impreso encima en una sinuosa letra cursiva difícil de leer.

—Se llama...

Cookie puso el dedo sobre la pieza de plástico triangular y cortó la llamada. A continuación cogió el papelito con el número de Gi, lo rompió en trocitos diminutos y los lanzó al aire como si fuera confeti.

Norm ya había salido de la ducha. Se había puesto un pantalón deportivo y una camiseta, y tenía el pelo mojado. Se metió en la cama sin mirar siquiera a nuestra madre desnuda.

Las lágrimas resbalaban por mi cara. Se me había cerrado la garganta. Si abría la boca, me pondría a gemir.

—Ya está bueno de despedidas —dijo Cookie despacio y se volvió hacia la cama. Su trasero ondulaba como algo que viviera bajo el agua. Levantó la manta y se metió debajo bien pegadita a Mack, que roncaba.

Entré en el baño, abrí el grifo de la ducha, me desnudé y entré en ella. Me quedé sentada en la bañera, con la espalda arqueada formando una concha sobre las rodillas, bajo el agua de la ducha. Y lloré. Lloré tanto que sentí como si me hubieran vuelto al revés y todo mi ser se hubiera ido por el desagüe.

AL DÍA SIGUIENTE por la tarde cogimos todo lo que pudiéramos necesitar del Veg y lo metimos en el maletero del Chrysler de cuatro puertas de Mack. El cuerpo del auto era del color de un caramelo de frambuesa, el techo era blanco y parecía de plástico. Había un montón de espacio para que Norm y yo nos tumbáramos en los mullidos asientos traseros.

—Esto es viajar con todo lujo —dijo Cookie, rociándose con Jontue e impregnando el auto con aquel empalagoso olor a almizcle. Norm y yo observamos a Mack por la ventanilla. Estaba acuclillado en la parte trasera del Veg retirando la placa de la matrícula, con la barriga desparramándosele por encima de los pantalones. Cookie también lo observaba. Lo vio tirarlas como si fueran discos voladores al suelo regado de basura del estacionamiento situado detrás del motel y aplaudió.

—¡Díganle adiós a Espermita Verde!

—¡Nos vemos! ¡No quisiera estar en tu lugar! —dijo Norm.

Mack entró al auto, encendió el motor y salió del motel. Cookie repetía lo mismo que dijo cuando nos fuimos del apartamento de Ricky: «No nos íbamos a quedar, y de todos modos, no nos gustaba ese lugar». Norm y yo no le seguimos la corriente y Mack respondió con un gruñido y señaló la radio, para que Cookie la conectara. Crystal Gayle cantaba no sé qué sobre sus ojos azules.

—¿Dónde está Idaho? —pregunté.

—Enseguida lo sabrás —respondió Cookie.

—¿Quién es tu amiga Jackie? —preguntó Norm.

—¡Jackie es Jackie! —contestó ella—. ¡Ya conoces a Jackie!

La presencia de nuestra madre en nuestras vidas había sido tan esporádica que Norm y yo no sabíamos si tenía amigos más allá de las personas que conocía en los bares.

—Ah, sí, Jackie —dijo Norm, sonriéndome y poniendo los ojos en blanco.

—¡Un 7-Eleven! —exclamó mi madre, dándole un golpe a Mack en el brazo para indicarle que se detuviera a fin de comprar cosas de comer para el viaje: cerveza, patatas fritas, sándwiches y Mountain Dew para Norm, ya que le gustaba ese refresco. Mack lo pagó y Cookie se lo devolvió apoyándose en él y acariciándole la pierna mientras conducía.

Mientras nos comíamos nuestras provisiones, Cookie nos dijo que ya que íbamos en el auto de Mack y él iba conduciendo, le tocaba a él elegir la música que escucharíamos. Más tarde nos dimos cuenta de que aquel arreglo se encontraba con el obstáculo de que Mack no usaba las palabras de manera encadenada para formar frases, sino que gruñía monosílabos. Encontrar la música que Mack quería significaba que Cookie movía el dial hasta que él emitía un sonido o leía las ocho canciones de una cinta esperando a que Mack respondiera. A veces, fingía haber entendido que no cuando quería decir que sí y ponía lo que a ella le apetecía escuchar, que normalmente era Kenny Rogers, Willie Nelson, Waylon Jennings o Linda Ronstadt.

Waylon Jennings estaba cantando «I've Always Been Crazy» cuando entramos en Manhattan. Que yo supiera, nunca había estado allí, aunque se encontraba a una hora del condado de Suffolk, donde había vivido toda mi vida. Bajé la ventanilla, saqué la cabeza y miré hacia los altos edificios. Nunca había visto nada igual. Era todo maravilloso y desconcertante. No entendía cómo algo tan alto y estrecho podía mantenerse en pie.

—¡Pide un deseo! —le dije a Norm mientras entrábamos en el túnel Lincoln. Una niña en un libro que había leído pedía un deseo y aguantaba la respiración cada vez que atravesaba un túnel. Aquel era tan largo que me resultaba imposible aguantar la respiración. No obstante, sí pedí dos buenos deseos: que mis hermanas me encontraran y que no pasáramos frío en Idaho.

Cuando salimos del túnel, Cookie bajó la ventanilla y asomó su pesado torso por ella. Entonces sacó el dedo del medio de ambas manos y gritó:

—¡A la mierda, Nueva York! ¡A la mierda, policías! ¡A la mierda, trabajadores sociales! ¡El huracán Cookie se va de aquí!

COOKIE ME DESPERTÓ con una bofetada. Me incorporé, sorprendida, y me llevé la mano a la mejilla. Era de noche y estábamos estacionados entre filas y filas de camiones.

—Despierta a tu hermano —dijo, y yo lo hice.

Norm se incorporó, sus ojos marrones medio cerrados y perdidos, el pelo de punta. Me recordó a Scooby Doo después de que un fantasma le hubiera dado un golpe en la cabeza. Se me olvidó el escozor de la mejilla y me reí de la cara de aturdimiento de Norm.

—Mack necesita café —dijo Cookie, y le dio a Norm un billete de un dólar.

—¿Qué hora es? —preguntó Norm.

—Las cuatro de la mañana. ¡Vayan ahora! ¡Y tómense su tiempo!

Norm y yo salimos del auto y nos quedamos pasmados mirando los gigantescos camiones que teníamos a nuestro alrededor. A mí me daba la sensación de haber entrado en un campo de cemento lleno de dinosaurios de acero durmientes.

—¡Cierren la maldita puerta! —gritó Cookie.

Norm miró hacia atrás y cerró la puerta. Atravesamos los camiones en dirección al edificio de hormigón que tenía las luces encendidas. Dentro había una cafetería. Había unos cuantos hombres sentados en los taburetes de la barra y unos pocos más en los bancos. La mayoría bebía café. La mitad de ellos tenía delante unos platos inmensos de comida. Por mucha hambre que hubiera podido tener en mi vida, me sentía incapaz de comerme una hamburguesa chorreante y un plato de relucientes patatas fritas en plena noche. Muchos de aquellos hombres se dieron la vuelta para mirarnos como si fuéramos alienígenas, o estuviéramos desnudos, o... bueno, supongo que éramos los únicos niños del lugar, un detalle que podría resultar tan extraño como si nos hubiéramos presentado allí desnudos.

La camarera se asomó por encima de la barra, dio unos golpes en ella con los nudillos para atraer nuestra atención y nos preguntó:

—¿Necesitan alguna cosa, niños?

—Ir al baño y un café para llevar —dijo Norm.

—Los baños están por allí —indicó, señalando con sus largas uñas rojas y una sonrisa—. Les voy preparando el café para cuando regresen.

Me agarré a la espalda de la camiseta de Norm mientras nos dirigíamos al baño. Unos cuantos hombres se volvieron a mirarnos.

—Entraré contigo en el baño de las damas —dijo Norm—. No me fío de esos tipos.

Entré en uno de los retretes y Norm en el otro. Luego nos lavamos las manos. Contemplé nuestro reflejo en el espejo, los ojos hinchados de sueño, el cabello revuelto de Norm como si fuera pelo de animal, el mío demasiado largo a pesar de que Cookie me arrancaba todo el que podía con el cepillo.

—¿Te parece que soy bonita? —le pregunté a Norm. Mis hermanas eran preciosas, todas con un abundante cabello oscuro: Gi tenía unos románticos ojos almendrados; Camille, unas mejillas redondeadas y unos ojos grandes y brillantes; y Cherie, una naricita chata y una amplia sonrisa de dientes blancos. Sin embargo, yo no sabía cómo era mi aspecto. Si mi cara era bonita o no.

—Pues claro —dijo Norm—. Por eso te odia tanto mamá. Si no fueras bonita, no la tendría tomada contigo.

—Como la madrastra de Blancanieves —comenté yo, mirándome de nuevo en el espejo con una sonrisa. Deseaba percibir lo que Gi veía cuando me llamaba *bambina*—. Espero ser tan guapa como mis hermanas.

—Lo eres —dijo Norm—. Vamos ya —añadió, tirando de mi brazo.

Cuando regresamos al auto con el café, las puertas estaban cerradas y la parte de abajo de las ventanas se encontraba empañada. El auto se movía arriba y abajo, y yo retrocedí de inmediato. No quería ver lo que estaba pasando allí.

No llevábamos abrigo y hacía frío. Nos sentamos en la orilla de la parada de los camiones, apoyados el uno en el otro, sosteniendo el café por turnos para calentarnos las manos.

—¿Crees que los estarán mirando los tipos de los camiones de al lado? —pregunté.

—Probablemente —dijo Norm—. Los adultos son así de asquerosos.

—¿Cómo lo sabes?

—Porque yo soy casi adulto —dijo él, y los dos nos reímos.

—Yo sigo siendo una niña —afirmé yo.

Sin embargo, mientras más tiempo pasaba lejos de mis hermanas, mayor era mi sensación de estar creciendo rápido. Ellas me habían tratado como si fuera un bebé durante tanto tiempo que no me enteraba de lo que pasaba. Ahora que estaba con Cookie resultaba difícil abstraerse de la fealdad de la vida que llevábamos con ella.

—Creo que ya han acabado —dijo Norm.

Cuando llegamos al auto, Mack estaba de pie fuera, abrochándose los pantalones. Cookie estaba en el asiento delantero, poniéndose un suéter encima del sujetador. Su pelo era un revoltijo de rizos. Norm esperó a que Mack se abrochara el cinturón y le dio el café y los cincuenta centavos que le habían devuelto. El hombre contestó con un sonido a medio camino entre un «gracias» y un eructo.

—Es hora de Willie —canturreó Cookie cuando nos alejamos de la parada de los camiones. Introdujo la cinta en el reproductor y Norm, ella y yo empezamos a cantar a voz en cuello «On the Road Again» con Willie Nelson. Era nuestra canción, y cuando la cantábamos nos sentíamos felices y actuábamos en perfecta sincronía, aunque solo fuera durante unos minutos.

Los días siguientes fueron más o menos igual que el primero. Norm y yo pasábamos el día jugando con su juego de Pac-Man, contando los vagones de tren que pasaban a nuestro lado, pellizcándonos cada vez que pasaba un Volkswagen Escarabajo y jugando al juego de los colores, que consistía en que uno decía un color y el otro tenía que nombrar todo lo que viera de ese color. Una profesora me dijo una vez que no había palabras que rimaran con morado. En aquel viaje descubrí que tampoco había muchas cosas moradas en la Interestatal 80 que atraviesa el país.

Todos los días por la mañana temprano pensaba en mis hermanas y en lo difícil que les resultaría encontrarnos. No podía evitar llorar. Norm me ignoraba, Mack no parecía darse cuenta nunca, y Cookie alargaba el brazo hacia atrás y me daba una bofetada.

—¡Cállate ya, demonios! —decía.

Rara vez me preguntaba por qué lloraba, y cuando lo hacía, le contestaba que me dolía el estómago. Sabía que de nada serviría sacar a relucir el tema de mis hermanas.

La única manera de no llorar era imaginar a una de mis hermanas dentro de una burbuja sobre mi cabeza diciéndome que me encontraría y todo saldría bien.

—Hasta pronto —susurraba yo en respuesta a sus promesas imaginarias. Luego me tragaba la tristeza y volvía a enterrarla.

Mack estacionaba el auto y dormía dentro una vez al día, desde las seis de la mañana hasta la una o las dos de la tarde. Se tomaba un segundo descanso hacia las tres o las cuatro de la mañana, tiempo en el que Cookie y él nos echaban del automóvil para estar un rato a solas. Una vez, estando sentados en una pequeña rampa mirando hacia el auto, Norm me dijo:

—Esta vez va a ser rápido.

—¿Lo sabes porque ya eres "casi adulto"?

—No, lo sé porque están haciendo esto.

Norm se acercó el puño cerrado a la boca y lo movió rítmicamente hacia delante y hacia atrás al tiempo que se empujaba la mejilla desde adentro con la lengua.

—¿Están haciendo eso? —pregunté yo, repitiendo el movimiento y preguntándome por qué nos echaban del auto y se desnudaban para quedarse sentados moviendo el puño cerca de la boca y empujándose la mejilla con la lengua.

—A Mack le gusta —dijo Norm.

—Pues Mack es un tonto.

UNA NOCHE, POCOS días antes de llegar a Idaho, cuando había poco tráfico y Mack conducía bastante más rápido de lo permitido, Cookie sacó el tema de ir a la escuela con uniforme de cuadros azules. Mi madre era, en su opinión, una chica buena, casta y católica. Y luego añadió:

—Si sus hermanas hubieran llevado uniforme en vez de esos vaqueros Jordache ajustados, no se habrían convertido en las zorras que son.

Me dieron ganas de decirle que si les hubiera comprado ropa, no habrían tenido que ponerse vaqueros de segunda mano o a veces robados. También quería decirle que a lo mejor ella había llevado uniforme católico, pero no por eso se había mantenido en el camino de la rectitud, sino que había tenido cinco hijos de cinco hombres diferentes. Y fácilmente habría habido más de cien hombres antes, durante y después de nuestros padres.

El uniforme católico que llevara en un momento de su vida no le impidió hacer lo que hizo al día siguiente por la mañana temprano. Era una mañana especialmente fría, andábamos justos de dinero y nos hacía falta una ducha desesperadamente. Mack roncaba en el asiento trasero. El interior del auto olía a humedad rancia, el mismo olor que imaginaba tendría la barba de Mack de cerca. Mi madre, mi hermano y yo nos habíamos ido al maletero abierto, donde solíamos dormir Norm y yo. Yo estaba envuelta en una manta sucia. Norm se había puesto una de las sudaderas rojas de nuestra madre. Cookie se encontraba junto al parachoques, entonces se levantó los pechos dentro del sujetador de forma que casi se le salían por la camisa abierta, se perfumó el escote y me pasó la botella.

—Si algo aprendí en mis tiempos de gogó, fue a ganar algo de dinero en momentos de necesidad.

Mi madre había decidido que necesitábamos un motel y una ducha.

Desde el maletero, con los pies apoyados en el parachoques, Norm y yo observamos a nuestra madre subirse a la cabina de un camión.

—¿Cuánto tiempo tendremos que esperar para la habitación? —le pregunté a Norm.

—No tardará mucho —dijo Norm, haciendo otra vez el gesto del puño y la lengua.

Desde donde estábamos pude ver la cabeza cuadrada del camionero junto a la ventana al tiempo que mi madre agachaba la suya y desaparecía de la vista. Y de repente entendí el gesto que Norm había estado haciendo. Me parecía extraño, pero claramente no imposible, que a alguien le pudiera gustar hacer algo así. Sin embargo, nuestra madre debía hacerlo muy bien, porque el camionero nos pagó la habitación del motel y hasta le dio dinero para que nos comprara comida.

EL PAISAJE CAMBIANTE a lo largo del viaje me dejó tan atónita como los altísimos edificios de Manhattan. Nunca antes había visto tanto campo abierto, tanto cielo brillante e interminable como en Ohio, Indiana, Illinois y Iowa. Me sorprendió el terreno ondulado de Nebraska. Había colinas que subían y bajaban, se ocultaban y se curvaban, y a mí me entraron unas ganas irreprimibles de bajarme del auto, trepar a uno de aquellos altos y tirarme colina abajo con los brazos apretados al cuerpo, sin más obstáculos que el aire y la hierba. Cuando entramos en Wyoming, las montañas altas y poderosas me dejaron sin aliento. Llenaban el horizonte como una fila compacta de búfalos gigantes que bloqueaban la vista del cielo. Y me encantó ver tantos animales por el camino: vacas pastando, caballos que asomaban el largo cuello por encima de las verjas de madera, rebaños de ovejas, gansos en formación, cuervos posados sobre los cables del teléfono y hasta un rebaño de llamas en una ocasión.

En Utah me quedé maravillada cuando vi un castillo que parecía encantado, y exclamé al tiempo que señalaba por la ventana:

—¡Oz!

—¡Cierra la maldita boca! —contestó Cookie, y echando la mano hacia atrás me dio una bofetada en la cara. Norm y ella iban dormidos. Mi hermano seguía un poco atontado.

—¡Pero miren! —insistía yo, presionando una mano contra la mejilla enrojecida sin dejar de señalar con la otra hacia el maravilloso castillo blanco con múltiples chapiteles. No sabía si despertar a Norm para que pudiera verlo, pero al final opté por no hacerlo. Norm y yo no nos impresionábamos con las mismas cosas.

—Mormones —gruñó Mack.

—¿Qué? —pregunté yo, inclinándome hacia delante. Tenía que saber qué era exactamente aquel edificio que parecía sacado de un cuento de hadas.

—Es un templo mormón, idiota —dijo Cookie.

—¿Y eso qué es? —pregunté, girándome para verlo por el cristal trasero cuando lo dejamos atrás.

—Es una religión —explicó Cookie, encendiendo un cigarrillo—. ¡No beben, no fuman, ni siquiera toman café o Coca-Cola, así que ni en sueños me haré mormona!

Mack gruñó algo y Cookie se rio.

—¿Qué ha dicho? —inquirí.

—Dice que habría que llamarlos "tontones", porque para qué vivir si no puedes beber —explicó ella, riéndose a carcajadas.

Aparte de los momentos a solas que pasaban en el auto, el alcohol parecía ser el único nexo de unión entre mi madre y aquel hombre.

Si a Mack no le gustaban los mormones, más motivo tenía yo para que me gustaran. ¿Cómo podían ser tan malas unas personas que construían templos tan preciosos?

—A mí me parecen agradables —dije yo.

—Pues no tienes ni puta idea sobre esa mierda.

Mi madre bajó la ventanilla y tiró tres latas de cerveza que debía haber acumulado sobre las rodillas. Un rato antes había lanzado también por la ventanilla el juego de Norm del Pac-Man, porque el ruido la estaba volviendo loca. Nunca había tirado tantas cosas como durante el viaje con Mack. Al contrario que ella, Mack no soportaba que hubiera basura o trastos sueltos por el auto, por lo que al final la mayoría de las cosas terminaban saliendo por la ventana.

A veces imaginaba cómo sería la vista aérea del auto color frambuesa en su viaje a través del país. Iría dejando un rastro con la basura que salía por la ventanilla. Íbamos marcando el camino, como Hansel y Gretel.

AL ENTRAR EN Idaho, Cookie y Mack hicieron entrechocar las cervezas para brindar por haber llegado hasta allí. Todo lo que se veía por la ventanilla era tierra de cultivo. Las pacas de heno se amontonaban formando largos muros bajos de paja. Las colinas verdes estaban salpicadas de silos y graneros. Los trozos de paisaje que se veían por la ventanilla parecían sacados de un libro de fotografías.

—¡Miren! ¡Un río! —exclamé al ver una vía de agua que serpenteaba entre un campo de trigo.

—Es un canal de riego —masculló Mack, y Norm y yo nos dimos un codazo, intentando no reírnos. Era lo máximo que había dicho en cinco días.

Cookie quería que todos hiciéramos pis, nos laváramos los dientes y nos peináramos antes de llegar a casa de su amiga Jackie. Esta había encontrado un buen marido, según mi madre, y quería que estuviéramos decentes para él. Se llamaba Kenny y su familia era de Idaho. Jackie y Kenny tenían dos hijos, Tina y Sam, fruto del anterior matrimonio de Jackie.

Todos salimos del auto cerca de una finca con caballos. No se veía ni un solo vehículo en la carretera. Cookie se bajó los pantalones negros de licra y se puso en cuclillas justo detrás del parachoques. Yo me adentré un poco entre las altas hierbas, intentando ocultarme entre ellas. Norm dijo que no tenía ganas de hacer pis, y Mack se puso a orinar en la carretera al lado de Cookie mientras mantenía las manos apoyadas en las caderas inclinadas hacia delante.

Cuando regresé al auto, Cookie me tendió el cepillo de dientes. Norm ya se estaba lavando. Yo también lo hice y escupí la espuma de la pasta en el camino, en el mismo sitio que mi hermano.

—Necesito agua —dije, pues me ardía la pasta de dientes que tenía en la boca.

—Usa esto —dijo Cookie, pasándome una lata de Schlitz.

Miré la cerveza, sacudí la cabeza y me tragué la pasta. Norm alargó la mano y le pasé la cerveza. Tomó un sorbo enorme, hizo unas gárgaras y lo escupió. Cookie se rio. Luego dio otro sorbo y esta vez se lo tragó. Cookie le quitó la cerveza y le ofreció su cigarrillo.

Mack ladró algo que sonó como un «no». Norm lo miró y le devolvió el cigarrillo a Cookie sin haber dado una calada.

De vuelta en el auto, Mack y Cookie iban fumando. Bajé la ventanilla para dejar que entrara el aire fresco. Cookie le iba leyendo a Mack las indicaciones para llegar a Caldwell, Idaho, las cuales había anotado en el reverso del menú de comida para llevar de un restaurante. No tardamos en salir de la autopista vacía para atravesar una población con distintos barrios, tiendas, supermercados, bazares y licorerías. Cadwell se parecía a Long Island, donde habíamos iniciado el viaje.

—Vamos a detenernos a comprar una botella de algo para celebrarlo —dijo Cookie, señalando por la ventana a una licorería. Mack no le hizo ni caso y pasó de largo.

—¡El Ejército de Salvación! —grité yo—. ¡Vamos a comprarnos ropa nueva!

Mack gruñó algo a medio camino entre «mierda» y «muda». Y aceleró al pasar por el establecimiento.

—No menosprecies al Ejército de Salvación —dijo Cookie—. ¡Venden ropa bonita y destinan el dinero a ayudar a los viejos borrachos como tú! —añadió y soltó tal carcajada que empezó a toser.

Lo que no le dijo fue que nunca habíamos comprado ropa en el Ejército de Salvación, porque no podíamos permitírnoslo. Durante las épocas en las que nuestra madre vivía con nosotros, nos apiñábamos todos en el auto y ella aparcaba lo más cerca posible de alguno de los contenedores que los del Ejército de Salvación ponían en la calle. Gi estaba siempre practicando para ser gimnasta, así que le tocaba ponerse de pie en el borde de la ventanilla bajada y desde ahí se metía de cabeza en el contenedor. Norm y yo normalmente nos poníamos de pie en el asiento y la sosteníamos por los tobillos mientras ella iba lanzando prendas hacia fuera. Camille y Cherie revisaban la ropa que salía volando hasta dar con, al menos, dos conjuntos nuevos para cada uno.

Unos minutos más tarde llegamos a la casa de Jackie. Tenía la forma de las casas que dibujan todos los niños: un cuadrado azul debajo de un tejado triangular. Había una ventana a cada lado de la puerta y otra encima, justo debajo de pico que formaba el tejado. Todas las ventanas y la puerta tenían rejas. Poseía un pequeño sendero de entrada, pero Mack aparcó en la calle.

—Esto da un poco de miedo —dije yo. A pesar de que nosotros siempre habíamos vivido en casas ruinosas y destartaladas, ninguna tenía rejas en la puerta de entrada.

—Relájate —dijo Cookie—. No es la maldita casa de Amityville.[3]

—Sería genial que lo fuera —dijo Norm—. ¡Entraría a patearle el trasero a algún fantasma!

Mi madre había trabajado una vez en una charcutería cerca de la casa del horror de Amityville, en Long Island. Una noche nos contó historias de la casa maldita. Al terminar dijo:

—¿Ven? ¡Las cosas podrían haber sido mucho peores para todos nosotros!

Puede que Norm le diera la razón, pero a mis hermanas y a mí nos parecía más soportable una casa con fantasmas que una casa con Cookie y los peligrosos zapatos y puñetazos que lanzaba por doquier.

Cookie se inclinó sobre la bocina y la hizo sonar una y otra vez. Mack se reclinó hacia atrás y levantó las manos en el aire, como si lo estuvieran atracando.

—Siempre es bueno anunciar tu llegada —dijo Cookie, saliendo del auto. Norm y yo la seguimos y nos quedamos con ella en la acera.

—Ven —dijo, animando a Mack con un gesto para que saliera del auto, pero él seguía allí sentado.

—Cigarrillo —respondió él, reclinándose en el asiento mientras lo encendía.

Nosotros tres nos acercamos a los escalones de la entrada y nos detuvimos delante de los barrotes. Había una pequeña cornisa triangular por encima de nuestras cabezas, negra por la parte de debajo y podrida en algunos lugares. Cookie apretó el timbre una y otra vez. El sonido se oía en toda la casa.

La puerta se abrió poco después. Una chica de la estatura de Gi aproximadamente apareció en el umbral. Tenía los mismos ojos y piel oscura que mi hermana, pero al contrario que Gi, el pelo de esta chica era liso y

---

3. La casa maldita de Amityville, situada en el número 112 de Ocean Avenue, en el pueblo de Amityville, Nueva York, se hizo mundialmente famosa cuando la familia DeFeo fue asesinada por el hijo mayor, en la casa, mientras todos dormían plácidamente (N. de la T.).

brillante como laca de uñas recién puesta. Me acordaba de ella. Había sido amiga de Gi en el colegio. Cookie debió conocer a su madre a través de mi hermana y esta chica.

—¡Tina! —exclamó Cookie, entrando en la casa para abrazarla.

Nunca me había abrazado a mí así. Me preguntaba qué pensaría Gi de semejante comportamiento. El resto de la familia no tardó en reunirse en el vestíbulo: Jackie, la versión adulta de su hija; Sam, alto y delgaducho, era la versión masculina de Tina; y Kenny, el marido rubio de Jackie que no se parecía en nada al resto.

Jackie nos abrazó a Norm y a mí sin dejar que su cuerpo tocara el nuestro. Nos habíamos duchado en la habitación del motel que Cookie había conseguido con el dinero del camionero, pero puede que después de dos días en el auto entre cigarrillos y comida rápida ya hubiéramos empezado a apestar de nuevo. O es posible que fuera mi ropa la que apestaba. Llevaba cinco días sin cambiarme los pantalones de pana con las rodilleras rotas y la camiseta de béisbol blanca y rosa que Cookie me había comprado durante uno de sus días buenos cuando estuvimos viviendo en el Veg. La parte «blanca» tenía el color de una mancha de humedad en el techo.

Atravesamos el salón y entramos en la cocina, llena de platos con comida por todas partes. Vi que Norm le echaba el ojo a un recipiente a medio comer de macarrones con queso y supe lo que estaba pensando. Yo también lo pensaba. Esperábamos pasar pronto a otra habitación para poder escabullirnos en algún momento y comer un poco.

Jackie quería que todos nos sentáramos en torno a la gran mesa redonda de la cocina. Kenny le dio una cerveza a Cookie.

—Tenemos que celebrar este encuentro —dijo ella—. ¡Dejen que los invite a beber vodka!

Cookie se dio la vuelta y miró el respaldo de la silla, como si estuviera buscando algo.

—Rosie, mi bolso está en el auto. Ve y dile a Mack que tome dinero de mi cartera y vaya a comprar una botella bien grande del mejor vodka.

—Está bien —murmuré.

No sabía cuánto costaba el vodka, pero imaginé que le quedaría un poco de dinero de lo que le había dado el camionero, porque lo único que había comprado con el dinero que le dio el hombre para comida fue una caja de pollo frito del Kentucky Fried Chicken que habíamos tenido que compartir con Mack, quien prácticamente la devoró por completo. Norm y yo sospechábamos que Cookie se había comido su propio pollo cuando entró al restaurante a hacer el pedido. Mientras nosotros tres comíamos en el auto, ella dijo que se quedaba sin comer para que sus hijos pudieran hacerlo. Sin embargo, por la forma en que fumaba y se relamía los labios grasientos de vez en cuando, yo sabía que estaba contenta y llena.

Fui al auto, donde Mack seguía sentado al volante. El motor estaba en marcha y la radio encendida. Mack escuchaba un partido de béisbol.

Cuando me acerqué a la puerta del conductor, él bajó la ventanilla.

—Qué —gruñó.

—Mi madre me ha dicho que vayas a comprar un buen vodka para celebrar que estamos aquí —le dije, señalándole el bolso blanco que estaba en el suelo frente al asiento del pasajero—. Dice que tomes el dinero de su cartera.

—Bien —dijo él.

—¿Me compras también una golosina? Algo que se pueda dividir en dos para compartirlo con Norm, como las galletas de mantequilla de cacahuete Reese's o un Kit-Kat, de modo que pueda darles a Sam y a Tina también.

Jamás le había pedido nada a Mack, pero aquel me parecía tan buen momento como cualquier otro.

—Hmmm —contestó Mack.

—¿Eso es un sí? —pregunté yo.

Mack tenía la vista fija al frente más allá del volante, de modo que no podía ver la expresión de su rostro.

—Sí —dijo él y se separó de la acera sin esperar a que yo me apartara. Retrocedí de un salto y Mack salió zumbando calle abajo.

Cuando regresé a la cocina, Sam y Tina estaban de pie con Norm, que se miraba los pies. Levantó la vista y me miró con esa expresión de Scooby Do.

—Jackie quiere que nos duchemos —masculló.

—Niños, vayan a bañarse —dijo Jackie—. Y denme su ropa para lavarla.

—Ya sabes que Kenny Rogers pronuncia su nombre "Kinny", con i en vez de con e —le estaba diciendo Cookie a Kenny. Tenía la cabeza agachada y el delgado cabello le caía sobre un ojo. Y los pechos le asomaban igual que el día del camionero.

—¿Qué nos ponemos cuando salgamos de la ducha? —le pregunté a Jackie.

—No sabía lo de Kenny —señaló Kenny—. Pero me encanta su música.

—Entonces tenemos algo en común —dijo Cookie, guiñándole el ojo.

—Cuando salgan de la ducha se pones sus otras ropas —dijo Jackie.

—Creo que tenemos algo más en común que eso —le dijo Kenny a Cookie.

—Nuestras otras ropas están en el auto y el auto se lo ha llevado Mack a la licorería —repliqué.

—No va a tardar más de diez minutos en llegar, comprar una botella y volver —dijo Jackie—. Vamos, hora de bañarse.

Jackie nos sacó de la cocina haciendo aspavientos con las manos abiertas, como si fuera a empujarnos por el trasero. Sam y Tina nos acompañaron arrastrando los pies. Nos llevaron al cuarto de baño que estaba al otro lado del pasillo, frente al dormitorio de Kenny y Jackie. Tenían la puerta abierta y desde allí pude ver que la cama estaba hecha, con la colcha naranja bien estirada. Me pregunté si habrían hecho la cama porque íbamos nosotros o si siempre estaría así. Cuando teníamos camas, mis hermanas las hacían. No había visto nunca a Cookie arreglar la cama.

—Tú primero —dijo Norm, y entré en el cuarto de baño.

Tina esperó fuera para que le diera la ropa sucia.

—Te traeré ropa para cambiarte cuando vuelva tu padrastro —dijo, y la oí alejarse.

La puerta no tenía pestillo y la cortina plisada de papel de la ventana mostraba un agujero en forma de rombo en el centro. Me asomé a mirar. El jardín trasero era prácticamente todo de tierra, vi un par de árboles y un gallinero grande, detrás del cual había una valla de madera a la que le faltaba la mitad de las tablas. Me recordaba a una calabaza de Halloween de dientes largos con aquellos huecos. Se veía también un ancho camino de tierra al otro lado de la valla y, aunque no veía los raíles desde allí, sí vi el tren que llegaba en ese momento, tocando la bocina con sonido de armónica. Me quedé como hechizada por la forma en que los vagones negros, amarillos y naranjas atravesaban el paisaje, rompiendo la monotonía cromática del marrón, el verde y el beige.

Cuando pasó el tren, cogí una de las toallas del toallero y traté de ponerla encima de la cortina. Después de varios intentos, la toalla terminó por sujetarse sobre la cortina y conseguí tapar la mitad del rombo.

En la ducha había champú Clairol Herbal Essence que olía tan bien que me daban ganas de comérmelo. Me puse un poco en el dedo y lo probé. Sabía amargo y ácido. Lo escupí y me enjuagué la boca con el agua de la ducha.

Cuando salí y me envolví en la toalla, abrí la puerta, creyendo que habría alguien esperando para decirme a dónde ir o qué hacer. Me llegó la conversación que estaba teniendo lugar en la cocina. Cookie le decía a Jackie y Kenny que Gi era una falsa y una persona horrible. Según mi madre, Gi había llamado a los Servicios Sociales y les había contado cosas terribles sobre ella para poder irse con Camille a una fabulosa casa de acogida cuya familia las había llevado a Disneylandia.

—A esa zorra mentirosa le importan un bledo los niños —estaba diciendo—. Mientras ella y su hermana vivían a todo lujo en una zona residencial de la ciudad, los dos pequeños recibían unas palizas de muerte a manos de una loca que tenía niños deformes en su casa.

—Brian no es deforme —susurré para mí misma.

—¿Y tú dónde estabas? —preguntó Kenny.

—Ay, Kenny —suspiró ella—. Como sabes, tuve que irme a cuidar a una niñita cuya madre acababa de morir de cáncer. Si no, no habría dejado a Gi y Camille a cargo. Pero pensé que podían encargarse...

—Bueno, es mucho trabajo para dos adolescentes —afirmó Kenny.

—Era un trabajo de niñera, temporal, y esas dos zorras se pasaron el día de fiesta, revolcándose con todo lo que se movía...

Norm llegó por el pasillo.

—Hay una toalla limpia colgada en la ventana —le dije—. ¿Dónde está mi ropa?

—Mack no ha vuelto —contestó.

Se detuvo antes de entrar en el baño y los dos nos quedamos escuchando en silencio a Cookie.

—Saben que quiero a estos niños más que a nada en el mundo. ¡Más que a nada! Pero Rosie me está poniendo las cosas difíciles. Está resultando ser una zorra como sus hermanas.

Me preguntaba si mi madre se creía de verdad las cosas que decía o si era consciente de que resultaba una persona tan horrible que la única manera de tener una amiga era ocultándole su verdadera personalidad.

—¡Ah, qué dices, no es más que una niña! —indicó Jackie.

—¡Deberías haberla visto con mi último novio, Ricky!

—¿Ricky no fue hace unos quince novios? —dijo Norm, y los dos nos reímos.

JACKIE PIDIÓ PIZZA por teléfono y Kenny y Cookie salieron a recogerla. También iban a comprobar si le había pasado algo a Mack, que ya debería haber vuelto. A mi madre le preocupaba que estuviera borracho en algún bar y no supiera volver.

Yo llevaba el albornoz rosa de Tina y Norm una camiseta de Van Halen y unos pantalones cortos con cintura elástica gigantes de Sam. Con aquella ropa tan grande, Norm parecía todavía más pequeño de lo que era. Me pregunté si Norm sería tan grande como Sam si lo hubieran alimentado bien toda la vida. Solo se llevaban un par de años de edad. Nos pusimos a ver la televisión en el salón, que estaba cubierto con una mullida alfombra naranja de lado a lado y tenía las paredes decoradas con láminas enmarcadas de pollos y gallos. Sam y Tina apenas hablaban durante los intermedios, pero yo no dejaba de pillar a Tina mirándome y sonriendo.

—Me acuerdo de cuando eras pequeña —dijo por fin—. Eras tan chiquitica que parecías la muñeca con la que jugábamos Regina y yo.

Era agradable que se acordara de mí. Me daba la impresión de ser algo más al saber que otras personas me recordaban.

Cuando llegó por fin la comida, nos sentamos todos en el salón con platos de papel. Los adultos bebieron cerveza y los niños Coca-Cola. Cookie se reía de todo lo que decía Kenny. Parecía que le resultaba el hombre más fascinante del mundo.

A la mañana siguiente, Cookie y Jackie decidieron que Mack nunca iba a volver. Adiós a todas nuestras cosas. Los cuatro menores estábamos sentados a la mesa de la cocina. Kenny se había ido a trabajar y Jackie estaba haciendo panqueques. Cookie se encontraba apoyada contra el mostrador fingiendo exageradamente lo disgustada que estaba porque Mack se hubiera ido con *todo* su dinero para el viaje, sus tarjetas de crédito y su permiso para conducir.

—¡¿Y ahora cómo voy a pagar el viaje a Arizona?!

Cookie se calló un momento y tomó un panqueque del plato que Jackie se disponía a llevar a la mesa. La dejó suspendida encima de la boca como un gato de los dibujos animados con un pescado y luego le dio un enorme mordisco.

—¡Ese cretino se ha llevado todo mi dinero! ¡Hasta el último dólar!

Yo sabía que mi madre no poseía tarjetas de crédito y no creo que hubiera tenido nunca un permiso para conducir válido. En cuanto al dinero, lo único que le quedaba era lo poco que no se hubiera gastado de lo que le había dado el camionero. Probablemente menos de diez dólares.

Miré a Jackie para ver si se estaba creyendo la farsa y si le daría el dinero que Cookie pretendía conseguir. Jackie nos sirvió los panqueques y no parecía muy conmovida. Cuando volvió a la estufa para hacer una segunda tanda, Cookie se dio por vencida y fue a darse una ducha.

—Siento lo de su padrastro —dijo Tina. Llevaba el pelo recogido en una cola de caballo y un suéter rosa con mangas acampanadas.

Norm y yo estábamos descalzos con la misma ropa que nos habíamos puesto el día anterior después de ducharnos. Habíamos dormido así vestidos en un sofá cama en el cuarto de estar del sótano que separaba las habitaciones de Tina y Sam. Cookie se había quedado en el sofá del salón.

—No era nuestro padrastro —dijo Norm.

—Nuestra madre lo conoció y lo convenció para que nos llevara hasta Lake Havasu, Arizona, donde mi papá compró unas tierras que su familia va a darme.

Normalmente no presumía, porque no tenía nada de lo que presumir, pero para mí poseer unas tierras en Arizona era algo importante y quería decirlo en voz alta.

—¿Tienes unas tierras? —preguntó Sam.

—Se las compró su padre —explicó Norm—. Antes de que se lo cargaran.

—¿Lo mataron? —preguntó Sam.

—Sí —dije yo, derramando sirope sobre un panqueque. Y después intenté poner cara triste, ya que me parecía que una niña cuyo padre ha sido asesinado debería estar triste.

—¿Cómo lo mataron? —preguntó Sam.

—Le dispararon en la cabeza —expliqué yo.

En realidad no sabía si había sido en la cabeza o no, pero recordaba que Cookie se había apuntado a la cabeza con el tenedor manchado de tarta haciendo como si le acabara de dar una bala.

—¡Vaya! —dijo Sam.

—Qué miedo —comentó Tina.

Jackie se dio la vuelta en la estufa y nos miró con una sonrisa.

—Menuda imaginación que tienen ustedes dos —dijo—, igual que su madre.

AL CONTRARIO QUE los novios de Cookie, Jackie no se dejó convencer por ella para que le diera dinero, un auto o cualquier otra cosa. Ni tampoco su marido. Cuando Kenny llegó a casa de trabajar aquella tarde, Cookie fue corriendo hacia él hecha un mar de lágrimas reales. Los diez dólares que Mack le había robado se habían convertido en miles de billetes de cien dólares, los cuales según ella le había costado años ahorrar. Lloraba también por las tarjetas de crédito y el permiso para conducir perdido. Vi que Jackie miraba a Kenny por encima del hombro de mi madre. Fue una mirada breve y cortante que lo instaba a apartarse de mi madre. Jackie la llevó lejos de su marido y me pidió que fuera con ella también.

Nos fuimos a la habitación de Tina y Jackie empezó a registrar los cajones en busca de ropa que me pudiera quedar bien al tiempo que le recitaba a Cookie las normas que precisábamos obedecer mientras nos quedáramos en su casa. Le dijo que tendría que buscar un trabajo, pedir cupones de alimentos para familias con bajos ingresos, y solicitar ayuda estatal para conseguir una vivienda. Y también tendría que matricularnos en el colegio.

—No sé nada de todo eso —dijo Cookie. Estaba tumbada encima de la cama de Tina, los tacones embarrados apoyados en la colcha. Había un afiche de Sean Cassidy en la pared amarilla del cabecero de la cama—. No tengo aquí los expedientes de los niños y yo no quiero formar parte de ningún expediente.

—¿De qué huyes? —preguntó Jackie. Yo miré a mi madre para ver si era capaz de enumerar la multitud de órdenes de arresto que pesaban sobre ella.

—Nada más que de un par de órdenes por conducir borracha —respondió ella—. Nada grave.

—¿Un par de órdenes por conducir borracha y aún tienes permiso de conducir? —Jackie parecía experta en manejar a personas como Cookie.

—Ah, sí —dijo mi madre—. Órdenes sin importancia, como subirme a la acera.

—A menos que hayas matado a alguien, no te perseguirán hasta Idaho si tan poca importancia tienen —repuso Jackie.

En aquel momento pensé que si mi madre no había solicitado nunca cupones para alimentos y se negaba a matricularnos en la escuela, tenía que ser porque sí había matado a alguien. Probablemente al ciclista de Mastic, Nueva York. O tal vez fuera ella la que le disparó a mi padre el día que salió de la cárcel. Aunque era poco probable, ya que nunca se había quejado de Vito. El hombre al que siempre dijo que mataría si tenía oportunidad era el padre de Gi. Nadie sabía por qué lo odiaba tanto. Mi madre jamás daba explicaciones sobre sus actos o sus sentimientos. Ni siquiera cuando estaba sobria.

9

A salvo de la tormenta

NORM Y YO empezamos a ir al colegio el lunes siguiente a nuestra llegada a casa de Jackie y Kenny. Mi hermano fue andando con Sam y Tina, y Jackie me llevó en auto a la escuela primaria, explicándome por el camino las calles que tenía que recorrer para volver a casa. Me dijo que podía ir a casa de alguna amiga a jugar después de clase si quería. Solo debía llegar a casa para cenar a las cinco y media.

Había veinticinco niños en mi clase y todos tenían un aspecto limpio y aseado, con su ropa recién lavada y el pelo bien cortado. Yo llevaba una camiseta morada de terciopelo con elástico en los puños y unos pantalones de pana verde de Tina. La ropa que llevaba no pegaba y no me gustaba nada, hasta que Tina me detuvo antes de salir de casa y me puso una cinta trenzada dorada en la frente. Cuando arregló mi cabello de esa manera, sentí que echaba de menos a mis hermanas más que nunca. Gi era la que habitualmente me preparaba para ir al colegio, arreglando siempre mi cabello de ese modo antes de salir por la puerta. Miré a mi alrededor en la clase buscando a las que pudieran ser mis amigas. Gi siempre me había dicho que buscara amigas que quisieran llevarme a jugar a sus casas para que pudiera ver cómo vivían las personas felices, cómo se amaban las familias felices. Así era como ella había aprendido a ser una buena hermana para mí, me dijo, se había moldeado a la imagen de las mejores mamás de los hogares más felices.

Mi profesora, la señora Roahr, me presentó al resto de la clase como Rosanne Brooks. Como muchos niños tenían el mismo nombre de pila, todos, incluidos los profesores, nos llamaban por el apellido. Yo era Brooks.

Me hacía feliz volver al colegio, tener los días organizados y ocupados, tener cosas en que pensar y proyectos en los que trabajar. Y estaba especialmente feliz de volver a tener acceso a los libros. La señora Roahr dijo que podía sacar todos los libros que quisiera de la biblioteca del aula o la del colegio. Así que el primer día de clase saqué siete. Cuatro eran de Judy Blume, uno de los cuales lo había empezado la última vez que estuve en el colegio, pero no había podido terminarlo antes de que nos mudáramos de nuevo. Los otros eran libros de misterio de Nancy Drew.

Al día siguiente, cuando fui a devolver *¿Estás ahí, Dios? Soy yo, Margaret*, hice mi primera amiga: Flavia Feliciano. A Flavia también le gustaba leer e iba a la biblioteca después de comer, después de clase, y a veces antes de clase. Al tercer día, Flavia ya era mi mejor amiga. Fue entonces cuando entendí que me bastaba tener conexión con una persona para sentirme bien. Si me faltaba esa persona, por dentro volvía a ser la niña que se pasaba semanas sin hablar, meciéndose en la silla de madera de la casa de acogida. Brian había sido mi conexión en la casa de los Callahan. Norm también. Mis hermanas, cuando estaban cerca, siempre me hacían sentir esa conexión que necesitaba. Y ahora tenía a Flavia en mi nueva escuela. Cuando nos sentábamos las dos juntas en el asiento gigante de la biblioteca, sujetando cada una por un lado el libro que estábamos leyendo a la vez, sentía una paz y una tranquilidad perfectas.

Flavia me llevó a un parque infantil a medio camino entre la zona de casas móviles donde vivía y la casa de Jackie y Kenny. Allí había neumáticos gigantes de tamaños que iban de menor a mayor, enterrados hasta la mitad en la tierra. Nos gustaba saltar de uno a otro, como si fuera una carrera de obstáculos. Cuando había otros niños, jugábamos al escondite. Siempre nos encontrábamos, porque a las dos nos encantaba escondernos en los neumáticos. Cuando no había más niños, Flavia y yo nos acurrucábamos dentro de uno y leíamos o solo hablábamos.

Los fines de semana, si no estaba con ella, leía en el sofá del cuarto de estar donde dormíamos Norm y yo. Tina me dijo que podía entrar en su habitación si quería, pero yo nunca lo hacía. Bastante intrusa me sentía ya, poniéndome la ropa que ella ya no quería y durmiendo en la habitación junto a la suya.

Si no hacía mucho frío o no estaba nevando fuera, me ponía el enorme y mullido abrigo que me había dado Jackie (antes era suyo, pero se compró otro) y salía al jardín trasero. Pasaba por delante del gallinero y me paraba a saludar a los pollos, y después me colaba entre las tablas rotas de la valla. Me pasaba horas con la espalda apoyada contra la valla, leyendo. Cuando desfilaban los trenes, dejaban tras de sí una corriente de aire helado y notaba que el suelo vibraba. Siempre levantaba la vista del libro y los observaba. Una vez, conté cincuenta y cinco vagones, incluida la locomotora. Intenté imaginar lo que contendría cada uno, de dónde venían y hacia dónde se dirigían. A veces colocaba monedas sobre las vías, las cuales recogía cuando pasaba el tren. Las monedas estaban calientes, planas y brillantes como los cantos rodados de los ríos. Cuando entraba en la casa después de haber visto el tren, siempre tenía preguntas para Jackie. *¿Los trenes funcionan con carbón? ¿El cobrador del tren conduce también? ¿Las vías por las que pasa ahora el tren son las originales? ¿En qué año se construyeron las vías?* Una vez incluso le pregunté: *¿Te gusta el sonido del tren en el jardín trasero? ¡A mí me encanta!*

Cookie empezó a trabajar como camarera a la semana siguiente de nuestra llegada a Idaho. Decía que a todos en el pueblo les encantaba su acento neoyorkino, un acento en el que no me había fijado hasta que salimos de allí.

El trabajo era bueno para todos nosotros, ya que mantenía a nuestra madre fuera de la casa y lejos de la catarata constante de preguntas que me acosaban aquel año. Creo que a mi madre no le gustaban mis preguntas porque no quería que supiera más que ella. Parecía preferir que no fuéramos al colegio. Y en cierto modo era más feliz cuando vivíamos en el auto. Mientras más reducido fuera nuestro mundo, más control tendría sobre él. Y sobre nosotros. Sin embargo, Jackie no era así. Ella respondía a todas las preguntas que podía. Y el día que le recité las letras escritas en los vagones que había memorizado (UP, GATX, FURX, CTCS, NATX...), se rio y me dijo que sería mejor que buscara un libro sobre trenes en la biblioteca, porque ahora estaba preguntando sobre cosas de las que ella no sabía nada.

La señora Connors, la bibliotecaria, me ayudó a buscar libros sobre la compañía de ferrocarril Union Pacific. Pidió incluso un par de libros nuevos sobre trenes y me dejó leerlos de primera, cuando todavía estaban nuevos y las páginas olían a plástico. Seguía con el dedo la ruta del ferrocarril en el atlas, mientras la señora Connors observaba sobre mi hombro, colocaba su mano sobre la mía, y me iba señalando las universidades estatales que salpicaban la ruta ferroviaria.

—Algún día irás a esta universidad de aquí —decía—. O tal vez a allí.

Era un sentimiento esperanzador pensar que tal vez algún día iría a la universidad. Gi me había hablado de la universidad. Me había dicho que le parecía algo para chicos ricos y se preguntaba cómo podríamos ir nosotros alguna vez.

Pasaba tanto tiempo en la biblioteca que la señora Connors me asignó la tarea de ordenar y colocar los libros. Y de inmediato me pareció el mejor trabajo que podría tener. Nadie se quejaba cuando hacía una pausa para leer. Y estaba rodeada de libros maravillosos. Empezaba uno, lo dejaba en su sitio, y luego lo sacaba de nuevo cada día, leyendo así unas cuantas páginas a diario. Había un niño de ojos azules y pelo negro, David Collins, que también ayudaba a la señora Connors a colocar libros en la biblioteca. Me parecía apuesto y me imaginaba que era un genio y que por eso pasaba tanto tiempo en la biblioteca. No obstante, me daba miedo hablar con él y él nunca me decía nada. Nos mirábamos tímidamente entre los montones de libros. O permanecíamos de pie, tan cerca el uno del otro que nuestros hombros se tocaban, mientras ordenábamos en silencio los libros por el indicativo de clasificación primero y después alfabéticamente. En mi imaginación, manteníamos largas conversaciones sobre Cookie o Norm, que nunca tenía tiempo para mí ahora que contaba con nuevos amigos y estaba en un colegio diferente, o sobre Tina, que se portaba tan bien conmigo que me dolía, pues me recordaba a mis hermanas. Los dos éramos la versión bibliotecaria de Popeye y Olivia, o del Pato Donald y Daisy. Yo con la ropa que Tina ya no se ponía, con una cinta en la frente habitualmente, y

Collins con sus ojos azules, sus abundantes pestañas negras y el pelo que le caía sobre la frente.

Una tarde estaba pensando en mis hermanas y me acordé de que Gi me habló de las notas amorosas que había intercambiado con un compañero cuando estaban en quinto grado. *Si ella podía hacerlo*, pensé, *yo también*. Así que cogí un trozo de papel del mostrador de la biblioteca y escribí: *¡Hola! De parte de Brooks*. Luego busqué en su correspondiente estante de la librería el libro que Collins había estado leyendo en el descanso mientras ordenábamos y guardé la nota adentro. Al día siguiente, cuando saqué *From the Mixed Up Files of Mrs. Basil E. Frankweiler*, que yo había estado leyendo antes de colocarlo en su sitio, encontré una nota que decía: *Hola. De parte de Collins*. Después de aquello, hubo notas casi a diario, siempre de una o dos frases máximo. Hablábamos de lo desagradable que era la comida del colegio, del niño que vomitaba en el pasillo, del concurso de deletreo para el que ambos nos estábamos preparando. Así comenzó una relación no-verbal que duró varios meses.

Flavia le dio el visto bueno a esta relación. Igual que su madre. Como Gi decía, cuando iba a casa de Flavia veía cómo se comportaban las personas felices y cariñosas. Flavia vivía en el Parque de Casas Móviles Paraíso con sus padres y su hermano pequeño, Luis. Después de clase, la señora Feliciano nos sentaba en los bancos que rodeaban la pequeña mesa y nos preparaba tamales caseros a base de tortillas hechas a mano, y nos preguntaba por el colegio, los profesores, los chicos. Flavia y yo le parecíamos graciosas y se reía cuando imitábamos al director mientras le hablaba al centro a través de los altavoces. A diferencia de Cookie, la señora Feliciano nunca se enfadaba, aunque sí fingía estarlo de vez en cuando. Entonces comenzaba a hablar en español tan rápido que incluso a Flavia le resultaba difícil entenderla. Y luego comenzaba a reírse y nos daba una palmadita en la cabeza, o besaba a Flavia en el medio de su suave y amplia frente.

JACKIE Y SU familia iban a la Primera Asamblea de Dios, una iglesia conocida por todos en la ciudad como Las Cúpulas debido a las dos cúpulas blancas que formaban el ábside. A lo lejos, según te ibas acercando, parecían dos pelotas de golf gigantes en mitad del campo. Cookie les había dicho a Jackie y Kenny que era una buena cristiana y que nos había criado como buenos cristianos también. Todos estábamos bautizados excepto Gi. La razón de que no hubiera sido bautizada era, según mi madre, que su padre era el demonio, y como hija suya Gi no podía entrar en una iglesia porque su presencia allí haría que el lugar ardiera en llamas. El mío había sido el bautizo más multitudinario de todos. Mis hermanas me habían contado la historia muchas veces. Me habían puesto un vestido largo de encaje, y dos padrinos acompañaban a Vito y Cookie junto a la pila bautismal. El recuerdo más nítido de mi hermana Cherie sobre mi bautizo era la cantidad de hombres con traje y gafas de sol que había dentro de la iglesia poco iluminada.

Todos los domingos, Jackie nos invitaba a los tres a acompañarla a misa. Yo aceptaba alegremente. Norm solía gruñir, pero terminaba saliendo y se reunía con sus amigos del barrio. Cookie siempre decía que ella *iría*, que *deseaba* ir, pero que tenía que quedarse en casa a limpiar, prometiendo que rezaría mientras pasaba la aspiradora.

—Vas a misa en casa —le dije a mi madre un día, y Kenny y Jackie rieron con el comentario.

—Misa en casa —repitió Kenny—. Me gusta eso.

Y allá que iba a la iglesia con la familia, ataviada con vestidos de Tina que me quedaban demasiado grandes y una cinta en la frente. Igual que ocurría en el colegio, el orden y la calma reinaban en la iglesia. Me encantaba saber lo que había que hacer, cuándo levantarnos, cuándo sentarnos, cuándo cantar. Nunca me sentía sola en la iglesia. Cuando cantaba a voz en cuello «Jesús me ama» con el resto de la congregación, sentía la misma conexión con Jackie, Kenny, Tina y Sam que cuando me sentaba a leer en la biblioteca con Flavia.

La aspiradora no se había pasado cuando llegábamos a casa, y Cookie salía con una nueva excusa cada semana: que si se había sentido indispuesta, que si había recibido una llamada importante de mi familia italiana sobre el tema de las tierras, y con el tiempo, la razón siempre era que tenía que atender a su novio, un camionero al que había conocido en el bar en el que trabajaba llamado Hal Pinkerton. Como ocurría siempre con sus novios, Hal se convirtió rápidamente en su prioridad y todo lo demás dejó de tener importancia. Cookie pasaba tanto tiempo con Hal que era como una viajante: casi nunca estaba en casa y rara vez llegaba a la cena.

Cuando dormía en casa, se quedaba en la cama hasta mucho después de que los menores nos hubiéramos ido al colegio. Jackie me despertaba temprano, antes que a Tina, porque sabía que me gustaba salir a recoger los huevos al gallinero. Cuando entraba, las gallinas hacían su danza habitual cloqueando y bamboleando la cabeza. Cada vez se acercaban más, picoteando el suelo alrededor de mis pies. Les había puesto nombre según su personalidad: Mack (como el último novio de Cookie) era el gallo gordo y feo que se me acercaba corriendo como si fuera a atacarme. Yo daba pisotones fuertes sobre el suelo helado para espantarlo. Minnie era una gallina pequeña de color castaño que parecía alegre y feliz, como la ratoncita Minnie. Margaret era la gallina que correteaba de un lado a otro como una adolescente ansiosa porque le crecieran los pechos (le puse ese nombre por *¿Estás ahí, Dios? Soy yo, Margaret*). Luego estaba Chrissy, la gallina que parecía tonta, como uno de los personajes de la comedia de televisión *Apartamento para tres*. Mindy era la gallina marrón de aspecto pulcro, como Mindy de la serie *Mork y Mindy*. También estaba Gi, una gallina negra y esbelta. Camille era la gallina marrón de aspecto suave y como de peluche, con ojos menos saltones que los de las demás. Cherie era la gallina segura de sí misma a la que le gustaba patrullar la periferia del gallinero, como si estuviera vigilándolos a todos. Y por último estaba Flavia, una gallina de plumas rojas, naranjas y negras que venía corriendo hacia mí para alejarse a continuación, así todo el tiempo, como si estuviera jugando conmigo.

Yo metía la mano en el nido y sacaba los huevos, que estaban calientes y eran más pequeños que los que se compran en las tiendas. Algunos eran morenos. Los depositaba con delicadeza sobre una servilleta de tela dentro de la cesta rosa de Pascua que usábamos para recoger los huevos y se los llevaba a Jackie, que preparaba huevos revueltos para todos. Eran los mejores huevos que había comido en mi vida. Cada día tenían un sabor diferente. Imaginaba que era capaz de adivinar de qué gallina era cada uno: los de Chrissy eran más esponjosos que los de Mindy, los de Gi eran los más dulces, y así.

Una tarde, al volver de ver los trenes desde el otro lado de la valla, me encontré con Kenny en el gallinero.

—Hola —saludé con mi libro de *Jason y el melocotón gigante* en los brazos.

—Es hora de cenar —dijo Kenny—. Mira esto.

Kenny agarró a una Chrissy que revoloteaba agitada y sujetándola por las patas la puso boca abajo. La gallina se calmó de repente. La sacó del gallinero y la llevó al tocón del árbol que en su momento había estado en el jardín. Había un hacha clavada en la superficie de este. Kenny colocó a Chrissy de lado sin soltarle las patas. Seguía calmada. Entonces Kenny levantó el hacha y le cortó la cabeza, pero dejó el cuerpo en el suelo, que salió corriendo batiendo las alas.

—Bienvenida a Idaho —dijo Kenny, riéndose mientras la Chrissy descabezada daba vueltas en círculo como si fuera una abeja en un errático revoloteo.

El libro se me cayó de las manos.

—Esa era Chrissy —dije yo en un susurro.

Kenny giró la cabeza y me miró.

—¡Ah, no deberías haberles puesto nombre, Rosanne! —exclamó, dándose una palmada en el muslo—. Es siempre más difícil cuando les pones nombre.

Me pregunté hasta qué punto podría haber sido peor si Cookie no nos hubiera puesto nombre. Era posible que el hecho de que tuviéramos nombre fuera lo único que impedía que nos cortaran la cabeza.

No pude comerme a Chrissy para cenar aquella noche. En realidad, no pude volver a comer pollo en casa de Jackie y Kenny. Ni siquiera cuando lo compraban en la tienda. Kenny movía la cabeza cada vez y decía algo así como: «No debería haber dejado que ella viera eso». Sin embargo, aquello dio comienzo a un debate sobre el origen de los alimentos que se repetía de forma regular en la mesa de la cena. Antes de que fuéramos a vivir con Jackie y Kenny, jamás había relacionado la leche con las vacas, los cereales con el trigo de la granja que había al borde del camino, o la mantequilla de cacahuete con los cacahuetes que se cultivaban en Georgia. Era difícil no pensar en los nombres de las gallinas cuando salía a recoger los huevos por las mañanas. Intentaba no mirar cuando se ponían a danzar a mi alrededor o a cloquear según su estilo particular. Los huevos seguían estando deliciosos.

UNA TARDE, UNAS cuantas semanas antes de Navidad, encontré a mi madre sentada en el sofá donde dormía viendo *Apartamento para tres* en la televisión. Norm estaba en casa de unos amigos y Tina, Sam y Kenny habían ido a comprar regalos navideños. Cookie tenía una lata de Schlitz y un cigarrillo en la mano y las piernas apoyadas en la mesa de centro, cruzadas a la altura de los tobillos.

Yo me recosté en el sillón reclinable de Kenny, bajo la lámina enmarcada de un gallo de aspecto orgulloso en lo alto de una colina.

Jackie entró en el salón con una bolsa verde de basura y se quedó mirando a Cookie.

—Cookie —la llamó, pero mi madre no parecía escuchar—. Cookie —repitió. Al ver que mi madre seguía sin responder, Jackie se puso delante de la televisión.

—¿Alguna vez te han dicho que la carne de burro no es transparente? —dijo Cookie, riéndose.

—¿Qué es esto? —preguntó Jackie con dureza al tiempo que movía arriba y abajo la bolsa de basura. Vi que la figura de distintos objetos se recortaba contra la bolsa como los juguetes de Papá Noel de los cuentos y los dibujos animados.

—¿Basura? —dijo Cookie.

—No —dijo Jackie—. Es una bolsa que he encontrado debajo del sofá con tus cosas.

Las «cosas» de mi madre eran ropa y baratijas que había comprado desde que vivíamos allí. Había una tienda de segunda mano cerca del bar donde trabajaba y le gustaba pasar por allí todos los días antes de entrar a trabajar y comprarse algo. Normalmente eran cosas inútiles, como un reloj roto con unos querubines o un gato de cerámica con unos enormes ojos azules. A veces compraba discos aunque no teníamos tocadiscos.

—Pues a mí me parece basura —dijo Cookie con sarcasmo y me miró en busca de complicidad.

Jackie metió la mano en la bolsa y sacó una copa de cristal con flores grabadas alrededor.

—¿Te parece que esto es basura? —preguntó Jackie—. Compré esta copa en una tienda de antigüedades. Es cristal de la época de la depresión.

—Pues muy bien —dijo Cookie, inclinándose hacia un lado para intentar seguir viendo la televisión.

—¡Cookie! —exclamó Jackie acercándose más a la televisión—. Tus suéteres y zapatos estaban dentro de esta bolsa también.

Bajé el reposapiés del sillón y me senté erguida.

—¿Y por qué metes tus cosas en la bolsa de mis suéteres y mis zapatos? —repuso Cookie, dándole un sorbo a la lata de Schlitz.

—Yo no las he puesto ahí. Has sido tú. Me estás robando —dijo Jackie, que se dio media vuelta y apagó la televisión.

—Espera, déjame ver la copa... —dijo Cookie, tendiendo la mano. Llevaba las uñas largas y afiladas pintadas de color naranja. Sus dedos parecían llamas vacilantes cuando los movía.

Jackie mantuvo la copa en alto sin dejar que Cookie la tocara. Conté las latas vacías de cerveza que había encima de la mesa de centro alrededor de los pies de mi madre. Cuatro. No había manera de contar las colillas que llenaban el cenicero a rebosar.

—¡Es mía! —exclamó Cookie—. La heredé de mi abuela.

—¿Quién es tu abuela? —pregunté. Cookie rara vez mencionaba a sus padres, excepto para decir que eran *un par de idiotas.*

—¿Y esto también lo has heredado de tu abuela? —preguntó Jackie, sacando un disco de los Bee Gees y otro de Frankie Valli.

—No tengo ni idea de qué hacen ahí —dijo Cookie, volviéndose directamente hacia mí—. ¡Rosanne! ¿¡Has metido tú esos discos en la bolsa con la cristalería de mi abuela?!

—¡Claro que no!

Cookie no me daba tanto miedo en casa de Jackie y Kenny, porque de ninguna manera me pegaría delante de ellos. Aun así, me levanté del sillón y me quedé cerca de Jackie.

—¿Y tu abuela se perfumaba con Jontue? —preguntó Jackie, sacando un frasco más grande que los que solía robar Cookie de las droguerías.

—No, pero yo lo uso desde hace años, ¿verdad que sí, Rosanne?

Mi madre me miró y yo asentí.

—Este es mi frasco de Jontue —afirmó Jackie—. ¿Pero sabes qué? En vista de lo mucho que te gusta cómo huele, te lo voy a regalar. Pero esto —añadió, sacando un bolso de macramé con cuentas entrelazadas— lo compré en la feria de la ciudad el verano pasado.

—Mentira —dijo Cookie, echando la cabeza hacia atrás para soltar un eructo—. Tengo ese bolso desde hace por lo menos diez años. Devuélvemelo —exigió, extendiendo la mano y agitando los dedos como pidiendo que se lo diera.

—Mack se fue con todo lo que tenías. Este bolso no es tuyo.

El alma se me cayó a los pies. Estaba nerviosa por Jackie. Cookie iba por la quinta cerveza, y cuando llevaba cinco cervezas, mi madre tenía menos seso que un pollo sin cabeza.

—No se lo llevó todo —dijo Cookie, encendiendo un cigarrillo con otro sin soltar la cerveza—. Yo usaba ese bolso la noche que se fue y la copa de mi abuela iba dentro.

Sabía que mi madre estaba mintiendo. El bolso que llevaba estaba claro en mi mente: una cosa plástica grande y blanca con un bolsillo con cremallera donde una vez estuviera el número de teléfono de mis hermanas.

—Y mis anillos de boda, Cookie —continuó Jackie, sacando del fondo de la bolsa dos anillos de oro con diamantes—. ¿Tienes exactamente los mismos anillos que yo? No te has vuelto a casar desde que Norm era un bebé y tiene catorce años ahora.

Jackie siempre se quitaba los anillos y los metía en una taza de café cuando fregaba los platos. Llevaba dos noches buscándolos, e incluso le había pedido a Kenny que mirara debajo del fregadero y sacara parte de la cañería para ver si se le habían caído por el desagüe.

—¿Me estás llamando mentirosa? —dijo Cookie, dándole un sorbo de su Schlitz. El cigarrillo encendido estaba peligrosamente cerca de su pelo.

—Pues... —empezó a decir Jackie irguiéndose y sacudiendo la cabeza—. Supongo que sí.

—¿Cómo te atreves a llamarme mentirosa? —dijo Cookie, levantándose. Se tambaleó un poco al perder momentáneamente el equilibrio, pero logró recuperarlo. Le dio una calada al cigarrillo y la ceniza le cayó sobre los pechos sobresalientes—. ¡Cómo te atreves! —exclamó ahora, expulsando el humo entre los dientes.

—Tienen que irse de aquí antes de Navidad —dijo Jackie, dejando la bolsa en el suelo.

A continuación, y con deliberada lentitud, se puso los anillos. Cookie le lanzaba miradas asesinas sin dejar de fumar.

En ese momento sí que se me cayó el alma a los pies. Sin auto en el que dormir, no teníamos a dónde ir. Me pregunté si los padres de Flavia me dejarían ir a vivir con ellos. La casa rodante tenía tres dormitorios pequeños: sus padres dormían en uno, su hermano en otro y Flavia en el tercero. Yo estaba tan delgada que podría dormir en una cama pequeña con ella.

—Tienes diez días para buscar otro sitio —dijo Jackie, saliendo con la bolsa en dirección a la cocina.

—¡¿Estás bromeando?! —chilló Cookie—. ¡No te robaría tus baratijas aunque me pagaran!

Jackie ya estaba en la cocina. Nadie dijo nada.

—¡VETE A LA MIERDA! —gritó Cookie, lanzando la Schlitz hacia la cocina. Aterrizó en la mullida alfombra. Salí corriendo a la cocina, cogí un trapo y regresé a limpiar la cerveza derramada. Cookie había retomado su posición en el sofá, fumando. Había vuelto a encender la televisión y ni siquiera me miró.

Antes de que se cumplieran los diez días que nos había dado Jackie para mudarnos, se quedó libre una vivienda en el Parque de Casas Móviles Paraíso. Me puse muy contenta, porque estaba en la acera de enfrente de la de Flavia, pero separada por un par de viviendas.

Norm no estaba contento. Se encontraba sentado en el sofá plegable donde dormíamos mirándome mientras yo guardaba mis cosas en una bolsa de basura.

—¿Te acuerdas de la última casa rodante? —me preguntó.

Yo tenía seis años entonces y recordaba mejor las historias que me había contado Gi que la experiencia propiamente dicha. Cookie nos había abandonado a Norm, a Gi y a mí en una casa móvil situada junto a unos establos para caballos frente al centro comercial Smith Haven. Gi y Norm limpiaban los compartimentos por las mañanas a cambio de comida que nos llevaban los trabajadores mexicanos: pan caliente o bizcochos Hostess, unos dulces de chocolate y vainilla. Al final, mis hermanos aprendieron a montar y trotaban sin temor por todo el corral. Lo único que recordaba con claridad era el día en que Gi me subió a una enorme yegua. Me estaba divirtiendo mucho hasta que un semental en celo intentó montarla. Uno de los trabajadores del establo me sostuvo al mismo tiempo que trataba de espantar al macho.

—Estas casas móviles no son como aquellas —dije—. Se parecen más a una vivienda de verdad.

—Hacía tanto frío allí dentro que teníamos que ponernos calcetines en las manos —dijo Norm, y al decirlo me vino a la mente la imagen de Gi soplando sobre mis manos congeladas y cubriéndolas con sus propias manos, como una cáscara que recubre una semilla. Cuando volví a sentir los dedos, Gi me envolvió las manos en una camiseta vieja de Norm y me dio un bizcocho.

—La madre de Flavia nos dará comida, seguro —dije yo—. Y en su casa hace calor.

—No quiero a la madre de Flavia. Quiero a nuestra madre —dijo Norm.

Me dieron ganas de llevarme a mi hermano a la casa de Flavia y hacer que se sentara en la mesita a comer tamales y a hacer reír a la señora Feliciano.

—Bueno, supongo que es porque mamá se porta bien contigo —dije.

—Nos quiere a los dos —replicó él.

—Si se va, tal vez podrías irte con ella.

Guardé en la bolsa la última cinta para el pelo que me había dado Tina y lo empujé todo hacia el fondo para poder estirar de las esquinas superiores y hacer un nudo.

Cookie entró en la habitación. Estaba fumando y cantando una canción de Kenny Rogers que hablaba de jugar a las cartas y saber cuándo quedarte.

—Un día —dijo Cookie cuando terminó de cantar. Se apoyó contra el marco de la puerta que daba a la habitación de Tina, ladeó la cabeza y expulsó una bocanada de humo.

—¿Un día qué? —preguntó Norm.

—Un día me fornicaré a Kenny Rogers —dijo ella y se rio.

Para entonces yo ya había comprendido el significado del verbo «fornicar» y tuve que pensar en otra cosa, lo que fuera, para fingir que no la había oído.

—¿Crees que te encontrará en el parque de casas móviles? —preguntó Norm, mirando a nuestra madre con los ojos entornados a la espera de una respuesta seria. Aquel tipo de conversación no parecía afectarle lo más mínimo.

—No nos quedaremos allí mucho —respondió ella—. Por fin he dado con los hermanos de Vito y están dispuestos a entregar lo que le corresponde a Rosie por derecho de nacimiento.

—¿Qué es derecho de nacimiento? —pregunté yo.

Tenía una marca de nacimiento en la pierna izquierda. ¿Qué querían hacer con ella los hermanos de Vito? A mí me gustaba, tenía la forma de África, un descubrimiento que había realizado hojeando un atlas un día.

—¿*Qué es derecho de nacimiento*? —repitió Cookie con tono de mofa y se rio—. ¿Sabes? Apuesto que a Kenny (él lo pronuncia Kinny) le gustaría instalarse en Lake Havasu.

—¿Entonces vamos a ir a Lake Havasu de todas maneras? —preguntó Norm, que ahora sí parecía feliz.

—No tocarán mi marca de nacimiento, ¿verdad?

Me ponía nerviosa pensar en unos tíos a los que no recordaba, con gafas de sol como el día de mi bautizo, tocándome la pierna.

—¡Derecho de nacimiento, no marca de nacimiento, idiota! —dijo Cookie.

—¿Cuándo nos iremos a Lake Havasu? —preguntó Norm.

—En primavera —respondió Cookie—. Nos van a pagar el viaje y todo.

Cookie se frotó la espalda contra la puerta como un oso contra un árbol. Y a continuación subió tranquilamente al piso de arriba. Tenía la sensación de que iba contando billetes en su cabeza. Y aunque me gustaba la idea de poseer unas tierras, no me agradaba nada la idea de abandonar a Flavia, el colegio, la biblioteca y a la señora Connor.

10

Paraíso

LA CASA RODANTE incluía las cosas que habían dejado los últimos ocupantes: bastidores de camas con unos colchones llenos de manchas de sudor y una superficie tan grumosa que parecían de avena; mantas grasientas y sábanas cerosas hechas un ovillo y olvidadas por todos los rincones; comida cubierta de moho hasta el punto de ser irreconocible; todo tipo de basura, como bolas de papel higiénico usado, pañales sucios, botellas de bebidas alcohólicas y latas de sopa. En el cuarto de baño del tamaño de un armario pequeño había un cepillo del pelo, cepillos y pasta de dientes y champú. Cookie quería que Norm y yo utilizáramos aquellos cepillos de dientes porque se nos habían olvidado los que habíamos estado utilizando en casa de Kenny y Jackie. Los dos nos negamos y los tiramos a la basura en cuanto ella cayó sobre el colchón desnudo de su habitación sin conocimiento.

Había un sofá del color de la tierra mojada en la habitación central y una mesa para comer ovalada con una silla y dos taburetes de madera, demasiado altos para comer en la mesa. Norm y yo corrimos la mesa hacia el sofá para poder sentarnos en él a comer. Parecíamos aún más pequeños de lo que éramos teniendo que alargar los brazos para comer en la mesa sentados en aquel sofá bajo y abollado. Cuando no estábamos comiendo, Norm se sentaba en el taburete, tal vez porque así se veía más alto. A Cookie le gustaba el harapiento sofá. Y yo me quedaba con la silla de madera que me recordaba a la silla de mi profesora en el colegio.

El único lujo que había en aquella casa rodante era que cada uno tenía su habitación. La mía, como la de Norm, era solo un poco más ancha que la cama personal apoyada contra la pared. El cuarto de Cookie tenía menos de treinta centímetros de espacio libre luego de la cama doble. Entre nuestras habitaciones había una puerta trasera que conducía a un rectángulo de cemento que Cookie llamaba «jardín». Al contrario que los jardines de los vecinos, el nuestro no estaba vallado y no había plantas ni sillas.

Unos tres días después de que nos mudáramos, el primer día de las vacaciones de Navidad, Cookie se resbaló y se cayó en el charco de nieve medio derretida que yo había dejado al volver de casa de Flavia. Norm ya había hecho amigos en el parque y andaba por ahí con ellos.

—¡¿Qué demonios?! —exclamó, girándose para levantarse con ayuda del asiento de la silla de madera—. ¿Quién ha dejado aquí esta porquería? —preguntó, señalando el charco junto a la puerta.

En vez de responder, yo salí corriendo al cuarto de baño, cogí las dos toallas que teníamos y me puse de rodillas a limpiarlo. Mi madre me agarró por el pelo de la nuca y tiró de mi cabeza hacia atrás. Me sentí como un perro con una correa muy corta.

—He preguntado que quién ha dejado esto aquí, no que te pusieras a recogerlo —dijo.

—Supongo que se me habrá escurrido de los zapatos —dije yo.

—¡Pues entonces quítate afuera esos zapatos de mierda!

Y según lo decía me dio una patada rápida y con muchas ganas en la barriga con sus botas de puntera redondeada y gruesa suela de goma. Me hice un ovillo lo más pequeño que pude, protegiéndome con mi cuerpo como si fuera una concha. Mi madre todavía me dio varias patadas más sin soltarme el pelo. Después de muchas patadas y con la respiración agitada, me soltó el pelo y se dirigió tambaleándose hacia el sofá para dejarse caer en él, colocando los pies en el apoyabrazos. Yo seguía en el suelo, llorando lo más silenciosamente que podía para no atraer de nuevo los golpes de las botas de mi madre. Me dolía tanto el estómago que tenía ganas de vomitar.

—Cierra la maldita boca —dijo Cookie.

Inspiré profundamente tratando de no hacer ruido y recé para que no se me salieran los tamales que me había dado la madre de Flavia.

Cuando oí el sonido metálico del mechero y la televisión, supuse que era seguro levantarme y esconderme en mi habitación.

Tumbada en la cama, con las costillas y el estómago magullados, intenté idear la manera de evitar futuras palizas. En casa de Kenny y Jackie había reinado la tranquilidad. Sin embargo, ahora ya sabía que mi madre había estado conteniéndose mientras estábamos allí, a la espera de poder despacharse a gusto conmigo dándome puñetazos y patadas.

Al final, decidí que la única forma de evitar las palizas era no estar en casa para recibirlas. Así que pasé todo el tiempo que pude en la casa rodante de Flavia durante los siguientes días de las vacaciones de Navidad. Pasaba allí tanto tiempo que la señora Feliciano nos invitó a Norm, a Cookie y a mí a cenar con ellos en Navidad.

No teníamos árbol ni calcetines para llenar de regalos, pero Norm y yo recibimos unas manoplas y un gorro como regalo. Cookie se regaló una botella de vodka. Para cuando llegó la hora de ir a cenar a casa de la familia Feliciano, Cookie se encontraba en el sofá sin conocimiento. Ni Norm ni yo teníamos el menor interés en despertarla.

El señor Feliciano estaba en casa el día de Navidad. Aún no lo conocía personalmente, ya que él tenía múltiples trabajos y pasaba fuera todo el día, desde el amanecer hasta el anochecer. Ese día, ayudó a su mujer a preparar la comida; Flavia, Norm y yo pusimos la mesa, y Luis se encargó de llenar de leche los vasos naranjas con relieves.

Mientras el señor Feliciano cortaba la pechuga de pavo, dije una rápida oración para mis adentros. Oré que mis hermanas pudieran encontrarme pronto, y le di a Dios sus nombres y apellidos por si acaso eso pudiera ayudarlo a ponerlas en contacto conmigo. También oré por Brian. Porque dejara de temblar y no siguiera en casa de los Callahan. Le pedí que Cookie no volviera a pegarme. Que Norm no pasara frío y tuviera comida suficiente para poder crecer un poco más. Y también le pedí sacar buenas notas en el colegio para poder ir a la universidad como esperaba la señora Connor. Por último, le agradecí a Dios por la familia Feliciano y por los tamales de la señora Feliciano en particular, los cuales se encontraban en una fuente a mi derecha.

Cuando terminé de orar, me percaté de que Norm tenía la vista clavada en la pechuga de pavo que había en el centro de la mesa, como si estuviera hipnotizado. Decidí que no comería nada de ella a fin de que hubiera más para Norm. Ese sería mi regalo de Navidad para él.

Cuando volvimos a nuestra casa aquella noche y nos estábamos lavando los dientes con nuestros dedos, Norm dijo:

—¿Cómo es que no has comido pavo?

—No sé —respondí yo. Me daba vergüenza decirle que ese había sido mi regalo. Pensaba que Norm se burlaría de mí si sabía que había hecho algo bonito por él.

—¿Lo has hecho para que yo pudiera comer más? —preguntó.

El interior de la casa rodante estaba oscuro. Oíamos los ronquidos de Cookie en el sofá. Era bastante probable que pasara allí toda la noche.

—Supongo que sí —dije yo.

—Yo no comí tamales para que tú pudieras comer más —dijo Norm.

Él sabía que me encantaban los tamales de la señora Feliciano. Me había comido tres el día que fuimos a vivir al parque de casas móviles.

—Gracias —dije.

Fue uno de los mejores regalos que me ha hecho Norm.

El primer domingo después de Navidad, Flavia y su familia fueron a la iglesia y yo me quedé sola en nuestra casa con Cookie y Norm. Cookie iba por la cuarta cerveza y flotaba en el ambiente una sensación de tirantez que me ponía nerviosa. Sabía que si me quedaba allí, terminaría recibiendo una paliza.

—Me voy a casa de Flavia —dije, y salí corriendo antes de que mi madre o Norm pudieran hacerme alguna pregunta.

Pasé de largo la casa de Flavia, dejé atrás el parque de juegos con los neumáticos medio enterrados, y me dirigí a casa de Kenny y Jackie. Ellos no estarían en su hogar, porque iban a la iglesia los domingos.

Me detuve cerca de las vías del tren y esperé a que pasara. Como no llegó, me dirigí hacia la iglesia Las Cúpulas. Ir a la iglesia con Kenny y Jackie había sido una de las mejores cosas de vivir con ellos.

Aunque había estado allí muchas veces antes, noté un nudo en el estómago a medida que me acercaba. Me quedé afuera unos minutos pensando en lo que iba a hacer cuando abriera la puerta. Se escuchaba a la congregación cantar en el interior. ¿Se callarían todos, volverían la cabeza y se preguntarían por qué iba sola a la iglesia aquella niña de la cinta trenzada de color morado en la frente, vaqueros, blusa rosa y un abrigo heredado que le quedaba demasiado grande? Me desabroché la cremallera de la chaqueta, miré la mancha que llevaba en la camiseta y traté de limpiarla con el pulgar y algo de saliva.

Una de las casas en las que mis hermanos y yo habíamos vivido cuando estábamos solos tenía una iglesia en la acera de enfrente. Gi me había dicho que le gustaba ir allí a relajarse y conseguir toda la calma posible. Sin embargo, también me dijo que le daba la sensación de que entraba a hurtadillas y no volvió después de que el párroco le preguntara si estaba bautizada. De repente se sintió una extraña y desparecieron la calidez y la calma.

Los cánticos en el interior de Las Cúpulas se detuvieron y noté un gorgoteo en el estómago. Aun así, abrí la puerta y entré. Solo un par de personas volvieron la cabeza para ver quién llegaba, una de ellas era Jackie. Me indicó con gestos que me acercara y me dirigió una gran sonrisa. Fui con la cabeza gacha hasta el banco donde ella, Kenny, Tina y Sam permanecían de pie por miedo a que me estuviera mirando todo el mundo. Cuando llegué, Tina y Sam se separaron un poco para que me colocara entre los dos. Me sentí muy feliz en aquel momento. Querida y aceptada. Era como estar con mis hermanas otra vez.

Después de aquel día, raro era el domingo en que no iba a Las Cúpulas. El pastor nunca me preguntó si estaba bautizada o dónde estaba mi familia o si creía en Dios. No me preguntó siquiera si era cristiana. Simplemente, me acogió como a uno más. Y aunque era de los pocos niños que iban solos a la iglesia, jamás me sentí una extraña: la niña de acogida, la nueva, la niña que no tenía padre, la niña que no tenía casa, la niña con las costillas magulladas y doloridas que era diferente del resto. Yo formaba parte de la congregación.

JIM NETTLES NO vivía en el Parque de Casas Móviles Paraíso, pero le gustaba pasar en su gran auto negro de cuatro puertas por allí. Los niños formaban largas colas detrás del auto como si fuera el flautista de Hamelín. Siempre terminaba estacionándose y abriendo la puerta del pasajero, pero se quedaba dentro del auto con la calefacción puesta y escuchando Top 40 en la radio con las canciones más populares a un volumen bajo. Si te subías, te daba una rosquilla o un dulce. Y si te atrevías, te llevaba a Baskin Robbins a tomar un helado. Flavia y yo siempre subíamos juntas, pero nunca en el asiento delantero del pasajero. El señor Nettles se daba la vuelta y nos daba palmaditas en la cabeza o nos acariciaba la rodilla, mientras nos enumeraba todos los dulces que tenía en el asiento delantero. Hablaba despacio, con un ceceo salivoso que daba la sensación de que tuviera la boca demasiado húmeda y llena de saliva. Su pelo también parecía húmedo, de un tono castaño oscuro brillante, peinado a un lado.

Una vez que conseguíamos el dulce que queríamos, salíamos a toda carrera del auto y volvíamos enseguida al parque a comernos nuestras golosinas escondidas en uno de nuestros neumáticos gigantes.

Los fines de semana, cuando no estábamos en el parque, nos gustaba saltar en círculos alrededor del búnker de cemento para almacenamiento que se encontraba en el centro del parque de casas móviles. Tenía unas puertas de tamaño pequeño por las que solo un Oompa Loompa podría pasar, y por eso empezamos a llamarlo la casa Oompa Loompa. También le pusimos nombre a las casas de los vecinos según sus características propias. La casa móvil decorada todo el año con las luces navideñas de colores pasó a llamarse Bombillas Rojas; la anciana que tenía unos flamencos de plástico clavados en las macetas que rodeaban su casa era la Dama de Rosa; la familia de la valla de listones azules y jardineras amarillas era la Familia Tulipán.

De todos los lugares en los que había vivido, los habitantes del Parque de Casas Móviles Paraíso me parecían los más generosos. Si algún vecino se percataba de que Norm y yo estábamos vagando por los alrededores de la casa y era la hora de cenar, nos invitaban a su hogar y nos daban de comer. Era habitual encontrar bolsas con fruta en la puerta, y un cartón de leche de vez en cuando.

Cuando la nieve se derritió, los niños del Parque Paraíso cogieron la moda de jugar a la comba, cantando alegres cancioncillas mientras saltaban la cuerda doble. Flavia y yo organizamos una competición un fin de semana y yo quedé en primer lugar. Nunca había sido una campeona de nada hasta aquel día.

Al final, después de varios meses de que el señor Nettles llegara con su auto al parque, empezaron a correr los rumores entre los chicos de que tocaba a los niños y las niñas en sus partes íntimas. Nadie quería confesar que había sido víctima de esto, pero todo el mundo conocía a alguien a quien le había sucedido. Los rumores no tardaron en llegar a oídos de los padres. Cookie parecía ser el único adulto que no les creía a los niños. Afirmaba que el señor Nettles era su amigo, ya que iba al bar donde trabajaba y siempre dejaba generosas propinas.

—Te lo juro —le dije—. Les da caramelos y aprovecha para tocarlos mientras se los comen o les agarra el trasero cuando van a salir del auto.

Probablemente la única razón por la que a Flavia y a mí no nos había ocurrido fuera porque siempre habíamos entrado juntas en el auto. Y jamás se nos había ocurrido sentarnos delante.

—¡Qué interés va a tener en unos mocosos! —dijo Cookie, y a continuación le gritó a Norm, que estaba en su cuarto con la puerta cerrada—. ¡NORM! ¿Alguna vez Nettles te ha tocado la polla?

Hubo silencio por un momento. Luego Cookie volvió a gritar:

—¡NORM!

Y entonces mi hermano le respondió con otro grito:

—¡No!

Cookie dijo que los padres del Parque Paraíso eran una pandilla de chismosos que querían denigrar al señor Nettles igual que habían hecho los políticos con mi padre. Mi madre afirmaba que sus altos estándares morales le impedían tomar parte en aquella «caza de brujas».

La polémica sobre Nettles se produjo más o menos al mismo tiempo que las madres del parque de casas móviles comenzaron a fijarse en los chichones, los arañazos y los moratones que siempre tenía. Nadie me preguntó si Cookie me pegaba, pero pasaban de vez en cuando por nuestra casa para comprobar si Norm y yo estábamos bien. Y más de una persona me dijo que me podía quedar en su hogar cuando lo necesitara. Estaba claro que sospechaban de mi madre.

UNA NOCHE ENTRE semana, mi madre me despertó pasada la medianoche y me llevó arrastrándome por el pelo hasta la sala de estar.

—Nettles quiere hablar contigo y darte explicaciones —dijo Cookie.

Tenía voz de borracha y vi que había varias latas de cerveza vacías diseminadas por la mesa. Me soltó el pelo y encendió un cigarrillo.

Yo me aparté de ella. Se había excedido con el perfume, y el olor, mezclado con su aliento de cenicero y cerveza, me dio náuseas.

—¿Por qué conmigo?

—Porque tú eres una de las zorritas que va por ahí extendiendo rumores sobre él —dijo y se tiró en el sofá marrón.

La cabeza le rebotó al caer como si fuera en un auto que hubiera frenado en seco. El cigarrillo se le cayó en el sofá, pero lo volvió a coger, dejando una quemadura perfectamente circular en el asiento. Yo tenía la esperanza de que perdiera el conocimiento antes de que le pasara por la cabeza la idea de pegarme.

—No quiero hablar con Nettles —dije.

—Te está esperando en mi habitación —contestó ella, dejando caer la ceniza en el suelo.

—¡¿Qué?!

Miré hacia la puerta cerrada del dormitorio de mi madre y me pregunté si Nettles saldría de allí para ayudar a Cookie a darme una paliza.

—Entra y habla con él —dijo Cookie, despidiendo una bocanada de humo—. Como no lo hagas, te estaré dando patadas en el trasero desde aquí hasta Nueva York —añadió, haciendo ademán de levantarse, pero volvió a caerse en el sofá.

No me alcanzaría si salía corriendo hacia casa de Flavia, pues era una de las más rápidas de mi curso. No obstante, me daba demasiada vergüenza despertar a la familia a esas horas. Me pareció más sensato hacer lo que me decía mi madre.

—Será mejor que no me toque —dije yo.

—¡No va a tocarte, idiota! Quiere explicarte lo sucedido —replicó ella, y entonces señaló la puerta de su habitación y gritó de nuevo—. ¡VE!

Entré en la habitación y dejé la puerta abierta. El señor Nettles estaba en calzoncillos bóxer y una camiseta blanca con marcas amarillas alrededor de las axilas, sentado en el borde de la cama deshecha de Cookie. La atmósfera de la habitación era sofocante y hacía demasiado calor. Olía a zapatillas húmedas. Encima de la cómoda de Cookie, tres billetes de veinte dólares sobresalían por debajo de una muñeca de porcelana de ojos grandes y redondos que mi madre había comprado en la tienda de segunda mano. Ella no era de las que dejaban dinero a la vista, y me pregunté si lo habría dejado ahí el señor Nettles como un préstamo.

—Siéntate, Rosanne —dijo el señor Nettles, con su voz suave y llena de saliva.

—Estoy bien aquí —contesté.

—Siéntate —repitió él, dando unas palmaditas en la cama a su lado.

Yo me acerqué y me senté lo más lejos que pude de él.

—¿Qué quiere? —pregunté. El corazón se me aceleró como un motor revolucionado que me decía que tenía que salir a toda carrera de allí.

—Quería explicarte unas cuantas cosas. Me he enterado de que los vecinos tienen la idea equivocada de que me he portado mal con los niños —dijo y se acercó un poco más a mí.

—Sí —contesté yo, que en mi intento por librarme de él estaba casi fuera de la cama.

—Yo nunca le haría daño a un niño —continuó él con una sonrisa que dejaba a la vista unos dientes pequeños y muy espaciados, como los dientes de los bebés.

—Está bien —dije yo. El motor palpitante de mi interior rugió y me levanté.

—¡Que te sientes! —gritó él, agarrándome del brazo para empujarme hacia la cama.

Lo miré y después miré hacia la puerta abierta. Fuera me esperaba una paliza si salía demasiado pronto, de eso no tenía duda.

—Tengo que irme a la cama. Mañana es día de colegio.

—Lo sé —dijo él—. Solo quiero darte una lección sobre seguridad, porque hay hombres malos por ahí que intentarán hacerte daño.

Sonrió de nuevo, con la boca abierta esta vez. Se le había formado una burbuja de saliva en la lengua.

—Está bien —contesté yo. Las revoluciones del motor de mi corazón se convirtieron en un lento, continuo y total dolor.

—Lo primero que tienes que saber es que nunca debes dejar que un desconocido te toque aquí —y al decirlo, me puso la palma de la mano, blanca y carnosa, en la entrepierna. Yo intenté apartarla, pero él la retuvo. La empujé utilizando las dos manos, pero él se rio como si aquello fuera un juego.

—Ya lo he entendido —dije yo, sintiendo un estremecimiento en los pulmones al inspirar profundamente. Miré otra vez hacia la puerta. ¿Cuánto tiempo tenía que quedarme allí para evitar la paliza?

—Y no se te ocurra dejar que un desconocido te toque aquí —continuó él, colocando sus manos blancas y gordezuelas sobre mis pechos.

Yo lo empujé con todas mis ganas y me levanté. Estaba temblando por dentro, pero permanecí inmóvil como la muñeca de porcelana de mi madre.

—No voy a hacerte daño, Rosie —dijo—. Solo intento protegerte.

—Gracias, señor Nettles —contesté yo, lo bastante alto como para que Cookie me oyera. Acto seguido salí corriendo hacia mi habitación y cerré la puerta de un portazo.

El corazón me latía tan deprisa y tan alto que sabía que ya no podría volver a dormirme. Al día siguiente, cuando me quedé dormida en el asiento de la biblioteca después de clase, la señora Connors me despertó y me preguntó si me encontraba bien.

—Estoy cansada. Nada más —le contesté yo.

—¿Quieres contarme algo? —preguntó ella.

El colegio estaba a punto de cerrar. Flavia ya se había ido a casa, porque era el cumpleaños de su hermano. No quedaba nadie en la biblioteca.

—¿Contarle algo? —pregunté yo, pensando para mí: *Sí, quiero contarle que mi madre me pega con frecuencia, que no tenemos comida en casa y son los vecinos quienes me dan de comer, y que anoche mi madre me obligó a estar en su habitación con un pervertido, que me tocó en mis partes íntimas.*

—¿Va todo bien en casa? —preguntó la señora Connor.

—Sí, solo estoy cansada.

Si solo le contara la mitad de la historia, los de Servicios Sociales estarían allí al momento. Y si aparecían, tendría que abandonar la escuela, a Flavia y el parque de casas móviles para terminar en otro hogar como el de los Callahan.

CON LA PRIMAVERA la temperatura se hizo cálida y se alargaron las horas de luz que podía pasar fuera de casa jugando con Flavia y los otros chicos. Alguien se encontró una cámara de neumático y uno de los padres compró una balsa inflable para todos los chavales del vecindario, y allá nos íbamos todos a jugar al conducto situado nada más salir del parque de casas móviles. Norm le llamaba la Playa de Paraíso, aunque no había arena, solo muros de cemento que transportaban oscuras aguas color pizarra. A veces, sobre todo cuando había llovido, la corriente de aguas residuales se movía como un río. Y vestidos con pantalones cortos y camiseta, o incluso en vaqueros, bajábamos corriente abajo flotando en el agua, agachándonos para sortear las ramas bajas de los árboles, los cables de alta tensión sumergidos, las tuberías corroídas que sobresalían de la pared de cemento y los pasos elevados que para nosotros eran puentes. Un día en que el conducto estaba especialmente lleno de agua, Norm no se agachó a tiempo al pasar por debajo de uno de los pasos elevados y se golpeó la cabeza de lleno contra el muro de cemento.

Cuando Flavia y yo no íbamos a la playa, saltábamos a la comba o correteábamos por las calles y las zonas comunes de cemento del parque de casas móviles. Una tarde de primavera, clara y soleada, Flavia y yo estábamos solas cerca de la casa Oompa Loompa. Estábamos jugando a saltar en círculos cantando canciones infantiles de *Miss Lucy*. Los demás niños se encontraban en la playa y los mayores estaban trabajando o dentro de sus casas. Aparte de nuestras vocecillas agudas, reinaba un silencio algo siniestro. Me paré en seco al ver el auto negro con las ventanas también negras aparcado delante de nuestra casa móvil.

—¿Crees que es el señor Nettles? —le pregunté a Flavia.

De repente me entraron unas ganas terribles de hacer pis, tan grandes que crucé las piernas y me puse a dar saltitos. Flavia se puso la mano sobre los ojos a modo de visera.

—Creo que no.

No le había contado lo que me pasó en la habitación de mi madre con el señor Nettles. Me parecía que si no lo decía en voz alta, me resultaría más fácil pretender que no había ocurrido. Además, estaba el horror de haber visto al señor Nettles en la cama de mi madre. Flavia conocía la mayoría de los defectos de Cookie, pero también había visto a la mujer divertida que subía el volumen de la radio y se ponía a cantar a voz en cuello. Si supiera que ella pasaba algún tiempo con el señor Nettles, tal vez no quisiera volver a poner un pie en nuestra casa. Esto, ciertamente, hacía que yo no deseara poner un pie en nuestra casa nunca más.

—Tengo que hacer pis.

—El auto de Nettles no tiene ese techo —dijo Flavia—. Y ni tampoco esa ventanita pequeña detrás.

Me miró y al verme con las piernas cruzadas y dando saltitos, dijo:

—¡Yo también tengo que hacer pis!

Y salió corriendo. Yo salí detrás de ella hacia las casas móviles. Flavia se separó de mí en dirección a la suya, que estaba antes que la mía.

Reduje la velocidad de la carrera al llegar al auto negro. Tenía el motor en marcha y había un hombre vestido de negro con gafas de sol sentado en el asiento del conductor. Me puse tensa, a pesar de que no era el señor Nettles ni hizo ademán alguno de salir.

Entré por la puerta de la casa. Cookie se encontraba de pie junto a dos hombres vestidos de negro con gafas de sol. El corazón me empezó a latir

rápidamente, como una advertencia. Me estaba dando la vuelta con intención de irme de allí cuando uno de los hombres me agarró por detrás y me
levantó del suelo. Cookie gritó y el otro hombre se lanzó sobre ella. Durante
el forcejeo que siguió, mi madre chillaba como un animal salvaje y soltaba
las mismas palabrotas que cuando me pegaba. Yo me retorcía en las manos
del hombre que intentaba sujetarme con una extraña sensación de calma
en mi interior, tal vez porque los sonidos que emitía Cookie hacían que la
experiencia en sí me resultara familiar.

Unos segundos después, di una sacudida tan fuerte que el hombre que
me retenía retrocedió tambaleándose y me soltó.

—¡CORRE! —gritó mi madre y así lo hice.

Pasé junto a ella, que en ese momento rodaba por el suelo con el otro
hombre, salí por la puerta trasera al patio de cemento, y me alejé siguiendo
el límite del parque de casas móviles. Me ardían los pulmones y apenas
podía respirar cuando terminé de rodear el parque para dirigirme hacia
la casa de Flavia, gritando tan fuerte como podía. La señora Feliciano me
metió en su vivienda y cerró la puerta detrás de mí.

—¡Un hombre me agarró! —grité.

La señora Feliciano pronunció un torrente de palabras en español
mientras iba hacia las ventanas y cerraba las cortinas de volantes. Flavia
salió a toda prisa de su habitación y descorrimos un poco la cortina de
la ventana delantera para dar un vistazo. El auto negro estaba aparcado
delante de la casa de Flavia. El hombre que me había agarrado bajó la ventanilla del pasajero, se levantó las gafas de sol y me miró.

—¿Quién es ese? —preguntó Flavia.

—No lo sé —dije yo, agachándome bajo la ventana al mismo tiempo
que tiraba del bajo de la camiseta de Flavia.

En ese momento me puse a temblar y me empezó a latir el corazón a
toda velocidad, como si siguiera corriendo. La señora Feliciano corrió las
cortinas.

—¡No tentéis al señor Nettles!

—Ese no es el señor Nettles —dijo Flavia.

En ese momento, alguien golpeó la puerta y seguidamente nos llegaron
los gritos de mi madre al otro lado. La madre de Flavia abrió la puerta,
agarró a mi madre por la mano y cerró con llave la puerta detrás de ella.
Cookie tenía el rostro lleno de lágrimas. La había visto llorar antes, pero
nunca estando sobria. Me dio pena y la abracé, y después salí corriendo
finalmente a hacer pis.

Cuando regresé, Cookie, Flavia y su madre estaban sentadas a la mesa
con un plato naranja lleno de galletas, aunque solo comía mi madre.

—¿Pero por qué querría raptar a Rosanne la familia de su padre?
—preguntó la señora Feliciano. Me había perdido cualquier cosa que les
hubiera contado mi madre. Hasta ese momento no tenía ni idea de que se
tratara de mi familia.

—Espera. ¿Esos hombres eran mis tíos? —pregunté, sentándome a la mesa.

—Bueno, algo así —contestó mi madre, mordiendo otra galleta por la mitad.

—¿Rosanne no conoce a sus tíos? —preguntó la madre de Flavia.

—No son sus tíos exactamente, no son familia, en el sentido de la familia de sangre —explicó Cookie—. Son familia... en el sentido de la mafia.

—¡Ay! —exclamó la señora Feliciano entrelazando las manos y comenzando a hablar rápidamente en español—. ¡¿La familia de Rosie pertenece a la mafia?!

—Su padre pertenecía.

—¿Qué es la mafia? —pregunté.

Cookie encendió un cigarrillo y volvió la cabeza para expulsar el humo lejos de la señora Feliciano.

—La Asociación Italiana de Madres y Padres.

La señora Feliciano sacudió la cabeza al tiempo que mascullaba algo en español. Entonces ella agarró mi mano, la apretó y me dijo:

—¡Rosanne, tú no necesitas esa familia! ¡Mantente alejada de todo el que te diga que es tu familia!

Yo confiaba en la señora Feliciano y sabía que debería creerle. Sin embargo, mis hermanas eran mi familia y no tenía duda de que las necesitaba

—Ojalá me hubieran raptado —dijo Norm más tarde aquella misma noche. Los tres estábamos sentados en fila en el sofá, mi madre en el centro, viendo la serie de *The Facts of Life*.

Cookie lo miró, levantó la botella de vodka que había comprado después de estar en casa de Flavia y dio un sorbo.

—¿Quieres un poco? —me preguntó, dirigiendo la botella hacia mí. Esto era un acto de ternura en ella. Se sentía mal por lo que había sucedido.

—No —respondí.

—Si me hubieran raptado —dijo Norm— ahora estaría en las playas de Lake Havasu, relajándome...

—¿Cómo sabían donde vivimos? —pregunté.

—Yo les di la maldita dirección —explicó Cookie—. Por teléfono aseguraron que nos llevarían a todos, pero cuando se presentaron aquí, ese estúpido hijo de puta dijo que solo pensaban llevarse a Rosanne.

—¡Debiste haber dejado que te llevaran con ellos! —dijo Norm, incorporándose en el sofá para mirar desde el otro lado de Cookie—. Quiero decir que ahora estarías en Arizona y tendrías montones de dinero. ¿No te gustaría?

—No estoy segura de que fueran a llevársela a Arizona —dijo Cookie. Norm y yo nos quedamos mirándola.

—¿Y a dónde se la iban a llevar? —preguntó Norm.

—Creo que vinieron a matar a Rosanne —contestó ella, dándole otro sorbo al vodka.

—¿Y por qué iban a matarme? —pregunté yo.

La noticia no me provocó sentimiento alguno. Eso no me parecía algo más real que los problemas de Blair, la protagonista de la serie televisiva *The Facts of Life*.

—Supongo que porque no he parado de molestarlos con el tema de las tierras. Saben que te pertenecen y en vez de dártelas, tal vez pretendieran matarte —contestó Cookie, encendiendo otro cigarrillo.

—Espera —dijo Norm—. ¿Significa esto que nunca tendremos las tierras de Rosie en Lake Havasu.

Cookie y yo soltamos una carcajada en un momento de delirio sincronizado.

—¡No, maldita sea! —respondió mi madre finalmente.

Ella no paró de reírse durante los anuncios, y cuando empezó la serie de nuevo, cerró los ojos y empezó a roncar.

11

De camino a Perilous Peak

UNA SEMANA DESPUÉS del incidente con la mafia, Norm vino a mi encuentro cuando volvía de la iglesia. Nunca le dije a dónde iba los domingos, pero me daba la impresión de que lo sabía.

—Date prisa —dijo—. Nos vamos.

Yo eché a correr y Norm apretó aún más el paso, llegando primero. Cookie estaba en el sofá viendo la televisión con una cerveza en la mano. Había tres latas vacías en la mesa.

—¿Nos vamos? —pregunté con la respiración entrecortada por la carrera. Tuve que inclinarme sobre las rodillas para recuperar el aliento.

—Sí. Recoge tus cosas —dijo ella, sin apartar la vista de la televisión.

—¿Cuándo nos vamos? —pregunté.

—No lo sé, tal vez esta noche o tal vez mañana —contestó ella, eructando primero y dando un sorbo a continuación.

—¿No podemos quedarnos hasta que termine el curso?

Hasta ese momento, yo nunca había empezado y terminado un curso académico en la misma escuela.

—No —contestó sin dejar de mirar la televisión, aunque en ese momento hubiera un anuncio de Gilette.

—¿Por qué no?

Mi madre giró la cabeza hacia mí.

—Hay por ahí unas personas que quieren matarte. Y saben dónde vives. ¿Qué clase de madre sería si no intentara ponerte a salvo?

Me toqué inconscientemente la parte superior de la columna vertebral, donde dos noches antes me había clavado a conciencia el tacón de aguja como si tratara de apagar una colilla.

—¿La mafia va a volver por mí?

No había vuelto a pensar en lo ocurrido.

—¡Pues sí, probablemente!

Cookie sacó un paquete de Virginia Slims de su escote, agarró un cigarrillo y lo encendió.

—¿A dónde vamos? —preguntó Norm.

Cookie no respondió. Siguió fumando como si no hubiera dicho nada.

—¿A dónde vamos? —pregunté yo.

—*¿A dónde vamos? ¿A dónde vamos?* —se mofó—. Ya lo verán cuando lleguemos. He dejado una bolsa de basura en la habitación de cada uno. Vayan a recoger sus cosas. Y, Rosanne, recoge después las mías.

Fui a mi habitación, cerré la puerta y me puse a llorar. Mi pecho subía y bajaba, mientras intentaba contener el llanto y que no me oyeran. Mientras más nos moviéramos de un lado a otro, más difícil les resultaría a mis hermanas encontrarnos. Gi era amiga de Tina y conocía a Jackie y a Sam. A través de ellos existía un rastro sobre nuestro paradero. Sin embargo, el rastro se perdería en cuanto abandonáramos Caldwell.

—¡ROSANNE! —gritó Cookie desde el sofá.

Tardé un segundo en recuperar el aire necesario para poder hablar.

—¿Sí?

—¡COMO ROMPAS UNA SOLA COSA DE MI HABITACIÓN CUANDO LAS RECOJAS, IRÉ DÁNDOTE PATADAS EN TU TRASERO DE MIERDA DESDE AQUÍ HASTA NUEVA YORK!

Flavia me ayudó a guardar las cosas de Cookie. No paramos de llorar durante todo el tiempo que tardamos en meter las cosas de mi madre en numerosas bolsas. Desde que Mack se largara con todas nuestras pertenencias, Cookie había vuelto a llenarse de muchas porquerías. No había pensado mucho en aquellos objetos cuando estaban guardados en bolsas debajo del sofá en casa de Jackie y Kenny. Y tampoco pensé mucho en ellos mientras reposaban sobre la cómoda de Cookie o a lo largo de las paredes de su habitación en la casa móvil. Sin embargo, cuando me tocó guardarlos teniendo cuidado de no romper nada, me pregunté qué sentido tenía todo aquello; por qué ella almacenaba tantas cosas inservibles cuando a mí me hacían falta tantas cosas útiles. Los pechos ya se me pegaban a la camiseta y resaltaban visiblemente. Necesitaba urgentemente un sujetador. También necesitaba ropa interior nueva para reemplazar las tres bragas viejas que tenía, rotas ya por las costuras. Y quería unos pantalones que no me llegaran por encima de los tobillos, para que los niños del colegio no dijeran que iba a *pescar*.

Por otra parte, mi madre tenía un juego de doce campanillas de cobre cuyo tamaño iba de mayor a menor; tres relojes Hummel de plástico decorados con chicas de mejillas sonrosadas como querubines ordeñando vacas y chicos con rizos y pantalones cortos con tirantes; y un abanico gigante de plumas de pavo real.

Le conté a Flavia que mis hermanas solían discutir para decidir a quién le tocaba recoger las «cosas de mujer» de nuestra madre. Ninguna quería acercarse siquiera a las enormes bragas llenas de manchas ni a los sujetadores grisáceos y rotos a los que se referían como «maceteros colgantes». Flavia y yo nos cubrimos las manos con unos calcetines para protegernos de aquellas prendas. Los guantes-calcetín resultaron útiles cuando nos encontramos un ejemplar de la revista pornográfica *High Society* junto con una especie de gruesa porra de goma que ninguna de las dos fue capaz de identificar, pero que ambas sospechamos que era algo que no deberíamos haber visto. Eché la porra en la bolsa apartando la cabeza y vi que Flavia también tenía la cabeza vuelta hacia atrás. Las dos nos echamos a reír hasta que empezamos a llorar otra vez.

Afortunadamente, no nos fuimos aquella noche. A la mañana siguiente, mi madre fue a la ciudad con un fajo de billetes tan grande como el puño cerrado de un hombre para comprar un auto y unas matrículas sin registrar. Norm fue con ella, porque quería que Cookie comprara matrículas de California. Yo me fui al colegio.

Cuando le conté a mi profesora, la señorita Roahr, que nos íbamos, me dijo:

—¡Ay, Brooks, todos echaremos de menos tu gran sonrisa!

Y me dio una palmadita y decidió cambiar el plan previsto para aquella mañana. En vez de seguir con la lección sobre decimales y fracciones, les pidió a todos los alumnos que escribieran en una tarjeta aquello que les gustaba de mí. Yo estaba nerviosa, pero me senté en mi mesa y me puse a leer mientras ellos lo hacían. Algunos niños escribieron algo a toda prisa y le devolvieron la tarjeta a la profesora. Ella les taladró un agujero en una esquina e introdujo una anilla plateada por el agujero. Otros niños parecían tener que pensar más detenidamente lo que querían decir. Yo observaba hecha un manojo de nervios a Charles Skillens, que no dejaba de mordisquear el lápiz, dándole vueltas como si fuera una mazorca de maíz, mientras miraba fijamente la tarjeta en blanco.

Cuando todos terminaron, la señorita Roahr guardó todas las tarjetas sujetas con la anilla en una caja de zapatos y me la entregó con una petición: que leyera las tarjetas siempre que echara de menos a mis amigos de Caldwell. Ya los estaba echando de menos, a pesar de que estábamos en la misma habitación.

Me pasé el día repitiendo en mi mente todo lo que estaba sucediendo: *Ya no volveré a recitar el juramento a la bandera en esta clase; ya no volveré a saltar con Flavia a la comba con dos cuerdas en el patio; ya no volveré a entregar mi ejercicio de vocabulario, con las palabras ordenadas por orden alfabético y la definición de las dos palabras adicionales.*

Cuando los otros niños se marcharon, fui a la secretaría a buscar una copia de mi expediente para la próxima escuela. Después fui a la biblioteca y encontré el libro que había estado leyendo David Collins la última vez que habíamos trabajado allí los dos juntos. Cogí un trozo de papel y escribí: *Adiós. De parte de Brooks.* Lo taché, le di la vuelta y volví a intentarlo: *Adiós para siempre. De parte de Brooks.* Me quedé mirándolo un minuto. Sonaba como si me fuera a pasar algo horrible. Arrugué el papel, busqué otro nuevo y empecé una vez más: *Adiós, David. De parte de tu amiga para siempre, Rosie.* Le di un beso sin que nadie me viera y lo guardé dentro del libro.

A la señora Connors se le humedecieron los ojos cuando le conté que me marchaba. No podía entender por qué mi madre no quería decirnos a dónde íbamos. Le dije que yo tampoco lo entendía. Cookie afirmaba que tanto secretismo se debía a que no quería que la mafia nos encontrara. Y es posible que fuera cierto, pero me parecía que eso tenía algo que ver con que tampoco quería que los padres del Parque Paraíso nos encontraran. Vivir allí era como si Cookie estuviera sometida a una vigilancia oficiosa que la había obligado a comportarse, aunque solo hubiera sido un poco. Nunca venía detrás de mí cuando yo salía corriendo de nuestra casa móvil, porque sabía que contaba con una absoluta protección fuera de aquellas endebles paredes.

—Bueno, Brooks —dijo la señora Connor—, puede que no sepas a dónde vas, pero vayas donde vayas, será un lugar maravilloso porque *tú* estarás allí.

Se me hizo un nudo en la garganta. Me acerqué a la señora Connors y me lancé de repente a sus brazos. Qué bien me sentí cuando me rodeó con ellos y me arrulló un poco. Como no tenía a mis hermanas para que me abrazaran, me peinaran, me leyeran y me acostaran por las noches, necesitaba desesperadamente un poco de afecto. Ansiaba algo de amabilidad.

—Echaré de menos trabajar aquí —dije con la voz rota.

—Yo te echaré de menos a ti —contestó ella, posando las manos en mis hombros con una sonrisa—. Espera, voy a hacerte un regalo.

La señora Connors fue hasta detrás del mostrador y abrió una caja llena de libros. Sacó una copia nuevecita de *El jardín secreto*, la colocó sobre el mostrador y escribió algo en el interior de la tapa. Era la primera vez que veía a alguien escribir en un libro y me reí. Luego me tendió el libro.

—¿Es para mí?

—Por supuesto —dijo—. Te lo pensaba dar en las vacaciones de verano para que tuvieras lectura mientras el colegio estuviera cerrado.

Cogí el libro y sonreí con la boca cerrada y temblorosa. La señora Connors me abrazó de nuevo y no pude evitar llorar un poco. Salí corriendo antes de que pudiera decirme nada más.

De camino a casa, me detuve en casa de Jackie y Kenny. No había nadie, así que fui al jardín, saludé a las gallinas, y luego pasé por debajo de la valla para esperar a que llegara el tren.

Primero abrí la caja de zapatos donde iban las tarjetas y las leí todas. Skillens había escrito a lápiz con unas marcas que parecían palitos chinos desperdigados: *Eres la chica más guapa del mundo.* Los demás decían cosas igual de bonitas. Me elogiaban por mi habilidad saltando a la comba, mi sonrisa, mi risa sonora, lo rápido que corría y mi capacidad para deletrear palabras largas. Aquellas notas significaban más para mí de lo que probablemente pretendían decir las personas que las habían escrito. Me las aprendí casi de memoria después de leerlas tres veces. Quería guardar aquellas palabras dentro de mí, fuera del alcance de mi madre.

Después abrí el libro que me había regalado la señora Connors. Había escrito una dedicatoria larga, llena de grandes palabras y grandes esperanzas de futuro para mí, la cual finalizaba con la que decía era su cita favorita del libro: *Ella se hizo más fuerte peleando contra el viento.*

Iba pensando en la frase y su significado cuando oí la bocina del tren que se acercaba. Cerré el libro y me levanté para poder sentir el viento en la cara. No peleé contra aquel viento, pero durante los breves minutos que el tren tardó en pasar a gran velocidad, pensé en lo que mi clase y la señora Connors habían escrito sobre mí, y sí que me sentí más fuerte.

CUANDO LLEGUÉ A casa, Cookie y Norm estaban colocando las bolsas de basura en el auto nuevo. Era bajo y ancho, con cuatro puertas, del color de un viejo limón desteñido. Contaba con un radio AM/FM y un reproductor de casetes que no tenía más que un año, según nos dijo Cookie.

—Es un Chrysler —dijo Norm, limpiando una mancha de la puerta. En ese momento estaba limpio, pero la limpieza duraría lo mismo que la sobriedad de nuestra madre.

—Trae algunas malditas bolsas —ladró Cookie.

Entré corriendo en la caravana y agarré la bolsa de mi habitación. No quería pensar en nuestra partida, no quería sentir nada, así que preferí moverme con rapidez, guardando mis pertenencias en el maletero como una autómata y entrando a buscar más bolsas.

—Tengo que despedirme de Flavia —dije.

El auto estaba ya preparado y dejamos la puerta de la casa abierta de par en par como nos dijo Cookie, para que *entrara todo el hijo de puta que quisiera y dejara el interior hecho una mierda como lo habíamos encontrado.* Norm y Cookie ya estaban en el auto. Norm se asomaba por la ventanilla abierta, mirando a un lado y otro de la calle como buscando a alguien de quien despedirse.

—Voy a echar de menos la Playa de Paraíso —dijo Norm.

La mentalidad de pandilla de los niños que vivían en aquel parque de casas móviles nos proporcionaba compañeros de juego de forma constante a mi hermano y a mí. Aquel había sido el lugar más social de todos en los que habíamos vivido.

—¡Sube ya al maldito auto! —gritó Cookie, tocando la bocina una vez a modo de advertencia.

Me subí al asiento trasero y bajé la ventanilla.

—Toca la bocina otra vez al pasar por casa de Flavia, ¿de acuerdo?

Cookie redujo la velocidad al pasar por delante del hogar de los Feliciano. En aquel momento me sentí como si nosotros fuéramos de la mafia. Mi madre puso la palma de la mano izquierda sobre la bocina situada en el volante y la hizo sonar tres veces. Flavia se asomó a la ventana delantera, enmarcada por las cortinas de volantes. Agitó los brazos y dijo adiós una y otra vez.

Yo saqué la mitad del cuerpo por la ventanilla abierta y le grité:

—¡ADIÓS, FLAVIA, TE ECHARÉ DE MENOS!

Quise repetirlo, pero no me salió la voz, me quedé muda por la tristeza. Cookie salió pitando tan deprisa que caí hacia atrás y me golpeé la cabeza contra la parte superior de la ventanilla.

—¡VETE A LA MIERDA PARQUE DE CASAS MÓVILES PARAÍ- SO! —gritó mi madre, sacando el dedo de la mano por la ventanilla abier- ta—. ¡No nos íbamos a quedar, y de todos modos, no nos gustaba ese lugar!

Ni Norm ni yo nos unimos a su cantinela de siempre. Mi hermano seguía asomado a la ventanilla. Yo me escurrí por el asiento trasero y miré pasar los árboles por la ventana, convertidos en una mancha borrosa como si fueran una acuarela. Sabía que Norm estaba pensando lo mismo que yo. Otra vez en la carretera. Hacia un nuevo lugar en el que nos veríamos obligados a hacer nuevos amigos. Tendríamos que observar cómo se vestían y tratar de vestirnos como ellos lo mejor posible con nuestra ropa de segunda mano recogida en el contenedor. Tendríamos que observar cómo hablaban y hablar como ellos para no parecer los raros del lugar. Tendríamos que averiguar a quién podríamos llevar a casa cuando nuestra madre estuviera borracha y las palabrotas salieran de su boca como moscas, y quién no podría venir jamás a nuestra casa y conocer a nuestra madre, ni siquiera en la calle. Habría un nuevo autobús escolar. Nuevos profesores. Una nueva bibliotecaria. Un nue- vo dormitorio, suponiendo que tuviéramos alguno. Y una nueva cama, dado el caso de que no tuviéramos que dormir en el sofá o el suelo.

Unos minutos más tarde entrábamos en un motel de camioneros de la autopista.

—¿Aquí es donde vamos a vivir? —pregunté.

—¿*Aquí es donde vamos a vivir*? —me imitó Cookie—. No, maldición. Tenemos más clase que esto.

¿Desde cuándo?, me pregunté yo.

Cookie apagó el motor, se reclinó en el asiento y dijo:

—¿Saben? Este auto es del 72, como tú, Rosanne.

Sacó el paquete de Virgina Slims de su escote, tomó un cigarrillo y tiró el paquete en el regazo de Norm.

—¿Es del 6 de octubre de 1972? —pregunté yo. Bien podría ser que los autos también tuvieran cumpleaños.

—Es del 72 y ya está —dijo mi madre—. Pero eso nos traerá suerte. Da buena suerte tener un auto del mismo año en que nació uno de tus hijos.

—¿Por qué no has cogido uno del año en que nací yo? —preguntó Norm.

—Porque los de tu año estaban demasiado viejos y estropeados. Y este es lo bastante grande como para que podamos dormir los tres en él llegado el caso.

Norm se dio la vuelta en su asiento, me miró y susurró:¿*Pero no tenía- mos demasiada clase para dormir en el motel?* Cookie lo ignoró.

Mi hermano se enderezó de nuevo y los dos permanecimos en silencio, aguardando pacientemente a que ocurriera algo, mientras Cookie se fumaba el cigarrillo. Poco después, apareció Hal Garrett junto a la ventanilla de Cookie. Llevaba un paquete de seis latas de Miller colgando de una mano. Norm y yo no habíamos vuelto a verlo desde que estuvimos viviendo en casa de Jackie y Kenny. Hal era camionero y le gustaba detenerse en Caldwell a beber por la noche porque, como me dijo el día que lo conocí, «tiene vida». Siempre que estaba en la ciudad, Cookie se iba a beber con él y luego dormían en la habitación del motel donde se encontrara. Aquello era siempre un gran alivio para mí, porque eso quería decir que durante esas noches periódicas no tenía que tratar con mi madre.

Cookie extendió la mano y Hal agarró una lata del paquete y se la dio.

—¡Hola, niños!

Hal tenía una agradable sonrisa y un reluciente pelo gris que llevaba peinado en forma de copete. Tenía también una gran barriga que le caía por encima de los vaqueros, sujetos justo a la altura de las caderas.

—Hola —dije yo, incorporándome e inclinándome hacia delante. Me gustaba Hal. Su amigable forma de hablar me recordaba a Ricky, el conductor de la grúa.

—Vámonos ya de esta mierda de sitio —dijo Cookie.

—Vamos en un convoy —dijo Hal.

—¿A dónde vamos? —preguntó Norm.

—Y a ti qué te importa —rezongó Cookie. Tiró del cierre de la lata y sorbió la espuma de la cerveza.

—Vamos a mi casa —dijo Hal, dándole también un sorbo a su cerveza—. ¿No les ha dicho su madre que van a vivir conmigo?

—Estos dos quieren saberlo todo —replicó Cookie, bebiendo otro sorbo de cerveza y manteniendo el cigarrillo sujeto entre los dedos índice y corazón.

—¿Vamos a vivir contigo? —pregunté yo.

Esperaba que Cookie no me acusara de intentar robárselo, como había hecho con Ricky. Y también esperaba que tuviera una habitación con las paredes gruesas para no oír a mi madre y a Hal cuando estuvieran en la suya. Mi madre me había dicho una vez que hacía aquellas cosas en el dormitorio para mantener vivo el interés de los hombres en ella y que no les importara tener que cargar con Norm y conmigo.

—¡Es mi novio, idiotas! ¡Claro que van a vivir con él!

Hal se rio, desprendió otra cerveza de su anilla de plástico y se la dio a Cookie, que la sujetó entre las piernas. A continuación se alejó con unas zancadas tan grandes que yo habría podido ir corriendo entre sus piernas para no perder el ritmo.

—¡Pon la canción de Convoy! —dijo Cookie.

Teníamos una cinta de C.W. McCall que incluía la canción «Convoy». A Norm y a mí nos encantaba la letra, sobre todo la parte en que hablaban por radio y decían cosas como *Oso Ahumado, Patito de Goma* y *Ciudad Taco* según el argot de los camioneros.

Norm revolvió en la caja de zapatos con las cintas que Cookie había «tomado prestadas» del bar donde trabajaba y sacó la de «Convoy».

Hal detuvo su camioneta azul a nuestro lado. Cookie tiró por la ventana la lata vacía al pavimento y abrió la que tenía entre las piernas.

—¿Por qué conduce esa camioneta? —preguntó Norm—. Para ser un convoy de verdad tiene que ir en un camión grande.

La canción había empezado a sonar y Norm subió el volumen.

—Para ser un convoy lo único que tenemos que hacer es ir detrás de él, idiota —dijo Cookie, bebiendo luego un sorbo de cerveza y saliendo del estacionamiento detrás de Hal.

No era difícil seguir a Hal. Al contrario que en Nueva York, había pocos autos en la carretera. Avanzamos por la I-84 escuchando música, con Cookie cantando durante todo el camino. Yo iba en el asiento trasero, pensando en las personas a las que echaba de menos: Cherie, Gi, Camille, Flavia, la señora Connors, David Collins, y también a Kenny, Jackie, Tina y Sam.

Después de dejar atrás las ciudades muy pobladas de Farmingville y Sheeps Meadow, el paisaje dio paso a una desolada zona montañosa. Había matorrales y hierba, y rebaños de animales pastando. Los campos estaban salpicados de graneros rojos, silos y granjas blancas con el tejado verde. Empecé a sentirme cada vez más sola. Y mientras más sola me sentía, más pánico me entraba.

—No hay gente —dije con un peso que me comprimía el pecho.

—¡Menos mal! Así me gusta —replicó Cookie—. Nada de vecinos chismosos tratando de decirme lo que puedo o no puedo hacer con mis hijos.

—¿Pero habrá un colegio?

—Sí, hay un maldito colegio. Solo que no habrá una banda de fariseos idiotas para juzgarme. Allí nadie se mete en los asuntos de los demás.

Norm me miró. Debió haber percibido mi nerviosismo, porque alargó el brazo hacia atrás y yo me aferré a su mano como si me estuviera ahogando y mi hermano fuera lo único que me mantenía a flote.

—Pero a mí me gusta que haya gente —dije casi en un susurro.

La *gente* era lo que me mantenía a salvo. Las madres del Parque Paraíso, y Kenny y Jackie antes, habían sido mi defensa frente a Cookie. Y hasta que me apartaron de mis hermanas, Cherie, Camille y Gi me habían envuelto en tantas capas protectoras, que era rara la vez en que Cookie conseguía ponerme la mano encima. ¿Quién velaría por mí en medio de la nada en Idaho, sin «vecinos chismosos» que se metieran en los asuntos de mi madre? Los árboles no, eso estaba claro. Ni las inmensas montañas que se elevaban en el horizonte. Ni los campos que se extendían a nuestro alrededor como mantas de color verde iridiscente. La naturaleza era indiferente al sufrimiento, de eso estaba segura.

Apreté la mano de mi hermano. Quería que nos unieran con una costura para convertirnos en una bestia más grande, un animal más salvaje que pudiera enfrentarse a nuestra madre.

—¿Saben? ¡Hal dice que hay tan poca gente que podría ponerme a mear en el jardín delantero y nadie me vería! —dijo Cookie con una carcajada.

—Qué asco —susurré, de modo que no me oyera.

—Norm. ¡Cigarrillo! —gruñó Cookie, y Norm me soltó la mano para buscar el paquete y encenderle un cigarrillo.

Me fui a un rincón del asiento y busqué mentalmente a mis hermanas. Cherie me pediría que me hiciera fuerte. Camille afirmaría que era fuerte y valiente, y que podría salir de cualquier situación. Y Gi me diría: *Mia bambina, je t'aime, je t'aime.*

Al poco tiempo empezamos a atravesar un pueblo medio vacío detrás de otro. Hal reducía la velocidad cada vez que aparecían los edificios a los lados de la carretera y yo me preguntaba si por fin habíamos llegado, si aquel iba a ser nuestro nuevo hogar. Uno de los pueblos parecía sacado de una película de vaqueros: edificios de fachada plana, porches de madera y tejados bajos. Esperaba que no hubiera nada detrás de ellos, como si fueran un decorado de Hollywood sujeto por andamios de madera.

—Parece que estamos en *Sillas de montar calientes* —dijo Norm. *Sillas de montar calientes* era la película favorita de mi hermano, quien podía pasarse horas hablando de la escena de las judías y los pedos.

—Pues yo creo que se parece más a *La casa de la pradera* —repliqué yo.

Me encantaban los libros de Laura Ingalls Wilder. Uno podía experimentar a veces la sensación de que Laura tenía una vida difícil viviendo en aquella casa de adobe entre tormentas de polvo, pero la familia se quería tanto que todo parecía más tolerable. Divertido incluso. Cuando vivía con mis hermanas, y nuestra madre no andaba por los alrededores, éramos un poco una versión de los Wilder de pillastres huérfanos que rebuscaban en los contenedores de segunda mano. Sin embargo, teníamos amor.

—Pues a mí se me parece al maldito fin del mundo —dijo Cookie.

Llevábamos en el auto una hora y media, y hacía tiempo que se había terminado las dos cervezas.

En el siguiente pueblo, Hal redujo la velocidad y tocó la bocina, al tiempo que señalaba por la ventana en dirección al cartel verde que había en el lateral de la carretera. Este decía: OAKVIEW. POBLACIÓN 360.

Cookie le respondió tocando la bocina también y gritando:

—¡Cuidado, Oakview, porque el Huracán Cookie acaba de llegar!

—¿Aquí es donde vamos a vivir?

—*¿Aquí es donde vamos a vivir?* —me imitó Cookie—. ¿Qué pasa? ¿No te gustan los pueblos?

—Me gustaba el Parque Paraíso.

Si solo vivían trescientas sesenta personas en Oakview, ¿cuántas niñas de mi edad habría? ¿Sería posible que encontrara a una amiga como Flavia?

¿Sería la bibliotecaria tan amable como la señora Connors? ¿Habría bibliotecaria siquiera?

Una cuadra más adelante pasamos junto a un cartel de madera clavado en la hierba del arcén. Decía: Bienvenido a Oakview, Acceso a Perilous Peak. Y debajo de las enormes palabras habían pintado unas montañas coronadas de nieve. Y todavía más abajo, en un cartel de plástico blanco, se leía en letras negras sobre tablillas: CAMPAMENTO CON BIBLIA Y RODEO, COMIENZA 21 DE JUNIO. MERCADO CAMPESINO. SÁBADO».

—¿Perilous Peak? —dijo Norm—. Espero que no se refiera a cómo son las cosas aquí.

—Solo es un maldito nombre —rezongó Cookie.

—¿Puedo ir al campamento? —dije, preguntándome si los niños montarían de verdad en toros salvajes mientras les enseñaban cosas sobre Jesús. Yo quería ir aunque solo fuera para conocer la respuesta.

—¿Crees que tengo dinero para un campamento? —preguntó Cookie y al no responderle, insistió—. Dime, ¿lo crees?

—No —contesté.

—Demonios, claro que no —dijo ella—. Irás al campamento Hal Pinkteron.

—¿Hal vive en una granja? —preguntó Norm.

—Hal vive donde vive —dijo ella.

Miré por la ventanilla mientras atravesábamos el pueblo. Pasamos el Motel Prairie y el parque de casas móviles, en cuya entrada había un montón de motos grandes y bajas estacionadas. Había una gasolinera, un centro para personas mayores que parecía limpio y arreglado, con un banco junto a la entrada, un pequeño mercado y al lado una tienda de comestibles. Había también un almacén de maderas, una tienda de alimentos para animales, un hotel con muros de ladrillo al que se le estaba cayendo la pintura blanca. Hal estacionó delante de un edificio bajo, con muros de piedra y un cartel que decía RODEO EXPRESS. Cookie se detuvo junto a la camioneta y bajó la ventanilla para hablar con él. Yo intenté vislumbrar algo a través del cristal de la puerta delantera a fin de ver si había algún otro niño de mi edad, pero el interior estaba demasiado oscuro.

—Vamos a instalarnos y luego volvemos a tomar algo —dijo Hal. Por el tono ansioso de su voz era fácil adivinar que le gustaba tanto beber como a Cookie. Como había ocurrido con la mayoría de sus relaciones, el amor común por el alcohol constituía la fuerza vinculante.

—Yo bebo si tú pagas —dijo ella, y se rio.

Tomamos a continuación un camino de tierra, bordeado de vez en cuando por árboles con ramas bajas que dejaban entrar la luz moteada en el bamboleo. Enmarcados por las montañas, se extendían campos de verde ondulante hasta donde alcanzaba la vista. No se divisaba ni un ser humano, solo vacas, caballos, cerdos y ovejas. Conté cinco tractores abandonados en medio de los campos como si el conductor hubiera desaparecido de repente. De vez en cuando aparecía un camino de entrada a una vivienda con un buzón ladeado que señalaba el rumbo. Las casas parecían solitarias, cada una diferente; la puerta delantera de una de ellas colgaba de una bisagra inclinada, como un diente suelto. Era lo contrario que en Nueva York, donde los edificios llenaban todo el espacio visible, con solo unos espacios precisos de tierra y hierba entre ellos.

Poco después llegamos a la propiedad de Hal. Contaba con un establo rojo, un granero y varios edificios más. Me pregunté si Hal tendría gallinas y si les habría puesto nombre de ser así. La vivienda era un rancho de una planta, con la fachada de listones de madera blancos y el tejado rojo. Delante de la casa, cerca de la valla de postes y alambres, había un hermoso sauce verde con largas ramas que colgaban como largos cabellos hasta casi tocar el camino.

—Miren qué sauce —dije, dando la vuelta en el asiento para mirarlo.

Mis hermanas me habían hablado de una casa en la que habían vivido antes de que naciéramos Norm y yo. La llamaban la Casa Feliz, porque allí habían recibido amor, alimento y cuidados. En la Casa Feliz había un sauce debajo del cual celebraban pícnics, dormían la siesta y jugaban en el columpio colgado de las ramas bajas. A mí me gustaba que me contaran historias de aquella casa, era bonito imaginar a mis hermanas sonriendo, felices, columpiándose bajo un árbol. Esperaba que algún día estuviéramos todos juntos en otra casa feliz con otro sauce.

—Vaya, ahora doña sabelotodo se cree una arbolista.

—¿Qué es un arbolista? —preguntó Norm.

—¿Pues sabes una cosa? ¡Yo me cago debajo del sauce de doña arbolista! —dijo Cookie con una carcajada.

Pensé que Hal tenía que estar verdaderamente desesperado por encontrar a una compañera con la que ir a los bares y compartir su cama para soportar a una mujer que se quería cagar en su jardín.

Cookie miró por la ventana y vio que Hal se acercaba. Este apoyó los antebrazos en la base de la ventanilla.

—Bienvenidos a casa —dijo.

—¿Podré ir al colegio aquí? ¿Puedo empezar mañana?

—Doña arbolista no se quiere perder un día de colegio —se burló Cookie.

—Te llevaremos al colegio —contestó Hal, abriendo la puerta del auto y tendiéndole la mano a Cookie para ayudarla a salir.

Yo miraba a mi madre por el hueco de mi ventanilla bajada y en ese momento me di cuenta por primera vez de que había adelgazado desde que abandonamos Nueva York. Su barriga, que normalmente formaba parte de un barril que le empezaba en el cuello, había desaparecido. Ahora era todo caderas y pechos, un reloj de arena con patas.

Salí del auto y me quedé junto a Norm, que estaba observando la casa.

—¿Puedo ir andando a la biblioteca desde aquí? —pregunté.

—No le hagas caso al ratón de biblioteca —dijo Cookie, contoneándose contra Hal—. Me muero de ganas de comerme una hamburguesa y una cerveza bien fría.

—¿Podemos ir nosotros también a comer una hamburguesa? —preguntó Norm.

—Ustedes dos empiecen a sacar las cosas del auto —dijo Cookie, señalando hacia la casa, y a continuación se subió en la camioneta de Hal y cerró de un portazo.

Norm se aproximó a la ventanilla abierta de Cookie.

—¿Podremos comer nosotros una hamburguesa después de sacar las cosas del auto? —insistió Norm.

—¡Solo saquen las cosas del maldito auto! —gruñó Cookie—. Ya comerán lo que haya cuando regresemos.

—Rosie, tu habitación es la primera nada más entrar. Norm, la tuya es la siguiente, junto a la de tu hermana —dijo Hal.

—¿Entonces entramos sin más, como si fuera nuestra casa? —pregunté.

—No. La casa es mía, tú tienes tu sauce de mierda —dijo Cookie entre carcajadas.

Hal se despidió con la mano y se fueron.

Norm abrió el maletero y nos quedamos mirando las bolsas de basura llenas a reventar. Para no tener nada en la vida, teníamos un montón de cosas que sacar del auto. Todas las bolsas menos dos eran de Cookie.

—Cada uno guarda las cosas de la bolsa que coja —dijo Norm.

Era lo que decían mis hermanas cada vez que nos cambiábamos de casa. El objeto del juego consistía en evitar discusiones sobre quién tenía que guardar las cosas de Cookie. Cuando estábamos todos juntos y gritábamos: *Cada uno guarda las cosas de la bolsa que coja*, todos agarrábamos bolsas al azar y guardábamos el contenido, fuera lo que fuera.

—Yo empaqué las cosas de nuestra madre —me quejé, con ganas de llorar—. Nos toca guardarlas a los dos.

Agarré la bolsa que sabía que era mía, porque le había hecho un grueso nudo arriba del todo, la saqué y me dirigí a la vivienda.

Era una casa bonita. No estaba ni demasiado revuelta ni demasiado limpia. Tenía un salón y también una amplia cocina comedor. Me gustaba el hecho de que aparte de en los dormitorios y el cuarto de baño, no hubiera rincones en los que se pudiera esconder alguien. Así siempre sabría dónde se encontraba mi madre.

Desde mi dormitorio no se veía el sauce, pero tenía vistas al campo y las montañas a lo lejos. Abrí la bolsa de basura y saqué las tarjetas sujetas con la anilla. No había clavos en la pared para colgarlas, así que las dejé encima de la cómoda manchada de humedad. Me parecía que se veían muy sencillas, de modo que las abrí como si formaran un abanico de manera que todas ellas quedaran a la vista. Al lado de las tarjetas, coloqué perfectamente alineadas las notas que me había escrito David Collins. Como él no estaba en mi clase, no me había escrito una tarjeta al igual que mis compañeros. Cogí las notas de David y las volví a leer, una por una. Aunque solo dijeran: *¡Qué calor hace aquí hoy, necesito un ventilador!,* no podía evitar sonreír como una idiota. Les hice un agujero en una esquina con el lápiz afilado y las junté con las tarjetas anilladas.

Después, saqué la ropa de la bolsa y la coloqué sobre la cama. Necesitaba hacerme una idea general de lo que podría ponerme para ir al nuevo colegio. Tenía tres pantalones, unos vaqueros morados (demasiado cortos), unos vaqueros azules (demasiado cortos), unos pantalones de pana (con agujeros en las rodillas y demasiado cortos), cinco camisetas (manchadas la mayoría) y mi andrajosa ropa interior.

El ejemplar de *El jardín secreto* fue lo último que saqué de la bolsa. Lo puse sobre la cómoda, abierto boca abajo por la página en que iba, al lado de las tarjetas. Contemplé la cómoda, con todas mis pertenencias, y deseé tener una foto de mis hermanas. O uno de los juegos de mesa con los que jugábamos cuando vivíamos juntos. Mis hermanas me parecían cada vez más invisibles, como los fantasmas o los santos. Creer en ellas era un acto de fe.

AL DÍA SIGUIENTE, Cookie me llevó a la escuela de primaria para que me matriculara en quinto grado. El director, el señor Jackson, era un hombre de pelo rizado y una afable sonrisa, con la voz amable de los personajes que salen en los programas infantiles de la televisión. Comentó que solo quedaban ya tres semanas de clases para que acabara el curso, pero que estaba encantado de tenerme en la Escuela Primaria de Oakview. La clase de quinto grado estaba formada por veinticuatro niños, veinticinco contándome a mí. Los alumnos procedían de diferentes poblaciones, según me explicó el director. Y todos nos graduaríamos al mismo tiempo. Parecía tan entusiasmado con la idea de que todos llegáramos juntos al final de nuestra etapa escolar que no me atreví a admitir que nunca había permanecido los nueve meses del curso escolar con el mismo grupo de niños, ya que nos mudábamos de ciudad con frecuencia.

Cuando mi madre salió de la oficina del director, me di cuenta de que no sabía dónde me recogería cuando saliera de clase, así que salí corriendo por el pasillo hasta que la alcancé.

—¿Dónde te espero después de clase?

Cookie emitió una risilla burlona y me susurró al oído:

—No soy tu maldito chofer.

—¿Entonces cómo volveré a casa?

—¡En el autobús, idiota! ¿Cómo volvías a casa de todos los colegios en los que has estado?

—No sabía que había autobús —dije, pues apenas había visto autos por el camino.

—Hay autobús —contestó ella, pellizcándome en el punto donde terminaban las costillas y empezaba la espalda. Esto hizo que me callara. Finalmente, me soltó y se fue.

—¡Espera! —grité y la volví a alcanzar—. ¿Cómo sé dónde tendré que bajarme? —pregunté, retrocediendo unos pasos para que no me volviera a pellizcar.

—¿Has memorizado la dirección?

—No. ¿Cuál es?

Mi madre se encogió de hombros.

—Espero que no termines en medio de un pastizal y tengas que volver andando, hundida hasta las rodillas en estiércol —respondió ella, saliendo del edificio entre carcajadas.

El estómago se me encogió. Me imaginé vagando interminablemente por caminos de tierra, pasando por establos que eran todos idénticos, sin marcas características que diferenciaran la casa de Hal. ¿Y si no llegaba a casa antes de que se hiciera de noche y tenía que dormir en el campo entre estiércol de vacas? ¿Y si me pisoteaba un caballo? Los caballos me daban un miedo atroz y no había vuelto a tocar uno desde que aquel enorme semental intentó montar a la yegua sobre la que iba en Long Island. No obstante, había animales aún peores que los sementales en celo. ¿Y si aparecía un toro salvaje que se hubiera escapado del Campamento Biblia y Rodeo y me atacaba?

El señor Jackson se reunió conmigo en el vestíbulo y me acompañó a mi clase. Veinticuatro cabezas se giraron para mirarme.

—Amigos, esta es la primera vez que una neoyorquina se sienta en un pupitre de la Escuela Primaria de Oakview —dijo.

Un niño exclamó: «¡Vaya!», como si yo hubiera llegado de Marte.

Mi profesora, la señora Muse, tenía un bonito rostro redondeado y el pelo castaño rizado. Cuando me puse en la fila para ir a comer, colocó sus manos sobre mis hombros y me pidió que esperara. Me pregunté si habría hecho algo mal sin darme cuenta. Mi madre solía enfadarse conmigo por cosas que había hecho sin querer.

—Rosanne, ¿estás bien? —me preguntó.

Yo me encogí de hombros. No quería responder nada hasta que supiera qué era lo que tenía que decir. ¿Me metería en problemas si afirmaba que no estaba bien?

—Pareces preocupada —dijo ella.

Llevaba toda la mañana preocupada por el autobús y la parada en la que me tenía que bajar. Al ser la nueva, todo el mundo me miraría como si estuviera en un escenario cuando entrara atemorizada y tuviera que recorrer todo el pasillo del autobús. Y luego necesitaría adivinar dónde tenía que bajarme. No había sido capaz de escuchar nada más que los pensamientos que daban vueltas en mi cabeza.

—Supongo que estoy un poco preocupada —respondí, y vacilé un poco antes de continuar, esperando a ver si aquello la enfadaba.

Sin embargo, no parecía enfadada. Seguía mirándome con dulzura y amabilidad.

—¿Qué te preocupa? —preguntó la señora Muse, bajando la cabeza para estar a mi altura.

De nada servía contarle que me asustaba subir al autobús porque era la nueva, ya que no podría hacer nada al respecto, así que me limité a decir:

—No sé dónde vivo y no sé dónde tengo que bajarme del autobús cuando vuelva a casa —dije.

En el mismo instante de haber dicho esas palabras, me entraron ganas de llorar. Pero no lo hice. Apreté los labios y me quedé mirando las zapatillas deportivas blancas que en su momento fueron de Tina.

—Ay, Rosie —dijo la señora Muse, acariciándome la espalda de forma circular—. Entiendo tu preocupación. No obstante, olvídate de eso por el momento y ya se me ocurrirá cómo solucionarlo antes de que te subas al autobús. ¿De acuerdo?

—De acuerdo —contesté, pero seguía dándome miedo mirarla.

Después, en la cafetería, me senté sola en un rincón desde el que podía ver a todos los niños. Eran igual de ruidosos y alborotadores que en las otras escuelas en las que había estado. Los niños se sentaban juntos, si llegaban a hacerlo, porque la mayoría permanecía de pie. Y las niñas se apiñaban en grupitos cerrados formando medias lunas en los extremos de las largas mesas. Hal me había dado una manzana y un trozo de pollo frito que le había sobrado de su cena la noche anterior en Rodeo Express. Me lo comí todo despacio para tener algo que hacer durante la hora de la comida.

A pesar de que mi profesora se había ofrecido a ayudarme, no pude evitar estar preocupada todo el día. ¿Y si ella no estaba enterada de que vivíamos con Hal? ¿Y si no sabía dónde vivía? ¿Y si el autobús no paraba cerca de la casa de Hal? ¿Y si me mandaba a la casa que no era? ¿Y si el autobús se iba antes de que pudiera explicármelo?

Cuando acabaron las clases, la señora Muse me entregó un plano dibujado a mano con los puntos y los nombres de las calles o las granjas en las que paraba el autobús. Mi parada estaba marcada con una X grande de color rojo.

—Rosanne, estás más tensa que un fardo de heno mojado —me dijo y se rio. Yo la miré con una ligera sensación de pánico. ¿Me pasaría algo malo? No entendía lo que me decía.

—Lo siento —dije.

—¡No pasa nada! —exclamó con una sonrisa que transformó sus ojos en unos arcos en miniatura.

La señora Muse se quedó de pie junto al autobús mientras subíamos. Sentí un miedo paralizante. Me acordé de las indicaciones que me diera Gi para cuando entrara por primera vez en el autobús escolar: *Mantén la cabeza en alto, no des la sensación de estar nerviosa o asustada, no mires a nadie a los ojos y siéntate al fondo, para que no tengas a nadie detrás que te pueda observar.*

Mantuve la cabeza en alto y evité el contacto visual, pero todos los asientos del final estaban ocupados, así que opté por sentarme junto a la ventana en un asiento a la mitad del autobús. La profesora seguía junto a la puerta. La saludé con la mano y abrí el plano. Quería memorizar todas las paradas que había antes de la mía para asegurarme de que me bajaba en el lugar correcto.

Una niña bajita y con la cara llena de pecas se sentó a mi lado. Tenía un bonito pelo rizado que parecía resbalarse entre los dedos como el agua. A mi madre, a quien le gustaba halarme el pelo, esto le resultaría difícil con aquella niña de rizos anaranjados.

—Hola —dijo.

—Hola —contesté yo. La recordaba de clase. Se sentaba a dos pupitres de distancia del mío.

—¿Quieres que hagamos las tareas escolares juntas? —preguntó.

—Bueno —dije yo, dándole un último vistazo a mi plano y después sacando la carpeta de las tareas de la mochila.

—Resulta genial que seas de Nueva York —dijo.

—Supongo. ¿Cómo te llamas?

—Paige Paisley —respondió, y yo me reí.

—Lo siento —dije—. Pero mi mejor amiga en el último colegio se llamaba Flavia Feliciano, y la primera persona que conozco en este se llama Paige Paisley.

—Los chicos me llaman pis pis.

—Son malos —repliqué, y ella me dio la razón.

Paige no dejó de hablar mientras hacíamos las tareas. Me contó que vivía en una granja con doscientas cabezas de ganado. Su madre y su hermana mayor se habían ido el año anterior a Boise, a dos horas de camino, así que ella vivía sola con su padre y su hermano. Tenía un montón de cosas que hacer antes y después del colegio, por eso hacía las tareas escolares en el autobús.

Me alegró tanto tener una amiga que se me quitó el nerviosismo de todo el día.

—Tienes que bajarte en tres paradas más —me dijo mientras recogía sus cosas—. Verás allí un establo rojo y un granero.

Se levantó y el autobús se detuvo.

—¡Hasta mañana!

La puerta amarilla rechinó al abrirse y Paige se bajó rápidamente. Tal vez Oakview no fuera tan malo como había pensado.

12

El corredor de apuestas o Cookie

Siempre y cuando tuviera casa, comida, cigarrillos y alcohol gratis, mi madre podía tolerarle a un hombre cualquier cosa. Por lo que había visto hasta el momento, prefería a los alcohólicos barrigones y rubicundos, tipos que le pagaban sus necesidades a cambio del placer de su compañía. En este sentido, Hal y ella hacían la pareja perfecta. Hal parecía adorar a mi madre. Cuando estaba con ellos en Daisy's Café o Rodeo Express, Hal parecía orgulloso de Cookie con su ceñida ropa de licra y el pelo ahuecado como una nube negra alrededor de su cabeza. Normalmente la estaba tocando siempre en algún lado: la espalda, la cintura, la cadera. Y Cookie se comportaba como si también le gustara. Cuando Hal estaba sentado en un sillón en casa, ella se colocaba en su regazo y le acariciaba el torso o le ponía la mano en la bragueta de los vaqueros, de modo que me sentía obligada a irme a mi habitación o volver la cabeza al menos.

Sin embargo, cuando Hal le pidió a mi madre que contribuyera con el alquiler o la comida, porque él se había gastado casi todo el sueldo en apuestas de juego, Cookie dejó de ser encantadora para convertirse en la persona amargada e iracunda de siempre. A partir de aquel momento, Hal nunca hacía nada bien. Los dos se enredaban en una lucha encarnizada en la que mi madre no tenía contención alguna. Una noche llegó a lanzarle varios cuchillos a Hal, quien gritaba mucho, pero nunca —sin importar cuán explosiva mi madre se volviera— la agredió físicamente en respuesta.

Si era de día cuando empezaban a pelearse y podía escaparme sin llamar la atención, lo hacía, ya fuera por la ventana de mi habitación o la del cuarto de baño, o por cualquier agujero por el que pudiera pasar entera. Me iba a casa de Paige Paisley, en una carrera de veinte minutos. Conocía tan bien el camino que podría haberlo hecho siendo noche cerrada. Sin embargo, como la mayoría de las personas del pueblo, la familia de Paige se acostaba temprano y se levantaba temprano también. Los únicos que estaban levantados pasadas las ocho o nueve eran los borrachos, fumadores y jugadores, como Hal o mi madre.

Si Norm y yo estábamos juntos, huíamos de la bronca al establo rojo que había detrás de la vivienda. Pero nunca iba allí sola. El olor de los caballos y las herramientas oxidadas, abandonadas como huesos de dinosaurios en la oscuridad, me daban mucho miedo. Prefería correr el riesgo de que me hallara mi furiosa madre, quien le daba golpes a todo lo que se encontraba por el camino, y me refugiaba en el jardín delantero, bajo el sauce. Mientras estaba allí me gustaba pensar en mis hermanas y la Casa Feliz. En mis fantasías, estábamos todos juntos, con nuestra edad actual, disfrutando de una comida campestre sobre una enorme manta de lana suave debajo del sauce. Nos imaginaba rodeados de libros y con tal abundancia de alimentos que solo podíamos comernos la mitad. Y nos reíamos sin parar, hasta que nos quedábamos dormidos, con las largas ramas cuajadas de hojas resonando como panderetas sobre nuestras cabezas.

Una calurosa noche en pleno verano, al principio de su temporada de peleas, Cookie, Hal y yo nos encontrábamos sentados cenando. Norm se había ido a jugar videojuegos con su amigo Colton. Estábamos comiendo pollo de la granja que se hallaba un poco más abajo, patatas fritas de otra granja, y un frasco de compota de manzana. Acabábamos de empezar a cenar y mi madre, que había estado cantando canciones de Johnny Mathis mientras cocinaba, se había enfadado con Hal porque le acababa de decir que no podría acompañarla a Rodeo Express esa noche, ya que iba a una jugar una partida de póquer. Mi madre empezó a golpear el suelo con la puntera del zapato por debajo de la mesa. Comí unos cuantos pedazos de pechuga de pollo y me quedé mirando el plato con la esperanza de que la ira de Cookie no se volviera contra mí.

—¿Me puedo levantar? —pregunté.

Quería irme corriendo a casa de Paige antes de que estallara la pelea y antes de que se hiciera de noche.

—Sí —contestó Hal, clavando el tenedor en el trozo de pollo que había dejado a medias y poniéndolo en su propio plato.

—No, *no puedes* —dijo Cookie, que se levantó y cogió con la mano el pollo del plato de Hal y lo volvió a dejar en el mío—. Come —añadió, chupándose los dedos antes de volver a sentarse.

Yo corté la pechuga y comí unos cuantos trozos más. Hal se concentró nuevamente en su comida.

—Te ha quedado riquísimo —comentó, señalando el pollo.

Intentaba suavizarla, pero ya debería saber que nada parecía suavizarla. Ella era dura como el cartílago.

—Me alegra que te guste, porque es la última vez que pienso cocinar hasta que dejes de jugar.

Si Hal hubiera sido un ladrón, un mentiroso, un pervertido, alguien que no paga los impuestos, que defrauda al sistema, o incluso uno de esos fariseos que van a misa y roban el dinero de la ofrenda, a Cookie le habría dado igual. ¿Pero un jugador? El dinero de Hal era el de ella también y no quería que nada se lo arrebatara.

—Ah, vamos, Cookie. Tenemos suficiente. Nos tenemos el uno al otro... —Hal extendió el brazo para acariciarle la mejilla, pero ella corrió la silla hacia atrás como si se hubiera electrocutado.

Yo me levanté y llevé el plato al fregadero.

—¡He dicho que NO te levantes! —gritó Cookie.

Y sin más se levantó, me quitó el plato y lo lanzó contra la pared, cayendo hecho añicos junto con los restos de comida al suelo. Las manchas de grasa colorearon la pared como una cascada ambarina. Por encima y por debajo del reguero de grasa había otras manchas de la comida que Cookie había lanzado al mismo sitio en ocasiones anteriores.

Volví a sentarme y traté de encogerme. Si evitaba que mi madre se fijara en mí, tal vez evitaría también que me hiciera daño.

—Cariño, ese era un buen trozo de pollo —dijo Hal más triste que enfadado.

—¡Maldición, no te lo mereces! —exclamó ella, cogiendo el plato de Hal y tirándolo contra la misma pared.

Hal inspiró profundamente y corrió la silla hacia atrás. Con lentitud, como si estuviera exhausto, fue al armario y sacó la caja de cereal de arroz inflado y echó la mitad en un tazón. Se estaba sirviendo la leche cuando Cookie se le echó encima y tiró el cartón de leche y el tazón al suelo.

Hal se tiró al suelo en medio de un charco de leche y se encogió sobre sí mismo como un armadillo, cubriéndose la cabeza con los brazos, mientras ella le pegaba puñetazos y patadas, gritando como una histérica que le había fallado, que era una decepción, que había estropeado algo importante gastándose el dinero del alquiler jugando a las cartas.

Hal siempre se negaba a devolverle los golpes y mi madre se aburría rápidamente de aquellas peleas unilaterales. Aquella noche, Cookie dejó de darle puñetazos y patadas, fue hasta la mesa, y le tiró el plato que quedaba y la fuente del pollo. Él se alejó gateando y se levantó a tiempo para agacharse de nuevo cuando Cookie empezó lanzarle los cubiertos como si fueran dardos.

Yo me había levantado de la silla y trataba de salir de allí sin que Cookie se diera cuenta cuando me gritó:

—¡ROSIE! ¡Limpia esta mierda!

—Basta ya, ella no tiene que limpiar lo que nosotros ensuciamos —dijo Hal.

La respuesta de Cookie fue coger el cenicero repleto de colillas de la mesa y tirárselo también.

—¿Y ESO QUIÉN DEMONIOS LO DICE?

Yo me dirigí a la cocina y me puse a limpiar el suelo. Hal se acercó a Cookie y trató de envolverla con su cuerpo mientras ella lanzaba puñetazos y gritos. Al final se liberó y dio comienzo a una serie de golpes y descansos intermitentes en los que Hal intentaba a cada rato controlar a una Cookie aparentemente incontrolable. Rodaron por la alfombra y tiraron la mesa del centro y dos sillas al suelo. Cuando terminé de recoger el reguero de la cocina, le puse el tapón al fregadero, eché detergente, y preparé lo que me pareció un baño de burbujas para los platos. Esperaba que me diera tiempo a limpiarlo todo mientras Cookie seguía inmersa en su pelea. Luego tal vez, solo tal vez, podría escapar de la escena sin tener que volver a interactuar con ella.

El escándalo que formaban Cookie y Hal no tardó en transformarse en un ruido de fondo del que fui capaz de evadirme mientras repetía en mi cabeza lo que iba haciendo: *Ahora, limpia la pared. No, hazlo mejor. Mamá se pondrá hecha una fiera como vea esa mancha oscura. Cierra el grifo. Primero lava los platos, pues ocupan menos espacio en el escurridor.*

Y entonces de repente se produjo el silencio. Me di la vuelta a tiempo de ver que Hal salía por la puerta y mi madre me miraba, dando golpecitos en el suelo con la puntera del zapato.

—Estoy limpiando —me excusé y metí las manos en el agua caliente y espumosa para seguir con los platos.

Se me tensó la espalda al percibir que mi madre venía hacia mí. Se detuvo junto a la mesa y encendió un cigarrillo.

—Yo también fui joven una vez —dijo y su voz sonó como el chisporroteo de un cable—. Y bonita.

—Sigues siendo bonita, mamá —le aseguré yo, fregando tan deprisa que casi no le quitaba el jabón a los platos.

—Y tenerlos a ustedes, malditos chiquillos, me lo quitó todo —continuó ella, acercándose.

Yo podía escuchar el sonido que hacían sus labios en cada calada que le daba al cigarrillo.

—Lo siento —susurré.

—Me quitaron mi cuerpo, todo el dinero... Hal y yo no tendríamos estos problemas si no tuviera que ocuparme de ustedes dos inútiles...

Cookie me agarró por el pelo de la nuca y tiró hacia atrás, obligándome a arquearme contra su cuerpo, que olía a sudor rancio. Tenía una esponja en una mano y un vaso en la otra. Alejé la mano del vaso hacia el fregadero todo lo pude para que cayera al agua sin hacerme daño. Cookie echó en el fregadero la colilla y luego me haló el pelo con fuerza, lanzándome directamente al suelo. Me golpeé en la cara de lleno con el linóleo. La mugre del suelo y la grasa de la comida que había caído ahí antes se me pegaron a la mejilla. Mi madre se arrodilló a mi lado, aplastándome la cabeza contra el piso. Entonces levantó el puño y me golpeó una y otra vez en el estómago, el pecho, las costillas.

Había llegado a considerar la ira de mi madre como algo con una longitud y una amplitud determinadas, una entidad física que había que consumir por completo, y como no la había gastado toda con Hal, me tocaron los restos. Cuando conseguía escapar, su ira ya se había consumido a mi regreso o Hal y ella habían alcanzado una tregua, la cual inevitablemente terminaba en el dormitorio. No obstante, sin nadie en las cercanías que absorbiera el remanente colérico de mi madre, no había más receptor que yo, que también era la fuente única de todas sus desgracias. Y aquella noche, sus desgracias parecían más amargas, más grandes y más irremediables que nunca.

A medida que los golpes caían sobre mí, sentí como si mi mente se separara de mi cuerpo, de modo que era como si estuviera en dos lugares al mismo tiempo: en el suelo, con la carne inflamada por los golpes y palpitando en lugares que no sabía que existían; y en el aire, flotando levemente por encima de lo que estaba ocurriendo. El dolor era tan tremendo que no podía permitirme estar presente. No volví a la tierra, al interior de mi persona, hasta que Norm llegó a casa y me quitó a mi madre de encima y la tiró contra el suelo.

El trayecto desde la cocina hasta mi habitación se me antojó prácticamente imposible. Me tumbé en la cama en un estado de delirante semi-inconsciencia. Todo mi cuerpo vibraba en una gigantesca y dolorosa palpitación.

AL DÍA SIGUIENTE entré en la cocina despacio y me senté a la mesa con gestos de dolor. Norm y Hal estaban allí, comiéndose un tazón de arroz inflado.

—¿Dónde está mamá? —pregunté.

—En las tiendas de segunda mano —dijo Hal.

Cookie había abierto una cuenta corriente en el banco del pueblo, según le había entendido en una de sus peleas con Hal, y extendía cheques tuviera o no tuviera dinero.

—Dijo que también traería comida —añadió Norm.

—¿Estás bien? —me preguntó Hal.

—Sí.

Sentía como si tuviera una herida abierta que iba desde la clavícula hasta el ombligo. Me dolía al respirar.

Norm emitió un gruñido para indicar que mentía.

Hal lo miró y Norm levantó el tazón y se bebió la leche oscurecida por el cereal.

—¿Por qué te sientas de esa forma tan rígida? ¿Te duele algo? —preguntó Hal.

Norm se levantó y fue a lavar el tazón. Hal se me quedó mirando hasta que levanté la vista hacia él.

—Mamá se enfadó conmigo anoche cuando te fuiste.

—¿Te pegó?

—Cuando tú no estás para llevarte los golpes, la toma con Rosie —dijo Norm.

Los ojos de Hal se convirtieron en dos canicas gigantes. Su mirada iba de Norm, junto al frigorífico, bebiendo leche directamente del cartón, a mí, sentada en mi silla.

—¡Santo Dios! —dijo Hal—. Qué mala suerte han tenido con su madre.

—No se porta tan mal cuando tú la sabes manejar —comentó Norm.

—Es estupenda cuando está contenta —afirmó Hal—. Pero no sé si puedo hacerla feliz y les aseguro que no me gusta que lo pague Rosie.

—Estoy bien —dije yo, encogiéndome de hombros.

Si Cookie se hacía la idea equivocada de que me estaba quejando de ella delante de Hal, la paliza de la noche anterior sería solo el calentamiento de lo que vendría. Aunque sus estados de ánimo y sus reacciones eran tan irregulares como los rebotes de una pelota loca, había algo que nunca cambiaba: no podíamos decirle algo malo sobre ella a nadie. No había mayor traición que esa. Era lo que había hecho mi hermana Gi al denunciarla y emanciparse a los catorce años de edad para vivir con una familia de acogida. Desde entonces, Cookie le contaba a todo aquel que quisiera escuchar que Gi era una persona horrible y que nunca debió haberla tenido.

—Pues si eso es lo que ocurre después de que nos peleamos, no me iré, ¿lo has oído? —dijo Hal.

Alcancé la caja de cereales y dije tímidamente:

—Gracias.

—Norm, tráele la leche a tu hermana. Esta niña necesita descansar hoy.

Bajé la cabeza y sonreí. Me dolía todo, pero me dolía mucho menos sabiendo que Hal me protegía.

Tal como lo prometió, Hal no volvió a salir de la casa cuando Cookie y él se peleaban. No sabía cómo darle las gracias. Sin embargo, a veces, cuando estaba cerca de él, ladeaba la cabeza y la apoyaba suavemente en su brazo. Era muy agradable sentirlo cerca, sosteniéndome en cierto sentido, alguien que nunca me haría daño. Y Hal siempre me acariciaba suavemente el pelo. En una ocasión me besó la coronilla. Igual que hacían mis hermanas.

AL IGUAL QUE ocurría con la casa móvil de los Feliciano en Caldwell, el hogar de los Paisley en Oakview se convirtió en mi refugio. Allí no había tamales y no podíamos pasarnos el día saltando a la comba, porque Paige tenía que trabajar en la granja. No obstante, incluso el trabajo en la granja podía ser divertido cuando lo hacíamos juntas con su cabra, Shadow, y su perro negro y marrón de pelo largo, Pup. Shadow y Pup eran amigos del alma que correteaban por toda la granja siempre juntos y seguían a Paige a todas partes. Yo nunca había tenido mascotas, y enseguida me gustaron. Eran como dos payasos, dos memos de cuatro patas, felices de estar con nosotras. Corrían detrás de la bicicleta de Paige, conmigo sentada en el sillín y agarrada a su cintura mientras ella pedaleaba de pie. Y se quedaban fuera del establo cuando limpiábamos los pesebres. Paige les hablaba como si fueran seres humanos y la entendieran. Llegaba a hablarme en susurros cuando me contaba un secreto para que no oyeran, como, por ejemplo, quién era el chico más guapo del colegio.

La primera vez que intenté entrar a Pup en la casa con nosotras, Paige me miró como si fuera un toro dispuesto a embestir.

—No puede entrar.

—Pero si es uno de nosotros —dije yo.

—Tiene que impedir que los lobos se acerquen a las ovejas —explicó Paige, que competía con sus ovejas en el programa juvenil estatal para el desarrollo conocido como 4-H.

—Pero, ¿y si tiene frío? ¿Y qué sucede cuando nieva? —pregunté yo, permaneciendo de rodillas frente a Pup y acariciándole la cabeza muy de cerca.

—Su abrigo de pelo es más grueso en invierno y por la noche se ovilla entre las ovejas.

Enterré la cara en el cuello de Pup.

—Te quiero —le dije. Shadow metió la cabeza en mi regazo y me apretó el estómago.

—Tienes que tratarlos por igual —dijo Paige, acariciando a Shadow detrás de las orejas mientras yo seguía prodigándole mimos a Pup.

Volví la vista una vez antes de entrar en la casa. La cabra y el perro estaban uno junto al otro, mirándonos. La versión animal de Paige y yo.

PARA PODER ENCUBRIR sus deudas de juego, Hal aceptaba más trabajos como camionero y se mantenía lejos por algún tiempo. Cuando él no estaba, Cookie pasaba más tiempo fuera de casa; a veces días enteros en un taburete de Rodeo Express. Norm también salía mucho, vagando libremente por Oakview con Colton.

Una tarde en que estaba sola en casa, llamaron a la puerta. La ventana de la fachada delantera estaba tan sucia de polvo que con el sol que caía no se veía el exterior. Aun así, reconocí que era un hombre alto, de hombros anchos y piernas muy arqueadas.

—¿Quién es? —grité yo antes de abrir la puerta.

—¿Está tu madre en casa, preciosa?

—No.

—¿Y sabes dónde está?

—Probablemente en Rodeo Express —contesté. Este era su bar favorito.

—¿Está allí comiendo o bebiendo? —preguntó.

No respondí. Sabía que estaría bebiendo, siempre lo hacía, pero no sabía si debía decírselo a aquel desconocido al que no veía bien.

—Preciosa, dile a tu madre que Clyde ha venido a verla. Y te dejo un regalo para ti justo aquí, en el porche.

—De acuerdo —dije.

Esperé a oír el ruido del motor del camión y entonces abrí la puerta. En el suelo había un frasco de cristal casi del tamaño de una lata de café lleno de leche. Lo llevé a la cocina y lo metí en el refrigerador. No pensaba bebérmela. Mi hermana Gi solía advertirme de que la mayoría de los regalos tienen un precio. Siempre me decía que desconfiara cuando me ofrecían algo sin pedir nada a cambio.

Cuando Cookie volvió a casa por la noche, le enseñé la leche.

—¿Qué te parece? —preguntó Cookie con una sonrisa. A continuación abrió el recipiente y bebió un par de tragos—. ¿Alguna vez se te ocurrió que te fueran a regalar un frasco de leche?

—No.

Aunque la verdad es que no me sorprendía. Oakview no se parecía a Nueva York en nada. Las cosas eran incluso más distintas de lo que fueran en Caldwell. Tenía la desagradable sensación de que las normas no eran las mismas y que todos los habitantes del pueblo, los trescientos sesenta, las conocían excepto yo.

A VECES, CUANDO Hal estaba en casa, Cookie y él nos llevaban a Norm y a mí a Rodeo Express con ellos. Hal nos dejaba pedir hamburguesas y patatas fritas, mientras que ellos pedían también hamburguesas y patatas, pero acompañadas de cerveza o vodka con tónica. Cuando terminábamos de comer, ellos seguían bebiendo, pero en vez de esperar dentro del bar a que terminaran, Norm y yo preferíamos sentarnos en la acera afuera para ver pasar a la gente. Había un mercado al lado con una máquina de Pac-Man, una de Tetris y una de pinball, así que era un lugar frecuentado por muchos de los chicos del pueblo de la edad de Norm, todos mayores que yo. Norm se quedaba conmigo, a menos que apareciera Colton.

Una noche, nos encontrábamos fuera de Rodeo Express esperando cuando salió de la tienda una mujer con el pelo ondulado, vaqueros de cintura alta y camiseta negra.

—¿Están bien, chicos? —nos preguntó con voz dulce. Me recordó a la señora Connors, la bibliotecaria de Caldwell.

—Sí —dijo Norm.

—Soy Sheryl. ¿Son nuevos?

—Sí —volvió a contestar Norm, mirando hacia la calle.

—¿Cómo se llaman? —preguntó Sheryl, girando la cabeza para intentar que Norm la observara de frente.

—Yo soy Norm —dijo mi hermano, mirándola por fin—. Y ella es Rosie.

—¿Rosie sabe hablar? —me preguntó Sheryl con una sonrisa.

—Sí.

—¿De dónde vienen?

Norm explicó que primero viajamos de Nueva York a Caldwell para estar cerca de Jackie y Kenny, unos amigos de nuestra madre. Y después nos mudamos a Oakview con Hal.

—¿Entonces su madre los sacó primero de Nueva York con lo lejos que se encuentra para estar con su amiga y después la dejó para venir aquí a vivir con Hal?

La pregunta nos puso un poco nerviosos. Norm introdujo la punta de su zapato deportivo en una grieta de la acera.

—Siguen siendo amigas —mentí.

Se produjo un silencio momentáneo hasta que Sheryl dijo:

—¿Saben que el mercado se llama como yo? —los tres miramos el cartel que decía Sheryl's SHOP—. Pero todo el mundo le llama La Jaula del Pájaro, porque la mascota de la escuela secundaria es un búho.

—Eso es genial —dijo Norm.

—Escuchen —continuó—, me preocupo por todos los niños del pueblo, quiero que todo el mundo esté cuidado y sea feliz. Díganle a su madre que puede utilizar sus cupones para alimentos en mi tienda. Y si alguna vez necesitan comida, pero no tienen dinero, no hay problema, yo les fío.

Sheryl me miró y me guiñó el ojo.

—Gracias —dijo Norm.

—Gracias —repetí yo.

—Tomen —dijo, entregándole a Norm cinco dólares en monedas—, entren a jugar un poco. Es mucho más divertido que estar aquí viendo pasar los autos.

—Gracias —dijo Norm, guardándose las monedas en el bolsillo.

Esperamos a que Sheryl entrara primero e ingresamos detrás de ella. No pude evitar volver a pensar en las palabras de Gi, en su advertencia de que nadie da nada gratis.

LA SIGUIENTE VEZ que Clyde se presentó en casa, Cookie estaba, pero Hal se encontraba fuera con el camión. Esta vez sí abrí. Clyde llevaba una gorra de béisbol verde de John Deere y un mono de color azul limpio y reluciente, y sostenía a su lado una horquilla para el heno. No entendía el sentido de la horquilla. Me parecía un ser fantástico, como un guerrero con su lanza. Norm vino a la puerta y se puso a mi lado. Se quedó boquiabierto y yo sabía que estaba intentando no reírse.

—¿Está su madre en casa? —preguntó con una sonrisa que dejó a la vista los dientes más blancos y perfectamente alineados que había visto en mi vida. Tenía unos ojos azules que reflejaban la luz como si fueran de cristal. Se me quedó mirando un par de segundos más de lo debido y el corazón se me aceleró igual que aquella noche en la habitación de mi madre con el señor Nettles.

—Un momento —dijo Norm.

Yo seguí a mi hermano hasta la habitación de nuestra madre. Estaba tumbada boca arriba en la cama, fumando y viendo la televisión.

—Mamá, es el hombre que trajo la leche —dije—. ¡Está en la puerta y trae una horquilla para el heno!

Cookie se levantó.

—Entreténganlo y díganle que bajo en un segundo.

—¿Te refieres al señor Haney de la serie *Green Acres*? —dijo Norm, y los dos nos reímos.

—Sí —dijo ella, empujando a Norm por los hombros—, fuera de aquí. Y que no se vaya mientras yo me acicalo.

Me senté en la cama de mi madre y la miré. Se levantó bien los pechos dentro del sujetador de manera que parecían dos cabezas calvas y luego se roció el escote y la nuca con perfume.

—¿Me has robado mi pintalabios nuevo? —me preguntó, furiosa de repente.

Yo me levanté de un salto y me puse a rebuscar entre la infinidad de objetos que estaban sobre la cómoda. Había numerosos pintalabios, polveras de maquillaje y colorete, estuches polvorientos de sombras de ojos manoseadas, pestañas postizas que parecían arañas muertas medio pegadas a la superficie de la cómoda. Con Cookie, todo era excesivo, incluso si se trataba de algo tan pequeño como un pintalabios. Finalmente, encontré el pintalabios que me pareció más nuevo entre el caos de objetos.

—Toma —dije, dándole el pintalabios y mirándola embadurnarse los labios de color rojo sangre.

Ella se pellizcó las mejillas.

—¿Cómo estoy?

Mi madre nunca había preguntado algo así. Mis hermanas sí solían preguntárselo entre ellas, como el día de la foto para el álbum escolar o cuando salían con sus amigos. No obstante, Cookie siempre parecía satisfecha consigo misma, ajena a las opiniones de los demás.

—¡¿Y bien?! —insistió Cookie.

—Estás bonita —dije yo.

Si eliminábamos sus ataques de ira, los cigarrillos siempre pendientes de sus dedos, el olor a alcohol y tabaco mezclado con su perfume Jontue, el maquillaje grasiento y los pechos expuestos, era una mujer bonita.

La seguí hasta el salón donde Clyde y Norm esperaban de pie. La expresión de Cookie se suavizó y endulzó al ver a aquel hombre con su mono limpio y la horquilla en la mano.

—Es muy agradable verte de nuevo —dijo con una voz que me costó trabajo reconocer.

Me pregunté dónde y cuándo ella lo había visto antes.

Cookie lo llevó a la cocina y se sentaron en la destartalada mesa de madera. Norm y yo nos quedamos en el salón, desde donde podíamos oírlos hablar. Clyde le contaba de su granja de vacas lecheras, sus treinta y dos hectáreas de terreno, su buey, sus caballos, sus gallinas y su ayudante, Boone. Cookie hacía exclamaciones y lo miraba maravillada, como si le estuviera hablando de preciosos bebés o gatitos. En un momento dado, mi madre dijo: *No hay nada tan sexy como un granjero de piernas arqueadas*, y los dos rompieron a reír.

—Saluda a nuestro nuevo papá —dijo Norm con un gruñido.

Mientras que yo prefería que Cookie tuviera novio, alguien que ocupara toda su atención para que nos dejara en paz, Norm prefería ser el hombre de la casa.

—Es un tipo asqueroso —dije yo.

—Todos lo son —replicó Norm.

No me molesté en llevarle la contraria, aunque no estaba de acuerdo. Hal era un gran tipo que se ocupaba de que Cookie no me pegara. Y Ricky, el conductor de la grúa, también había sido amable. No me acordaba de mi padre, claro, pero por todas las historias que había oído sobre él, decidí que Vito había sido el mejor de todos.

UN PAR DE semanas más tarde, Norm, Colton y yo estábamos jugando al Pac-Man en la tienda de Sheryl cuando me di cuenta de que ella estaba hablando con una mujer rubia de aspecto hinchado y fofo, como un malvavisco vestido con pantalones y blusa. Se encontraban de pie del lado de fuera del mostrador y parecían estar hablando de mí, ya que cada dos segundos me miraban. Me pregunté si la mujer sería una trabajadora social de Nueva York que había dado con nosotros finalmente, algo que resultaría aterrador si la consecuencia era ingresar en otra casa de acogida como la de los Callahan o un alivio si me llevaba de vuelta con mis hermanas. Su abundante cabello rubio estaba más arreglado —fijo en una onda descendente— que el de cualquiera de las trabajadoras sociales que había visto en mi vida, lo que me llevó a preguntarme si sería de la mafia y me estaría buscando para «liquidarme», como decía mi madre. No obstante, después me di cuenta de que eso no podía ser, porque parecía conocer bien a Sheryl y, aparte de la onda del cabello, era bonita y tenía el aspecto saludable de las personas que toman leche que mostraban los habitantes del pueblo.

Cerril me pilló mirándolas y me indicó con la mano que me acercara.

—Esta es mi amiga, Betsy —dijo—. Quiere hablar un momento contigo.

Sheryl me guiñó el ojo y se fue a atender la caja registradora al otro lado del mostrador, mientras yo me quedaba junto a los caramelos y los chicles con Betsy.

—¿Cómo te apellidas? —preguntó Betsy con una sonrisa, pero era una sonrisa de dolor, triste.

—Brooks —contesté yo, mirando a Norm y a Colton.

Estaban tan concentrados en su juego de Pac-Man que si Betsy me hubiera estado apuntando con una pistola, no se habrían dado ni cuenta.

—¿Tu madre es Camille Brooks? —preguntó.

—Sí —dije yo—. Pero todo el mundo la llama Cookie.

—¿Cookie? —repitió ella, mostrando de nuevo aquella sonrisa. Noté que mi boca la imitaba y se curvaba con tristeza.

—Como las que se comen, sí.[4]

—¿Sabes dónde está tu madre ahora?

Yo miré a Sheryl, que se encontraba detrás del mostrador. No sabía si tenía que responder o no. Sheryl me hizo una señal con la cabeza, como indicándome que podía confiar en Betsy.

—En el bar de al lado, el Rodeo Express.

Betsy volvió a sonreír con tristeza y me dio un puñado de monedas.

—Gracias, tesoro. Ve a jugar un rato, ¿quieres?

—Está bien —dije yo mirando a Norm, que seguía sin apartar la vista de su juego, y me guardé el dinero en el bolsillo. Tenía la sensación de que Cookie no debía enterarse de que había aceptado dinero de aquella mujer.

Betsy salió y miré a Sheryl.

—No te preocupes —me dijo—. Es una buena mujer. Y, ahora, escucha —agregó, haciendo una pausa para dejarme responder.

—¿Sí?

—Tu hermano y tú pueden estar aquí todo el tiempo que quieran, ¿de acuerdo? Si alguna vez necesitan comida o cualquier otra cosa, vengan y Sheryl se ocupará —continuó. Luego se inclinó por encima del mostrador, cogió una chocolatina Snickers y me la dio—. Para los dos.

Tenía el bolsillo lleno de monedas y una chocolatina. Si Gi estaba en lo cierto y nadie daba nada gratis, ¿cómo iba a pagar todo aquello?

Más tarde, cuando se me acabaron las monedas, me había comido la chocolatina, y Colton y Norm seguían jugando en la máquina, me acerqué a Rodeo Express a ver si podía convencer a Hal para que me llevara a casa. Norm se iba a quedar a dormir con Colton.

Hal no estaba. Y tampoco Cookie. Le pregunté al camarero por ellos.

—Se fueron a casa hace una hora —dijo, y continuó leyendo el periódico, *The Oakview News*.

Volví a la tienda de Sheryl y tiré de la manga de Norm para llamar su atención.

—Mamá y Hal se han ido a casa sin mí —dije.

Norm siguió jugando, pero le dio con el pie en la pantorrilla a su amigo, que estaba jugando en la máquina contigua.

—¿Tu mamá podría llevar a Rosie a casa?

Colton asintió con la cabeza y siguió jugando.

Norm y Colton estuvieron hablando del Pac-Man durante todo el camino hasta casa. La madre de Colton se puso a hablar conmigo, a contarme quién había estado en su salón de belleza. Según me dijo, todo el mundo quería parecerse a Heather Locklear, pero en realidad nadie tenía el pelo adecuado.

—Puedes llamarme para que te traiga siempre que quieras —dijo la madre de Colton cuando salí del auto.

---

4. *Cookie* significa galleta en inglés (N. de la T.)

Noté un destello en sus ojos como si estuviera nerviosa y me pregunté si pensaría que era mejor que Norm y yo fuéramos con ella en el auto antes que con nuestra madre, que estaba borracha de día o de noche.

Me despedí de mi hermano con la mano cuando se alejaron y permanecí allí mientras el auto bajaba por el largo sendero de entrada.

Aquella noche, el cielo parecía una capa de terciopelo negro. No había luz en la casa, que presentaba un aspecto sombrío e inquietante. El puntito rojo de un cigarrillo encendido subía y bajaba en el porche delantero.

—¿Mamá? —pregunté, acercándome. Ella dio otra calada y entonces le vi la cara. Estaba dando golpecitos en el suelo con la punta del pie y tenía un cinturón de cuero en la otra mano.

—¿Dónde está Hal? —pregunté, rogando que estuviera allí para protegerme.

—Así que te gustar hablar con la mujer de Clyde, ¿no? Te gusta hablar de mis asuntos —dijo, dando una honda calada.

—No sé quién es la mujer de Clyde —dije yo, apretando muchos los ojos un segundo y rogando con todo mi ser que Betsy no fuera la mujer de Clyde.

—¡Betsy, estúpida! ¡Le has contado todos mis asuntos!

—No le he contado nada —respondí yo, preguntándome a qué asuntos se estaría refiriendo. ¿A que se pasaba las horas en el bar bebiendo? Todo el mundo lo sabía.

—Esa zorra es una mentirosa.

—Sí. De acuerdo.

No veía a qué podía estar refiriéndose con eso. A mí solo me había hecho un par de preguntas.

—Clyde es mormón. Los SUD no acosan sexualmente a las niñas pequeñas.

La mayoría de los niños del colegio eran mormones, pero se referían a su iglesia, la Iglesia de los Santos de los Últimos Días, con las siglas SUD para abreviar.

—Está bien.

¿Acaso había gente que pensaba que los mormones *acosaban* sexualmente a las niñas?

—¿Te dijo Betsy que Clyde acosó sexualmente a aquella niña? ¿La hija de la viuda en el pueblo de Eagle Rock?

Pensé en el señor Nettles. En su pelo reluciente, su voz susurrante, sus dientecillos como granos de maíz alineados a lo largo de las encías. Al no responder, Cookie insistió.

—¡¿Y bien?!

—No, no me lo dijo.

—Explícame una cosa, doña sabelotodo —empezó Cookie, avanzando varios pasos hacia mí. Ella lanzó el cigarrillo sobre la hierba cubierta de rocío. Seguía llevando el cinturón en la mano—. Si de verdad cree que

Clyde tocó a aquella niña, ¿por qué sigue con él? ¿Por qué va extendiendo rumores sobre mí por el pueblo?

—No sé de qué me hablas —dije yo.

—*¡No sé de qué me hablas!* —se mofó ella acercándose, mientras yo retrocedía torpemente un paso.

—¿Está Hal en casa?

Miré a mi alrededor en la negrura como esperando que Hal apareciera de repente para protegerme.

—Y aun en el caso de que Clyde acosara a la niña cuando tenía doce años —continuó mi madre, ignorando mi pregunta. Ella ya no entendía razones, estaba inmersa en un remolino de ira que no cedería hasta que fuera liberada por completo—, probablemente lo tuviera merecido. Tal vez se comportaría como una zorrita con deseos de seducir a todos los hombres que se cruzaran en su camino... como tus hermanas y como tú —añadió con una sonrisa, algo que supe porque vi el resplandor de sus dientes húmedos.

—Ella no me dijo nada de eso.

Retrocedí unos cuantos pasos más.

—En cualquier caso, el Huracán Cookie ha llegado, así que adivina quién va a salir zumbando de la cama de Clyde —dijo, golpeando el suelo con el cinturón un par de veces como si estuviera en un rodeo.

—¿Betsy? —repliqué yo. Siempre era mejor responderle cuando sabía la respuesta.

—Exacto. Y no pienso aguantar que una pequeña idiota celosa y entrometida como tú se meta en mis asuntos y trate de impedirlo. ¿Entendido?

Levantó de nuevo el cinturón. Yo me puse de rodillas y adopté la postura del armadillo que tantas veces le había visto hacer a Hal. Sentí el chasquido del cinturón en la espalda como si fuera una gigantesca goma elástica. Intenté abandonar mi cuerpo y flotar con mis pensamientos. Pensé en la Casa Feliz, que en mi mente se estaba convirtiendo en un exuberante Jardín del Edén dominado por los sauces llorones. Mis hermanas estaban siempre conmigo en mis fantasías, durmiendo la siesta en hamacas, leyendo, jugando a los concursos de talentos. En la Casa Feliz no había azotes con el cinturón. No había patadas, pellizcos ni puñetazos. No había ninguna Cookie.

Los azotes fueron haciéndose más débiles. Mi madre, borracha, perdía fuerza con rapidez. Dejó caer el cinturón a mis pies y me lanzó una patada, pero falló.

—Estúpida mocosa de mierda... zorra... pequeña desagradecida... —mascullaba y maldecía mientras se dirigía a la casa dando traspiés. Esperé en la oscuridad hasta que me pareció que era seguro levantarse. Me picaba y escocía la espalda como si me hubieran conectado cables eléctricos en la piel. Cuando entré de puntillas, Cookie estaba dormida boca abajo en el sofá. Sus ronquidos armonizaban con los de otros más estruendosos que salían de la habitación de Hal.

13

Daños colaterales

DESPUÉS DE AQUELLA noche a Norm y a mí nos prohibieron ir a la tienda de Sheryl. No dejamos de frecuentarla, ya que era el único sitio con juegos para chicos, pero dejamos de decirle a nuestra madre dónde habíamos estado. Cuando nos mandaba a comprar cigarrillos o macarrones para que nos los preparásemos en casa, pasábamos la tienda de Sheryl e íbamos al mercado de al lado, por si acaso se le ocurría revisar el tique de compra.

En los días calurosos del verano, la trayectoria entre nuestra casa y la tienda por aquella carretera abierta se hacía insoportable. El asfalto negro reflejaba el calor y nos daba en la cara sin remedio, excepto durante las sombras ocasionales en aquellas zonas en las que crecía algún árbol junto al camino. Sin embargo, ir andando a la tienda era mejor que quedarse en casa con Cookie, sobre todo cuando Hal estaba fuera y Clyde se pasaba el día husmeando por los acreedores de la vivienda.

La esposa de Clyde, Betsy, no tardó mucho en contarles a sus amigas que Cookie le estaba intentando quitar al marido. Con solo trescientos sesenta habitantes en el pueblo, incluso Norm y yo sabíamos que Betsy estaba dispuesta a lo que fuera con tal de conservar su matrimonio. Y luego estaba la versión de Cookie. A todo aquel que estuviera un rato con ella, ya fuera en el bar, el salón de belleza de Colton o la tienda de segunda mano que había en otro pueblo cercano que visitaba asiduamente, le iba con la historia de que había perdido la virginidad ese mismo verano en la camioneta roja de Clyde. Yo no entendía si era una broma o si mi madre de verdad pretendía que la gente se tragara la historia cuando tenía cinco hijos de hombres diferentes. Fuera como fuera, esa era su versión y se aferraba a ella con la misma ferocidad con que se aferraba a la historia de que en sus veintitantos fue una gogó o le hacía los coros a los cantantes en sus giras.

Un día de mucho calor, con casi treinta y ocho grados centígrados, Norm y yo fuimos andando a la tienda a comprar comida. Norm llevaba un puñado de cupones en el bolsillo trasero. Yo tenía dos dólares en el mío destinados a comprar dos paquetes de cigarrillos para nuestra madre.

Dentro de la tienda el aire estaba maravillosamente fresco. Me levanté el pelo del cuello mientras Norm iba echando la comida en el carro. No había mucha cola y solo tuvimos que esperar un minuto. La cajera era una mujer grande con el pelo de color rojo-anaranjado y los labios del mismo color con la pintura toda cuarteada. El cuello de su blusa color verde esmeralda le sobresalía del delantal azul. Su mirada iba alternativamente de nosotros a la comida.

—¿No son ustedes los chicos Brooks?

—Yo soy Rosie Brooks —contesté, preguntándome si sería la madre de alguien de mi clase.

—Yo soy Norman.

—Y su madre es esa señora de Nueva York que se hace llamar Cookie, ¿no es así?

La cajera hizo silencio por un momento con un paquete de pasta en la mano. Justo detrás de nosotros se encontraba esperando en la fila una mujer con un carro lleno. Me preguntaba si no tendría ganas de que pagáramos y nos fuéramos.

—Sí —dijo Norm.

La mujer sacudió la cabeza y chasqueó la lengua.

—No está bien que pase tanto tiempo con el marido de Betsy Hapner.

Norm bajó la cabeza y se quedó mirando la comida que estaba en la cinta transportadora. Yo me metí la mano en el bolsillo y pregunté si me podía dar dos paquetes de Virginia Slims mentolados. Había aprendido de mis hermanas la táctica de la distracción. Cuando Cookie estaba borracha y la tomaba con alguna de mis hermanas, Cherie me sentaba en su regazo y jugábamos a dar palmas; Camille me peinaba; Gi me leía algún libro de la biblioteca.

—El dueño no quiere que le vendamos cigarrillos a los menores de edad.

En un pueblo constituido en su mayoría por mormones, comprar cigarrillos iba a ser un poco más difícil que en Caldwell o Nueva York.

—Lo siento —dije, guardándome el dinero de nuevo en el bolsillo.

—¿Cuántos años tienes? —preguntó la cajera, levantando un frasco de salsa de tomate Ragú como para leer la etiqueta.

—Diez. Cumpliré once en octubre.

Marcó el precio del frasco de Ragú y dijo:

—Alguien me contó que la niña de la viuda tenía once años cuando Clyde empezó a acosarla.

Supuse que aquel era el rumor del que me había hablado Cookie cuando me dijo que los mormones no abusan sexualmente de las niñas pequeñas. Si ella, que no tenía muchos contactos en el pueblo, conocía la historia, no habría un alma que no lo hiciera. Me puse roja de vergüenza al caer en la cuenta de que mi madre estaba liada con un hombre casado y un acosador de menores encima. Y me dio vergüenza también por Norm y por mí al ser los hijos de esa mujer.

La cajera cogió dos paquetes de Virgina Slims del estante. No eran mentolados.

—¿Pueden ser mentolados? —preguntó Norm.

La mujer dejó los dos paquetes en su sitio y los cambió por otros mentolados.

—He oído que él la estuvo acosando durante años hasta que su madre se enteró y se fueron del estado a toda prisa.

—¿Y cómo es que la mujer de Clyde quiere seguir casada con un hombre que acosa a las niñas? —preguntó Norm.

Era justo lo que yo estaba pensando, pero no me atrevía a preguntarle algo así a una desconocida.

—Incluso un mal marido sigue siendo un marido —dijo la cajera, guardando lentamente nuestra compra en una bolsa—. Es mejor que nada, ¿no te parece?

—¿Puede ponérnoslo en tres bolsas? —preguntó Norm. Así él llevaría dos y yo una de regreso a casa.

La mujer abrió otra bolsa marrón y siguió guardando productos.

—Ten cuidado, Rosie Brooks —me dijo la cajera, al tiempo que me entregaba la bolsa—. La Brooks que busca Clyde no es la grande —añadió, guiñándome un ojo, lo que me permitió ver el manchón de sombra verde que le quedaba en el párpado.

En ese momento, Clyde no me daba miedo. Lo único que sentía era la humillación de que una desconocida nos hubiera hecho notar las artimañas de mi madre fingiendo preocuparse por mí. Cambiar de casa siempre era difícil, empezar en un colegio nuevo era aún peor. No obstante, sí había una cosa buena: en cada lugar empezábamos de cero, de modo que nadie nos conocía. Sin embargo, llevábamos solo dos meses en Oakview y ya necesitaba esconderme de la vergüenza que sentía.

Norm cogió las otras dos bolsas y salió primero. No lo alcancé hasta que llegamos a la carretera de vuelta a casa.

—Por favor, no se lo cuentes a mamá —dije. El miedo era una emoción tan intensa que no me permitía sentir nada más.

—Tiene que saber que la gente va por ahí hablando de ella —contestó él, apretando el paso. Se le formaron manchas de sudor a lo largo de la espalda de su camiseta verde.

—Pero si se lo dices, encontrará la manera de culparme por todo lo que ha dicho esa mujer —caminé más deprisa para ponerme a su misma altura—. Me dará una paliza de muerte.

—Esta bien. No se lo diré —dijo él, suavizando el paso para que pudiera seguir andando a su ritmo. Si no fuera porque llevaba una bolsa en cada brazo, habría intentando darle la mano.

PASAMOS LAS SIGUIENTES semanas esperando a que Hal se enterara de que Cookie había perdido la virginidad en la parte de atrás de la camioneta de la leche de Clyde. Cada vez que salía de casa con mi madre, la gente nos miraba como si estuviera viendo a una estrella de cine. A mi madre le gustaba fingir que la miraban por la ropa que le marcaba la figura, el pelo negro ahuecado o el aleteo de sus pestañas postizas. Sin embargo, yo sabía lo que pensaban y detestaba que me relacionaran con ella.

Cuando Paige me pidió que me quedara a dormir con ella una noche, tuve la idea de quedarme más de un día. Ella no estaba al tanto de las golpizas que recibía en casa, pero sí sabía que me gustaba más estar en su hogar que en el mío. Juntas, urdimos el plan de decirle a Cookie que Paige, su padre y su hermano necesitaban que los ayudara en la granja durante la semana, porque habían llegado varias ovejas nuevas.

Saqué el tema después de una cena en la que mi madre no había gritado ni lanzado comida a las paredes. Ella estaba fumando, mientras que Hal y Norm comían helado de vainilla con pecanas que Hal había llevado a casa esa noche. Yo estaba fregando los platos, intentando colocar las cosas en el fregadero por juegos. No quedaban más que dos piezas de cada uno después de toda la vajilla que Cookie había estrellado contra la pared.

—Mamá —dije.

—Esa soy yo, pero no me vayas a desgastar el nombre.

—Paige Paisley quiere que me quede en su granja un par de noches para ayudarla a ella y a su hermano con las tareas.

Cookie soltó una carcajada.

—¿Vas a ir a hacer las tareas de su casa?

—Sí, a ayudarlos.

—¿Y por qué quieres fregarles los platos a ellos en vez de fregar los nuestros?

—No, no se trata de las tareas de la casa, sino de la granja. Voy a ayudarlos con las ovejas. Ella quiere exhibirlas en el programa 4-H.

Cookie le dio una calada a su cigarrillo y cerró los ojos momentáneamente.

—Dame una cerveza.

Cogí una lata de Schlitz del frigorífico, la abrí y se la puse delante encima de la mesa.

—A mí me parece bien —dijo Hal.

—Nadie te ha preguntado qué piensas al respecto —espetó Cookie.

—Aprenderá las cosas de una granja. Eso es bueno cuando vives aquí.

—No me hace falta tu maldita opinión —dijo Cookie entre tragos de cerveza.

—Les vendría muy bien mi ayuda —insistí, tomando los tazones de Norm y Hal para llevarlos al fregadero.

—Bueno, como es posible que vayamos a vivir a una granja dentro de poco...

Norm y yo miramos a nuestra madre. ¿Le iba a contar a Hal lo de Clyde? Hal pareció no darse por enterado. Encendió un cigarrillo y se reclinó en su silla. Su copete plateado relucía bajo la luz de la lámpara del techo.

—¿Puedo ir entonces?

—Creo que te vendrá bien aprender. Te resultará muy útil antes de que te des cuenta.

Mi madre me guiñó el ojo como si me gustara hablar en secreto sobre su no tan secreta aventura delante de las narices de Hal.

—¡Gracias! —exclamé yo.

Tiré el trapo de cocina al fregadero antes de salir disparada al cuarto de baño a buscar mi cepillo de dientes. Preferí irme corriendo a casa de Paige antes de que mi madre cambiara de opinión.

CUANDO NO ESTÁBAMOS dándoles de comer a los animales o limpiando los corrales con Pup y Shadow pegados a los talones, Paige y yo cosíamos. Aquel mismo verano con anterioridad habíamos planificado hacernos la ropa para el nuevo curso escolar. Me dejó impresionada la habilidad de Paige y trataba de imitarla torpemente: agregando trozos irregulares de tela a los pantalones que me quedaban cortos, poniendo vivos en las mangas de mis blusas y botones decorativos en los hombros.

El padre de Paige estaba tan contento por lo mucho que trabajábamos que nos llevó hasta Ontario, Oregón, a una tienda de telas que, según Paige, era el *paraíso*. Nos pasamos dos horas eligiendo tejidos, botones, cremalleras y patrones. Me quedé aturdida cuando su padre pagó todo lo que compramos sin quejarse por tener que gastar dinero en su hija. Hasta entonces no me había dado cuenta de que algunas personas les compraban cosas a sus hijos porque las necesitaban. Y lo hacían totalmente sobrias.

Paige llevaba varios días analizando detalladamente y diseñando sobre papel nuestro gran proyecto de costura para aquella semana. Lo llamó *Al revés*. Las piezas básicas eran un par de vaqueros de la tienda de segunda mano y unos trozos de tela. Primero, Paige abrió los vaqueros y, con la tela de flores que habíamos comprado en el *paraíso*, los convirtió en faldas cortas. A continuación, unió las faldas por el bajo, de manera que hubiera un botón y una cremallera en cada extremo. De esa manera podías elegir qué extremo querías que te quedara en la parte superior, con las flores abajo o arriba. Me pareció la prenda más original y linda que había visto en mi vida. Yo la ayudaba y en pocos días tuvimos dos faldas que decidimos compartir a lo largo del curso, intercambiándolas de mes a mes.

El sábado, Paige me pidió que le cortara el pelo. Le gustaba corto para que no le cayera sobre los ojos cuando trabajaba. Íbamos al cuarto de baño llevando las tijeras cuando se apareció Norm.

—Mamá dice que ya debes regresar.

—Pero le estoy cortando el pelo a Paige.

—¿Y crees que eso le importa? —preguntó Norm.

Cookie tocó el claxon y asomó la cabeza por la ventanilla.

—¡SUBE AL MALDITO AUTO! —gritó mi madre.

—Me lo cortaré yo sola —dijo Paige.

Ella me quitó las tijeras y se cortó el trozo sobrante del flequillo allí mismo, en la puerta. Las dos nos reímos y me fui corriendo al auto antes de que mi madre tocara otra vez el claxon y asustara a los animales.

—¿A dónde vamos? —pregunté desde el asiento trasero. Norm estaba en el delantero, cambiando la radio.

—No es asunto tuyo —dijo mi madre, apartando la mano de Norm de la radio de un manotazo cuando captó una emisora en la que estaba sonando un dueto entre Kenny Rogers y Dolly Parton. Mi madre y Norm se pusieron a cantar.

—¿Creen que se acostaban? —preguntó Cookie.

—¿Eh?

Me incliné hacia delante y miré por la ventana. El auto se movía tanto que me estaban entrando ganas de vomitar.

—Dolly y Kenny, cuando grabaron esta canción. ¿Creen que ella se lo llevó a la cama?

—Probablemente. Tiene unos melones enormes —dijo Norm.

—Qué grosero —dije yo.

—¡Pero no es Cookie! —exclamó mi madre—. Si yo le hiciera los coros a Kenny, te aseguro que él querría algo conmigo.

—Lo llamarías Kinny —dijo Norm. Mi hermano facilitaba el trato con nuestra madre.

—Eso es, lo llamaría Kinny —reafirmó ella, riéndose de su propia fantasía. Norm también se rio.

Unos minutos más tarde estábamos en el establecimiento que hacía las veces de almacén de comida para animales y ferretería del pueblo. Había sitio suficiente para dos autos entre las dos camionetas sucias donde Cookie estaba intentando estacionarse. Al entrar casi le dio a una de las camionetas y salió de nuevo. Volvió a entrar y esta vez casi le da a la otra camioneta, así que sacó el auto una vez más. A la cuarta, apagó el motor y pisó con fuerza el freno. Nos quedamos atravesados, el parachoques delantero casi tocando a la camioneta de la izquierda, y el trasero a milímetros de la camioneta de la derecha. Los tres salimos del auto y nos quedamos en la acera un momento mirando el Chrysler.

—Yo los espero aquí afuera —dije.

—Ni te lo creas.

Cookie me agarró por el pelo de la nuca y tiró de mí en dirección a la tienda. Antes de entrar, uno de los empleados, un hombre delgaducho con un delantal verde, salió empujando un carro cargado con tres enormes sacos de pienso. Miró a Cookie como la miraba últimamente todo el mundo y a continuación se volvió hacia atrás con expresión de nerviosismo.

—Señora, creo que será mejor que vuelva después. La señora Hapner ha venido a recoger estos sacos de pienso para la granja de su marido —dijo sin alzar mucho la voz y volvió a mirar hacia atrás.

—¿Y a mí qué me importa? —contestó Cookie, caminando con paso tambaleante.

El hombre se paró delante de ella otra vez.

—Señora —dijo con rapidez, elevando la voz un poco—. *La mujer de Clyde Hapner está ahí dentro.* Este pienso es para ella.

En vez de retroceder, mi madre vio en el ruego del dependiente un desafío, una forma de atraer más la atención sobre el Huracán Cookie, de manera que elevando todavía más la voz y arrastrando las erres con su marcado acento de Nueva York dijo:

—Me importa un carajo quién esté ahí dentro. Pienso entrar a comprar semillas de flores. Así que, apártate.

—Señora, le aconsejo...

—¡Que te apartes! —repitió mi madre—. ¡Huracán Cookie ha llegado!

Cookie apartó de un empujón al dependiente para pasar justo cuando Betsy Hapner salía. Todos nos quedamos callados. Silencio. Betsy miró a Cookie con ojos que lanzaban chispas y salió zumbando por la acera, seguida por el dependiente y su carro con los sacos de pienso. Al llegar a su camioneta, Betsy Hapner se quedó mirando mientras el hombre bajaba la portezuela y empezaba a descargar los sacos. Su cuerpo estaba rígido como un mástil.

Rogué en silencio que mi madre entrara en la tienda y dejara a la señora Hapner en paz.

—Vamos por las semillas —dije.

Cookie giró la cabeza hacia mí como si acabara de despertarla de un sueño y se dirigió tambaleándose hacia la señora Hapner. Norm y yo la seguimos.

—Eres justo la persona que estaba buscando —anunció Cookie.

Betsy levantó el dedo anular de la mano derecha y lo agitó delante de mi madre.

—¡Estoy casada, Cookie! ¡Casada! ¡Retírate ya!

El dependiente trabajaba con rapidez, lanzando casi los sacos al interior de la zona de carga de la camioneta.

—¡Ya no te quiere! ¡Me trae leche todos los días porque le gusta su leche con su "galleta" Cookie! —y al decirlo se puso las manos en las caderas y las meneó como una gogó.

—¡Eres una estúpida si piensas que es a ti a quien quiere! Lo que desea es que tus hijos trabajen en la granja. ¡Él no te quiere a ti!

El dependiente se volvió hacia mí. Yo me aparté y me escondí detrás de Norm tratando de hacerme invisible. Esperaba que él fuera demasiado joven y no tuviera hijos en el colegio al que yo iba, pues tal vez así aquella historia no me persiguiera todo el curso durante el sexto grado.

—¡No me jodas! —dijo Cookie riéndose—. Te has puesto gorda como una vaca desde que te casaste y lo has perdido. ¡Afróntalo!

—¡¿Y tú te has mirado en el espejo?! —replicó Betsy—. En serio. ¿Te has mirado? Porque tú tampoco estás delgada...

Antes de que Betsy pudiera decir nada más, Cookie deslizó el bolso por el brazo y la atizó con él. Betsy se puso a gritar y se cubrió la cabeza mientras el bolso la golpeaba. El dependiente y Norm corrieron hacia mi madre, agarrándola cada uno por uno de sus rollizos brazos y llevándola hacia nuestro auto. Cookie se tambaleaba como si la acabaran de sacar de una fiesta neoyorquina y se reía.

—Señora, no quiero volver a verla por aquí —le dijo el dependiente—. Ninguno de nuestros clientes merece este tipo de trato.

—Blablabla. Vete a la mierda —respondió Cookie, liberándose de él y de Norm, y entrando luego en el auto.

Norm se subió al asiento del pasajero y yo busqué el de atrás, donde me escurrí hasta que mis ojos quedaron a la altura del borde inferior de la ventanilla.

El dependiente permaneció en la acera y vio que mi madre daba marcha atrás y se empotraba contra la camioneta de la derecha. Giró el volante, condujo hacia delante y arañó la camioneta de la izquierda. Dio marcha atrás una vez más y volvió a golpear al vehículo de la derecha.

Cookie avanzó suavemente y luego volvió a retroceder, evitando esta vez golpear las camionetas.

Pasamos junto a Betsy, sentada ya dentro de su vehículo, esperando probablemente a que nos fuéramos. Cookie tocó el claxon al pasar y le gritó por la ventanilla:

—¡JÓDETE BETSY HAPNER! ¡CLYDE ES MÍO!

Y lo era. O ella era de él.

Poco después de aquel día, Hal llegó a casa y se sentó a la mesa para cenar, pero se puso a mover la comida con el tenedor. Estábamos comiendo carne con puré de patatas.

—¿Qué te pasa? —preguntó Cookie, metiendo su tenedor en el plato de Hal y agarrando una buena cantidad.

—Betsy Hapner se ha ido del pueblo. Al parecer, Clyde y ella se van a divorciar.

Hal dejó el tenedor y se pasó las manos por el copete. Inspiró profundamente y dejó escapar el aire como cuando fumaba.

Norm y yo dejamos de comer. Nunca se sabía cómo reaccionaría Cookie ante una noticia. Era capaz de tergiversar el hecho más inocente hasta el punto de convertirlo en el crimen más perverso y desagradable, mientras que cosas que a mí se me antojaban espantosas despertaban en ella el mismo poco interés que el tiempo que hacía.

—Sí, yo también lo he oído.

Cookie pinchó un enorme trozo de carne y le dio vueltas y vueltas en la boca, como si estuviera masticando un trozo de cuero.

—Y según Ray, el del Rodeo Express, los niños y tú se van a vivir con Clyde —continuó Hal. Pestañeó y una gotita de humedad se le quedó prendida en las pestañas. Confié en que no se pusiera a llorar. Mi madre no se merecía sus lágrimas.

—Es la primera noticia que tengo —dijo Norm. También era la primera noticia para mí, pero no quería hablar hasta estar segura de cómo iba a reaccionar Cookie.

—¿Es cierto?

Hal miró a mi madre, que se había metido otro trozo de carne en la boca. Si no hubiera tenido que trabajar tanto con el camión a fin de ganar más dinero para mantener a Cookie, se habría enterado de su aventura mucho antes.

—No hay nada definitivo —contestó ella, encogiéndose de hombros.

—Y una mierda —dijo él, empujando el plato para indicar que había terminado y dirigiéndose luego a la puerta de la casa.

Cookie se levantó y salió corriendo detrás de él. Iba sonriendo.

—¿A dónde vas?

—A casa de Clyde Hapner. Vamos a aclarar esto de hombre a hombre —dijo.

Hal abrió la puerta y salió. Cookie se quedó en el umbral, viéndolo alejarse en su camión.

Luego volvió a la mesa. Estaba mareada. Hambrienta. Feliz. No dejaba de hablar sobre sus tiempos de gogó. De que los hombres se peleaban por ella.

—Eso fue antes de que ustedes arruinaran mi cuerpo. Mis tetas —dijo, colocándose una mano a cada lado de sus pechos y elevándolos.

—Eso no parece importarle a Hal o a Clyde —señaló Norm.

—¡Eso es porque en un pueblo como este soy lo mejor a lo que pueden aspirar! —exclamó, riéndose a carcajadas al tiempo que encendía un cigarrillo. Fumó y habló sin parar mientras yo recogía la mesa y lavaba los platos. Rara vez la había visto tan feliz.

AL SIGUIENTE DÍA, a dondequiera que iba, las personas estaban cuchicheando. Y a pesar de que sentía que se referían a nosotros, nunca llegué a saberlo realmente hasta años más tarde. La gente hablaba sobre la partida de póquer que tuvieron Hal y Clyde aquella noche. A los mormones no se les permite apostar, y como Clyde se consideraba un creyente y practicaba su fe, no hubo dinero involucrado en la partida. Lo único que estaba en juego aquella noche era Cookie. Y por extensión, Norm y yo también.

Nuestras vidas cambiaron irrevocablemente debido al resultado de ese juego de cartas.

14

Horquilla y daga

LA NOCHE ANTES de mudarnos a casa de Clyde, Cookie puso a Frankie Valli en el aparato de música e hizo sonar una y otra vez la misma canción, «I've Got You Under My Skin». Desde mi habitación, con la puerta cerrada. se oía más a mi madre que a Frankie.

Alguien llamó con los nudillos a mi puerta. No era mi madre, porque ella nunca llamaba. Y no era Hal, porque había salido a trabajar con el camión dos noches antes. Solo podía ser Norm.

—¡Pasa! —grité. Mi hermano abrió la puerta y atravesó la habitación y se tiró sobre mi cama en un rápido movimiento.

—¿No crees que ya ha puesto esa canción suficientes veces? —dijo Norm, tumbándose de lado y con la cabeza apoyada en una mano.

—Me la sé de memoria ya —repliqué yo.

Empecé a cantar y Norm se puso a hacerlo conmigo. Los dos imitamos la voz de nuestra madre, con un leve toque operístico debido a su entusiasmo, aunque sin perder el acento neoyorquino.

—¿Sabes que le robó el disco a Jackie? —dijo Norm.

Lo sabía. Justo antes de abandonar el lugar para ir a vivir a la casa móvil, Cookie registró el hogar y robó nuevamente la mayoría de los objetos que le había devuelto a Jackie.

—Sí —contesté, colocándome en la misma postura que él.

—Espero de verdad que nos mudemos antes de que empiecen las clases —dijo Norm.

Mi hermano no solía llorar, se tragaba sus sentimientos como si fueran una amarga medicina. En las raras ocasiones en que mi madre le pegaba, nunca le daba la satisfacción de verlo quejarse. Con frecuencia había oído la frase «Sopórtalo como un hombre», y él actuaba como tal.

—Yo también —afirmé.

Los dos sentíamos una intensa humillación por la forma en que Cookie había actuado. Si el pueblo hubiera tenido más habitantes entre los que repartir los chismes, si hubiera sido otra mujer la que estuviera seduciendo a granjeros casados, no habría sido tan malo. Pero nosotros éramos el único titular de la revista de cotilleos de Oakview de aquel verano. La vergüenza nos rodeaba como la suciedad a Pig Pen.

Se produjo un silencio cuando la canción se terminó. Norm y yo levantamos la cabeza un poquito a la espera de la nota de apertura. La canción volvió a empezar. Cookie cantaba a voz en cuello y Norm empezó a hablar. A hablar de verdad. Era como si un tubo de desagüe hubiera sido desbloqueado, y cada bola de pelos atascada hubiera sido extraída de mi hermano normalmente callado.

Norm y yo estuvimos hablando de Cookie hasta bien entrada la noche. Primero comentamos quién había dicho tal o cual cosa sobre ella desde que estábamos en el pueblo. Después pasamos a hablar de las humillaciones sufridas en Caldwell y otras ciudades, bares, moteles y estacionamientos repartidos por todo Long Island.

Ya tarde esa noche, o a la mañana siguiente bien temprano, empezamos a especular en cuanto al lugar al que tendríamos que mudarnos para poder evitar futuras humillaciones.

—Deberíamos dirigirnos al oeste —opinó Norm—. Hollywood o Las Vegas, donde las personas como mamá no destaquen tanto.

—Yo tengo que permanecer en Nueva York —dije yo—. Y que mamá esté en otro estado. O tal vez en otro planeta.

Quería tener una familia, a mis hermanas, el consuelo de las personas que conocían mi historia y no pensaban que había algo malo en cuanto a mí. Norm quería el anonimato absoluto, el don de ser exactamente la persona que decidiera ser en cada momento. Alguien que no reflejara nada de su pasado o incluso de las personas que hubieran conocido ese pasado.

Albergábamos fantasías diferentes, pero los lugares en nuestra mente que movían esas fantasías eran los mismos. Los dos queríamos sentirnos normales. Y seguros.

Nunca le decía a mi hermano que lo quería. Sin embargo, sentí un amor muy hondo hacia él aquella noche al comprobar cómo se unían nuestros lazos de dolor como los tentáculos de dos pulpos entrelazados. Por el momento no podía regresar a Nueva York y él no podía irse a Las Vegas. En cambio, surcaríamos aquellas aguas turbias juntos.

La casa de Clyde no estaba tan lejos. El extremo más alejado de su propiedad lindaba con el extremo más alejado de la casa alquilada de Hal. Las ruedas del auto levantaron una inmensa nube de polvo sobre el largo camino de tierra que conducía a la granja de Clyde que imposibilitaba la visión. Cookie conducía a gran velocidad como si se conociera el camino de memoria. Ella no disminuía la marcha al pasar por los baches, de modo que yo iba rebotando de un lado a otro del asiento trasero con el traqueteo del auto.

—¿Por qué no humedece el camino de tierra?

En la granja de Paige, y en prácticamente todas las granjas de la zona, humedecían la tierra del camino cuando regaban para que no se formara tanto polvo.

—Vaya, vaya. Doña sabelotodo se cree que por haber pasado un par de días con los Paisley ya sabe más sobre granjas que Clyde, ¿eh?

Cookie de detuvo con un frenazo en seco al llegar. Era una casa blanca, de una planta, con el tejado verde. Una verja de listones blancos de madera rodeaba el edificio. Dentro y fuera de la verja crecía la hierba más verde que uno pudiera imaginar. Parecía que la hubieran coloreado con crayones.

A un lado del camino de entrada, alineados como si fueran lápidas, había tres autos viejos: una furgoneta y dos camiones. Estaban oxidados y les faltaban los neumáticos o se encontraban desinflados. La mayoría de las granjas que había visto tenían autos viejos dentro de la propiedad. No los cambiaban ni los vendían a fin de dejar más espacio para los nuevos, sino que se limitaban a conducirlos hasta que quedaban inutilizables. Había quien sí le daba un buen uso a los autos viejos, como el padre de Paige, que le había sacado el motor a un auto y había plantado árboles dentro. Había bautizado el proyecto como Arte en la Granja. Los gatos que vivían en el auto cambiaban el paisaje del mismo, de manera que el concepto artístico estaba siempre en progreso.

Un perro de pelo largo gris y blanco del tamaño de un cordero vino corriendo hacia nosotros cuando salíamos del auto. Ladró un poco, pero movía la cola y era obvio que tenía una sonrisa perruna en el rostro. Me agaché y lo acaricié. Me recordaba a Pup, el perro de Paige. Imaginé que también sería un perro que ayudaba en el trabajo.

—Levántate —dijo Cookie en un susurro, al tiempo que me pellizcaba en el lugar que más le gustaba, al final de la columna vertebral, donde empezaban las costillas.

Nos acercamos a la casa con el perro pegado a mí. Las ventanas eran pequeñas, y no se veía el interior debido a que las persianas amarillas estaban bajadas. Me preguntaba por qué un hombre rodeado por tanto terreno querría cubrir las ventanas.

Clyde salió a recibirnos a la puerta. Llevaba otra vez un mono limpio, pero en esta ocasión no esperaba con la horquilla. Me dirigió su sonrisa impecable y besó a mi madre en la mejilla. Al contrario que las otras veces que lo había visto, en aquella ocasión no llevaba la gorra de béisbol de John Deere. Su cabeza calva descubierta tenía forma de bala, puntiaguda en el extremo cerca de la parte trasera.

—Permítanme que les enseñe su nuevo hogar —dijo Clyde con cierto acento sureño.

—¿Puede entrar el perro? —pregunté.

—Por supuesto que Blue puede entrar —contestó Clyde, guiñándome el ojo—. Cualquier cosa con tal de que seas feliz.

¿Cualquier cosa con tal de que yo fuera feliz? No sabía por qué, pero no me lo creía. Sin embargo, me alegraba tener a Blue a mi lado. Era cálido y peludo, y me encantaba cómo movía el trasero de un lado a otro cuando agitaba la cola.

Empezamos por el vestíbulo, donde había un congelador blanco en el que podríamos dormir los cuatro. Clyde levantó la tapa y nos mostró los enormes trozos de carne.

—Todo mi ganado —dijo.

Cookie lanzó exclamaciones de asombro como si el hombre le estuviera enseñando un caballo de concurso. Yo lo único que veía eran partes de animales muertos, carne rosa congelada parecida al dulce de mazapán que había visto en casa de Paige.

—Y también tenemos gallinas, huevos y leche. Solo tendrás que utilizar los cupones para comprar fruta, verdura y cereales.

En el vestíbulo había también botas, guantes, sombreros y abrigos. Clyde nos explicó que todo lo que te ponías para trabajar en la granja te lo tenías que quitar allí para no llevar el estiércol de las botas por toda la casa. No había oído la palabra estiércol hasta que llegamos a Idaho. Sin embargo, allí estaba por todas partes. Utilizabas la horquilla para sacar el estiércol de los compartimentos de los establos; vertías carretillas enteras de estiércol en los estercoleros; estabas atento para no pisar boñigas de estiércol cuando corrías por el campo; y te limpiabas el estiércol de los zapatos antes de entrar a una casa. Y yo que pensaba que el hoyo de los excrementos de los Callahan resultaba asqueroso. No era nada comparado con la cantidad de estiércol que me había encontrado cuando estuve ayudando a Paige en la granja. Parecía que el suelo era de estiércol y tierra a partes iguales.

Clyde abrió una puerta que daba a una habitación pequeña y sobriamente decorada.

—Esta será tu habitación, Norm —le dijo con una sonrisa a mi hermano, que miraba el espacio vacío—. ¿Te gusta?

—¡Le encanta! —exclamó Cookie, pellizcándole la oreja.

—Me encanta —repitió él.

Salimos del vestíbulo y entramos en el espacio para la convivencia, formado por la cocina, el salón y el comedor. Como sucedía en muchas granjas, las moscas andaban zumbando por todas partes. Las alfombras, el mobiliario y los armarios eran de un tono pardo. Parecía que estuviéramos dentro de un baúl de madera.

Clyde se dirigió a la cocina de leña con su renqueante caminar de piernas arqueadas. Cookie lo siguió y enlazó el brazo con el suyo.

—Esta es nuestra única fuente de calor. Tendrán que aprender cuántos troncos, cuántas astillas y cuántos periódicos echar al fuego —explicó, señalando unas cajas de madera cercanas—. No es difícil, pero hay que hacerlo bien para que la casa esté caliente.

—Norm puede ocuparse del fuego. ¿Verdad que sí, Norm? —dijo Cookie con una enorme sonrisa, como si fuera la mejor madre del mundo.

—Supongo que sí —contestó él, encogiéndose de hombros.

—Muy bien, será tu tarea —dijo Clyde. Luego me miró y los ojos se le iluminaron—. Y tú, Rosie, puedes darles de comer a los terneros por la mañana antes de ir al colegio y otra vez por las tardes, cuando vuelvas.

—Así te despertarás bien, ¿eh? —dijo Cookie, riéndose.

Seguimos a Clyde en nuestro recorrido por el resto de las habitaciones. Una era la de ellos dos, tan grande como el comedor y la cocina juntos. Un armario empotrado con múltiples puertas ocupaba toda una pared. Cookie abrió todas las puertas. Más de dos tercios del armario estaba vacío.

—Voy a ser como Lady Di con todas las ropas que me van a caber aquí dentro —dijo Cookie, inclinándose sobre Clyde para darle un beso húmedo.

—Vas a ser mi princesa —replicó y mirándome a mí siguió hablando—. Tendré dos princesas en la casa.

—Está bien así —mascullé yo—. No quiero ser una princesa.

—¡Claro que sí! —exclamó Clyde—. Vamos a ver tu habitación de princesa.

—No me gustan las princesas —dije.

Había una habitación muy chiquitica nada más pasar la de matrimonio. Estaba recién pintada de rosa, y la cama y la cómoda eran blancas con corazoncitos rosas pintados. Las cortinas de las dos ventanas de la habitación eran de encaje rosa también.

—¡Mira qué habitación te ha preparado! —exclamó Cookie.

—¿Qué te parece? —preguntó Clyde, sonriéndome como si quisiera comerme.

—Me quedaré en el otro lado de la casa con Norm —dije como si tal cosa, aunque apenas me salían las palabras.

—¡Claro que no! —exclamó Clyde—. Eres una princesa y esta es una habitación de princesa.

Miré la cama con el edredón rosa de volantes. ¿Había comprado todas aquellas cosas para mí? ¿Por qué tendría un edredón rosa un hombre que no tenía hijos?

—Me gusta compartir la habitación con mi hermano.

—No me importa que Rosie duerma en mi habitación —aseguró Norm.

—¡Rosie se quedará en esta habitación tan bonita que Clyde le ha preparado! ¿No van a darle las *gracias*? —dijo Cookie.

—No hacen falta las gracias —replicó Clyde—. Y ahora saquen sus cosas y luego les enseñaré las tareas de la granja.

NORM Y YO estábamos subidos al primer tablón del cercado que formaba el corral de los terneros. Clyde se encontraba a mi lado, con la mano apoyada en la parte baja de mi espalda como si fuera a caerme, aunque yo sabía que no ocurriría. Me bajé de un salto y me subí de nuevo al primer tablón al otro lado de Norm. Clyde se quedó donde estaba, explicándonos cosas sobre los terneros y por qué los llevaban a un corral separado una vez destetados. Los animales nos observaban mientras Clyde hablaba, y yo trataba de mirarlos a cada uno de ellos a los ojos.

—Ustedes dos serán sus mamás ahora —dijo Clyde—. Les darán de comer y se ocuparán de todo lo que necesiten.

Norm y yo nos miramos el uno a otro. Para nosotros, una mamá no era alguien que se ocupaba de las necesidades de sus hijos. Decidí que trataría a los veinte terneros o algo así que se encontraban allí como si fueran nuestros hermanos menores. Al igual que Cherie, Camille y Gi lo habían hecho por Norm y por mí, me aseguraría de que esos bebés estuvieran seguros, alimentados y abrigados.

Norm odiaba levantarse temprano, y a mí tampoco me gustaba mucho. Sin embargo, cuando estábamos con los terneros, ya no me parecía tan malo. Los terneros tenían un pelaje suave y brillante como si fuera terciopelo. Sus enormes ojos parecían discos de chocolate derretido. Antes, cuando mamaban, metían la cabeza debajo de sus madres en busca de las ubres de las que obtenían la leche. La costumbre no parecía haberse eliminado una vez que Norm y yo empezamos a alimentarlos con lo que parecían biberones gigantes. En cuanto nos acercábamos, todos venían corriendo y nos metían la huesuda cabeza rectangular entre las piernas o nos golpeaban las caderas, haciendo que me cayera con bastante frecuencia. Aprendí que la mejor manera de acercarme era entrando de un salto en el corral y subiéndome a lomos de uno de ellos como si fuera a montarlo. Sujetando al animal con los muslos, me inclinaba por un lado y le daba el biberón. Cuando este se terminaba y el ternero todavía tenía hambre, se encabritaba y lanzaba coces. Entonces le metía los dedos en la boca para tranquilizarlo mientras me desmontaba. Mis piernas estaban llenas de moretones, pero no me importaba. Eran la prueba de mi devoción.

Los terneros nos perseguían cuando intentábamos salir del corral, nos embestían y lanzaban coces. Era su modo de pedirnos que nos quedáramos. Nos subíamos al cercado de un salto y bajábamos al otro lado, mientras ellos nos miraban y mugían de pena con un tono que me recordaba a un motor chirriante. Yo solía decirles que los quería y que volvería para darles de comer más tarde. Podía jurar que me sonreían.

Una mañana en que estaba sola con ellos, ya que Norm se había quedado a dormir en casa de Colton, se apareció Clyde. Él apoyó los brazos en el cercado y empezó a hablar conmigo. Llevábamos en su casa más de un mes, pero para mí seguía siendo un desconocido y mi cuerpo me lanzaba señales de aviso cada vez que se me acercaba.

—Lo estás haciendo muy bien —dijo.

—Gracias —contesté.

Me encontraba encima de un ternero que ya se estaba terminando el biberón. Le metí la mano en la boca y aproveché para bajarme de él y dirigirme hacia el cercado andando hacia atrás antes de que se lanzara sobre mí. Subí al cercado y varios terneros vinieron corriendo con la boca semiabierta, rogándome con sus mugidos que me quedara.

—Trabajas muy bien —me dijo, ayudándome a bajar del cercado, aunque yo no necesitaba su ayuda—. Eres fuerte y posees una magnífica ética de trabajo. Una buena chica de granja, ya lo creo.

—¿De verdad?

Lo miré. Era agradable que te elogiaran. Que apreciaran tu esfuerzo. Mi madre solo veía cosas malas en mí.

—Te lo digo sinceramente, Rosanne. No sé qué haría si no estuvieras aquí.

—¿Y qué pasa con Boone? —pregunté.

Boone Westley trabajaba en la granja de lunes a viernes. Tenía un abundante pelo negro y un bigote negro muy poblado que le cubría todo el labio superior y bajaba por los lados de la boca como una oruga gigante. Boone era agradable, locuaz, y no me daba la sensación de ser un desconocido que me inspiraba Clyde.

—Boone es muy trabajador, pero ya te digo, Rosie, tú eres única.

Me dio una palmadita en la mejilla y me sonrojé. Me alegraba que viera lo mucho que me esforzaba. Eso hacía que mi trabajo mereciera la pena. Y el hecho de que me hiciera aquellos cumplidos causaba que no me pareciera tan mal tipo. Es posible que la gente tuviera celos de él porque tenía muchas tierras, tal vez fuera ese el motivo de que corrieran por el pueblo aquellos rumores de que había acosado a la hija de la viuda.

—Me encantan los terneros —le dije.

—También te encantarán las vacas. A partir de mañana, las ordeñarás —dijo.

Sonrió como si me estuviera haciendo un regalo. Más tareas. Más trabajo. Más que hacer antes de ir al colegio para el que solo faltaban dos semanas.

—¿Y Norm?

Las cosas me parecían más sencillas y divertidas cuando las hacía con mi hermano.

—Para él tengo otras tareas —contestó Clyde.

AL DÍA SIGUIENTE, a las cinco y media de la mañana, Clyde me llevó a los gélidos pastos donde las vacas se apiñaban en pequeños grupos, la mitad de ellas dormidas. Aún faltaban unos minutos para que saliera el sol y el mundo iba cambiando poco a poco del blanco y negro a una paleta multicolor. Blue, el perro, que había empezado a dormir en mi habitación por las noches, estaba a mi lado. Clyde lo miró, silbó y dijo:

—¡Ve por ellas, Blue, ve por ellas!

Al oírlo, Blue salió como un rayo por el prado y se puso a correr en círculos alrededor de las vacas, que se levantaron como si hubiera sonado una alarma. El animal corría hacia delante y hacia atrás, rodeándolas, dirigiéndolas hacia nosotros. Un par de ellas se habían separado del resto y al verlo, Clyde le dijo:

—¡Se te han quedado dos fuera, chico, ve por ellas!

Había visto al perro de Paige pastorear a las ovejas, pero aquello resultaba impresionante. Las vacas eran enormes, podrían matar a Blue con solo sentársele encima, pero le obedecían, se movían mientras él zigzagueaba y daba brincos frente a ellas, conduciéndolas hacia la sala de ordeño. Al final, Blue las tuvo a todas apiñadas, pero seguía moviéndose a gran velocidad hacia delante y hacia atrás animándolas a continuar. A veces le mordisqueaba el tobillo a alguna para que no se detuvieran. Cuando las vacas lanzaban coces nunca le daban, era demasiado rápido y ágil, mientras que ellas eran pesadas y se movían con lentitud.

—¿Por qué hacen lo que les dice? —pregunté.

Clyde ya me había contado que el perro pesaba dieciocho kilos y cada vaca pasaba de los cuatrocientos cincuenta. Me parecía asombroso que obedecieran sus órdenes. Clyde me explicó que las vacas son presas y los perros son depredadores. La naturaleza interna de cada uno hacía que se comportaran de tal forma. Un grupo tenía que estar siempre peleando para sobrevivir, mientras que el otro arremetía para obtener exactamente lo que deseaba. En ese momento pensé que la gente también se podía dividir en depredadores y presas. Mi madre, la señora Callahan y Becky Callahan eran depredadores. Norm, mis hermanas y yo éramos presas. Aún no sabía en qué grupo estaba Clyde. Se mostraba simpático, amable y siempre me estaba elogiando. Sin embargo, cada vez que me enseñaba algo, yo atendía con dos partes de mi cerebro. Una absorbía todo lo que me decía, para aprender todo lo posible; la otra lo examinaba detenidamente, sus movimientos, lo que hacía con las manos, la blancura de sus dientes, como si todo ello pudiera decirme lo que necesitaba saber sobre él y si debería andarme con cuidado o no.

La sala de ordeño era un edificio compuesto por dos estancias de cemento desde arriba hasta abajo. Las vacas entraban en una estancia, donde marchaban en fila por dos rampas delimitadas con unos barrotes metálicos a cada lado. Ellas eran ordeñadas de cuatro en cuatro sin bajar de la rampa, mientras aún se encontraban entre los barrotes. Nosotros permanecíamos en la zona debajo de la rampa. Las ubres de las vacas y las ordeñadoras quedaban a la altura del brazo de Clyde. Llevábamos puestos unos delantales de plástico que nos cubrían también el pecho para no mojarnos cuando limpiábamos con la manguera a cada vaca antes de ordeñarla. La manguera era como las del jardín, pero el agua salía con más presión, como en las que usaban los bomberos. A las vacas no parecía importarles que les limpiáramos el estiércol, la hierba y otra suciedad adherida a su cuerpo, lo que les daba aspecto de ir vestidas de camuflaje.

—Fíjate bien en las ubres, por donde sale la leche. Tienen que estar rosadas y limpias —me explicó Clyde revolviéndome el pelo de la coronilla mientras yo levantaba la cabeza para mirarlo—. No queremos que caiga suciedad en la leche.

Redirigí el agua de la manguera y limpié a cada vaca hasta que quedó reluciente.

Después de limpiarlas, Clyde me enseñó a colocar las ordeñadoras, que parecían un artefacto sacado de una película sobre Marte o los alienígenas con aquellos cuatro tentáculos terminados en sendas copas plateadas, las cuales iban conectadas a una manguera que vertía la leche en los contenedores situados debajo de la rampa. Se ordeñaba a cada vaca durante cuatro minutos aproximadamente. Tardamos un poco menos de dos horas en ordeñar a las casi ochenta vacas, cuatro a la vez.

A las cinco y media de la tarde del mismo día, Clyde y yo salimos a ordeñarlas de nuevo. Esta vez ya sabía lo que hacía y tardamos una hora y media.

—¡Aprendes muy deprisa! —exclamó Clyde con un silbido cuando terminamos—. ¡Eres una chica lista!

Yo no pude evitar hincharme de orgullo.

—¿Entonces cuándo nos toca hacerlo otra vez? —pregunté.

—Mañana.

—¿Tan pronto? ¿Las vacas no descansan?

En la granja de Paige también había tareas diarias, pero allí no había que ordeñar a los animales, pues el ganado estaba destinado a la producción de carne.

—No. No hay días libres en una granja —contestó él, riéndose—. Ni para las vacas ni para el granjero. Y ahora tú eres granjera.

Clyde me revolvió el pelo otra vez y volvimos a la casa. Empezaba a sentirme más cómoda con él. Y en cuanto a tener que trabajar durante la mañana y la noche, no me asustaba tanto como debería. Para mí significaba estar fuera de la casa, lejos de mi madre, lejos del ataque del depredador.

Afortunadamente, ese ataque resultó menos frecuente al principio de vivir con Clyde.

Cookie solo me pegaba cuando Clyde se iba a los prados o salía a comprar pienso. Para el momento en que él regresaba y entraba por la puerta, las lágrimas ya se me habían secado y todo parecía normal. Cookie corría a recibirlo con una sonrisa enorme y dando gritistos infantiles. Lo rodeaba con sus brazos y lo besaba en los labios. Cuando no estaban besándose, mi madre acariciaba las mejillas de Clyde; si él se sentaba, ella friccionaba sus hombros; si estiraba las piernas, le quitaba los zapatos y le daba un masaje en los pies; o se sentaba en su regazo y apretaba sus pechos contra su rostro. Al menos una vez al día, ella colocaba su mano sobre la entrepierna de Clyde y le decía lo apuesto y fuerte que era.

Siempre que Clyde estaba en la habitación, Norm y yo éramos invisibles. Y eso resultaba muy bueno para mí.

HACIA EL FINAL del verano, Clyde me enseñó la última de mis tareas: limpiar el establo de las vacas. Luego de mostrarme la horquilla, la carretilla y el heno, me llevó al final de los corrales, hasta el borde del estercolero que se extendía ante nosotros. Pensé en los pozos de alquitrán del Rancho La Brea, sobre los cuales habíamos leído en clase el curso anterior. Los animales morían en aquellos pozos, así como todo lo que cayera, resbalara, entrara o fuera arrojado a ellos. También había animales muertos en el estercolero de Clyde: terneros cojos, vacas muertas, y gallinas enfermas que no ponían y tampoco se podían comer.

Había leído que los pozos de alquitrán despedían olor a gasolina, pero cualquiera fuera el olor, seguro que era mejor que el que despedía el estercolero. Olía peor que los cubos que había sacado al jardín en la casa de los Callahan. Inhalar el hedor que salía de allí me causaba picazón en la piel, como si tuviera que lavarme.

—Una vez al mes, nos subimos a un tractor y echamos todo el estiércol en este pozo —explicó, mirando el estercolero como si fuera algo bello o majestuoso. Seguro que a la señora Callahan le gustaría aquel pozo apestoso tanto como a Clyde.

—Aquí dentro no hay caca de las personas, ¿verdad?

A saber a dónde iban a parar los excrementos cuando tirabas de la cadena.

—No —dijo él con una sonrisa—. ¿Pero sabes una cosa?

—¿Qué? —pregunté yo, mirando hacia el pozo.

—Creo que te enseñaré a manejar el tractor para que también puedas hacer este trabajo. Eres inteligente y alta.

—Sabes que solo tengo diez años, ¿verdad?

Tal vez Clyde no entendía que era una niña pequeña. Había crecido tanto durante los últimos meses que las personas a menudo pensaban que tenía trece años.

—Mi edad favorita —contestó él guiñándome el ojo, y el corazón se me aceleró igual que con el señor Nettles.

POCO ANTES DE que empezara el colegio, mi madre se puso en contacto con Cherie. Ella no parecía sentir el mismo odio por mi hermana mayor que por Gi y Camille. Afortunadamente, Cherie fue capaz de conseguir que Cookie le diera nuestro número y dirección, así que Gi y Camille no tardaron en llamarnos a Norm y a mí.

Solo había un teléfono en la casa, un aparato beis colgado de la pared de la cocina. El teléfono tenía un cordón muy largo, que yo estiraba al máximo para poder hablar lejos de mi madre cuando mis hermanas llamaban. Sin embargo, rara vez lo conseguía. Si Cookie veía que respondía a muchas preguntas con monosílabos, pegaba la cabeza a la mía y ladeaba un poco el auricular para poder oír lo que hablábamos. Yo siempre decía algo para permitirles a mis hermanas saber que nuestra madre estaba allí. Al darse cuenta, Gi nos pidió a Norm y a mí que le habláramos de la vida en la granja cuando queríamos responder afirmativamente a lo que nos preguntaba, y que habláramos del tiempo para responder negativamente. El truco sirvió para que Cookie no se acercara al teléfono mientras hablábamos.

—¿Te pega mamá? —preguntaba siempre Gi.

—Sí, lo que más me gusta es darles de comer a los terneros.

—¿Clyde te ha tocado?

—No, no ha llovido desde que nos mudamos al pueblo.

—¡Ay, *mia bambina!* ¡*Je t'aime!*

—*Je t'aime* —le susurraba yo.

Un día, mi hermana me dijo:

—Dime cómo se llama tu colegio, pero menciónalo de manera casual, para que mamá no sospeche que te lo he preguntado.

—De acuerdo —dije, pero no se me ocurría cómo hacerlo.

—Voy a llamar al consejero escolar para ver si podemos sacarlos a Norm y a ti de allí —explicó Gi.

—Todos los niños son muy agradables en la Escuela Primaria de Oakview —comenté.

Gi era una de las personas más decididas que conocía. Y saber que iba a intentar ocuparse de mí desde un sitio que estaba tan lejos como Nueva York me hizo sentir un poco más segura, más calmada. Me dio la sensación de que habría un final.

A partir de ese momento, cada vez que Cookie me pellizcaba en la espalda, me tiraba del pelo, me abofeteaba, me pegaba con el cinturón, me daba patadas en el estómago o me clavaba el tacón de madera en la columna vertebral, pensaba en Gi. Ella solo tenía diecisiete años, pero era una chica trabajadora y autoritaria como el presidente, y fue capaz de llamar a unas personas adultas que se encontraban en un lugar tan lejano como Idaho, en una escuela en la que no había estado en su vida, para exigirles que hicieran algo con respecto a mi madre. *Puede que esta sea la última vez, porque Gi se va a ocupar*, pensaba después de cada paliza.

EL VIERNES DESPUÉS de mi cumpleaños decimoprimero, Cookie me dio una nota para que se la entregara al director. Debían dejarme salir a las dos y media de la tarde, porque ella tenía que llevarme al médico a mi revisión anual. Obviamente, no me habían realizado nunca una revisión. Aparte de cuando estuve en el hospital por el accidente de tráfico con Ricky, no había visto nunca a un médico. Mi madre falsificaba la firma de los médicos y entregaba en la escuela unos formularios que ella misma había rellenado, o les decía que pronto se los entregaría. Al final nunca lo hacía, porque nos mudábamos de casa antes. Sin embargo, en un pueblo donde solo había un médico de familia, no había forma de falsificar los historiales. La escuela llevaba detrás de mi madre desde mayo. Hacía más de un mes que había pasado el Día del Trabajo, y ellos seguían insistiendo en que tenían que hacerme una revisión médica y necesitábamos llevarles el registro de vacunación y el historial médico actualizado, firmado por el doctor.

Después del almuerzo, la señora Muse estaba dando una clase de matemáticas. Parecía tan entusiasmada con las divisiones largas, que me preocupaba que se le olvidara avisarme de la hora para reunirme con mi madre. Miraba hacia la puerta cada pocos segundos esperando que apareciera el señor Jackson para decirme que tenía que salir. La señora Muse no detuvo la clase y el señor Van Orden nunca apareció, pero mi madre sí. Ella ocupó todo el umbral de la puerta con su pelo negro ahuecado y su suéter rojo ceñido.

—Señora Muse —dijo mi madre con la voz más falsamente dulce que había oído jamás—, tengo que llevar a Rosanne a su revisión anual.

Recogí mis cosas y las metí en mi mochila. Mientras más dulce era la voz que ponía, más enfadada significaba que estaba. Una vez fuera del salón de clases, me agarró por el pelo de la nuca y me sacó a rastras del edificio en dirección al auto, maldiciendo entre dientes.

Me soltó con un ligero empujón al llegar al vehículo y entramos. Las llaves se hallaban puestas y el motor ya estaba en marcha.

Me miró con un rostro que era un círculo con unas marcadas arrugas de enfado alrededor de la boca y los ojos.

—Hacerme esperar así...

Me agarró otra vez por el pelo de la nuca y me estampó la cabeza contra el panel de instrumentos. Yo ahogué el grito que estuvo a punto de escapárseme; quería ser más estoica, como Norm.

Mi madre salió del estacionamiento del colegio dando bandazos al tiempo que encendía un cigarrillo.

—¡DOS Y MEDIA! —gritó—. ¡TE DIJE QUE SALIERAS A LAS DOS Y MEDIA!

El golpe y el olor a tabaco me habían mareado. Bajé la ventanilla para respirar.

—Pensé que el señor Jackson o la señora Muse me avisarían cuando fuera la hora.

—¡¿Cómo no se te ocurrió mirar el maldito reloj?! —preguntó Cookie.

Se colocó el cigarrillo en la boca y usó las dos manos para girar bruscamente a la derecha con un chirrido de neumáticos.

—No sé decir qué hora es —dije yo, tocándome la frente donde ya me había empezado a salir un chichón. La piel estaba caliente y palpitaba como cuando tenías un diente suelto y lo movías con la lengua.

—¡Qué mierda es eso de que no sabes! ¿Quién carajo no sabe decir la hora que es? ¡Tienes once malditos años!

—Nadie nunca me enseñó.

Cuando vivía con mis hermanas, no me había hecho falta nunca aprender a decir la hora. Ellas me despertaban, me llevaban al colegio y me recogían. Siempre que teníamos televisión (y por extraño que parezca, aunque muchas veces no teníamos calefacción, casi siempre teníamos televisión) sabía la hora que era según el programa que estuvieran poniendo. Los sábados, si estaban poniendo *Scooby-Doo and Scrappy-Doo*, significaba que eran las nueve. Si estaban poniendo *Fat Albert*, significaba que eran las once. Cuando vivía con los Callahan, sabía que eran las ocho de la noche cuando cerraban con llave el dormitorio común, y sabía que eran las seis de la mañana cuando lo abrían. Después, sabía que eran las ocho y veinte y no las ocho y quince, pues eso significaba que habíamos perdido el autobús escolar. Cuando vivíamos en el hotel, una vez que la trabajadora social apareció y la pasma se enteró de dónde estaba mi madre, Norm me despertaba, me llevaba al colegio y me recogía después. No iba a ninguna parte sin él. Durante la época en que estuvimos viviendo en el auto con Cookie, la radio anunciaba la hora cada cierto tiempo, aunque eso tampoco importaba demasiado. No íbamos al colegio, así que no teníamos que prepararnos para llegar a tiempo a ningún sitio. El tiempo se dividía en bloques con las actividades de mi madre: el tiempo que pasaba en el bar, el que dormía en el auto, el que esperábamos fuera del auto mientras ella estaba dentro con un hombre. En casa de Kenny y Jackie, era Jackie la que me esperaba y se ocupaba de que llegara a tiempo al colegio. Sabía que eran las diez menos cuarto cuando la familia de Jackie se preparaba para ir a la iglesia. En el Parque de Casas Móviles Paraíso, Norm me despertaba para ir al colegio. Y sabía que era la hora de ir a la iglesia cuando veía salir a la familia Flynn. Desde que estábamos en la granja, Clyde me despertaba para trabajar. Cuando terminaba las tareas matinales, era la hora de ir al colegio. Y cuando terminaba el colegio era hora de volver a casa y para seguir trabajando.

—¡Qué estúpida! —exclamó Cookie, riéndose.

Tampoco sabía atarme los zapatos, pero aquel no me pareció el momento de decirlo. Esto no había sido un problema, porque los cordones del único par de zapatos que tenía eran tan viejos y tenían el nudo tan fuerte que no hacía falta atarlos y desatarlos.

Entramos en el estacionamiento que había detrás de la consulta del médico. Cookie apagó el motor, se bajó del auto y tiró la colilla al suelo. La vi salir rodando debajo del auto y me imaginé que el depósito de gasolina se encendía y se producía una tremenda explosión.

La enfermera de la recepción le pidió a mi madre mi registro de vacunación y mi historial médico, a lo que ella respondió con su voz más dulce:

—Cariño, abandonamos Nueva York huyendo de un hombre que nos maltrataba y no tuve forma de llevarme los historiales médicos.

—Ah... —dijo la mujer, atónita. Sus mejillas parecían un plato de leche con pétalos de rosa flotando en él—. ¿Y podría llamar para que se los enviaran?

—Por supuesto que no —respondió Cookie—. Si mi antiguo marido se entera de que estamos aquí, vendrá por nosotros y me matará. ¡Y es posible que también a los niños!

—Entiendo. No queremos que tal cosa suceda —dijo la enfermera pestañeando rápidamente varias veces, y a continuación bajó los ojos y estudió sus papeles con nerviosismo.

EL DOCTOR PHILLIPS tenía unas manos cálidas y una sonrisa aún más cálida. Era amable y hablaba despacio y con calma.

—¿Qué tal en el colegio hoy? —me preguntó.

—Divertido. He jugado al balón prisionero —contesté yo.

—Ah, ese es un juego peligroso —dijo él—. Pienso que chicos y chicas tendrían que jugarlo por separado.

—Entonces no habría niños suficientes.

Ninguno de los niños varones era tan alto como yo, y pocos tenían tanta fuerza. A mí me gustaba jugar contra ellos, lo prefería incluso.

—¿Y este golpe te lo has dado jugando al balón prisionero? —preguntó.

—Sí —dije yo, tocándome el chichón. Era como tener un ratoncillo caliente acurrucado debajo de la piel.

—Eso es bueno. Juegas duro —comentó.

Y antes de que me diera ni cuenta ya me había puesto la inyección.

—Sí —dije yo, sonriendo. Jugaba duro. Me gustaba esforzarme, sentir mi fuerza.

—¿Cuál es tu asignatura favorita?

—Lectura y... —recibí otra inyección en el otro brazo—. Me gusta todo.

—Apuesto a que eres una alumna excelente —dijo.

El doctor Phillips me puso la tercera inyección y yo ni pestañeé. Él no tenía idea de cuán minúsculo resultaba ese dolor comparado con el que sentía debido a los golpes que recibía de Cookie.

A CLYDE LE gustaba hablar de las cosas de la granja, la leche y sus dientes, en este orden. De la granja hablábamos mientras trabajábamos por la mañana y por la noche. De la leche conversábamos mientras ordeñábamos y durante la cena, ya que Clyde se bebía por lo menos dos vasos y nos insistía a Norm y a mí para que hiciéramos lo mismo. Sus dientes formaban parte de la conversación sobre la leche. Él no había tenido nunca caries. Ni una sombra que oscureciera la blancura de sus colmillos. Nunca había tenido que ir al dentista. Y todo gracias a su consumo diario de leche, según él. El helado entraba dentro de la dieta de la leche, aunque según Clyde, si de verdad querías tener unos dientes tan blancos como los suyos, tenía que ser helado de vainilla, preferiblemente con mantequilla de cacahuete.

Y justo estábamos haciendo eso los cuatro después de cenar el día que me hice el reconocimiento.

—El médico dice que Rosie tiene unos dientes bastante buenos —dijo Cookie.

Yo levanté la vista de mi tazón. ¿Mi madre acababa de decir algo bonito sobre mí?

—Cuando termines el helado, tendrás unos dientes tan bonitos como los míos —comentó Clyde, guiñándome un ojo.

—Tiene buenos dientes porque le he dado leche toda su vida —siguió Cookie, rebañando ruidosamente el tazón con la cuchara—. Independientemente de las circunstancias, siempre me aseguré de que mis niños tuvieran leche.

Norm y yo nos miramos. No habíamos tomado más leche que la que nos daban gratis con la comida en el colegio. O la que nos dejaban los vecinos en la puerta de la casa móvil en el Parque Paraíso. La cerveza era la única bebida que había a nuestro alrededor cuando Cookie estaba cerca.

—Eres una buena madre —dijo Clyde.

Me preguntaba si lo creía de verdad o si sabía que tenía que decirle cosas como esa para que mi madre siguiera adulándolo, lo que ella hacía cada vez que tenía la posibilidad y las manos libres.

—¿Sabes que por poco no llegamos al médico porque esta —me señaló con la cuchara— no puede decir la hora y no sabía que tenía que salir de clases antes?

—¿De verdad? —dijo Norm, riéndose.

—¿Es eso cierto? —preguntó Clyde.

—Sí —mascullé yo mirando la cuchara.

—Yo te enseñaré —dijo Clyde y me cubrió la mano con la suya.

Yo la aparté, me levanté y me puse a fregar los platos.

—Yo le enseñaré —dijo Cookie—. Esta niña es idiota. No necesita que sean amables con ella, lo que le hace falta es que le metan las cosas a la fuerza en esa cabezota que tiene.

Cookie cada vez cometía más errores en su representación de una buena madre. Yo sabía que no faltaba mucho para que empezara a tirar los platos contra la pared y a pegarme tranquilamente delante de Clyde.

—Cariño —dijo Clyde—, yo me encargo. Tú descansa de tu trabajo de madre esta noche.

—Eres el mejor —murmuró Cookie con admiración.

Acto seguido se levantó de la silla, se sentó en su regazo y empezó a susurrarle cosas mientras Norm y yo limpiábamos la cocina. Cuando terminamos, Norm y Cookie se fueron al salón a ver la televisión.

Clyde me llevó hasta el edificio del ordeño, donde había un radio reloj rectangular en uno de los estantes. Este se parecía a un aparato de televisión en miniatura de la década de 1970, con un altavoz de plástico marrón a un lado y la esfera de un reloj junto a este. Había unas perillas blancas pequeñas debajo del reloj para mover las manecillas y activar la alarma. Permanecimos de pie uno al lado del otro mientras Clyde hacía girar las perillas y explicaba la función de la manecilla grande y la pequeña: los cuartos de hora, la media hora y la hora completa. Después de cuarenta minutos, podía decir la hora en un instante.

—Resulta fácil ahora —dije.

—Eso es porque eres una chica lista —replicó Clyde, alborotándome el pelo—. No solo trabajas en la granja tan bien como el viejo Boone Westley, sino que te has aprendido el reloj en menos de una hora.

Siempre que me hacía un cumplido como en ese momento, siempre que se fijaba en lo mucho que me esforzaba o lo bien que hacía determinada cosa, me invadía una sensación de calor por dentro, algo así como una especie de felicidad. Y esa felicidad hizo que Clyde me gustara un poco más. Casi estaba empezando a confiar en él.

De regreso en la casa, Clyde se quitó las botas en el vestíbulo. Yo bajé la vista hasta mis zapatos, cuyos cordones estaban negros y hechos una bola apretada.

—¿Me enseñas a atarme los cordones? —le pedí.

—¿No sabes? —dijo él, bajando la voz.

—¡¿Qué andan cuchicheando?! —gritó Cookie desde el sofá.

—Seguimos aquí aprendiendo las horas —contestó Clyde, y me guiñó el ojo.

—Gi siempre me los ataba —le expliqué.

—¿Y cómo te las has arreglado desde entonces?

Me quité el zapato y se lo di a Clyde. Él esbozó una amplia sonrisa que dejaba ver sus impecables dientes. Luego se inclinó y agarró las zapatillas de Norm. Pasamos frente a Cookie y mi hermano en el sofá. Mi madre levantó la vista, como si sospechara algo, y luego volvió a mirar la televisión. Clyde y yo nos sentamos a la mesa. Él desató las zapatillas de Norm y me dio una a mí. Seguí sus movimientos mientras volvía a atar el zapato que tenía en sus manos. Lo repetimos una y otra vez.

Me pareció un poco más difícil que aprenderme el reloj, pero para el momento en que terminó el programa que Cookie estaba viendo en la televisión y ella vino a sentarse en el regazo de Clyde, me sabía las dos cosas al dedillo.

AL SÁBADO SIGUIENTE, después que ordeñamos a las vacas, Clyde dijo:

—Ahora que ya sabes leer el reloj y atarte los zapatos, es hora de que te enseñe a conducir la camioneta.

—¿De verdad?

Me quedé boquiabierta. No quería ni moverme hasta estar segura de que no era una broma.

—De verdad —respondió Clyde con una sonrisa, entregándome las llaves.

Salí corriendo con las llaves tintineando en la mano directo hasta la camioneta roja. Me senté en el asiento del conductor y vi a Clyde acercarse. Tenía las rodillas más separadas que las caderas. Me pregunté si sería más alto si tuviera las piernas rectas.

—Hazte a un lado —dijo Clyde.

—Pensé que iba a conducir —repliqué.

—Tengo que llevarte al medio del campo —explicó Clyde—, donde no puedas chocar contra nada y nadie puede oír si uno de nosotros empieza a gritar y chillar.

Me deslicé hasta el asiento del pasajero y Clyde entró a la camioneta. Condujimos por el camino hasta uno de los campos más remotos, donde Clyde había arrendado tierras para cultivar heno. Él apagó el motor en medio de la nada. El campo era plano, en su mayor parte marrón, y las colinas verdes parduscas se elevaban en la distancia. Clyde se deslizó a través del asiento. Salté hacia fuera antes de que su cuerpo se acercara demasiado al mío, corrí alrededor del camión, y me senté en el asiento del conductor.

—Toma el volante —dijo Clyde, y colocó una mano al lado de la mía sobre el timón.

Luego señaló más allá de mi pierna e indicó:

—Acelerador.

Recordé a Becky en la casa de los Callahan, mostrándonos la cocina, el comedor y la sala de estar. Quería decir *obviamente*, de la misma forma que Becky lo había hecho, pero permanecí callada.

Una vez que me mostró todas las partes, Clyde me examinó con respecto a ellas para asegurarse de que había entendido todo. Cuando él decía *embrague, freno* o *acelerador*, debía poner mi pie en ellos tan rápido como podía. Me explicó la relación entre el acelerador y el embrague, moviendo las manos hacia delante y hacia atrás a modo de ejemplo para ilustrar lo que deberían hacer mis pies. Parecía sencillo.

—Ahora pon tu pie en el embrague y presiónalo tanto como puedas —dijo Clyde.

Lo hice y él silbó, como si yo hubiera elegido tener aquellas largas piernas, como si hubiera trabajado para obtenerlas, en vez de haber nacido con ellas.

—Tu mamá probablemente no pudo conducir hasta que tuvo veintiún años, con sus piernas diminutas.

Las piernas de Cookie estaban lejos de ser diminutas. Sin embargo, ella no era muy alta y seguramente no habría sido capaz de alcanzar un embrague como yo lo hice a la edad de once años.

—¿Puedo encender el motor? —pregunté yo, preparada para salir ya, sin ningún miedo.

—Yo estoy listo si tú lo estás —dijo él bajando la ventanilla y apoyando tranquilamente el brazo en el costado del vehículo.

Encendí el motor y nos pusimos en movimiento con una sacudida a través del campo. La camioneta se movía dando bandazos y gemía cada vez que cambiaba de marcha. Al coger velocidad, el traqueteo por los surcos irregulares que se formaban en el terreno nos mandaba disparados hacia el techo. Se me paró la camioneta varias veces, pero Clyde me explicó pacientemente cómo arrancar y salir de nuevo.

—¡Aprendes muy deprisa, ya lo creo! —dijo con una sonrisa emocionada, y yo sentí que me inundaba el calor de la confianza en él.

¿Cómo iba a ser malo si en veinticuatro horas me había enseñado a decir la hora, a atarme los zapatos y a conducir?

UN DÍA DE finales de octubre, al llegar a casa, me encontré a Cookie dando tumbos por el salón como un escarabajo enorme al que hubieran pisado y no estuviera muerto todavía. Me miró y sonrió. Y acto seguido empezó a reírse a carcajadas.

—¿Qué? —pregunté y me miré para ver si llevaba algo encima que le hiciera gracia.

—Se trata de tu hermana —dijo ella, dejándose caer en el sofá. Dio unos golpecitos en el asiento indicándome que fuera a sentarme a su lado.

—¿Cuál de ellas?

—La zorra loca que debería estar en un correccional, porque no sabe hacer otra cosa que crear problemas —espetó ella lenta y densamente, como si estuviera aprendiendo a hablar. Luego volvió a dar unos golpecitos con la palma de la mano en el asiento—. SIÉNTATE.

Yo obedecí.

—¿Gi?

—Ya lo ves, incluso tú sabes que es una jodida lunática —dijo ella, intentando encender el cigarrillo, pero estaba demasiado borracha para llevar la cerilla a la punta. Se le cayó la cerilla encendida en el sofá y yo me incliné por encima de su regazo para apagarla.

—¿Qué pasa con ella? —pregunté, cogiendo la caja de cerillas de la mesa de centro y encendiendo el cigarrillo.

—Ha llamado a tu colegio. He tenido que ir a ver al director, como si yo fuera una alumna que se porta mal... —dejó las palabras en suspenso y la cabeza se le cayó sobre el sofá. Parecía que se le había olvidado de qué estaba hablando.

—¿Y qué han dicho? —pregunté, electrizada.

¿Me iban a mandar de vuelta a Nueva York con mis hermanas? Gi me prometió que se aseguraría de que no me enviaran a otra casa de acogida.

—La estúpida loca llamó al colegio, pero yo les he dicho la verdad.

—¿Qué les has dicho?

—¡Que está loca! ¡Que es una delincuente! ¡Y que por eso no vive con nosotros! —exclamó, riéndose a carcajadas otra vez.

—¿Y ellos te creyeron?

La sensación eléctrica estaba empezando a apagarse.

—¡Por supuesto! ¡Soy un miembro respetable de esta comunidad! ¡Soy mormona!

—Tú no eres mormona —repliqué. Todo dentro de mí permaneció inmóvil. Estaba entumecida. Si le creían, no habría manera de deshacerse de ella—. Tú fuiste a una escuela católica.

—Era una escuela mormona-católica. No te lo había dicho.

—Sí. Está bien —dije yo, notando que mi cuerpo se hacía cada vez más pesado, sentí como si me estuviera hundiendo y fuera a atravesar el sofá.

—Me adoran en tu colegio. Me adoran porque...

Cookie cerró los ojos y se quedó dormida. O perdió el conocimiento.

Le quité el cigarrillo de la mano y salí de puntillas. Norm acababa de llegar del colegio en el autobús. Levanté el dedo para hacerle una señal de que guardara silencio y el cigarrillo me dio en el labio. Rozar el extremo húmedo de saliva y pintalabios de mi madre con mi boca me resultó tan insoportable como la paliza de la que me acababa de librar.

AL TERMINAR LA Navidad, Cookie había llevado cuatro gatos a la casa. No sabría decir quién o cómo les puso nombre, pero el caso es que se llamaban Sócrates, Aristóteles, Platón y Snowy. Había una caja de arena para ellos en el vestíbulo, pero con tantos gatos se llenaba rápidamente y parecía que preferían hacer sus necesidades en un rincón detrás de la mesa de la cocina o en el pasillo, junto al cuarto de baño. Como Cookie hacía muy pocas tareas de la granja, limpiar la casa era su responsabilidad. Sin embargo, no lo hacía, o lo hacía tan mal y tan pocas veces que no había manera de que hubiera orden. La suciedad se encontraba por todas las superficies. Las paredes de la cocina cerca de la mesa estaban manchadas de grasa y salpicaduras, ya que había empezado a tirar la comida. De vez en cuando, aparecía un ratón muerto debajo de la mesa. Se resecaban rápidamente y los cadáveres viajaban de una habitación a otra, ya que los gatos no dejaban de jugar con ellos. Resumiendo, el interior de la casa no estaba mucho más limpio que el exterior. Y aunque me quitaba las botas, los guantes y la chaqueta en el vestíbulo para evitar introducir el estiércol dentro de la casa, no habría alguna diferencia si no lo hubiera hecho.

Al final del día, después de las tareas de la granja, el colegio y más tareas después de regresar de la escuela, por la noche estaba tan cansada que más que adormilarme suavemente caía rendida, como si cayera de un acantilado hacia un abismo.

Los fines de semana, pasaba mucho tiempo con Paige y otra persona que se había unido a nuestro grupo de buenas amigas, Jasmine Bailey. Jasmine tenía unos profundos ojos pardos, pelo castaño y la energía de los fuegos artificiales. Al igual que Paige, ella estaba dispuesta para todo. Debido a que Paige y yo estábamos limitadas por las tareas a menudo las hacíamos juntas. Las tareas de ella eran más fáciles, así que las tres comenzábamos por su granja, dándole de comer al ganado y limpiando tan rápido como podíamos. Una vez que terminábamos, recorríamos todo el camino hasta la granja de Clyde para ordeñar a las vacas, limpiar los establos y darles de comer a los terneros. Yo tenía más trabajo y era más duro, así que intentaba que fuera divertido para Paige y Jasmine. Inventábamos juegos consistentes en subirnos a lomos de los terneros más grandes y montarlos por el corral. Nos sentábamos en sus caderas y nos inclinábamos sobre ellos, abrazándonos a sus cuerpos de suave pelaje hasta que una de las dos se caía. Si el ternero no era lo bastante grande, mis pies rozaban el suelo. Estaba creciendo tan deprisa que ya era más alta que mi madre y no mucho más baja que Clyde.

UNA VEZ A la semana, la hermana Price y la hermana Elson, de la iglesia mormona, pasaban por casa. Su trabajo consistía en hacer visitas todas las veces que pudieran y comprobar que la congregación estaba bien. Como Clyde era mormón, Cookie había decidido hacerse pasar por una de ellas. Jack Mormón era el nombre que la iglesia mormona le daba a aquellos que no obedecían las leyes de no fumar, no beber o no consumir cafeína.

Después de la cena, nos sentábamos en el salón con las dos mujeres. Eran bonitas y tenían una gran sonrisa que dejaba al descubierto todos los dientes, y una voz dulce como de crema y miel. Mi madre se comportaba excepcionalmente bien cuando ellas iban a la granja. Nos servía galletas y bebidas de frutas. Cuando estaba Clyde presente, ofrecía leche. A veces se escapaba un momento a fumar mientras las hermanas estaban allí. Y si hacía mucho frío, se iba al extremo más alejado de la cocina y disipaba el humo con la mano.

Norm no hablaba mucho durante aquellas visitas. Los dos comíamos todas las galletas que podíamos mientras hubiera. De vez en cuando yo hacía preguntas sobre Joseph Smith y qué clase de hombre era. ¿Realmente hablaba con Jesús? ¿O era como cuando yo hablaba con mis hermanas para mis adentros? A Clyde parecía agradarle que hiciera preguntas, sentándose siempre bien erguido y sonriendo o revolviéndome el pelo.

Imaginaba que me sería bastante fácil convertirme en mormona. No bebía. No fumaba. Podía dejar la Coca-Cola y otras bebidas con cafeína sin problemas, y no me costaba creer en Joseph Smith igual que creía en Jesucristo. Además, como todos los miembros de la iglesia que venían a casa eran mujeres, pensaba que eran mujeres las que dirigían la iglesia mormona. Después de haber visto cómo mi madre organizaba su vida en función de los deseos del hombre que persiguiera en cada momento, un lugar dirigido por mujeres me parecía un buen cambio.

Mientras más aprendía sobre el Libro del Mormón, y acerca de Joseph Smith y Jesús, más normal me sentía cuando íbamos a la iglesia mormona cada domingo. Vestidos con nuestras ropas más pulcras y las uñas limpias con la ayuda de un mondadientes, nadie sabría señalar las diferencias entre Cookie, Clyde, Norm y yo, y la familia Mann, la cual vivía un poco más allá que nosotros. Y aunque todo el mundo sabía que mi madre era la mujer que había embrujado a Clyde Hapner, que después nos ganó en una partida de cartas, la gente se portaba bien con ella en la iglesia. Cookie, por su parte, mostraba la mejor versión de sí misma. Su acento neoyorquino resonaba entre las voces de los demás, pero al menos las palabras que salían de su boca eran más amables y educadas que las que utilizaba en casa.

Clyde y Cookie me dejaban ir a donde quisiera y hacer lo que quisiera siempre que estuviera relacionado con la iglesia, así que no había descenso por el río en balsa, pícnic, excusión o visita a una fábrica a la que no asistiera. La iglesia era como un bote salvavidas que flotaba a escasa distancia de los terrores que vivía con mi madre. Cookie ya me pegaba libremente delante de Clyde, que se iba de la habitación como si el asunto no fuera con él. La idea de una salida con la iglesia, saber que había algo planeado para la semana o el mes siguiente, hacía un poco más tolerable la vida en casa.

15

Hasta las rodillas

UNA TARDE A principios de la primavera, cuando ya llevábamos viviendo con Clyde casi diez meses, llegué a casa del colegio, entré y me detuve en seco al ver la escena que se estaba produciendo delante de mí. Mi madre, desnuda por completo a excepción de unas botas rojas de vaquero, estaba galopando delante de Clyde, desnudo también. Tenía una mano dirigida hacia atrás y parecía estar tirando de Clyde a través de todo el salón por lo que en ese momento pensé que era *su cosa*. La imagen era tan extraña que no sabía dónde situarla en mi cerebro, qué hacer con ella. Era como un rompecabezas para mí, algo completamente del revés. En cuanto me di cuenta de que aquel juego del caballito tenía algo que ver con el sexo, salí corriendo de la casa. En mitad del campo me encontré con Boone, que estaba moviendo los tubos de irrigación para regar la alfalfa y el grano.

Boone siempre se portaba bien conmigo. Cada vez que podía, me dejaba irme antes, para que no tuviera que trabajar cuando se hacía de noche. Y me enseñaba las nuevas tareas con paciencia infinita. Siempre pensé que con aquel enorme bigote y su corpulencia sería rudo y cruel, como mi madre, pero no lo era. Jamás. Y nunca había sentido que se me acelerara el corazón cuando nos encontrábamos a solas. Yo confiaba totalmente en él.

Aun así, cuando Boone me preguntó por qué estaba tan nerviosa, no le conté lo que había visto. Me limité a coger el tubo y lo ayudé lo mejor que pude. En aquella época era demasiado mayor como para no decir inocentemente las cosas que me venían a la cabeza, y demasiado joven como para creerme con el derecho a denunciar a los adultos que me rodeaban por su mal comportamiento.

EN LA PROPIEDAD de Clyde había un remolque que se utilizaba para almacenaje. Gran parte de lo que había allí adentro debió pertenecer a su antigua esposa. Mi madre entraba con frecuencia a revolver entre los objetos y siempre regresaba a la casa con alguno. No sabía que supiera coser hasta que entró con una máquina de coser y se puso a hacerse prendas de ropa para ella. Estando borracha o sobria, movía las manos rápidamente y con fluidez sobre la tela, mientras sujetaba una puñado de alfileres entre los labios con el ceño fruncido. Parecía saber lo que hacía sin que tuviera que pensarlo mucho.

La mayoría de las niñas iban a empezar a hacerse minifaldas ese año. El señor Jackson, el director, nos había dicho que las niñas buenas no se ponían minifaldas y que no debíamos llevarlas al colegio. Sin embargo, la orden no impidió que Paige y Jasmine se hicieran una falda, y tampoco me impidió a mí que le preguntara a mi madre si podía hacerme una. Fue un milagro que accediera a hacerlo. Que la falda me quedara bien y fuera bonita (recta, de pana negra y con cremallera a un lado) fue todavía más milagroso. Una tarde, fui a casa de Paige y ella me ayudó a embellecerla con unos botones blancos a lo largo de la parte delantera y una cinta blanca en zigzag alrededor del bajo y la cinturilla. La suya era de rayas y parecía sacada de una revista de modas.

Paige, Jasmine y yo, con otras cinco amigas del colegio, decidimos ponernos nuestras falditas el mismo día a pesar de la orden del director.

Yo era la más alta de mi clase, y por eso mi falda parecía más corta que la de las demás. Tenía unas piernas firmes como las de un caballo y me sentía fuerte como uno cuando entré en el colegio aquel día. El señor Jackson me siguió hasta el salón de clases y se detuvo cerca de la puerta. Su rostro enfurecido había adoptado el color de las berenjenas y tenía la boca abierta. Imaginé que le salían fuegos artificiales de los ojos. Con voz firme, el director nos llamó a todas por nuestros nombres y nos pidió que saliéramos al pasillo. Yo salí detrás de Paige, Jasmine y las otras, bajándome la falda hasta las caderas. Las ocho formamos un círculo apretado, rozándonos los hombros unas con otras. Nuestras piernas desnudas se golpeaban y temblaban del nerviosismo.

—Estoy muy decepcionado con ustedes, chicas —comenzó a decir el director—. Han tomado una mala decisión. Muy mala.

Nos miró a todas, una por una. Me sentí avergonzada y junté las rodillas todo lo que pude.

—Pienso llamar a sus padres para hablarles de esta fechoría.

Un par de chicas se pusieron a llorar. A mí me temblaban los labios. Me di la vuelta y vi que Paige tenía la cara salpicada de manchas de color rosa. Seguro que estaba preocupada por mí, porque sabía que tenía problemas por las cosas más simples, como no alimentar a los pollos a tiempo (recibía una buena golpiza por eso, pero Paige solo sabía que me castigaban). Su padre, por el contrario, sí sabía apreciar las dotes de su hija para la costura y probablemente se pondría de su lado.

Jasmine buscó mi mano y me la apretó. Ahora sabía que ella también estaba preocupada por mí, pues como Paige, era consciente de que a menudo me metía en problemas, pero tampoco tenía idea de las palizas que recibía. La madre de Jasmine entraba y salía de su vida, al igual que del hogar, en dependencia del mes. Su padre rara vez se enojaba por algo que ella hacía.

—Rosie se va a meter en un buen lío —dijo Paige sin poder contenerse.

Las dos nos miramos un momento y finalmente bajé la cabeza, que de repente me pesaba como una bola de jugar a los bolos.

El director guardó silencio un momento y al cabo dijo:

—Todas están castigadas sin recreo toda la semana. Y quiero una carta de disculpa antes de que se vayan hoy de aquí.

Cuando el señor Jackson se dio la vuelta y se marchó, casi me dieron ganas de llorar de alivio. Una vez fuera de la vista, las ocho nos abrazamos ante lo que considerábamos una victoria. Y después entramos recatadamente al salón de clases.

Durante el primer recreo que estuvimos castigadas, saqué un trozo de un grueso papel de rayas azules y el lápiz mientras pensaba detenidamente en la disculpa. Lo que quería decirle al director era que lamentaba haberlo decepcionado, pero que no me arrepentía de lo que había hecho. Después de que la posibilidad de ser golpeada por la falda había sido eliminada, me sentía triunfante. Llevar aquella minifalda, yendo contra las reglas, le dio vida a la percepción de mi propio *yo*, dormido desde que era pequeña y mis hermanas intentaban colmar mis deseos. Con aquella minifalda no era únicamente una chica de granja que hacía todas sus tareas; no era únicamente el saco de boxeo y la receptora de todas las malas ideas de mi madre; y no era únicamente la niña callada que intentaba no hacer ruido para pasar desapercibida. Dentro de mi caparazón de obediencia estaba mi yo alborotador, anhelante, amoroso y alegre. Y a mi yo alegre le gustaba ponerse una minifalda negra de pana con botones y una cinta en zigzag blanca. A mi yo alegre le gustaba enseñar sus piernas fuertes. Aunque estuviera prohibido.

MI PRIMER ENAMORAMIENTO digno de señalar desde David Collins, el de la biblioteca de la escuela primaria de Caldwell, fue de Davey Stewart. Él era unos quince centímetros más bajo que yo y tenía el pelo castaño, pecas y una sonrisa enorme y encantadora. Paige y Jasmine sabían que estaba loca por él, y cuando íbamos todas juntas por el pasillo, ellas se apresuraban de manera que me quedara junto a él. Yo me reía y corría para alcanzarlas.

La señora Muse hacía que cada uno corrigiera los deberes de otro compañero cada semana. Nos escribíamos notitas en el papel, cosas graciosas o divertidas, que nos hicieran reír. La mejor nota que me escribieron fue cuando le tocó a Davey Stewart corregir mis deberes. Me puso una flecha por delante de la hoja para que le diera la vuelta. Por detrás decía: «¿Quieres salir conmigo, Rosanne?». *Salir conmigo* era la manera de pedirle a alguien que fuera tu novio o novia. Supongo que era una forma de indicar que uno quería algo en serio, pero nadie lo decía así. Debajo de la pregunta había dos casillas. Una decía *sí* y otra *no*. Marqué con una X la casilla del *sí*. Me levanté a sacarle punta al lápiz llevando la hoja conmigo y la dejé caer disimuladamente en la mesa de Davey. Él la leyó rápidamente y esbozó una sonrisa tan grande que casi se le veían los dientes de atrás de la boca. Recogí nuevamente mis deberes y regresé a mi sitio. Me moría de ganas de decírselo a Paige y a Jasmine. Estaba muy emocionada de tener pareja para mi primer baile de primavera.

Nadie hablaba de otra cosa en el colegio. Cuando me detuve en la tienda de Sheryl a comprar una botella pequeña de lejía, me preguntó si ya tenía pareja para el baile. Yo me sonrojé y mascullé que iba a ir con mi novio. Por supuesto, ella quería saber quién era. Cuando le dije que se trataba de Davey Stewart, contestó:

—¡Qué bueno! ¡Ese chico es tan encantador como tú, Rosie!

Aunque ella conocía perfectamente lo que había ocurrido entre Cookie, Hal, Betsy y Clyde, y yo suponía que Betsy y ella seguirían siendo amigas, nunca nos culpaba a Norm o a mí de nada. Para nosotros su tienda era un sitio muy agradable, igual que la iglesia.

Cuando le pagué la lejía, ella echó en la bolsa un paquete de golosinas de chocolate y mantequilla de cacahuete Reese's, y me pidió que lo compartiera con Norm.

Aquella misma tarde, Norm me dijo que podía usar su cepillo de dientes para que así yo pudiera emplear el mío en limpiar mis zapatillas deportivas con lejía. Las froté hasta que se quedaron tan blancas como los dientes de Clyde. Mientras se secaban, planché los únicos vaqueros que no me quedaban cortos y una camiseta blanca de manga larga que le había pedido a Norm. Encima de la camiseta me puse una blusa de cambray que mi madre me había comprado en la tienda de segunda mano, abierta y desabotonada. Me pareció que era un conjunto bonito: informal, pero limpio y pulcro.

Davey estaba muy guapo aquella noche con sus vaqueros, un cinturón rojo y una camiseta blanca de manga larga en la que se leía en marcadas letras rojas: USA. Y debajo decía: CALIFORNIA. Yo sabía dónde estaba California en el mapa: un estado más arriba y uno más abajo si ibas a través de Oregón. Sin embargo, como nunca había estado allí y lo conocía solo por la televisión, me parecía que se encontraba más lejos que Nueva York: un lugar mágico con gente bonita y moderna, playas, faldas cortas en el colegio, y un verano que duraba hasta en enero. Davey parecía sacado de la misma California con aquella camiseta. Y pensé que bien podría escaparme con él mientras bailábamos aquella noche.

Cuando sonó la canción «My Love», de Lionel Ritchie, Davey me tomó la mano mientras bailábamos. Yo nunca le había dado la mano a un chico hasta ese momento y no esperaba que fuera una sensación tan agradable, como una corriente de agua electrizante y cálida por toda la piel. En cuanto se terminó la canción, deseé que pudiéramos retroceder en el tiempo y que el baile volviera a empezar.

Aquella noche estaba tan agitada que casi no dormí. Tendida en la cama, con Blue tumbado en el suelo al lado mío (donde dormía desde que llegamos a la granja), intentaba recordar todas las canciones que habían puesto en el baile. «My Love» había sido la mejor, por supuesto. Me pareció que acababa de dormirme cuando oí que Blue se revolvía en el suelo.

—Duérmete —le susurré.

A las cinco de la mañana, Blue se inquietó de nuevo. Me di la vuelta y lo miré. Estaba sentado y me miraba, jadeando.

—¿Qué ocurre? —pregunté, mirando al perro y a la puerta, que estaba entreabierta, aunque yo siempre dormía con ella cerrada.

Me levanté a cerrarla y volví a la cama. Media hora después sonó el despertador. El perro no estaba y la puerta se encontraba abierta. Imaginé que Clyde habría empezado a hacer la ronda temprano. Me puse un pantalón y una sudadera, me sujeté el pelo con una goma y fui a la cocina a lavarme los dientes con el cepillo de Norm.

Cuando llegué a la sala de ordeño, me sentía medio mareada, cansada, pero feliz. Las vacas ya estaban preparadas y las dos primeras esperaban en la rampa.

—¿La pasaste bien anoche? —preguntó Clyde.

Él cogió un delantal de plástico de su gancho y me pasó la lazada de la cabeza por detrás del cuello para atármelo a la espalda. Estaba demasiado ensimismada para fijarme en sus acciones o cuestionarme siquiera por qué se estaba ocupando de mí de aquella manera.

—Sí, ha sido genial.

Clyde me había dejado el delantal tan flojo que me colgaba como una bandera. Me lo desaté y lo volví a atar a la espalda.

—¿Te has portado bien?

—Claro que sí —dije—. Tengo once años.

—Esos chicos no tratarían de tocarte, ¿verdad?

Clyde no me lo preguntaba de la misma manera que cuando mi madre me acusaba de ser una zorra, así que sabía que no estaba enfadado. Sonreía incluso. Sin embargo, no entendía su tono, no sabía qué era lo que quería de mí. ¿De verdad pensaba que iba a contarle detalles íntimos de mi vida con mis amigos del colegio?

—Por supuesto que no —dije—. Tengo novio.

—¿Novio? —repitió él, sacándose el delantal por la cabeza—. Bueno, supongo que si eres lo bastante mayor como para conducir la camioneta, lo eres para tener novio.

Me dirigía hacia la manguera cuando Clyde se me acercó por detrás y me echó su delantal por encima atrapándome con él, mi espalda pegada a su torso. Mi cabeza asomaba por la parte superior del delantal, justo por debajo de la suya. Forcejeé, pero él impedía mis movimientos tirando de los dos lazos del delantal con la mano izquierda mientras me metía la derecha por debajo de la sudadera.

—¿Te ha tocado así ese novio tuyo? —me preguntó, jadeándome en el oído.

—¡No!

Yo me sacudía de un lado para otro y él se sacudía a su vez, apretándose más contra mi espalda. Me dio la impresión de que le gustaba, así que me detuve en seco. Y entonces él me soltó.

Me escapé de debajo del delantal, cogí la manguera, abrí el agua y dirigió el chorro hacia la vaca. Me temblaban tanto los brazos que la vaca terminó mojada desde la cola hasta el hocico.

—Despacio, despacio —dijo Clyde alcanzando la manguera por detrás de mí, pero yo me eché a un lado.

—Ya lo sé.

—Dirige el agua a las ubres. Que estén rosadas y brillantes.

Quería vomitar. Quería huir. Quería dirigir el chorro hacia Clyde. Pero no lo hice. Me quedé allí y terminé el trabajo.

Dos horas y media más tarde, cuando salíamos de la sala de ordeño, me revolvió el pelo y me sonrió.

—Lo has hecho bien. Eres una gran trabajadora.

—Lo que tú digas —dije yo, sin detenerme.

—¡Rosie! —gritó él, tirándome del brazo para obligarme a mirarlo—. Nadie tiene que saber cómo te enseño tus tareas. Trabajamos bien juntos en la granja, que siga siendo así. ¿Entendido?

—Sí —dije yo.

Me solté de él de un tirón y corrí hacia la casa, al cuarto de baño a ducharme.

Me miré el cuerpo mientras me duchaba buscando alguna marca. Cuando Cookie me maltrataba, siempre quedaban las marcas: chichones, moretones, puntitos de sangre donde me había pellizcado. No me gustaba que me hicieran daño y no me gustaba que mi cuerpo tomara nuevas formas y colores a manos de mi madre. No obstante, sí me gustaba que hubiera pruebas de lo sucedido. Era un testimonio del grado de maldad de lo que hubiera sucedido. Sin embargo, lo de Clyde resultaba diferente; no había prueba que lo demostrara. Era como si el acto se hubiera esfumado en el aire nada más suceder. Me sentía como si nadie hubiera sido testigo. Irreal. Invisible.

AQUEL VERANO, MI hermana Gi empleó el dinero que había ahorrado trabajando más otro dinero que le habían dado luego de su graduación para comprar un billete de ida y vuelta a Idaho. Entre evitar a Clyde, que me agarraba por detrás en la sala de ordeño siempre que Boone no estaba cerca, y a Cookie, que nada le gustaba más que golpearme la cabeza contra el panel de instrumentos o hacerme cosas peores, aguardaba con verdadera ansia la llegada de mi hermana. Todas las noches rezaba para que no ocurriera nada que le impidiera viajar: una enfermedad, un huracán, una avería del avión.

Antes de que Cookie condujera las dos horas en auto que había hasta Boise para recoger a Gi en el aeropuerto, tuve que limpiar y organizar los trastos que llenaban la furgoneta de mi madre. El Chrysler, que había dejado de funcionar, había pasado a ocupar su lugar en la fila de vehículos oxidados y en desuso que había sobre el césped junto al camino de entrada a la granja. Recientemente, mi madre había decidido que estaba cansada de la vida de granja e iba a abrir una tienda de objetos de segunda mano. Con su sofisticación y elegancia neoyorquina, según ella, atraería a clientes de todo el estado. El nombre de la tienda sería Prismatic Fantasies. Prácticamente todos los días, Cookie recorría en auto pequeños pueblos, donde escribía cheques fraudulentos para pagar por cualquier cosa que le pareciera que encajaba en su negocio: bisutería, joyas antiguas, ropa nueva y usada, vitrales y otros artículos de artesanía, estanterías y mesas expositoras, ganchos para colgar ropa y hasta una caja registradora. Y no dejaba de llevar gatos a la casa. Había tantos que no me sabía todos sus nombres. No te podías sentar en ninguna parte sin que se te pegaran los pelos de gato a la ropa.

Paige y Jasmine me ayudaron a limpiar el auto. Examinábamos todos los objetos que recogíamos y los llevábamos al remolque, donde mi madre guardaba todos sus tesoros para la gran inauguración se su tienda.

—¿Dónde te sientas normalmente? —preguntó Paige.

El auto estaba tan lleno de cosas que el único espacio libre era el asiento del conductor.

—A veces me siento encima de las cosas.

Me acordé de cuando Cookie, Norm y yo vivíamos en el Veg. Era como vivir en un contenedor de basura. Quería contárselo a Paige, igual que quería contarle lo que Clyde me hacía. Pero no dije nada. Cada vez que estaba a punto de revelar un secreto familiar, una barra metálica imaginaria me cruzaba los labios, empujando el recuerdo hacia el interior.

Mi madre dejó a Paige y Jasmine en su granja antes de que ella, Norm y yo nos dirigiéramos al aeropuerto a recoger a mi hermana. No parecía muy contenta ni emocionada. Fumaba un cigarrillo tras otro mientras hablaba de lo mala persona que era Gi y lo afortunados que éramos Norm y yo por habernos alejado de ella.

—Una zorra desde el mismo día que nació —dijo.

Yo me imaginé a mi hermana envuelta en una manta, probablemente siendo incapaz en modo alguno de sostener la cabeza o hablar, en su primer día de vida con una madre como Cookie, furiosa desde ese mismo momento porque decía que su hija era una zorra.

Ya en la terminal la vi antes que ellos. Estaba delgada, morena, y tenía una preciosa melena que parecía tan abundante y fuerte que se podía usar como un casco. La miré un segundo, hipnotizada. Y en ese momento sus ojos se encontraron con los míos.

—¡MIA BAMBINA! —gritó, corriendo hacia mí.

Nos abrazamos, pero la emoción y la felicidad del momento no me permitían hablar siquiera. Nos separamos para mirarnos y nos reímos. Desde la última vez que me viera, había dado un enorme estirón y en ese momento era por lo menos quince centímetros más alta que ella.

—¡Estás preciosa! —me dijo y me dio un beso en cada mejilla.

A continuación abrazó a Norm.

—¡Mira qué lindo estás! —dijo, y Norm se puso rojo—. Pareces todo un hombre.

A continuación y sin detenerse abrazó a nuestra madre, que gruñó y frunció el ceño. Me daba la impresión de que la abrazaba por Norm y por mí. Para mantener la paz durante el tiempo que estuviera de visita.

Norm cogió la maleta, pero yo se la quité. Quería que mi hermana viera lo fuerte que era. Enlazó el brazo con el mío que estaba libre y nos dirigimos a la furgoneta. Gi nos preguntaba a mi hermano y a mí por la granja, nuestros amigos y nuestra vida en Idaho. Cookie fumaba sin decir una palabra.

Dejé la maleta en el maletero y los tres nos sentamos en el asiento trasero, Gi en el medio para que Norm pudiera estar a un lado y yo al otro.

—Supongo que yo soy el maldito chofer —gruñó nuestra madre, subiendo al asiento del conductor.

—Gracias por venir a recogerme, mamá —dijo Gi.

—Me debes veinte verdes de gasolina —replicó ella, tirando el cigarrillo por la ventanilla e incorporándose a la carretera a continuación.

—¿Qué? —preguntó mi hermana.

—Es un viaje de cuatro horas ida y vuelta. Me debes veinte verdes de gasolina —comentó, y encendió otro cigarrillo.

—Yo lo pagaré —dije yo, inclinándome hacia delante entre los dos asientos.

—Tú no tienes dinero —rezongó Cookie, y tenía razón.

—Te lo pagaré. Yo tengo dinero —dijo Gi, abriendo el bolso y sacando un billete de veinte dólares.

Lo extendió hacia mi madre por encima del asiento y esta se lo guardó en el sujetador. A continuación, nos rodeó a Norm y a mí con un brazo y los tres nos pusimos a hablar sin parar.

Cookie nos interrumpió varias veces para sacar a colación las nuevas tareas que habría que hacer durante esa semana: cortar el césped; limpiar el corral del toro; comprar comestibles para la cena, los cuales Gi pagaría, pues para algo se iba a convertir en una «sofisticada sabelotodo». En el otoño, mi hermana iría a la universidad. Norm y yo estábamos muy contentos y orgullosos de ella. Por su parte, la reacción de Cookie ante la noticia no había sido otra que decir que Gi se creería mejor que nosotros cuando tuviera un título.

«¡Yo no fui y me ha ido bien!», dijo en más de una ocasión. Y cada vez que lo hacía, yo me preguntaba en qué se basaba para decir que le había ido bien. Bebía constantemente, vivía con un pervertido, le pegaba a su hija, reunía basura para su futura tienda de segunda mano, coleccionaba gatos porque le gustaban más que los humanos, y de sus cinco hijos solo dos le hablaban. Y solo porque no tenían más remedio que vivir con ella.

La semana que Gi estuvo con nosotros fue como unas vacaciones. Seguía haciendo mis tareas, pero ella me ayudaba. El miedo atenazador que sentía cada mañana en la sala de ordeño desapareció durante el tiempo en que mi hermana estuvo conmigo. Clyde no podía tocarme estando ella cerca.

A Gi le encantaba aprender cosas sobre los animales, y a mí me gustaba mucho mostrarle todo lo que sabía. Hablábamos sin parar y nada nos estropeaba la felicidad. Cuando Cookie le pidió que le pagara por la comida que iba a consumir, ella le dio el dinero sin rechistar. Cuando Cookie nos lanzó unas tijeras y nos ordenó que cortáramos el césped con ellas, nos reímos nerviosamente y después sacamos la podadora y cortamos el césped con la máquina. Y cuando Cookie se negó a que nos lleváramos dos de los tres vehículos que tenían Clyde y ella (él tenía dos camionetas y mi madre la furgoneta) al río para bañarnos y jugar con unos neumáticos, no le hicimos caso y dejamos que Norm librara aquella batalla. Cuando mi hermano se lo proponía, era la única persona capaz de convencer a nuestra madre para que hiciera algo que ella no quería hacer.

Una vez que él consiguió el permiso para llevarnos los vehículos, echamos las cámaras infladas de tres neumáticos en la parte trasera de una de las camionetas y fuimos con las dos hasta el final de todo el recorrido de dos horas del río. Esa camioneta nos serviría para regresar hasta el punto de inicio original, donde dejamos la segunda camioneta. A Gi le gustó tanto que Norm consiguió que nos dejaran otra vez las dos camionetas dos días después y repetimos el descenso por el río. En las zonas más tranquilas, los tres nos dábamos la mano y flotábamos placenteramente juntos, meciéndonos en una estructura gigante. Norm y yo le hablamos de la Playa de Paraíso, el conducto maloliente de Caldwell, del agua negra, llena de basura. Allí, el agua olía a limpio como el hielo y se formaba una espuma blanca cuando chocaba contra las rocas del tamaño de un auto. En los remansos, las aguas tranquilas eran transparentes como el cristal.

Cookie no intentó pegarme mientras Gi estuvo en casa. Sabía tan bien como yo que como viera la prueba de una paliza en mi cuerpo, llamaría a la policía. O al senador del estado. O al mismísimo presidente si pudiera. Y seguiría llamando hasta que alguien me revisara y escuchara.

Cuando regresamos al aeropuerto a dejarla, Cookie le pidió dinero para gasolina otra vez.

—Ya te di veinte dólares cuando viniste a recogerme —dijo Gi.

—Es cierto —dijo Norm—. Lo recuerdo.

Los tres íbamos abrazados detrás igual que a la ida.

—Nadie te pidió que vinieras a hacernos una visita de mierda —contestó nuestra madre—. Paga.

—Mamá, los veinte dólares que te di alcanzaban para la gasolina de la ida y la vuelta —protestó Gi.

—¡He dicho que pagues de una maldita vez! —gritó Cookie, tendiendo la mano abierta hacia el asiento de atrás.

Gi se reclinó en el asiento para alejarse todo lo posible de mi madre. Sacó diez dólares de la cartera y se los dio a Norm, que se los entregó a Cookie.

—Puedes mandarme un cheque por el resto —dijo ella, metiéndose el billete en el escote.

Norm se sentó en el asiento del pasajero y se puso a trastear con la radio de vuelta a casa. A cada rato miraba hacia el asiento trasero donde yo iba y subía el volumen. No quería que mi madre me escuchara llorar, porque sabía que sería una ofensa merecedora de un castigo.

Me quedé muy triste y deprimida cuando Gi se fue, como aturdida. Cookie parecía disfrutar con eso, y mientras más deprimida yo me sentía, más alegre estaba ella. Sin embargo, Clyde fingía preocuparse por mí y decidió que aprender a manejar el tractor me sacaría de mi aturdimiento. Él habló del tema en el desayuno.

—¿Qué me dices? —preguntó, dándome un golpecito en el hombro.

—De acuerdo —dije yo.

Estaba muerta de hambre y me concentré en mi tazón de cereal de arroz inflado. Cookie me dio un pescozón en la nuca.

—No estaría de más darle las gracias. ¡No has parado de pedirle que te enseñe desde que empezaste a conducir la camioneta!

Levanté la mirada hacia él y le dije:

—Gracias.

—Yo quiero ver esto —dijo Norm.

—Y yo también —replicó mi madre, y luego se levantó de la mesa meneando los pechos delante de la cara de Clyde y fue a ducharse.

Después de hacer las tareas matinales, me dirigí al tractor y Clyde me explicó cómo funcionaba. Era más fácil que la camioneta, que ya conducía de forma habitual por los terrenos de la granja. La única novedad consistía en que el tractor tenía dos pedales de freno, uno para detener las ruedas del lado derecho y otro para las del lado izquierdo. Cuando lo entendí, Clyde pensó que la mejor forma de practicar era conduciendo en forma de ochos.

Cookie y Norm salieron a mirar, mi madre con una cerveza Schlitz y mi hermano con un refresco Mountain Dew. Aquello era lo más entretenido que se podía hacer en Oakview durante un día de verano.

—¿Y las palomitas de maíz? —pregunté, y mi hermano sonrió.

Me sentía un poco orgullosa de mí mientras maniobraba el tractor en círculos alrededor de mi hermano y mi madre. A Clyde le parecía gracioso y aplaudía. Norm se reía. Cookie golpeaba el suelo con el pie y bebía como si no estuviera ocurriendo nada de particular.

—Eres muy buena en eso —dijo Norm.

—Es una chica lista y aprende muy rápido.

Después de lo que estaba ocurriendo en la sala de ordeño, no soportaba los constantes halagos de Clyde.

—A ver si sabes hacer lo que te han mandado —dijo mi madre.

Maniobré para pasar a su lado.

—Lo que me han mandado hacer es aprender a conducir el tractor.

—No, lo que te han mandado es a echar la mierda en el estercolero —replicó ella, señalando las montañas de estiércol que se habían ido apilando alrededor del corral, esperando a que las llevaran al estercolero.

—Puedes hacerlo, Rosie —dijo Clyde—. Solo tienes que bajar la pala como te he enseñado, meterla debajo del estiércol y levantarla.

Mi madre, Clyde y Norm me siguieron hasta el lateral del estercolero cuando recogí la primera palada. Clyde me iba dando indicaciones, ayudándome a acercarme lo suficiente como para recoger el estiércol sin acercar el tractor excesivamente al borde.

Me acordé del hoyo de la mierda en casa de los Callahan y en lo mucho que se reirían los otros niños si vieran el tamaño del estercolero de Clyde. En él cabía el jardín trasero de los Callahan entero. Era como el hoyo de excrementos gigante pronosticado por Norm.

Clyde, mi madre y Norm estaban de buen humor. Me dirigí a la siguiente pila de estiércol. Mi madre encendió dos cigarrillos y le pasó uno a Norm, que había empezado a fumar. Se les veía relajados y felices viendo el espectáculo de la recogida del estiércol.

—¡Espero que estés disfrutando, porque te vas a pasar el resto de la vida recogiendo mierda! —gritó mi madre, riéndose a carcajadas.

Mi cabeza y mi cuerpo no estaban sincronizados media hora después cuando recogía el último montón. Iba pensando en quién era yo, quién era mi madre, y cuán extraño resultaba que solo por haber nacido de alguien tuvieras que cargar con esa persona de por vida. Aunque la detestaras. Aunque pensaras que se comportaba de forma ridícula y era una pérdida de tiempo estar con ella. Aunque fuera una persona tan diferente a ti como un alienígena de otro planeta.

Y estaba tratando de encontrarle una explicación a todo ello cuando se me escapó el embrague y el tractor comenzó a deslizarse hacia el estercolero. Pisé el embrague y el freno para detener el avance. El tractor se precipitó hacia delante, la pala se enterró en el estercolero, y yo me quedé inclinada hacia delante como si me fuera a caer de cabeza. Imaginé que el interior del estercolero sería como arenas movedizas y todo, incluida yo, se hundiría poco a poco y sin remedio. Imagine la asfixia. El silencio. La nada. Al menos se terminaría el trabajo en la granja. Y las palizas de mi madre. Y las manos ávidas de Clyde.

Cookie, Clyde y Norm se doblaron hacia delante de la risa. Yo no me reía, tenía mucho miedo. Me recliné hacia atrás todo lo que pude, tratando de equilibrar el peso. Ellos seguían riéndose, mi madre incluso estaba atragantada.

—¡Ayúdenme! —exclamé, y ellos se rieron aún más.

Norm fue el primero en venir corriendo hacia mí. Y despúes Clyde. Se pusieron a empujar las enormes ruedas traseras mientras yo daba marcha atrás.

Pensé que aquello sería lo más cerca que estaría alguna vez del estercolero, pero lamentablemente no fue así. A Norm y a mí nos asignaron la nueva tarea de pisotear los montones de estiércol vestidos con botas hasta las rodillas y deshacer con unas horquillas los trozos más grandes.

Mi madre, que disfrutaba viendo el sufrimiento ajeno, salía a verme caminar a duras penas entre los montones. Con un cigarrillo sujeto entre los dientes, empezó a tomarme fotos entre los excrementos, aislada y sola, con el estiércol a la altura de las rodillas.

16

Fardos de heno

EN OCTUBRE, DESPUÉS de mi cumpleaños decimosegundo, decidí que necesitaba un peinado nuevo. Todas las chicas se habían dejado el flequillo o llevaban el pelo como si fueran alas, es decir, largas capas hasta las orejas con raya al medio y acomodadas a ambos lados de la cara. Paige y Jasmine estuvieron de acuerdo.

Después de clases, nos fuimos las tres corriendo a hacer primero las tareas de la granja de Paige para que nos diera tiempo a que ella —cuyas habilidades cosiendo presumiblemente la convertían en nuestra maestra peluquera— me cortara el pelo antes de ir a hacer las mías. Al contrario de los trasquilones que le había dado yo las pocas veces que le había cortado el flequillo a ella, Paige me lo cortó perfectamente recto, con la misma precisión que cuando cosía. Después fuimos corriendo a mi casa y me ayudó a darles de comer a los terneros. Era mi tarea favorita y la que siempre hacía ahora primero. Boone estaba ordeñando las vacas con Clyde, así que no tuvimos que ir a la sala de ordeño ese día. Sin embargo, aún nos faltaba darles de comer al toro, los cerdos y las gallinas.

Después del trabajo, Paige y Jasmine se fueron a casa y yo entré a lavarme para la cena. Algunos de los gatos de Cookie —que ya eran alrededor de treinta para ese momento— vinieron corriendo cuando estaba en el vestíbulo quitándome las botas y la chaqueta. Yo intentaba no pisarlos y me apoyaba en la pared para no caerme cuando me rodeaban las piernas.

Podía escuchar a mi madre en la cocina hablando con los gatos mientras preparaba la cena. Usaba una voz dulzona y pegajosa, tratando a cada gato como si fueran un niño tonto y lo que ella más quería en el mundo: *Hola, Sócrates, mi hombrecito, mi hombrecito gris, mi niño bonito.*

—Pon la mesa —me ordenó con un gruñido.

Cogí los platos del escurridor y los llevé a la mesa, pero antes de ponerlos, limpié con la manga los pelos de gato que vi en la superficie.

Regresé a la cocina y saqué los cubiertos desparejos del cajón. Allí también había pelo de gato; era como polvo que flotaba sobre todas las superficies. Había encontrado incluso dentro del frigorífico. Limpié toda la cubertería con la manga y luego cogí varios trozos de papel de cocina que doblé como servilletas, dejando todo sobre la mesa.

Estaba sacando los vasos para la leche cuando Cookie dio un golpe con la cuchara con la que estaba removiendo la salsa de los espaguetis en el lateral de la olla y se plantó delante de mí.

—¿Qué demonios te has hecho?

—¿Qué? —pregunté yo, mirándome la camiseta como si tuviera algo pegado.

—¡Esto! —repitió ella, pegándome en la frente con la cuchara manchada de salsa. Me limpié la frente con la muñeca. Llevaba un vaso en cada mano.

—Todo el mundo lleva flequillo y Paige me lo ha cortado —dije yo, colocando los vasos sobre la mesa.

—¡¿Y yo te he dado permiso para cortarte el flequillo?!

—No —contesté yo, arreglando todo en la mesa con un nudo en el estómago.

—¿Entonces por qué te lo has cortado?

—Pensé que no te importaría.

—¿Pensaste que no me importaría? ¡¿Pensaste que no me importaría?! —exclamó, acercándose cada vez más.

Yo me encogí de hombros y me miré los pies desnudos.

—Al padre de Jasmine no le importa cuando Paige le corta el flequillo. Y al padre de Paige no le importa cuando yo se lo corto a ella.

—Yo no soy el padre de Paige o de Jasmine —dijo, dando golpecitos en el suelo con el zapato.

—Ya lo sé.

—¿Lo sabes?

—Sí —repliqué, mirándome aún los pies.

—¡Tú no cagas, meas, comes, andas, te sientas, duermes, sangras o fornicas sin mi permiso! ¡¿Entendiste?!

—Sí —mascullé.

—¿ENTENDISTE?

—Sí —repetí, mirándola a los ojos y viendo cómo se le ensombrecía el rostro. Se había disparado el gatillo. Sabía que aquello no terminaría hasta que ella se vaciara por completo.

Me agarró por el pelo y tiró de mí hasta llegar al suelo. No llevaba zapatos, por los que sus patadas en el estómago no me abrieron la piel como cuando me daba patadas con sus tacones de madera. Yo gritaba de dolor, intentando llamar mentalmente a mi hermano para que llegara pronto. Como no estaba muy borracha no se cansaría rápidamente, más bien parecía tener energía para seguir golpeándome un buen rato.

Afortunadamente, mi hermano estaba en pleno estirón de la pubertad y no solía llegar tarde a ninguna comida. Entró corriendo en la cocina y me la quitó de encima. Cookie gritó como si fuera a ella a la que le estuvieran pegando. Yo me dirigí dando tumbos al cuarto de baño y me incliné sobre el inodoro con espasmos estomacales. Casi no había comido en todo el día, así que no tenía nada que vomitar. No estuve mucho rato dentro. La cena estaba lista. Mi madre podía tomarla otra vez conmigo por llegar tarde.

Cookie ordenó mi castigo delante de Norm y Clyde en la mesa: haría el trabajo de ella y también el de Norm hasta que volviera a crecerme el flequillo. Mi hermano se quedó mirando el plato. Me dio unos golpecitos en la espinilla con el pie por debajo de la mesa. Aunque aquello significaba que él no tendría que realizar ninguna tarea, se sentía mal por mí. Los dos sabíamos que él no podía hacer nada al respecto. Cada vez que salía en mi defensa, mi madre me doblaba el castigo. Nos tenía totalmente sometidos.

—Un granjero no tiene días libres —dije en un susurro, repitiendo las palabras de Clyde.

—Esa es la actitud —dijo Clyde, revolviéndome el pelo.

No tenía la menor idea de cuáles eran las tareas de mi madre en la granja, pues no la veía casi nunca fuera. No obstante, en lo que a mí concernía, solo había tres granjeros sentados a la mesa. Y a partir de esa noche, se habían terminado los días libres únicamente para dos de ellos.

EL SIGUIENTE ABRIL, nuestra segunda primavera con Clyde, trajo días y noches difíciles que nunca había experimentado. Como ahora ya sabía conducir el tractor, se esperaba que hiciera también el trabajo adicional propio de la época del heno de cada primavera y verano. La rutina matinal seguía siendo la misma: hacía mis trabajos en la granja y luego me iba al colegio. Después de las clases, además de todo el trabajo que había en la granja habitualmente, tenía que cortar el heno y enfardarlo después por la noche. Las treinta y dos hectáreas de terreno de Clyde se dividían en diversos campos y aún había otros tantos en la aislada parcela de dieciséis hectáreas que le alquilaba a otro granjero a varios minutos en auto de nuestra granja. Me gustaba trabajar en el terreno alquilado, lejos de mi madre, que no se acercaba hasta allí para mirarme trabajar con su ceño fruncido marcado de arrugas y sus cigarrillos colgando de los labios. Allí también estaba lejos de Clyde y podía descansar del miedo continuo que sentía cada vez que nos quedábamos a solas. Era un trabajo solitario, ya que solo hacía falta una persona para manejar los tractores que se acoplaban a las máquinas necesarias en la temporada del heno.

El heno se cortaba con una segadora, una máquina ancha, con unas cuchillas rotatorias en la barra que iba delante del tractor. Sentada en el tractor con el sol resplandeciendo sobre mí, sentía una calmada conexión con el paisaje. Conducía en un estado hipnótico trazando círculos pequeños mientras cortaba el heno. El heno cortado se quedaba allí secándose al sol durante uno o varios días, dependiendo del clima.

Después de un par de horas con la segadora, iba a casa, comía todo lo que podía de cualquier cosa que hubiera sobre la encimera y me iba a dormir. El sol todavía estaba alto, pero yo estaba tan exhausta que me quedaba dormida en cuanto cerraba los ojos. Hacia las nueve o nueve y media de la noche me despertaba, con el despertador o por medio de Clyde. Cuando el despertador se activaba, podía permanecer acostada durante unos pocos minutos más, escuchando el bip-bip-bip hasta que ya no pudiera soportarlo. Sin embargo, cuando me despertaba Clyde, mi cuerpo se encontraba en estado de alerta. Él solo tenía que abrir la puerta para que ya estuviera sentada en la cama despierta por completo. Me ponía las botas, cogía un refresco Mountain Dew y una bolsa de semillas de girasol de la cocina, y me iba en la camioneta a los campos a recoger el heno cortado que estuviera seco. A esa hora Clyde dormía; Cookie dormía; y Norm dormía porque mi madre había decidido que un adolescente de dieciséis años necesitaba más horas de sueño que una niña de doce.

El cielo sin luces era un manto de terciopelo negro y las estrellas lanzaban destellos como diamantes. Levanté la vista y lo observé maravillada. No me cansaba de aquella vista. La enfardadora, una mole cuadrada de metal acoplada a la parte delantera del tractor, parecía una criatura dormida en mitad del campo. Despertó con un rugido cuando encendí el interruptor, un monstruo metálico gruñón, pero mi monstruo. Me llevaba el Walkman cuando iba a enfardar y siempre escuchaba una música que pudiera cantar: Madonna, Cindy Lauper o incluso Eurythmics. Cantaba a voz en cuello, gritando como una estrella del rock. No había nadie más que yo y la audiencia de estrellas sobre mi cabeza para acompañarme mientras embalaba el heno cortado en círculos. La máquina engullía el heno como una aspiradora y al momento lo escupía en la forma de un rectángulo compacto y perfecto. Mi monstruo engullía y escupía, engullía y escupía, mientras yo cantaba, bebía Mountain Dew y partía semillas de girasol con los dientes.

A las doce de la noche o una de la mañana, Clyde me sustituía. Se quedaba embalando fardos hasta las tres o las cuatro. El trabajo cesaba cuando empezaba a caer el rocío, ya que el heno mojado de rocío no se podía embalar porque se pudriría. Y el moho mataba las proteínas del forraje que alimentaba a las vacas.

Daba igual a qué hora terminara de enfardar —y algunas noches me daban las tres de la mañana— a las cinco y media sonaba mi despertador para empezar de nuevo con las tareas matinales. Me costó mucho ir al colegio durante las dos semanas del heno. Me quedaba dormía en la mayoría de las clases. No obstante, los profesores eran comprensivos. Muchos niños vivían en granjas. Y había otro par de alumnos de séptimo grado que también tenían que ayudar a sus familias en la época del heno. Sin embargo, la diferencia entre ellos y yo era que estos niños no iban a clase durante esas dos semanas y dormían por el día. La verdad es que yo no me habría quedado en casa aunque me lo hubieran permitido. Prefería pasarme la clase de matemáticas atontada, como si en vez de cerebro tuviera algodones, que quedarme durmiendo en casa con Clyde y Cookie al acecho.

Los fardos de heno se recogían unos días más tarde, en las horas de trabajo normales. Ahí era cuando Norm se unía a la fiesta. Mientras Clyde recorría los campos en una camioneta abierta por detrás, Norm y yo recogíamos los fardos y los íbamos echando en la parte trasera del vehículo. Mientras más grande era la circunferencia del círculo que se había cortado, más grande el fardo. Variaban entre los veinte y los veintisiete kilos. Doblando las piernas para coger impulso era capaz de lazar fardos de todos los tamaños dentro de la camioneta, hombro a hombro con mi hermano.

A veces durante la temporada del heno, cuando por fin me acostaba, temía morir del agotamiento. Pensaba que mi corazón diría *basta* y sería el fin.

UNA NOCHE AL volver de hacer fardos me encontré con Cookie en el pasillo, fuera del baño. Me desplomé contra la pared justo delante de ella.

—¿Qué te pasa? —preguntó.

—Estoy muerta de agotamiento.

Entré en el cuarto de baño a lavarme los dientes. Mi madre entró mientras me los cepillaba y se quedó detrás de mí. Mi cuerpo, que normalmente se tensaba cuando Cookie se encontraba cerca, estaba demasiado agotado para responder. Aun así, tomé nota de su proximidad. Podría empotrar mi cara contra el lavabo. Eso me dolería. Podría empotrar mi cara contra el armario de las medicinas. Eso también dolería, y el daño podría ser aún mayor si se rompía el cristal. Podría agarrarme del pelo de la nuca y arrastrarme por el suelo de linóleo. Esa sería la opción menos dolorosa probablemente. Sin embargo, no hizo nada de eso. En cambio sacó un frasquito de píldoras y lo agitó como una maraca junto a mi oído. La miré en el espejo. Ella sonrió.

—Para ti —dijo.

Mi madre había empezado a tener achaques evidentes únicamente para ella y el médico de un pueblo algo alejado al que había logrado convencer para que le prescribiera recetas de lo que más tarde descubrí que eran analgésicos con acetaminofen y oxicodona, barbitúricos y otros cócteles que entumecían el cuerpo y el cerebro. A mí no me importaba realmente, porque la apaciguaban y relajaban más que el alcohol.

—¿Qué es eso? —pregunté, cogiendo el frasco.

—Píldoras —respondió ella, sonriendo. Una sonrisa tensa. Una sonrisa provocadora. Desprovista de alegría—. Por si quieres acabar con todo.

No sabía si me tomaba el pelo o hablaba en serio.

—¿Te refieres a que me suicide?

Abrí el frasco y miré adentro. Había píldoras de tamaños y colores diferentes. Un menú de degustación.

—Sí. Deja de ir por ahí quejándote de lo cansada que estás. Haz algo. ¡Busca el sueño eterno! —dijo ella, riéndose.

Cogí las píldoras y salí del baño. Había una cómoda vieja junto a mi cama. Dejé las píldoras encima, justo al lado de mi cabeza, para verlas cuando me tumbara. Esa noche, mientras me precipitaba al vacío del sueño, pensé en lo que me había dicho mi madre. Con el cuerpo desfallecido del agotamiento y la mente hecha puré por la falta de descanso, el sueño eterno no parecía tan mala idea. Sería un alivio despedirse de Cookie y su virulencia; de Clyde y su cuerpo de piernas torcidas apretándose contra el mío en la sala de ordeño; del estiércol hasta las rodillas; del pelo de gato por todo mi cuerpo y mi ropa.

No obstante, cuando consideraba las otras cosas de la vida fuera de la granja, veía el colegio, los amigos, mi hermano, la iglesia. Y veía a mis hermanas, cuyas voces me acompañaban siempre. ¿Cómo iba a decepcionarlos a todos al irme sin conocer todo lo que el futuro me tenía preparado?

Sabía que si podía hacer el trabajo y aguantar las palizas de mi madre por un día, podría hacerlo un día más. Y si podía hacerlo otro día, podría hacerlo otra semana. Y si podía hacerlo otra semana, podría aguantar otro año. Y si podía aguantar otro año, podría hacerlo hasta que me graduara al terminar la secundaria.

Y luego... ¡libre al fin!

Las píldoras se quedaron junto a mi cama. Las miraba todas las noches. Y cada vez tomaba la misma decisión.

A LA MAÑANA siguiente, después que Cookie me diera las píldoras, me dijo que me recogería en el colegio a las tres menos cuarto.

—¿Por qué? —pregunté.

—Tienes una cita —contestó ella, dejando caer la ceniza al suelo.

—¿Dónde?

—No me jodas, Rosanne, tú espérame a las tres menos cuarto. Ya lo sabrás cuando lleguemos.

A las tres menos cuarto estaba esperando. Hacía calor fuera, así que me quité la sudadera y me la até a la cintura. Mi madre se detuvo junto a mí, empotrándose en la acera con la furgoneta. Apretaba los párpados superior e inferior como un lagarto. Me pregunté si veía algo.

—Sube —dijo, borracha como no la había visto nunca.

—¿Quieres que conduzca? —pregunté. Suponía que conducir la furgoneta no podía ser mucho más difícil que conducir la camioneta o el tractor.

—Subealmalditoauto —dijo ella, tan borracha que no podía ni separar los labios lo necesario para separar las palabras.

La furgoneta dio tantos trompicones, que se me revolvió el estómago y tenía ganas de vomitar cuando nos detuvimos en el estacionamiento de la consulta del médico.

—¿Qué estamos haciendo aquí?

—Eres igual que tus patéticas hermanas —espetó mi madre, saliendo del auto sin molestarse en cerrar después.

Yo me incliné sobre su asiento, cerré la puerta y quité las llaves del encendido antes de salir.

La enfermera miró con nerviosismo a mi madre, que llegó dando tumbos a la recepción. Nos introdujo en la sala de revisión sin hacernos esperar siquiera. Yo me senté en la camilla cubierta con una sábana de papel y Cookie se dejó caer en el sillón a mis pies. Seguía teniendo náuseas después del viaje y puede que también fueran los nervios de estar en un lugar público con mi madre tal como era, no como cuando fingía ser una buena mormona.

El doctor Phillips entró sonriendo. Le tendió la mano a Cookie, pero ella ni se dio cuenta y él la retiró rápidamente.

—¿Cómo estamos hoy, damas?

—Yo estoy bien —dijo Cookie—. Ella es una puta.

Oír aquellas palabras fue como si me dieran un puñetazo en el estómago. Sentí que me contraía por dentro de pura vergüenza.

—¿Cómo dice? —preguntó el doctor, mirando a mi madre. Yo lo imité. Cookie se levantó.

—Esta ha estado por ahí de zorra y es necesario que tome la píldora.

Mi madre señaló mi entrepierna como si fuera necesario para ilustrar sus palabras. Me dieron ganas de hacerme un ovillo pequeño como un punto negro y desaparecer.

El médico se volvió hacia mí con su rostro arrugado de color rosa. Le temblaron los labios antes de hablar.

—¿Cuántos años tienes?

—Doce —contesté despacio.

—¿Mantienes relaciones sexuales?

—No. Ni siquiera he besado a un chico —dije, incapaz casi de hablar.

—¡Es una mentirosa! —exclamó Cookie—. ¡Mírela! ¡Mire cómo va vestida!

—Es una camiseta de tirantes —me defendí yo—. Todo el mundo las usa.

—Por supuesto —dijo el doctor.

—Es una zorra y tiene que tomar la píldora. ¡No quiero que me cargue con un bebé para que lo críe yo!

—¿Tienes previsto mantener relaciones? —preguntó el doctor Phillips.

—No, bueno, cuando me case, supongo —respondí yo, mirándome las rodillas.

—¡Miente! Mírela. ¡Mire ahí abajo! ¿No puede saber mirándole el chocho si ha estado zorreando? —preguntó, señalando mi entrepierna.

El médico tragó con dificultad y su nuez subió y bajó.

—Sería poco ortodoxo e inadecuado por mi parte hacer lo que me pide. Creo que tendremos que confiar en ella.

Me dieron ganas de llorar de gratitud, pero en cambio seguí mirándome las rodillas, subiendo los ojos de vez en cuando para observar el rostro amable y lleno de arrugas del doctor.

—¡¿Confiar en ella?! ¡No se puede confiar en ella! —exclamó mi madre, y luego pronunció una frase de palabras unidas e incomprensibles—.

¡Estaesigualqueelrestodesus hermanas! ¡Unas putas! ¡Todas ellas! ¡No piensosalirdeestaconsulta hasta quehagaalgoconella! ¡Loquesea! ¡Tenemosqueimpedir quesigazorreando!

El médico esperó un momento como si estuviera traduciendo las palabras en su cabeza.

—Le recetaremos la píldora como precaución —dijo, y volviéndose hacia mí añadió—. Eso impedirá que te salga acné. Míralo como un tratamiento para la piel, ¿de acuerdo?

—De acuerdo —dije yo con una sonrisa. Podría decirle a Paige y Jasmine que era un tratamiento para la piel.

LA ÚLTIMA NOCHE del enfardado, me desperté a las nueve de la noche en medio de una casa en silencio. Era viernes y Norm se había ido a una fiesta a la hora que yo me había levantado. Entré en el salón y vi a Cookie tirada en el sofá, inconsciente. No había más que una cerveza en la mesa de centro, así que tenía que estar drogada. Clyde estaría probablemente durmiendo. Me había dicho antes que me relevaría a medianoche.

Me puse las botas, cogí un refresco y unas semillas de girasol, me subí en la camioneta y conduje hasta el campo, donde me subí a la máquina enfardadora. La tercera vez que sonó «Lucky Star», de Madonna, estaba demasiado cansada para cantar siquiera. Me detuve un momento y miré al cielo. No parecía tan aterciopelado ni tan estrellado como el resto de la semana. Es posible que hubiera alguna nube. Esa noche, el cielo parecía más una gruesa capa negra tachonada de diminutos puntitos de luz. Ante mí, el campo se veía misterioso y hermoso bajo la luz de los faros del tractor, que formaba un enorme haz dorado, plano y resplandeciente.

Puse la cara B de la cinta, le di a la tecla para que comenzara a sonar, y pisé el acelerador a fin de enfardar otro círculo más de heno cortado.

En vez de miedo ante el hecho de hablar con Clyde, sentí verdadera felicidad cuando vi los faros de su camioneta subir y bajar por el terreno irregular en dirección a mí antes de la hora acordada. En menos de diez minutos estaría durmiendo en mi cama.

Apagué el motor, interrumpí la música, me bajé del tractor y atravesé el terreno cubierto de heno seco que crujía bajo mis pies en dirección a la camioneta en la que había ido hasta allí. Clyde detuvo la suya delante de mí, cegándome con los faros. Me tapé los ojos con el brazo y esperé a que apagara las luces y el motor, lo cual finalmente hizo.

—Las llaves están puestas en el interruptor de encendido —dije cuando se dirigió hacia mí. Me di la vuelta para seguir andando, pero Clyde se interpuso en mi camino y me sujetó por los hombros.

—He dicho que las llaves están puestas —repetí, sacudiendo los hombros para liberarme de sus manos y haciendo que se me cayera el Walkman.

—Acuéstate —dijo él, sujetándome otra vez por los hombros.

—¿Qué? —exclamé yo, con el corazón acelerado.

—Quítate los pantalones y acuéstate —dijo, clavándome las manos en los hombros como garras, empujándome hacia el suelo, pero yo opuse aún más resistencia.

—¡No! —grité, con el corazón a punto de salírseme del pecho.

—¡HAZLO! —ordenó él, sujetándome por la nuca como hacía mi madre. Tiró de mí hacia el suelo hasta que quedé tumbada sobre las briznas secas de heno.

Ladeé la cabeza y miré el Walkman. No me quité los pantalones.

Clyde se arrodilló a mis pies y me bajó de los pantalones hasta los tobillos. Yo apretaba las piernas, manteniéndolas rígidas como una tabla de planchar.

—Eres una chica bonita, no como tu madre —dijo, bajándome las bragas hasta las rodillas.

Cerré los ojos y fingí que no estaba dentro de mi cuerpo. Cualquier cosa que estaba ocurriendo sobre el suelo duro y áspero no tenía nada que ver con mi *yo* verdadero.

Clyde puso su boca en un lugar en el que no imaginé que los hombres la querrían poner. En nuestro viaje en auto a lo largo y ancho del país, Norm y yo habíamos visto a nuestra madre bajar la cabeza hasta esa parte de muchos hombres. Pero no sabía que ellos también lo hicieran.

—¿Te gusta?

No respondí. No pensé en si me gustaba o no. *Yo* no estaba allí, sino en la Casa Feliz. Me hallaba con Cherie, Camille, Gi y Norm. Celebrábamos un pícnic debajo del sauce, como me habían contado mis hermanas. Comíamos melón fresco y dulce, escuchando a Madonna cantar sobre estrellas de la suerte. Nos reíamos.

No sabía cuál era el punto que marcaba el final de cualquier cosa que estuviera haciendo Clyde conmigo, pero en un determinado momento claramente terminó, porque se incorporó y esbozó una blanca sonrisa. Yo me subí las bragas y los pantalones, recogí el Walkman del suelo y corrí a la camioneta. Clyde me estaba diciendo algo, pero me sentía tan confusa y asqueada que no escuché sus palabras. Solo oí un zumbido ininteligible saliendo de su boca. Puse la camioneta en marcha y me alejé de allí tan deprisa que el Walkman se cayó del asiento y aterrizó en mis pies. Eso me hizo recordar que Clyde me había dicho una vez que siempre debía tener cuidado de que no cayera nada entre los pedales, porque si algo se atascaba debajo del freno, podría tener un accidente. En ese momento, de camino a la casa, deseé que el Walkman hubiera caído debajo del freno. Deseé terminar estrellándome contra la casa, atravesando con la camioneta el vestíbulo y el salón cubierto de pelo de gato. Clyde sabría lo que habría pasado por mi cabeza durante mis últimos momentos de vida. Mi madre ni se lo preguntaría siquiera probablemente.

La realidad no fue tan dramática. Estacioné delante de la casa, me agaché y cogí el Walkman.

Blue estaba esperándome en el porche. Me siguió al interior. Mi madre seguía inconsciente en el sofá, con la boca abierta como si estuviera jugando a atrapar uvas en el aire. Me llevé a Blue a mi habitación y lo llamé para que se subiera a la cama. Después hundí la cara en su gruesa capa de pelo suave y lloré profunda y entrecortadamente.

—Al menos ha terminado —le dije.

No sé por qué me había hecho la idea de que Clyde ya no volvería a intentarlo, de que lo que había ocurrido era lo peor que podía suceder.

Me equivocaba. Aquel episodio en el campo del heno fue solo la noche de estreno de una larga representación.

Cuando Clyde no hacía aquellas cosas, los dos fingíamos estupendamente que todo era normal. En casa siempre estaba alerta, con mi cuerpo tenso y preparado para salir corriendo aunque estuviera sentada en el sofá haciendo los deberes del colegio.

Clyde intentaba que las cosas fluyeran bien entre los dos con cumplidos y halagos. Debió darse cuenta de que de todo lo que necesitaba en aquella época de mi vida, con doce años, el reconocimiento estaba en los primeros puestos de la lista. Así que yo aceptaba los halagos a la vez que me enfrentaba a las cosas que hacía, cosas tan terribles que tenía que obligarme a abandonar mi cuerpo hasta sentir que era invisible. De forma que vivía en un mundo en el que era a la vez visible e invisible. Edificada y destruida. Yo misma, la chica trabajadora a la que le gustaba que le dijeran que era bonita y fuerte. Y alguien ajeno a mí, la chica tendida sobre la hierba en la oscuridad de la noche o a pleno día, siempre que Clyde se quedaba a solas conmigo, independientemente del lugar. El único sitio en el que me sentía completa, en el que me sentía yo misma, era en el colegio con mis amigos.

Para asegurarse de que guardara silencio, Clyde me dijo que si le contaba nuestro secreto a alguien, las cosas serían mucho peores: incitaría a mi madre para que me pegara por delitos imaginarios; me encargaría aún más tareas cada día; y redoblaría los esfuerzos para quedarse a solas conmigo.

No consideré la posibilidad de huir. En un pueblo de trescientos sesenta habitantes no había donde esconderse. Dos chicos de la escuela secundaria se habían pegado un tiro durante el último año. Aunque no los conocía, pensaba en ellos a veces. Imaginaba que teníamos algo en común. Ellos también sabían que huir no era una opción.

Como hacía con las otras injusticias de mi vida, llevaba aquella situación lo mejor que podía. Y le rogaba a Dios que mis hermanas me encontraran. Me salvaran. Me llevaran a casa con ellas.

17

De cabeza a la zanja

En el otoño del octavo grado ocurrieron dos cosas maravillosas. La primera fue que formé parte del equipo de animadoras y disfrutaba de los entrenamientos y los partidos, porque era una manera de estar fuera de casa. La segunda fue que mi hermana Cherie compró un billete para Idaho.

Contaba las noches que faltaban para la llegada de Cherie como si tuviera un calendario de adviento en mi cabeza, y le pedía a Dios todos los días que no ocurriera algo que le impidiera llegar.

Cuando llegó el día por fin, hice con Cookie el viaje de dos horas hasta el aeropuerto de Boise. Cookie fue todo el camino refunfuñando y quejándose. La llegada de Cherie revivió antiguos resentimientos que no había vuelto a escuchar desde la visita de Gi, como que sus cinco hijos le habíamos destrozado el cuerpo, la habíamos dejado seca, le habíamos arruinado la vida, arrebatándole todo lo bueno que tenía y *convirtiéndola en una mierda*. Yo no la escuchaba apenas, pues estaba feliz, desbordante de alegría ante la perspectiva de ver a una de mis hermanas.

Cookie estacionó y fuimos a esperar a la puerta de salida. Me preocupaba no reconocerla o que ella no me reconociera a mí, pero en cuanto apareció, supe que era Cherie. Tenía el pelo oscuro largo y brillante, los ojos estaban entornados y relucían como estrellas, y me sonreía como si nada en el mundo la hiciera más feliz que verme.

Cookie fue la primera en agarrarla para darle un abrazo. Cherie me miró por encima del hombro de nuestra madre y me guiñó un ojo. Cuando la soltó, vino hacia mí y me abrazó tan fuerte que sentí que nos fundíamos en una sola persona, con un solo corazón. Igual que cuando vi a Gi después de varios años, ver a Cherie me dejó sin palabras. No obstante, aunque pudiera haber hablado, no habría sido capaz de expresar con palabras lo que sentía. Aquella conexión y amor que eran tan puros y verdaderos me sustentaba.

El viaje a casa fue más sencillo. Mi madre se comportó de manera inusualmente dulce. Una rara aparición de la Cookie familiar que iba a misa los domingos, o la que les hacía compañía a las hermanas Elson y Price en el salón de la granja durante su visita semanal.

A pesar de su cortesía y alegría, me asombraba que no le preguntara nada de sus otras hijas, pero Cherie nos contó las noticias. Camille, ahora casada, era una madre maravillosa que adoraba a su familia. La propia Cherie ya no estaba con su marido, pero tenía muchos amigos, trabajaba en una charcutería y adoraba a sus compañeros de trabajo. A Gi le iba muy bien en la universidad. Me sentí muy orgullosa de todas. Cuando fuera mayor, quería ser como todas ellas, y como mi hermano Norm también. Tendría la inteligencia y la ambición de Gi, la alegría y el buen humor de Camille, la determinación y el coraje de Cherie, y la capacidad de Norm para hacer desaparecer las cosas malas como si fueran una insignificante mota de polvo. De mi madre no cogería nada. Ni su ansia por la bebida y las píldoras, ni su vena violenta, ni su devoción por hombres despreciables, ni su gusto por robar y almacenar cosa inservibles, ni su egoísmo y su narcisismo. Sus cinco hijos era lo mejor que había hecho en su vida. Y solo esos hijos, el hecho de que estuviéramos vivos, era lo único que había obtenido de ella.

CHERIE ME AYUDÓ con las tareas de la mañana y la tarde todos los días que estuvo con nosotros. Igual que cuando Gi fue a verme, nada parecía difícil con mi hermana a mi lado. Cookie retomó su habitual forma de ser siempre furiosa y al final se envalentonó más que cuando Gi estuvo en la casa. Aun así, Cherie impedía que me tocara. Cuando mi madre se lanzaba sobre mí o me agarraba por el pelo, mi hermana me la quitaba de encima y se interponía entre ambas. Por mucho que gritara mi madre, Cherie gritaba más, se mostraba más fuerte, más fiera. Era como tener a un león a mi lado. Y dijera lo que dijera mi madre, Cherie lo superaba, quedaba por encima. Mi hermana mayor no tenía problemas en decirle a mi madre que *se fuera a la mierda*. Me dejó asombrada su coraje.

El día antes de la marcha de Cherie, Cookie decidió que tenía que ir a Oregón, donde le gustaba comprar la comida en las tiendas libres de impuestos.

Estaba de pie en la cocina metiendo en su bolso cigarrillos, cerillas y una botella de algo que sacó del fondo del armario inferior.

—Voy abajo —dijo mi madre.

Cherie y yo estábamos desayunando antes de salir a hacer las tareas matinales.

—¿Adónde abajo? —preguntó Cherie y yo me reí.

—Significa que va a Oregón —expliqué—. Aquí lo dicen así.

—¡¿Vas a ir conduciendo hasta Oregón hoy?! —preguntó Cherie, y yo deseé que su sorpresa no hiciera que Cookie cambiara de opinión.

—Esto no es Nueva York —dijo ella—. Aquí te puedes pasar horas conduciendo, emborracharte como una cuba, fumar sin parar y hasta conducir con las piernas y no chocarías contra nada.

Cherie se rio. Y luego añadió:

—Muy bien, mamá, conduce con cuidado y no mates a nadie en la carretera.

Aquello fue lo más agradable que se habían dicho en tres días.

TRAS TERMINAR LAS tareas matinales, Cherie me sugirió que limpiáramos la casa. No le gustaba que viviéramos como ocupantes ilegales en un lugar tan sucio que solo te faltaba encontrarte grafitis en las paredes. Pusimos Top 40 en la radio a todo volumen y nos pusimos a limpiar. En primer lugar, recogimos con un recogedor y una pala del jardín los excrementos de gato que llevábamos tanto tiempo sin limpiar que ya habían formado montoncitos blancos y polvorientos. Después nos ocupamos de los orines. Yo ya me había acostumbrado al olor constante, pero Cherie dijo que no había una sola habitación, ni siquiera los dormitorios, que no tuviera el penetrante olor a amoniaco del orine de gato. Luego limpiamos de rodillas los suelos de la cocina, el salón y el vestíbulo, además de la alfombra del resto de la casa, excepto la de la habitación de Cookie y Clyde. A ninguna se le ocurriría abrir la puerta.

Utilizamos desinfectante y estropajo para quitar de las paredes los restos de comida que Cookie tiraba, la grasa y el humo de cigarrillo. Se me había olvidado que las paredes eran blancas cuando llegamos. En aquel momento eran del color de una bolsita de té mojada.

Limpiamos el baño y organizamos el vestíbulo, además de los papeles y proyectos de costura que Cookie iban dejando por toda la casa. Finalmente, nos pusimos a cazar moscas, todas las que pudimos, yo con un matamoscas y Cherie con una espátula.

Cuando terminamos, nos sentamos a la mesa de la cocina y admiramos nuestro trabajo. La casa olía a limón. Parecía realmente un hogar en el que la gente podría ser feliz.

—Si mamá dejara de pegarte, tal vez no fuera tan malo vivir aquí.

—Sí, pero sigue estando Clyde —dije, mirando la superficie de la mesa. Me ardía la cara.

—¿Qué es lo que te hace? —preguntó Cherie, colocando su mano en mi muñeca hasta que la miré.

—Ya sabes —dije yo, encogiéndome de hombros.

—¿Dónde? ¿Cuándo? —preguntó.

Cherie echaba fuego por los ojos. Mostraba la misma ira de Cookie, pero no estaba dirigida a mí. Y no era una ira sin motivo.

—Me toca en la sala de ordeño cuando Boone no está por los alrededores. Y cuando me pilla en el campo a solas... —mascullé.

—¡¿Qué mierda?! —Cherie apartó su mano, miró hacia la puerta, y luego me miró de nuevo. Ella estaba parpadeando fuerte. Tenía los ojos húmedos—. ¡Mierda!

—Lo siento —dije.

—¡¿Qué?! ¡No digas lo siento! ¡Esto no es tu culpa, no hiciste nada mal! Es *él.*

Mi hermana estaba sacudiendo la cabeza como si dijera *no, no, no* mientras pensaba en algo.

—¿Tienes ya la menstruación?

—Sí. ¿Por qué? ¿No debería?

—No quiero que quedes embarazada y tengas que sufrir.

—Él no hace *eso* —susurré—. Me dijo que no es una cosa mala lo que está haciendo, porque no hace *eso.*

Cherie se limitó a mirarme con la boca medio abierta como si no entendiera lo que le estaba diciendo. Me incliné para acercarme más a la cara de mi hermana y le expliqué con susurros la cosa terrible y extraña que Clyde me hacía, que era siempre lo mismo, el acto que había llevado a cabo aquella primera noche en el campo.

—¡¿Y Cookie lo sabe?!

—Clyde me dijo que como se me ocurriera contarle algo, él le diría que mentía y se aseguraría de que me pegara más.

El rostro de mi hermana estaba demudado por la rabia.

—¡Estas personas me dan ganas de vomitar!

—Y a mí también —repliqué.

—Tengo que sacarte de aquí —dijo y me abrazó—. Y lo haré. Te lo prometo.

Yo pestañeé y las lágrimas corrieron por mis mejillas. Y en ese momento Clyde entró a la casa. Estaba de pie en el centro del salón, mirando a su alrededor. Bajé la cabeza para que no pudiera percibir mis lágrimas.

—¡Vaya! —exclamó—. Parece otra casa.

—Eso es porque es otra casa —dijo Cherie con voz penetrante y fría, pero Clyde no pareció darse cuenta.

—No sé si a Cookie le va a gustar esto —comentó riéndose, y fue a la cocina a servirse un vaso de leche. Cuando terminó, volvió a salir. Mi hermana levantó los dedos corazón de ambas manos y los movió hacia delante y hacia atrás a espaldas de Clyde. Yo me tapé la boca y me reí.

Cookie llegó poco después con una bolsa de comida en cada brazo.

—Ayúdenme a sacar esto del auto —ladró.

Cherie y yo sacamos las bolsas de la furgoneta. Cuando volvimos a entrar, nuestra madre estaba en la cocina, mirando a su alrededor.

—¿Qué demonios ha pasado aquí?

—Hemos hecho limpieza —dijo Cherie—. Mira el suelo. ¡Ya no hay caca de gato! —dijo saliendo al auto de nuevo. Y yo la seguí.

Entramos con la siguiente tanda de bolsas.

—¿Dónde metieron los papeles que estaban aquí? —preguntó, señalando un lugar determinado en la encimera.

—¡Aquí! —dije yo, enseñándole el montón de papeles dispuestos en la consola pegada a la pared, cerca de la mesa donde comíamos.

—¿Dónde está el vestido que estaba cosiendo?

—Aquí —dije yo, mostrándole dónde había dejado la tela, las agujas y los hilos sobre la consola. Todos los accesorios estaban organizados junto a la máquina de coser, guardada dentro de su funda. Salí con Cherie al auto de nuevo.

Cookie tenía una expresión dura en el rostro cuando entramos con las últimas bolsas.

—¿Quién carajo ha hecho esto? —preguntó, señalando un hilillo de grasa y tabaco en la pared.

—Hemos limpiado las paredes. Se nos ha pasado por alto ese pedacito.

—¡Nadie se habría dado cuenta si no hubieran hecho nada! —gritó, lanzándose sobre mí, pero Cherie se interpuso entre las dos, bloqueándole el paso.

—¡Fuera de mi camino! —exclamó, dándole un empujón a Cherie, pero mi hermana se defendió—. ¡HE DICHO QUE FUERA DE MI CAMINO! —gritó.

Cherie no se movía. Parecía que Cookie había dado con la horma de su zapato. Al contrario que Clyde, quien no contraatacaba, Cherie tenía el puño levantado y echado hacia atrás, lista para golpear. Las dos gritaban, y de pronto comenzaron los puñetazos y las patadas. Cada vez gritaban más fuerte. Cookie la atacaba con los insultos de costumbre, llamándola *zorra*, *puta* y *estúpida*. Decía que todas y cada una de sus hijas eran unas *zorras desagradecidas que solo querían robarle su belleza y a sus hombres*.

Cherie le gritó que era una madre horrible, abusadora, cruel e incapaz de amar. Y después le espetó:

—¡Eres el mismo demonio, mamá, por dejar que Clyde le haga a Rosie lo que le está haciendo!

—¡¿QUÉ?! —exclamó Cookie, dejando de pegarla a Cherie para plantarse frente a ella, jadeando—. ¿Qué es lo que te ha dicho esa puta mentirosa que él le hace? Porque lo único que yo veo que hace es darle un techo sobre la cabeza y comida en esa bocaza mentirosa que tiene.

Era un desafío. Mi madre estaba retando a mi hermana a decirlo en voz alta.

A Cherie le temblaban los labios. Estaba llorando, pero continuó de pie y dueña de toda su fortaleza mientras hablaba.

—Sabes perfectamente lo que Clyde hace. Estás enferma y eres una mujer horrible que tendría que estar en la cárcel.

Podía ver cómo subían y bajaban los torsos de las dos, jadeantes por el esfuerzo.

Y, de repente, Cookie dijo:

—Te voy a matar —y se lanzó contra ella.

Cherie salió corriendo. Yo también. Cogí a mi hermana de la mano para guiarla. Mi madre nos pisaba los talones, gritando:

—¡Las voy a matar a las dos!

Nos soltamos la mano y corrimos más rápido.

Al volver la mirada vi que Cookie corría torpemente hacia la furgoneta. Cherie y yo nos detuvimos y la observamos subirse al auto y ponerlo en marcha.

—No irá a... —empezó a decir Cherie, pero nos dimos la vuelta otra vez y echamos a correr mientras el auto se lanzaba a toda velocidad hacia nosotras. Parecía que nuestra madre tenía toda la intención de atropellarnos.

Cherie y yo nos salimos del camino y seguimos a través del campo. Cookie aceleró y nos siguió por el terreno lleno de baches. Conducía asomada a la ventanilla aullando: «LAS VOY A MATAR». Nosotras gritábamos. Corríamos la una al lado de la otra, golpeando el suelo al mismo tiempo. Si mi madre nos atropellaba, lo haría a las dos como si fuéramos una sola.

Llegamos a la alambrada que delimitaba uno de los pastos. Era una valla electrificada de tres tiras de alambre entre postes que Norm y yo habíamos clavado en el suelo el verano anterior. La electricidad llevaba meses cortada, pero no hacía falta arreglarla, porque las vacas habían aprendido a no acercarse luego de los pequeños calambrazos que habían recibido cuando sí funcionaba. Levanté un alambre suelto entre dos postes y mi hermana pasó por debajo. Yo también me escurrí por debajo detrás de ella y seguimos corriendo.

Casi me tropecé cuando miré hacia atrás y vi que el auto estaba pasando por encima de la alambrada, arrastrando los postes unos metros con el impulso. La furgoneta perdió velocidad al verse rodeada por la alambrada y los postes, lo que nos permitió ganar distancia. Estábamos cerca ya de una zanja, de algo más de un metro de ancho que atravesaba la propiedad. Yo sabía que podía saltarla. Solo esperaba que mi hermana pudiera hacerlo también. Paige, Jasmine y yo solíamos saltar por encima, con los pies en punta en un intento de conseguirlo con más gracia.

La furgoneta se acercaba peligrosamente rápido ahora que ya no arrastraba la alambrada tras de sí. Notaba el calor del motor.

—¡Salta! —grité.

Cherie saltó justo detrás de mí. Las dos nos caímos al tocar el suelo, pero nos levantamos rápidamente y seguimos corriendo. Solo nos detuvimos al oír el sonido metálico del choque. La parte delantera de la furgoneta estaba dentro de la zanja.

—Mierda —dijo mi hermana. Regresamos unos metros para ver si nuestra madre seguía viva. Cuando la puerta se abrió, Cherie gritó—. ¡Corre!

Salimos disparadas de nuevo y no nos detuvimos hasta llegar a uno de los establos. Mi hermana y yo nos doblamos hacia delante, tomando grandes bocanadas de aire. Cherie se sentó primero, con la espalda apoyada contra la pared del establo. Yo me senté a su lado. Distinguíamos la casa a lo lejos. Cherie me rodeó con un brazo y sentí que todo su cuerpo estaba temblando. Me volví hacia ella, colocando la cabeza sobre su hombro, y me di cuenta de que yo también temblaba. Mi hermana y yo nos miramos y nos echamos a llorar entre convulsiones.

Por doloroso que fuera el hecho de haber tenido que huir de nuestra madre, quien había intentado atropellarnos con el auto, había cierta dulzura en aquel momento simplemente porque no estaba sola.

Cherie y yo nos quedamos varias horas allí sentadas. Desde donde estábamos vimos a Clyde ayudando a Cookie a entrar en la casa. Vimos a Norm entrar y volver a salir de la vivienda. Y vimos a Clyde atravesar el campo con la maleta de Cherie. Él la dejó caer en el suelo de tierra delante de nosotras. Mi hermana y yo nos levantamos.

—Creo que es mejor que no duerman en la casa esta noche —dijo.

—Como vuelvas a tocar a mi hermana me aseguraré de que vayas a la cárcel.

Clyde se dio media vuelta y se alejó como si Cherie no hubiera dicho nada. Me dieron ganas de salir corriendo detrás de él, subirme a su espalda y darle patadas y puñetazos. Sabía que si lo hacía, Cherie también se le subiría encima, no le importaba en absoluto enfrentarse a él. Sin embargo, cuando ella se fuera, yo tendría que enfrentarme sola a Cookie y a Clyde. El castigo que me caería encima sería doble y saldría perdiendo.

—¡ERES UN MALDITO PERVERTIDO! —gritó Cherie.

Por la forma rígida de andar de Clyde comprendí que mi hermana lo había puesto nervioso. Me dieron ganas de aplaudir y vitorear.

Mi hermana era una superheroína.

Cherie y yo cargamos por turnos con la maleta, que no tenía ruedas. A mí me resultaba más fácil, porque estaba acostumbrada a cargar con garrafas de siete litros de agua.

Nos encaminamos con ella al único hotel del pueblo. Cherie corrió las cortinas y yo cerré la puerta con doble seguro, el pestillo y la barra. Nos acostamos las dos juntas en la única cama y encendimos la televisión. En pocos minutos, después de que nuestros cuerpos se relajaron en la comodidad y la seguridad de la habitación, nos sentimos lo bastante tranquilas para entretenernos un poco. Al igual que había sucedido el resto de la semana, aunque hubiéramos tenido que limpiar los establos, ordeñar a las vacas y quitar la mugre de la casa, no podíamos reprimir la inmensa alegría de estar juntas. Acabamos riéndonos hasta que nos quedamos dormidas.

A la mañana siguiente, llamaron a la puerta. Miré por la mirilla y vi que era Norm, cuyo rostro se veía deformado como si estuviera mirando su reflejo en el dorso de una cuchara.

—¿Está mamá contigo? —pregunté.

—Está en el auto. ¡Abre!

Abrí y lo dejé pasar. Cherie seguía en la cama, tapada hasta el cuello.

—¡NORM! —gritó, indicándole que fuera a sentarse a su lado dando unos golpecitos en la cama. Norm se mostraba un poco cohibido ante las muestras de cariño de nuestra hermana, pero fue y se tiró junto a ella mientras Cherie se incorporaba.

—Menudo espectáculo te perdiste ayer —dijo ella.

—Ya me he enterado —replicó él, sonriendo.

—¿Mamá está afuera esperando por nosotros? —pregunté.

—Ella dice que ya no desea seguir peleando y que solo quiere llevar a Cherie al aeropuerto —explicó Norm levantándose de la cama, descorriendo la cortina y mirando hacia fuera por la ventana—. Mejor se apuran.

No quería que se fuera, pero sabía que no me quedaba opción.

Cuando salimos del hotel, Cherie y yo nos quedamos sorprendidas al ver a mi madre en la furgoneta.

—No puedo creer que aún esté funcionando —dijo mi hermana.

—Clyde y yo la sacamos con la grúa —explicó Norm, subiéndose al asiento trasero.

Cherie se deslizó hasta quedar al lado de Norm y yo me senté junto a ella. Cookie inclinó el espejo retrovisor y miró hacia atrás a nosotros. Abrió su boca como si fuera a hablar, pero luego colocó de nuevo el espejo retrovisor en su sitio, encendió un cigarrillo, y se alejo de la acera.

Mi madre se fumó casi un paquete entero de Virginia Slims en las dos horas de camino. Nadie dijo una palabra, pero Cherie me dio la mano y de vez en cuando la apretaba como si me estuviera mandando mensajes en clave.

En el aeropuerto, cuando me abrazó para despedirse de mí, me susurró al oído:

—Voy a sacarte de aquí. Te lo prometo.

18

Se apagó la luz

Cuando Cherie le contó lo ocurrido, Gi se quedó todavía más preocupada. Empezó a mandarme cartas a casa de Paige para que Cookie no las interceptara. Muchas veces metía dinero en el sobre y me pedía que me lo gastara en algo para mí, algo que me hiciera feliz.

A principios de invierno, Gi consiguió al fin localizar a un trabajador social en el condado y convencerlo de que tenía que ir a la casa a verme. Se llamaba el señor Petant, según me informó Gi en una carta, y estaba buscando la manera de arreglar todo y alejarme de Cookie y Clyde. Después de aquella carta, empecé a incluir al señor Petant en mis oraciones cuando iba a la iglesia. Le pedía a Dios que tuviera la fuerza suficiente para hacerle frente a mi madre y a Clyde, que fuera capaz de ver lo que sucedía en realidad, y que hiciera lo que fuera mejor para mí. Esperarlo era como esperar el descenso de un arcángel. Creía en él. Y creía que me salvaría.

Finalmente, un día de invierno llegué a casa del colegio y me encontré con un hombre vestido con un pantalón de caqui y una camisa de cuello abotonado sentado en el sofá del salón con Cookie. Los dos tenían una taza de café en la mano y había un plato con galletas de limón en la mesa de centro. Mi madre sonreía y hablaba con su voz de iglesia. Tenía las piernas cruzadas, pero había engordado tanto que la pierna de arriba no llegaba a quedar colgando sobre la de abajo, sino que formaba un extraño ángulo, como si estuviera a medio camino de dar una patada.

—Rosanne, este es el señor Petant —dijo mi madre, agitando el dedo de uñas rojas en dirección a mí como una indicación de que me sentara a su lado.

—¿Cómo estás? —preguntó el señor Petant, que era la imagen misma del arcángel que yo había imaginado. Tenía unos ojos más inocentes que los de una vaca y el rostro brillante y sonrosado. Me recordaba a un pez. Un pez muerto.

—Bien —contesté yo, sentándome donde me ordenaba mi madre.

—Parece que la loca de tu hermana ha estado bebiendo otra vez y no está tomando la medicación —dijo Cookie, ordenándome con la mirada que no la contradijera.

—Ah —dije yo en un susurro.

—Rosie, ¿te están maltratando Clyde y tu madre? —preguntó el señor Petant sin levantar la vista del cuaderno.

Mi madre colocó su mano sobre mi muslo. Sus dedos estaban tensos, alertas, como si fuera a arañarme hasta sacarme sangre.

—No.

Por supuesto, yo quería decir que sí, pero cuando mi madre estaba tan cerca, con su mano sobre mí, la amenaza y el terror implícitos eran demasiado poderosos como para hacerles frente.

—¿No? —repitió él, levantando la vista del cuaderno—. ¿Nadie te está pegando ni tocando de forma inapropiada?

Sentí la presión de las uñas de mi madre en el muslo.

—No —corroboré.

Cookie me rodeó con el brazo, me abrazó y me besó en la cabeza.

—Por supuesto que no —dijo.

—Siento haberla molestado —replicó el trabajador social—. Pero tenemos que comprobar la situación cuando recibimos una llamada de ese tipo.

—Entiendo —dijo mi madre—. Y estoy segura de que usted también lo entiende. Regina está muy involucrada con las drogas y el alcohol. ¡Está mentalmente desequilibrada! No pudimos dejar que viviera con nosotros.

Sentía el cuerpo pesado y denso. Era como si la conversación entre mi madre y el señor Petant se estuviera produciendo muy lejos, como si ellos se hallaran en una costa y yo estuviera escuchándolos debajo del agua. Un sonido burbujeante, apagado, como un zumbido. Mi yo interno gritaba, lanzaba puñetazos y peleaba intentando quitarse de encima el peso de toda esa agua.

El señor Petant se levantó y Cookie lo acompañó hasta la puerta. Una pequeña llama se encendió en mi cerebro y salí corriendo hacia la puerta. Si pudiera quedarme a solas con él solo un minuto, podría reunir el coraje suficiente para decir en voz alta, contándole a un hombre adulto y un perfecto desconocido, lo que Clyde y Cookie me estaban haciendo.

—Lo acompaño al auto —dije.

—Por supuesto —convino mi madre—. Iremos las dos.

Cookie me cogió de la mano y me clavó la uña en la palma mientras nos acercábamos al auto color vino con cuatro puertas. Nos quedamos allí de pie, viéndolo alejarse. Y entonces me solté de Cookie y corrí entre la nieve con toda la rapidez que me permitían las piernas hasta casa de Paige. Sabía que eso no me iba a librar de la paliza, pero tenía que retrasarla unas horas. Necesitaba llamar a mi hermana. A cobro revertido, por supuesto.

Gi se exaltó tremendamente. Estaba colérica. Furiosa.

—¡¿Pero cómo se le ocurre preguntártelo *delante de ella*?! —gritaba una y otra vez.

—Ni siquiera me miró —dije—. Podría haberle hecho un guiño o algo.

Gi me dijo que era mejor no entretenernos hablando, porque quería llamar al señor Petant y a la trabajadora social de Nueva York que nos había apartado a Norm y a mí de Cookie años atrás. Tal vez si ellos dos hablaban el señor Petant podría comprender la situación.

—¡*Je t'aime un millón de veces!* —dijo Gi antes de colgar.

—¡*Je t'aime tropecientos millones!* —dije yo.

AL DÍA SIGUIENTE, mi espalda y mis costillas me dolían de la golpiza que recibí cuando finalmente regresé a casa. Después de clase, caminé hasta el teléfono público que había cerca de la tienda de Sheryl. Hacía frío en la cabina y mi aliento empañó los cristales. Desde allí volví a llamar a mi hermana.

—*Mia bambina*, te echo tanto de menos —me dijo con voz triste mi hermana Gi.

Ella no hablaba a toda velocidad como solía hacerlo cuando estaba enfadada o emocionada por algo.

—¿Has hablado con el señor Petant?

—Ay, *bambina*.

Gi se puso a llorar. Mi corazón empezó a latir con fuerza.

—¿Ha hablado con la trabajadora social de Nueva York? —pregunté.

Mi hermana me contó lo ocurrido entre sollozos. El señor Petant se negaba a llamar a la trabajadora social de Nueva York, ya que según él no había necesidad. Al parecer había hablado con mi colegio y le habían dicho lo que mi madre les había contado de Regina cuando esta llamó al colegio el año que llegamos al pueblo: que era una chica mentalmente inestable, una mentirosa crónica y una alcohólica a la que le gustaba causar problemas. Y, según parecía, para el señor Petant dos historias falsas equivalían a una verdad. Le ordenó a Gi que no volviera a llamar a su oficina y había cerrado el caso. Que ni lo intentara siquiera.

—*Mia bambina* —dijo Gi—. Te prometo que te sacaré de ahí de una forma u otra.

EL PASO DEL día a la noche y de la noche al día reflejaban la negrura emocional en casa y la etérea alegría en el colegio. Mis amigos y profesores jamás habrían imaginado que cuando me bajaba del autobús al llegar a la granja, la chica alegre y risueña se volvía silenciosa. Se apagaba. Se mostraba fría. A veces, la niebla salobre de la depresión no se levantaba hasta que interaccionaba con alguien en el autobús de camino al colegio. Era como estar viviendo dentro de una terrible pesadilla de la que solo conseguía despertar al oír la voz de Paige o Jasmine.

Ni siquiera la presencia de Norm en casa me permitía escapar de los golpes de Cookie y Clyde. Norm sabía lo de las palizas y hacía lo que podía para evitarlas, pero con frecuencia su interferencia hacía las cosas peores para mí. Sin embargo, él no tenía conocimiento de lo que sucedía en la sala de ordeño y los campos. No era capaz de contarle lo que le había dicho a mis hermanas. Había cierta intimidad, cierto pudor, que me impedía decírselo. Además, él tenía su propia tortura que soportar por parte de Cookie, que alternaba las muestras de cariño y ternura hacia él con las burlas y las humillaciones. Mi hermano recurría como una vía de escape a los amigos, los videojuegos y el arte, que se le daba fantásticamente bien.

Norm era además un buen granjero, como yo. Aunque se portaba mucho más estoico y fuerte cuando se trataba de las dos tareas que a mí me parecían más difíciles: separar a los terneros de sus madres y castrar a los toros jóvenes.

Entre el corral de los terneros y el de las vacas había una pasarela con una entrada rústica formada por dos postes que tenían una altura igual a una tercera parte de un poste del teléfono, sobre los cuales reposaba una gruesa viga con las iniciales de Clyde grabadas. En esta pasarela había una vieja rampa metálica, oxidada y destartalada. Parecía un gran abrevadero, pero encerraba a los terneros por todos lados y se les inmovilizaba la cabeza en el extremo delantero. La rampa se utilizaba para descornar, castrar, marcar y vacunar a los terneros antes de que tuvieran la edad suficiente para estar en el corral de los toros o el de las vacas. A Norm y a mí nos habían eximido de realizar estar tarea los dos primeros años. Sin embargo, el año que cumplí trece, Clyde decidió que mi hermano y yo éramos tan capaces como cualquier peón de granja que pudieras contratar y nos ordenó que ayudáramos en la tarea de convertir a los terneros en vacas y toros castrados.

—No es buen día para tener testículos —dijo Clyde, según nos encaminábamos a la rampa.

Boone estaba ya esperando junto a una pequeña mesa metálica en la que había dispuesto diferentes cuchillas para la castración; el descornador, para cortar el cuerno; y la aguja, para la vacuna. Había una hoguera encendida en el interior de un círculo de piedras. El hierro de marcar se hallaba atravesado sobre las rocas, en el centro de la hoguera.

—¿Se les da algún analgésico contra el dolor? —preguntó Norm con el ceño fruncido por puro nerviosismo.

—No, son animales, no niños —dijo Clyde.

—Son mis hermanos y hermanas pequeños —susurré, para que Clyde no me oyera.

Yo los había alimentado a todos ellos con biberones desde que fueron destetados. Los conocía con solo mirarlos, con solo oír sus mugidos, por las manchas blancas que tenían algunos encima de los ojos, por la graciosa forma de las pezuñas de uno o las larguísimas patas de otro. Nunca les puse nombre, porque Clyde me había dicho que no lo hiciera, pero aun así los identificaba como seres individuales que eran. Conocía la personalidad de cada uno.

—¿No podemos darles una píldora o algo? —pregunté.

—¿Y de dónde íbamos a sacar tal cosa? —preguntó Clyde.

Norm y yo nos miramos y apretamos mucho los labios para que no se nos escapara la risa. En la mesilla de Cookie había suficientes analgésicos como para dejar inconsciente a todo el ganado de la granja.

Me detuve debajo de la viga de la entrada y observé a Boone conducir a uno de los terneros machos hacia la rampa. El animal entró dócilmente y entonces Boone levantó los laterales de metal oxidado y lo dejó encerrado. Me fui al extremo delantero de la rampa para poder verle la cara. Se trataba del ternero que tenía una mancha blanca en forma de corazón en la frente, entre los ojos. Era muy dulce, y cuando me empujaba con la cabeza porque quería más comida, lo hacía con tanta suavidad que nunca me clavaba los cuernos. Me parecía el típico niño de mamá, pero no en el mal sentido, sino en uno bueno. Solo deseaba que lo quisieran.

—¿Es necesario inmovilizarlo de esta forma? —pregunté.

—Habría que hacer lo mismo con cualquiera por lo que vamos a hacer —dijo Clyde, inspeccionando las herramientas.

Miré al ternero a los ojos. Él mugió muy bajito de forma interrogativa. Tenía un nudo de tensión en el estómago como si fuera yo la que estuviera en la rampa. No veía diferencia alguna entre la situación de aquel ternero y cuando Clyde me atrapaba dentro de su delantal o me forzaba en el suelo en mitad del campo. En ambos casos se trataba de una pérdida absoluta del control. Una pérdida total de la voluntad. La humillación de tener el cuerpo inmovilizado y que lo toquen, lo manipulen y hurguen en él, sin pensar siquiera en la mente y el alma unidas a ese cuerpo.

—No quiero hacer esto —le dije a Clyde, mientras acariciaba la frente del ternero.

Norm estaba examinando las herramientas. Solo con verlo sabía que mi hermano trataba de mantenerse ajeno a lo que iba a suceder centrando la atención en otra cosa para poder soportarlo.

—Yo lo haré por Rosie —dijo—. Ella puede ocuparse de otra cosa.

—Lo harán los dos —replicó Clyde, y volviéndose hacia mí me hizo una pregunta, guiñándome un ojo—. ¿Quieres un delantal o prefieres quitarte la camiseta?

Yo le di la espalda.

—Por supuesto que no pienso quitarme la camiseta —contesté.

Ya tenía la ropa llena de marcas del trabajo de la granja. Norm sí se la quitó. Y Boone y Clyde llevaban delantales de plástico. Aquella era la tarea más sangrienta de toda.

El ternero empujó la cabeza contra mi mano para siguiera acariciándolo.

—No quiero hacerle daño —dije.

—Dale un descanso a Rosie —pidió Norm.

—No hay descanso que valga para un granjero —replicó Clyde, poniéndome el descornador en la mano.

—Rosie —dijo Boone—, eres la mejor granjera que conozco; la chica más fuerte que he conocido nunca. Puedes hacerlo.

Boone era uno de mis mayores defensores. Como me ocurría con mis profesores, no era capaz de decepcionarlo.

—Está bien.

Tal vez fuera mejor que lo hiciera yo, así el ternero sufriría menos.

—Nosotros empezamos por la parte trasera y avanzamos hasta llegar a la cabeza —dijo Boone apuntando a la grupa del becerro, donde Clyde estaba esperando, con sus dientes blancos destellando en una sonrisa lechosa.

—Ven aquí. Esto es algo que necesitas hacer perfectamente —dijo Clyde.

Norm y yo nos agachamos junto a los cuartos traseros del becerro para que pudiéramos ver las manos de Clyde trabajando. Con una navaja, él cortó la punta del escroto del becerro. El animal dejó escapar un mugido de dolor horroroso. Yo me encogí con un nudo en el estómago. Clyde introdujo sus dedos desnudos en el escroto, sacó los testículos y los cortó para que cayeran en su mano. El ternero gimió una vez más. Clyde se puso de pie y lanzó los testículos a la hoguera para que se cocinaran.

—Ahora los cuernos —dijo Clyde, y me entregó el descornador, que parecía una herramienta de jardinería con una cuchilla circular en la punta. Le di una mirada al descornador con el estómago dando vueltas mientras el becerro seguía gimiendo.

—Yo lo haré —dijo Norm.

—Deja que Rosie lo haga —replicó Clyde—. Tú serás el segundo.

Clyde colocó su mano en mi espalda y me empujó hasta la parte delantera del becerro, donde Boone estaba esperando.

Con sus manos sobre las mías, Boone abrió el descornador para ayudarme y luego lo colocó de forma que las cuchillas de cortar rodearan el cuerno.

—No te acerques demasiado a la piel, porque sangrará mucho —dijo—. Imagina que es un tocón de un árbol lo que va a resultar de ello.

Cerré el descornador y corté el cuerno naciente. Era como un paquete de cigarrillos de largo, casi triangular, con la punta roma. Boone puso polvos de talco en la herida para detener el sangrado.

—Ahora el otro —dijo.

Coloqué el descornador alrededor del otro cuerno y corté. Esta vez me saltó encima un chorro de sangre y el animal dejó escapar un mugido lamentoso. Boone le espolvoreó los polvos de talco y Clyde se rio. Yo pestañeé para contener las lágrimas y me tragué el nudo que tenía en la garganta.

—Esta vez te has acercado demasiado —dijo Boone—. Pero no te preocupes, pronto tendrás más práctica.

Clyde le pasó a continuación el hierro candente a Norm y él le marcó las iniciales de Clyde en el anca del becerro. El animal volvió a llorar y yo me acerqué a su cabeza y traté de tranquilizarlo con caricias y suaves palabras.

—Yo le pongo la inyección también —dijo mi hermano dando un paso al frente.

Norm dejó de nuevo el hierro candente sobre el fuego y agarró la jeringuilla. Sabía que lo hacía para que yo me tranquilizara.

—Pónsela justo ahí, en la cadera —dijo Clyde.

Norm clavó la aguja y el animal casi ni lo notó. Esto fue todo un alivio.

Así estuvimos horas. Sentía como si estuviera participando en un ritual de abuso, al tiempo que también abusaban de mí. Quería acompañar a los terneros en sus lamentos.

Norm, que siempre había sido mejor que yo en lo que respecta a aislarse de las brutalidades que habíamos sufrido en nuestra vida, se unió al espíritu de la fiesta y se comió los testículos asados con Boone y Clyde. A mí me arengaron para que los probara. Lo cierto es que no sabían muy diferente de cualquier otro trozo de carne dura y crujiente de ternera que hubiera comido.

Al final del día, Norm tenía el torso cubierto de sangre, al igual que los delantales de Clyde y Boone y mi camiseta. Ellos nos dejaron a Norm y a mí solos limpiando las herramientas y la rampa.

Yo trabajaba prácticamente en silencio, entumecida en cierto modo.

—Todo irá bien —dijo Norm.

—¿Cuándo? —pregunté yo.

El trapo que tenía en las manos estaba tan manchado de sangre que parecía que estuviera pintando la rampa en vez de limpiándola.

—Siempre podríamos ponerle fin a todo nosotros mismos —dijo Norm.

Yo lo miré para comprobar si hablaba en serio.

—¿Alguna vez lo has pensado?

—Sí —dijo él, riéndose, como si estuviera diciendo *por supuesto*.

—¿Cómo lo harías?

Hablar del asunto le restaba seriedad. Era más fácil que solo pensar en ello.

Norm señaló con la cabeza la viga que formaba el arco de separación entre los corrales.

—Me colgaría de ahí. Ya lo he pensado.

—¿En serio?

—Sí. Hay una cuerda en el establo de los toros. La cogería y me colgaría con ella —dijo con una sonrisa, pero era una sonrisa nerviosa que me indicaba que no bromeaba.

—¿Hay suficiente cuerda para mí?

Los dos juntos podíamos convertir aquello en una broma.

—Sí, hay mucha —replicó él—. Yo le haré el nudo.

En ese momento los dos nos reímos.

—Podríamos tomarnos las píldoras de mamá para suavizar el dolor —comenté yo.

—Podríamos bebernos todo el alcohol que tiene escondido, tomarnos todas sus píldoras y hacerlo totalmente borrachos —dijo él con una sonrisa de verdad esta vez.

—Sí, pero primero abriríamos todos los corrales y establos, y dejaríamos en libertad a los animales.

—Incluso a las gallinas —aseguró Norm—, las cuales son tan tontas que probablemente preferirían vivir con Clyde y mamá a ser libres.

Los dos sonreímos.

—Ah, y tendríamos que echar todos los vehículos en el estercolero —dije yo.

Ahora ya estábamos muertos de risa.

—Cogeríamos los discos de mamá de Frankie Valli y los echaríamos en el estercolero también —añadió Norm.

—Eso va a ser genial —dije yo.

Mi hermano y yo seguimos riéndonos mientras enumerábamos todo lo que echaríamos al estercolero antes de suicidarnos: las chucherías sin valor de Cookie, toda la porquería que había ido acumulando para su tienda Prismatic Fantasies, las gorras de béisbol John Deere de Clyde, las botas de trabajo de Clyde, la máquina de coser y todas las herramientas que hubiera en la granja.

Cuando volvíamos ya hacia la casa, Norm dijo:

—Sabes que digo en serio lo de colgarme, ¿verdad?

—Sí —respondí yo—. Yo también.

19

Escape de Idaho

AL FINAL DEL camino de entrada a nuestra casa, cerca de la carretera donde paraba el autobús del colegio, estaba parado un auto blanco de cuatro puertas que no había visto nunca. Era el mes de marzo del octavo grado y llevaba puesta una gruesa sudadera y la mochila llena de deberes escolares.

Reduje el paso al llegar al auto, vacilante, ya que toda mi experiencia anterior con los autos detenidos se limitaba al señor Nettles y la mafia.

Me asomé a la ventana con cuidado. Era mi hermana Cherie, que me indicaba nerviosamente con el brazo que subiera al auto. El autobús se dirigía a nosotras, estaba a punto de pararse para recogerme. Abrí la puerta del pasajero, tiré la mochila en el asiento trasero y me subí al auto dando gritos de alegría.

—¡Has vuelto!

Cherie salió a la carretera y se alejó antes de que nos alcanzara el autobús. Alargó una mano y me atrajo hacia ella para que la abrazara mientras conducía.

—¡Te dije que volvería por ti! —dijo mi hermana.

—¿A dónde vamos? —pregunté yo, loca de contento por tener allí a mi hermana, pero un poco nerviosa también. No me había escapado de la escuela nunca.

—A Nueva York —dijo Cherie mirándome. Luego me cogió la mano y la apretó.

—¿Qué quieres decir?

—Que vienes con nosotros.

Me quedé atónita. Lo único que deseaba era alejarme de Cookie y Clyde, y ahora que por fin estaba sucediendo me sentía más asustada que aliviada.

—¿Pero cómo? ¿Y el colegio? ¿Y Norm? Quiero decir, ¿puedo desaparecer así sin más?

—Todo está bien, Rosie, vamos a cuidar de ti —dijo ella, mirándome a mí y también hacia la carretera. Parecía preocupada—. He comprado rosquillas y café. Come algo. Te ayudará a relajarte.

Cherie señaló el asiento trasero con el pulgar. Yo me incliné y cogí una bolsa con rosquillas y un café de una caja que había en el suelo.

—¿Tenemos billetes de avión? —pregunté, sacando de la bolsa una rosquilla cubierta de chocolate a la que le di un enorme mordisco.

—Sí. Pásame el café.

Se lo di y bebió unos sorbos.

—Cookie me matará.

—Rosie, no entiendes. No te va a matar, porque no va a poder ponerte la mano encima. Te llevo a Nueva York. A vivir allí para siempre.

Aunque entendía cada palabra que salía de la boca de mi hermana, la forma en que estas se unían no tenía sentido. Era como si Cherie me estuviera diciendo que me llevaba a la luna.

—¿Dónde viviré?

—En mi apartamento, conmigo —contestó ella—. Y vas a ir a la escuela allí y todo.

—¿Qué le vamos a decir a mamá?

Nadie que conociera tenía los nervios de acero de Cherie. Nada la asustaba.

—No le diremos nada —dijo Cherie—. Ahora, no te asustes, pero hay una peluca en esa bolsa —ella señaló la bolsa que había a mis pies—. Póntela para que no te reconozcan.

Me quedé mirando la bolsa, pero no era capaz de cogerla. Cherie se salió del camino de tierra, puso el freno de mano y apagó el motor.

—No va a pasar nada. Cuidaremos de ti.

—Está bien —asentí—. ¿Y qué pasará con Norm?

—Para él las cosas no son tan difíciles como para ti. A él Clyde no lo acosa. Y mamá tampoco le pega.

Yo volví a asentir con la cabeza y alargué el brazo hacia la bolsa. Había una peluca de pelo rojo, largo y rizado, un par de gafas de sol estilo Ray Ban y una camiseta que decía Nueva York. Si hubiera podido reírme, lo habría hecho. En cambio, lo único que hice fue ponerme la camiseta. Después mi hermana me ayudó a recogerme el pelo para ajustarme bien la peluca.

—Ya ha pasado todo —dijo Cherie, escondiendo los mechones de mi pelo real que se habían escapado—. Los abusos, las palizas... todo. Se acabó.

A mí no me daba la impresión de que se hubiera acabado. No me parecía que todo hubiera pasado. Nada de lo que sentía me parecía normal. No era tanto nerviosismo como preocupación. Y no era tanto miedo tanto como aprensión. Sobre todo, me sentía como paralizada. Cherie me abrazó. Luego volvió a poner el auto en marcha en dirección al aeropuerto de Boise.

Se me ocurrían un montón de *y si* y *qué pasará cuando*. ¿Cómo se las iban a arreglar mis compañeras del equipo de animadoras sin mí? ¿Se enfadarían Paige y Jasmine por haberme ido sin decirles nada? ¿Y los terneros?

¿Quién les daría de comer? ¿Les acariciaría esa persona la cabeza y les diría cosas bonitas para que supieran que los quería? ¿Pensarían mis profesores que había dejado los estudios? ¿Creerían que era una vaga? ¿Pensarían que había huido porque estaba embarazada?

—¿Crees que mamá llamará a la policía? —pregunté.

Me puse las gafas y me miré en el espejo del parasol.

—Mamá no se dará cuenta de que no estás hasta que sea la hora de que vuelvas del colegio. Pero ponte la peluca por si pasamos cerca de alguien que te conozca o nos encontramos con un conocido en el aeropuerto.

Cherie habló casi todo el tiempo durante el camino al aeropuerto. Fumaba, como mi madre, pero ella echaba la ceniza por la ventanilla y aplastaba las colillas en el cenicero. Intenté concentrarme en lo que decía mi hermana, en el plan, pero no era capaz de superar la idea de que me disponía a alejarme de todo lo que conocía y todo lo que era familiar para mí. Una vez había visto una película sobre un tipo que estaba en el programa de protección de testigos y me pareció que *esta* era una situación muy parecida. Me sacaban de Idaho y me llevaban a un lugar desconocido sin dejar rastro, como si fuera alguien que está tratando de evitar que lo maten. Yo también estaba tratado de evitar la muerte, ya fuera a manos de Cookie o las mías.

Devolvimos el auto en el aeropuerto y nos dirigimos al control de seguridad de la terminal.

Cherie me dio mi tarjeta de embarque y me susurró al oído que actuara con normalidad, pero no resultaba fácil con aquella gigantesca peluca rizada en la cabeza.

El guardia de seguridad revisó mi tarjeta de embarque y luego me miró a mí.

—¿Cuántos años tienes? —preguntó.

—Tiene trece —respondió Cherie.

—¿En qué grado estás?

—En octavo —dije yo.

—Eres alta.

—La más alta de la familia —replicó Cherie.

Me devolvió la tarjeta y fuimos hacia la cinta transportadora a dejar la mochila. Hasta que no pasé el detector de metales y me volví a poner la mochila en la espalda no me percaté de que mis piernas estaban temblando y parecía que se me fueran a doblar las rodillas.

Cherie me cogió de la mano y nos alejamos rápidamente, como si hubiéramos escapado por los pelos de ser arrestadas.

—*Tengo* que rascarme la cabeza —dije.

Sentía como si hubiera hormigas paseándose por mi cuero cabelludo debajo de la peluca. Era un picor agudo, insistente y enloquecedor.

Entramos a toda prisa en el cuarto de baño y nos metimos en el cubículo más grande. Introduje las manos debajo de la peluca y me rasqué con ambas manos. Resultaba tan agradable que me rasqué varias veces. Cuando terminé, la peluca me colgaba de la mitad de la cabeza hacia atrás sujeta por una de las horquillas y mi verdadero pelo tenía un aspecto encrespado.

—Está bien —dijo Cherie—. Parece que hayas venido en una moto sin casco por la autopista. Y bebiendo.

Sonreí y me dieron ganas de reír, pero seguía envuelta en aquella neblina de conmoción e incapaz de salir de ella.

Cherie me dio el asiento de la ventanilla y ella se sentó en el centro. Mi hermana se quedó dormida al instante. Había volado a Idaho desde Nueva York la noche anterior y apenas había dormido esperando la mañana.

Era la primera vez que subía a un avión, pero apenas podía concentrarme en ello. En cambio, trataba de imaginar lo que estaría sucediendo en Oakview. Qué habrían pensado Paige y Jasmine que había sucedido ¿Habrían llamado a mi madre del colegio para preguntarle por qué no había ido? ¿Qué diría o haría Cookie? ¿Saldría con el auto a buscarme por toda la ciudad? ¿Y qué harían Clyde y Boone sin mi ayuda con las tareas de la tarde? Era como imaginar a mi familia después de mi muerte, algo que había hecho muchas veces.

Mi hermana se despertó justo antes de aterrizar.

—Mira —dijo, señalando la Estatua de la Libertad en su isla debajo de nosotros.

—Es una vista fabulosa —dije yo, y así era, pero yo seguía sin poder sacudirme aquel miedo que me entumecía.

—¿Estás bien? —preguntó Cherie.

—¿Y si Cookie está en la puerta de salida cuando bajemos del avión? —pregunté.

—Imposible —contestó Cherie.

—O Clyde.

—Imposible —repitió—. No podrían haber llegado al aeropuerto antes que nosotras. Probablemente acaben de enterarse de que no has ido al colegio.

—¿Crees que vendrán para llevarme de vuelta a rastras?

Pensé que mi madre tuvo la fuerza física y la fuerza de voluntad para arrastrarme por el pelo de la nuca desde Nueva York a Idaho. Esa era su forma preferida de controlarme, tirándome del pelo de la nuca, y lo hacía siempre que le apetecía.

—No saben dónde estás —dijo Cherie.

Se calló cuando el avión pisó tierra con un golpe brusco y luego continuó suavemente por la pista.

Camille y Gi corrieron a abrazarme en cuanto bajamos del avión. Me cogieron de las manos y me llevaron a toda prisa al estacionamiento. Nadie decía nada, como si eso fuera a descubrirnos. Cuando entramos en el auto, mis hermanas me abrazaron y besaron, y dijeron todo lo que no habían dicho en el aeropuerto: que me echaban de menos, que todo iba a salir bien, que cuidarían de mí. Yo seguía dentro de una nube de pánico y casi no podía hablar en voz alta.

—*Ay, mia bambina, amore* —dijo Gi, besándome otra vez hasta que mi cara se empapó con sus lágrimas—. ¿Tienes miedo?

Yo asentí. Gi me apretó la mano con fuerza todo el trayecto. Yo guardaba silencio mientras mis hermanas hablaban a toda velocidad del vuelo, el trayecto en auto, la cena que nos estaba esperando en casa de Camille y del hijo de esta, Frankie, al que pronto conocería.

La casa de Camille olía maravillosamente bien y era cálida. Su esposo, Frank, había cocinado espaguetis con carne. Llevaba al bebé en brazos mientras nos servía y después se sentó a la mesa. Nunca había visto ese comportamiento en un hombre. Me dejó fascinada su dulzura.

Comimos los espaguetis; todos hablábamos mientras comíamos y nadie gritó. Nadie tiró la comida por encima de la mesa, nadie me agarró del pelo y no tuve que salir corriendo después de cenar para seguir trabajando. Cuando me levanté para fregar los platos, Gi me lo impidió y me pidió que me sentara. Dijo que me hacía falta una noche libre. Y tenía razón. No había tenido un día o una noche libre desde que nos fuimos a vivir con Clyde. Casi no sabía lo que era sentarse y no hacer nada. Pero cuando lo hice, cuando me senté en el sofá de Camille sin hacer nada, la laxitud y la tranquilidad invadieron mi cuerpo. Era como si algo estuviera abandonándolo. Y puede que así fuera. La nebulosa del miedo, la ansiedad y el terror iba saliendo poco a poco de mí, como se escapa el aire cuando se pincha una rueda.

Me fui a la cama todavía en silencio y aturdida. Sin embargo, cuando desperté a la mañana siguiente, me sentí más yo misma de lo que me había sentido alguna vez con Cookie y Clyde. Estaba con mis hermanas. *¡Mis hermanas!* No obstante, intenté mantener contenida mi alegría, ya que no confiaba en que todo no terminaría en algún momento.

Mis hermanas decidieron que me hacía falta ropa nueva para ir al colegio y que ya no llevaría más aquella ropa de segunda mano o sacada de un contenedor del Ejército de Salvación. Así que el mismo día de mi llegada a Nueva York decidimos ir al centro comercial. El marido de Camille, Frank, y el pequeño Frankie vinieron también. En el auto, yo me senté en el regazo de Gi, aunque era más grande que ella. Mi hermana se puso a jugar con mi pelo mientras apoyaba la mejilla en mi espalda, y yo me sentí querida y segura.

Todo me pareció familiar cuando llegamos a la calle en la que estaba el centro comercial.

—He estado aquí antes, ¿verdad?

Parecía que estaba en un sueño recurrente. A la vez sabía dónde estaba y me sentía completamente perdida.

—Vivíamos enfrente —dijo Gi, señalando por la ventana—. Allí. Allí era donde estabas montando a la yegua aquella vez y el semental intentó montarla.

Entonces lo vi todo claro. Me acordaba del olor de los bizcochos que nos daban los trabajadores mexicanos en aquellas frías mañanas.

El pequeño Frankie iba dormido en su sillita cuando llegamos, así que Camille, Frank y Gi decidieron quedarse en el auto mientras Cherie y yo comprábamos. Gi, la organizadora, quería diseñar el plan de acción para... bueno, el resto de mi vida en Nueva York.

El centro comercial parecía más grande que cualquier terreno en el que hubiera estado. Todo el mundo estaba bien vestido y seguro de sí mismo. El acento neoyorquino de la gente sobresalía de un modo diferente al de mi madre. Mis amigos de Idaho decían que Cookie hablaba de una forma graciosa, pero yo hacía tiempo que no la oía hablar de esa forma. *¿Hablaré yo así?*, me preguntaba, y luego me acordé de que Flavia Feliciano siempre me decía que hablaba algo raro. No obstante, aquel acento neoyorquino mío, fuerte o ligero, hacía tiempo que había desaparecido. Según mis hermanas, hablaba como si fuera oriunda de Idaho.

Cherie y yo elegimos unos vaqueros, un grueso abrigo de invierno, una camiseta rosa y un suéter rojo. Me preocupaba el dinero que iba a gastar Cherie, pero insistió en que Gi, Camille y ella querían gastar dinero en mí.

—Eres nuestra hermana —dijo Cherie—. Gastaremos lo que sea necesario con tal de que estés cómoda y a salvo.

—Se los devolveré —aseguré, mientras la cajera cobraba los artículos.

—No lo harás —replicó Cherie—. Sé que tú harías lo mismo por cualquiera de nosotras.

Intenté imaginar a Cookie ayudándome a mí o a cualquiera de mis hermanas, demostrándonos su amor. Sin embargo, no pude. Mi madre mostraba amor por sus gatos, a los que acariciaba y hablaba como si fueran niños pequeños. Supongo que también en cierto modo mostraba amor por Clyde, cuando le tocaba la entrepierna y se frotaba contra él. Aunque es posible que no se tratara realmente de una cuestión de amor. Y a veces también podía ser amable con Norm. No obstante, siempre era una demostración precaria, como si en cualquier momento fuera a criticarlo por no ser tan buen granjero como Clyde. Tal vez no supiera querer. Tal vez no hubiera aprendido nunca.

Después de tres días, Gi y yo salimos de la casa de Camille hacia el apartamento de Cherie, donde se suponía que yo iba a vivir. Gi solo se había tomado unos días libres de la universidad para ayudarme a instalarme. En breve me matricularía en octavo grado en un colegio cerca del apartamento de Cherie y Gi volvería a la universidad.

Aquella noche, cenando con Cherie y Gi, me di cuenta de lo diferente que me sentía. Era como si me hubieran quitado de encima un caparazón de cuarenta y cinco kilos de peso y de repente pudiera sentir el viento y el sol que me rodeaba. Ya no daba un brinco cada vez que sonaba el teléfono, ni corría a esconderme en el cuarto de baño cuando llamaban a la puerta. Vivir lejos de Cookie y Clyde empezaba a parecer posible, y tenía la esperanza de poder matricularme pronto en el colegio y hacer nuevos amigos.

Cherie y yo nos estábamos riendo con una historia que nos estaba contando Gi sobre una amiga de la universidad cuando sonó el teléfono. Lo miré, pero no pensé siquiera en quién podría estar al otro lado.

Cherie respondió y Gi siguió hablando. Entonces escuchamos el grito ahogado de nuestra hermana mayor. Gi se levantó de la mesa y pegó el oído al auricular del teléfono. Yo me uní a ella también y traté de escuchar, pero no había sitio para todas.

—¡Mierda! —exclamó Cherie, colgando el teléfono. Gi tenía los ojos.

—¿Qué?

—El tío Nick ha llamado a Camille —explicó Gi—. Mamá le ha telefoneado para decirle que ha dado aviso a las autoridades y hay una orden de búsqueda para ti y para mí.

—Pero tú no estás huyendo de nada —dije yo.

—Ella dice que te he secuestrado —replicó Gi.

—Si la casa de mamá en Idaho se incendiara y en ese mismo momento Gi estuviera en Hawai, seguiría siendo la culpable del incendio para ella —dijo Cherie.

—Ni siquiera me acuerdo del tío Nick. ¿Por qué habría de importarle? —pregunté.

—No le importa —dijo Gi—. Es un hombre horrible y pervertido que odia a las mujeres y a las niñas. Se ha portado mal con todas nosotras desde que nacimos, y todo por no ser hombres.

—Es un idiota —comentó Cherie—. Un idiota hijo de puta.

—No te preocupes, *bambina* —dijo Gi—. Aquí estarás segura.

Sin embargo, sí me preocupé, al igual que mis hermanas. Ninguna de nosotras durmió bien aquella noche.

Al día siguiente, mientras Cherie estaba en el trabajo, Camille llamó y nos dijo que el tío Nick se había presentado en su casa. Frank le había dicho que Cherie vivía en otro estado, que Gi estaba en la universidad y que no tenía ni idea de dónde estaba Rosie, pero que no se lo creyó. A Frank le preocupaba que Nick hiciera investigaciones y terminara averiguando que Cherie vivía en la ciudad.

Aquel día no pude comer casi. Cuando Gi me contó sobre el tío Nick —el tremendo desprecio que mostraba hacia las mujeres, lo cruel que era con su esposa, que cuando Gi era pequeña no le permitía hablar, y si ella lo hacía, la llamaba esnob y zorra— sentí aún más miedo.

Gi intentaba mantenerme ocupada. Leíamos, veíamos la televisión, o ella estudiaba para sus exámenes y me enseñaba lo que estaba aprendiendo en la universidad. Sin embargo, yo estaba como ausente, esperando a que el misterioso Nick tirase abajo la pared y entrara echando espuma por la boca como un ogro rabioso y enloquecido.

Al día siguiente empezaron las llamadas a casa de Cherie. El ogro tenía una voz que podía oír través del contestador automático. Era una voz furiosa e impaciente, con el mismo acento que mi madre: los dos hablaban con un gangueo nasal y se comían las erres y las ges. Nick empezó exigiéndole a Cherie que lo llamara. La tercera vez dejó un mensaje. Supe que estábamos tratando con alguien tan peligroso como nuestra madre cuando dijo:

—¡Coge el MALDITO teléfono, zorra! ¡Coge el MALDITO teléfono!

La forma en que Gi se movía por el apartamento poniendo en orden las cosas dejaba claro que estaba aterrada.

—Vamos —dijo finalmente.

Escapamos por el callejón trasero por si acaso se presentaba allí. Se detuvo en una cabina para llamar a Camille. Le dejó un mensaje en el contestador diciéndole que estábamos escondidas en el centro comercial.

Una vez allí, yo no dejaba de mover la cabeza de un lado a otro como un pájaro cada vez que veía a un hombre de pelo oscuro. Buscaba a Cookie en la forma masculina de un ogro. Estaban poniendo *La chica de rosa* en el cine. Gi compró las entradas y nos sentamos en la fila de atrás para poder ver a todo el que entrara. Cada vez que se abría la puerta, mis ojos se movían hacia la franja de luz intentando reconocer la figura, el rostro y la expresión de quien entraba.

A la mitad de la segunda proyección de la película, decidimos irnos del cine. Yo caminaba entre la multitud del centro comercial con la cabeza baja y sujetándome con fuerza a la mano de mi hermana.

—Mierda, mierda, mierda —dijo Gi de repente.

Un hombre con un largo rostro puntiagudo y dos policías se dirigían hacia nosotras.

—¡Corre! —ordenó Gi, y entramos de nuevo en el cine para salir por la puerta de emergencia del vestíbulo, donde había un contenedor de tamaño industrial.

—Métete debajo —dijo Gi.

Ella se tumbó y se escurrió por debajo. Yo también lo hice y me coloqué a su lado. Había un fuerte olor a podrido. No olía como el estiércol, el fertilizante o el mantillo de los corrales de la granja; aquel olor era mucho peor, mucho más fuerte, a algo que estaba muy podrido. Apreté la mano de mi hermana y cerré los ojos.

Pronto sería de noche. Y aunque sabía que probablemente también haría frío, no lo sentía. Lo único que sentía eran los latidos de mi corazón, el calor de la mano de Gi y el suelo duro y rasposo bajo mi estómago.

—¿No podemos escondernos detrás del contenedor? —pregunté en un susurro.

—Es demasiado visible —dijo ella.

Se escuchaban pasos de la gente que se iba del centro, los autos que se ponían en marcha y salían del estacionamiento. Vimos lo que parecía un chico con botas que salía por la chirriante puerta trasera del teatro con una bolsa de basura colgando a la altura del tobillo. Echó la basura en el contenedor. Casi no hizo ruido al aterrizar, pero yo apreté la mano de Gi de todos modos como si creyera que iba a atravesar el contenedor y caernos encima.

Y entonces oímos la voz de Cherie.

—¿Regina? ¿Rosie? ¡Salgan! ¡Salgan ahora!

—Shhh —me dijo Gi—. Está con Nick. La está obligando a llamarnos.

—¿Cómo lo sabes? —susurré.

—Porque sé cómo actúan los Calcaterra. Nick es tan astuto como mamá.

Cherie siguió llamándonos hasta que su voz se fue difuminando con la distancia.

Los autos seguían abandonando el centro comercial. Y pronto pareció que solo quedábamos nosotras en el estacionamiento, debajo del contenedor. Sabía que Gi estaba decidida a quedarse allí debajo una semana si con ello evitaba que tuviera que volver con Cookie y Clyde.

Cuando la zona se quedó en silencio y no quedaban casi autos en el estacionamiento, Gi me susurró que saliéramos.

Yo salí primero rodando de lado y mi hermana se arrastró hacia fuera detrás de mí. Fuimos corriendo hasta el teléfono público que estaba fuera del centro comercial y llamamos a Camille.

Nuestra hermana estaba histérica. El tío Nick le había dicho que la policía había atado los cabos y que si no me mandaban de vuelta a Idaho, presentarían cargos de secuestro contra todas mis hermanas y Frank también. Camille podría perder la custodia de su hijito, Frankie. Decidimos reunirnos en su casa para decidir qué hacer.

AL FINAL, Y tras mucho llorar, decidimos que mis hermanas no podían arriesgarse a que las acusaran de secuestro. Enfrentarse a cargos de esa magnitud podía llevar meses, incluso años, y durante todo ese tiempo tendría que permanecer con Cookie y Clyde de todas formas. Además, ninguna de ellas tenía dinero suficiente para pagarle a un abogado. No me quedaba más remedio que volver a Idaho. Mis hermanas mayores se quedaron hablando toda la noche mientras yo permanecía con ellas y escuchaba. Gi estaba decidida a encontrar la manera legal de apartarme de Cookie y Clyde. Cherie estaba decidida a volver a Idaho para romperle los huesos de las manos a Clyde y aplastarle otras partes. Y Camille estaba decidida a encontrar una manera pacífica de conseguirme un ambiente seguro. Ella sugirió que buscáramos a alguien en Oakview dispuesto a acogerme. Yo sabía, pero no tenía el corazón para decírselo a Camille, que en un pueblo de trescientas sesenta personas nadie humillaría a Cookie y Clyde al tomarme contra su voluntad.

Me dejé llevar mentalmente hasta Idaho, donde después de este breve paréntesis me aguardaba una vida aún peor. Sabía que no podía llevarme la preciosa ropa que mis hermanas me habían regalado. Mi madre probablemente la quemaría delante de mí o trataría de estrangularme con mis vaqueros nuevos.

A menos que Cookie las hubiera quitado de allí, las píldoras seguirían estando en la cómoda que había junto a mi cama. Pensé que siempre podía tomármelas y ganarle a mi madre con un golpe final.

Al día siguiente por la noche, Cherie y Gi me llevaron a casa del tío Nick como habían acordado. Él les había prometido que si me llevaban, se ocuparía de que no presentaran cargos contra mis hermanas.

El tío Nick abrió la puerta. Lo acompañaban dos perros doberman que ladraban y enseñaban los dientes. Mi tío se parecía mucho a sus perros con aquel pelo negro y la nariz larga y rubicunda.

—Despídete de tus hermanas —ladró Nick con la misma ferocidad que sus perros.

—No pensamos dejarla aquí —dijo Cherie.

—Vete a la mierda, zorra —contestó él, alargando el brazo hacia mí.

Mis dos hermanas se interpusieron entre él y yo.

—Nos quedaremos aquí con ella —aseguró Cherie.

—No pienso dejar que dos prostitutas como ustedes entren en mi casa —dijo, y en ese momento supe que el insulto degradante y humillante era algo que venía de familia.

—No la dejaremos aquí —replicó Gi.

El tío Nick se quedó mirándolas. Luego se dio media vuelta y apartó a los perros de una patada de su camino. Las tres entramos en la casa. Olía a moho y a orine de perro. La versión canina de los olores que había en casa de Cookie. La esposa de Nick, Jennifer, se apareció en ese momento y nos sonrió con nerviosismo. Tenía una voz suave y quebrada. Lo que decía no sonaba a verdad, pero sí parecía desear que lo fuera.

—Tu madre te echa mucho de menos, Rosie.

—¿Dónde vamos a dormir? —preguntó Cherie. Ya habíamos cenado y habíamos ido lo más tarde posible.

La tía Jennifer nos guió con paso nervioso y vacilante a la habitación de invitados. Abrió la puerta y las tres entramos. La tía cerró la puerta detrás de nosotras.

Había un sofá cama abierto con dos almohadas, una sábana y una manta de un tono grisáceo (que tal vez hubiera sido blanca en otro tiempo) doblada al pie de este. Extendidas por toda la cama había fotos de mujeres desnudas. Cientos de ellas, del tamaño de una hoja de un cuaderno escolar. El tío Nick trabajaba en una imprenta y era fotógrafo aficionado. Supusimos que eran fotos que él había tomado.

—No mires —me ordenó Cherie, volviéndome la cabeza para que no mirase hacia la cama.

Sin embargo, ya había visto suficiente. No eran fotos artísticas. No eran elegantes composiciones en blanco y negro. Las fotos del tío Nick exhibían distintas partes del cuerpo, peludas como animales, deshumanizadas, abiertas, expuestas.

—No vamos a dormir en esa cama —dijo Gi, sacando la sábana de debajo de las fotos para extenderla en el suelo, cubierto con una alfombra verde afelpada.

—¿Crees que las almohadas estarán bien? —preguntó Cherie.

—No —respondió Gi—. Usaremos los abrigos enrollados.

Nos acostamos vestidas en el suelo, apretadas entre nosotras como si fuéramos tres cucharas. Pasamos la noche llorando intermitentemente, incluso nos reíamos cuando veíamos que llorábamos a la vez.

Por la mañana, cuando salimos de la habitación, el tío Nick nos esperaba afuera sujetando a los perros. Nos miró a las tres de arriba abajo, como si fuéramos una mercancía que fuera a comprar.

—¿Se han enredado las tres ahí dentro?

—Eres un ser repugnante —dijo Gi. Cherie le hizo un gesto obsceno con el dedo corazón.

Mis hermanas no dejaron que fuera sola en el auto con él, así que tuvo que seguirnos hasta el aeropuerto para asegurarse de que efectivamente me subía al avión.

Las tres lloramos mucho en el aeropuerto, yo más que todas. Los sollozos entrecortados amortiguaban nuestras palabras. Me sentí igual que cuando vivíamos en la Casa Sapo a los ocho años y la trabajadora social me separó de mis hermanas para llevarme al hogar de los Callahan.

Cuando entré en el avión, respiré y contuve el llanto. Tenía que reunir fuerzas, aislarme, ponerme un escudo alrededor del corazón. Nada bueno podía esperarme al final de aquel vuelo.

20

De vuelta a Idaho

ENTRE LOS CASTIGOS que recibí tras el *rapto de las hermanas*, como todo el mundo se refería a ello en Oakview, estaba el de limpiar todos los corrales hasta el día que muriera, según las palabras de Cookie. Me preguntaba si ella de verdad pensaba que me iba a quedar allí por el resto de mi vida. Después de que me hubieran impedido quedarme en Nueva York, parecía que solo había dos salidas posibles: la muerte o la universidad. En los días siguientes a mi regreso las dos opciones tenían las mismas posibilidades.

Aun así, sobreviví aquel verano pasando todo el tiempo posible con Paige y Jasmine.

Muchas noches me iba en bicicleta a casa de Paige cuando Cookie y Clyde estaban ya en la cama. Una piedra en el buzón significaba que su padre se había acostado y podía salir sin ser vista. Si no había piedra, me daba media vuelta y regresaba a casa.

Una noche de verano, después de dormir un par de horas, salí sin hacer ruido y me fui a la casa de Paige. La piedra estaba en el buzón. Prendí el encendedor varias veces para avisarle que estaba allí. Paige pronto salto del segundo piso a los arbustos que se alineaban a un lado de la casa y luego salió de entre ellos quitándose ramitas y hojas de encima antes de subirse a la bicicleta. Luego partimos.

No había farolas en la carretera, así que encendí una linterna y fui enfocando el camino con una mano mientras sujetaba el manillar con la otra. A Paige le gustaba ir por medio del camino porque el suelo estaba más liso, pero yo prefería el arcén, porque era más fácil tirar la bici y saltar a la hierba si venía un auto. Estaba claro que si alguien nos veía, se lo diría a nuestros padres.

—¡Auto! —gritó Paige al notar las luces que se nos acercaban por detrás.

Nos dirigimos al arcén, tiramos las bicicletas al suelo y nos tumbamos a todo lo largo. Apagué la linterna y esperamos a que pasara el auto.

Los moratones y los arañazos resultantes de aquellas salidas nocturnas no llamaban la atención en unos cuerpos que trataban a diario con animales, carretillas, tractores y horquillas para el heno. Y luego, al menos para mí, estaban las marcas que me dejaban Cookie y Clyde. Una vez me subí en una silla en el cuarto de baño para poder examinarme mejor delante del espejo. Era un mapa de arañazos, moretones, costras y cicatrices. Un paisaje con una memoria visible. Solo en una comunidad agrícola estas marcas podían pasar desapercibidas. Cada niño que vivía en una granja estaba tan golpeado como yo, incluso cuando sus padres nunca los tocaban.

Aquella noche nos encontramos en el pueblo con un chico mayor llamado Lucas. Paige le dio algún dinero y él fue a la tienda de Sheryl y nos compró nuestro primer paquete de seis cervezas Miller Lite, que era la que Jasmine nos había dicho que tomó la primera vez que probó el alcohol. Paige y yo nos fuimos con las cervezas a la cabina telefónica situada en una esquina del centro del pueblo, desde la cual llamaba a mis hermanas a cobro revertido. Había una zona de hierba alrededor. Paige y yo nos sentamos y nos pusimos a charlar, entrando a cada rato a la cabina para bebernos nuestra reserva secreta.

A mí me encantaba la sensación de laxitud, como si no tuviera huesos, que me proporcionaba la cerveza. Cuando estaba borracha era solo vagamente consciente de mi cuerpo no borracho, de la tensión que normalmente soportaba. Las amenazas formaban parte de mi vida diaria, estaba siempre angustiada esperando el golpe. Hasta aquella noche en que tuve mi primer encuentro con el alcohol. A Paige parecía encantarle también. Estaba charlando como un mono, saltando de un tema a otro.

Nos encontrábamos de espalda, mirando a las estrellas, cuando Paige preguntó:

—¿Qué crees que los turistas pensarán de lo que ocurre en las aguas termales?

Los viajeros con frecuencia se detenían en Oakview en su camino a Perilous Peak. Y cuando lo hacían, eran dirigidos a las aguas termales.

—Los turistas probablemente se sumerjan desnudos también —dije, pronunciando las palabras de forma entrecortada.

—No estoy hablando de sumergirse a nadar desnudos. ¡Me refiero a sumergir cerdos desangrados!

Paige levantó los pies en el aire y los dejó caer otra vez.

—Sí, sería malo que lo supieran —dije.

Pensé que la próxima vez que hablara con mis hermanas por teléfono les contaría sobre la inmersión de los cerdos desangrados. Acerca de cómo los granjeros locales les pagaban dinero a algunos de los propietarios de las aguas termales a fin de sumergir en ellas a cerdos a los que previamente se les había drenado la sangre el tiempo suficiente para que la piel se separara de los huesos. Es más fácil descuartizar a los cerdos cuando la piel está floja. Mis hermanas se morirían de la risa, pues siempre encontraban fascinantes los detalles de la pequeña ciudad de Idaho.

Esa noche no regresamos hasta justo antes de que amaneciera. Fuimos directamente a mi casa y empezamos con mis tareas. No fue demasiado difícil realizarlas sin haber dormido y con una ligera resaca. Mientras limpiábamos el corral del toro ese día, decidimos que nos gustaba beber. A ninguna de las dos se nos ocurrió una buena razón para no volver a hacerlo.

Aquel otoño al comenzar la escuela secundaria, me apunté en todo con tal de estar lejos de la casa, lejos de las palizas de Cookie y las perversiones de Clyde. Estaba en el equipo de animadoras, en el grupo responsable del anuario escolar y en los equipos de voleibol y carreras en pista. Además, formaba parte de la Asociación Femenina de Atletismo, el equipo de apoyo escolar y la banda, en la que tocaba el clarinete. Era vicepresidenta de la clase de primer año y un miembro activo del grupo de jóvenes mormones. Y por si fuera poco, competía en concursos de deletreo y talentos.

Cuando Clyde me compró mi primer caballo, Meeco, añadí a mis actividades extraescolares la participación en el programa 4-H. Sabía que el caballo —resultado de un trueque por una vaca de carne, un toro y un par de cientos de dólares— era un regalo de Clyde para acallar su sentido de culpabilidad, como si con ello pudiera arreglar lo que estaba haciendo. Quise rechazarlo por ese motivo, pero no pude. Estaba deseando un caballo desde sexto grado, cuando aprendí a montar en los caballos de mis amigas. Y además sabía que si lo rechazaba, solo conseguiría que me dieran más palizas. A Cookie le encantaba señalar lo desagradecida que pensaba que era.

Meeco era una hembra de raza Appaloosa, de color marrón y manchas blancas en la grupa. Parecía que llevaba una falda de lunares. La compra incluía una silla muy usada, aunque cuando no tenía ganas de ensillarla, montaba a pelo, agarrándome a sus crines. Los fines de semana y después de clase, si me daba tiempo antes de ponerme a hacer las tareas de la granja, la entrenaba para presentarnos al programa 4-H. Como Shadow y Pup, la cabra y el perro que acompañaban siempre a Paige, Meeco y yo nos volvimos inseparables en la granja. Cuando estaba fuera, ella me acompañaba, me seguía desde los establos a la sala de ordeño, y de allí al corral de los terneros. Tenía un carácter dulce y una influencia sedante sobre mí. El mero hecho de sentarme en su lomo, inclinarme hacia delante y acariciar su resplandeciente pelo me infundía seguridad.

Aunque Norm y yo estábamos en la misma escuela secundaria, él se encontraba en su último año y yo en el primero, y apenas nos veíamos. Norm se había desentendido de nuestra madre aquel año, como si quisiera prepararla para cuando se fuera a la facultad de arte en otoño. Él era el único, aparte de Clyde, que sabía manejar a Cookie. Y ese trato fácil que tenía con ella hacía que nuestra madre imaginara que eran amigos. Mientras más Norm se alejaba de ella, más amable era conmigo. Fue una época extraña, como si mi madre me estuviera poniendo a prueba para ser su nueva amiga. Era evidente que Cookie se sentía sola sin mi hermano, y yo era la persona más cercana que podría llenar esa soledad.

Una noche de esas de relativa amigabilidad con Cookie decidí sacar a relucir el tema de Clyde. Nos encontrábamos en la cocina y Cookie estaba preparando pimientos rellenos. Era una cocinera sofisticada y llena de inventiva. Me encantaba todo lo que preparaba. Igual que con la costura, desconocía su habilidad para la cocina hasta que nos instalamos con Clyde.

—Mamá, ¿puedo pedirte consejo para una amiga?

—Claro. Dime.

Cookie metió la bandeja con los pimientos en el horno. Cerró la puerta y se sacó el paquete de cigarrillos del escote, empujó uno hacia fuera y lo encendió.

—Su padrastro abusa de ella —dije—. Y es asqueroso, ¿sabes? A ella no le gusta.

—No le gusta, ¿verdad? —dijo Cookie, riéndose—. ¿Y a quién le gusta?

—Exacto. A nadie.

Cookie asintió con la cabeza como si estuviera pensando.

—¿Y no puede mantenerse alejada de él?

—Lo ayuda con el trabajo. Y huye de él, pero siempre la encuentra y le dice que le pegará más que su madre.

—Espero que ella esté tomando la píldora anticonceptiva —comentó Cookie.

—Él no hace eso —dije—. Hace otras cosas.

—¡Qué pervertido! —exclamó ella.

—Así es —corroboré.

—¿Por qué no le cuenta a su madre lo que él está haciendo?

—Su hermana mayor lo hizo una vez. Pero su madre no le cree.

Cookie expulsó el humo directamente hacia mí.

—¿En serio? —dijo con un tono de sospecha.

—Sí. En serio. ¿Qué crees que ella debería hacer?

Aunque en realidad hablaba por mí misma, una amiga del colegio me había confesado hacía poco que su padre abusaba de ella. Me dejó estupefacta. Por alguna razón había llegado a pensar que yo era la única que sufría ese tipo de cosas. Yo también quería decirle a mi amiga lo que Clyde hacía conmigo, pero no me salían las palabras. Mientras me lo contaba, sentí su dolor tan adentro que volví a ser aquella niña silenciosa de la mecedora, encerrada en mí misma. La consolé lo mejor que pude, pero me preocupaba no haberlo hecho lo suficientemente bien.

—Rosie, ¿Clyde te toca? —preguntó mi madre.

No parecía enfadada. Y no estaba borracha. Estaba fumando un cigarro tranquilamente. Los últimos rayos de sol se colaban por la ventana. El olor de los pimientos en el horno disipaba el olor a orina de gato. Uno de ellos se frotó contra mi madre, caminando hacia delante y hacia atrás, arqueando el cuerpo alrededor de su pierna.

—Sí, mamá. Clyde me hace unas cosas horribles —dije, respirando entrecortadamente.

Observé a mi madre con detenimiento. Quería que me abrazara. Que me dijera que me quería. Y por increíble que pueda parecer, me abrazó. Y permaneció allí, sosteniéndome.

—Ay, cariño —dijo llorando. Era la segunda vez que la veía llorar estando sobria—. Lo lamento. ¡Estoy furiosa con ese maldito!

Estaba furiosa, pero no como siempre. Era una furia sana. Mi madre tenía el control de sí misma. Cerré los ojos por un segundo, confiando verdaderamente en que Cookie hubiera mejorado. En que se desharía de Clyde. Y estaría orgullosa de mí. Me querría. Todo se arreglaría.

—Es horrible, mamá.

Yo también lloraba, en parte de tristeza y en parte de alegría por poder disfrutar de aquel momento de sinceridad con mi madre. Era la primera vez que creía lo que le contaba. Era la primera vez que llorábamos juntas.

—¿Cuándo empezó? —preguntó, rompiendo el abrazo. Cogió un trozo de papel de cocina y se sonó la nariz varias veces.

—Cuando tenía doce años.

—Maldito hijo de puta —dijo, sonándose otra vez.

—Intenté impedirlo con todas mis fuerzas —repliqué entre lágrimas.

Mi madre apoyó las manos en la encimera como si necesitara sujetarse. Seguía llorando, aunque más suavemente.

—Voy a llamar a Randy.

Randy Cooper era el alguacil de la localidad. Yo asentí con la cabeza. *Sí, sí, sí.* No podía creer que mi madre me estuviera ayudando. Me pregunté si sería capaz de llegar a ser una persona razonable si dejara el alcohol y las píldoras.

—Menudo asqueroso. ¡Un pervertido!

Cookie se sonó la nariz otra vez y después cogió el teléfono y marcó el número del alguacil, que estaba en la pared junto con otros números de emergencia. En el momento en que el alguacil contestaba, escuché que Clyde entraba en la casa. Salí al vestíbulo a entretenerlo. No quería que su llegada le pusiera fin antes de tiempo a la conversación de mi madre con el alguacil.

—Clyde, el embrague del tractor se atasca. ¿Puedes decirme cómo se arregla?

—¿No puede esperar hasta después de cenar? —dijo él, quitándose las botas.

—En realidad no, porque tengo que utilizarlo mañana por la mañana y después de cenar estará demasiado oscuro. Sería mejor salir a revisarlo en este momento.

—¿Y por qué me lo dices ahora? Me acabo de quitar las botas. La cena está casi lista.

—Se me olvidó decírtelo antes.

—¿Por qué no sales a ver si está Boone aún aquí y puede sacar a ese lindo culito tuyo del apuro? —dijo, tratando de pellizcarme el trasero. Yo me aparté rápidamente—. Asegúrate de no ahogar el motor con tanto atasco —añadió, guiñándome un ojo.

Me puse las botas mientras intentaba bloquearle el paso. Cuando oí que mi madre terminaba de hablar, me aparté, me di la vuelta y vi a Clyde dirigirse con sus piernas arqueadas al salón.

Agarré la sudadera y salí a ver a Meeco al establo. Hacía frío fuera y llevaba una camiseta de tirantes, pero estaba tan nerviosa que tenía calor. Me até la sudadera a la cintura y me subí al lomo de Meeco sin silla. Ella agitó la cabeza mientras montaba, enterrando mi rostro en sus sedosas crines. Entonces, como si notara mi nerviosismo, la yegua comenzó a moverse hacia delante y hacia atrás, meciéndome para que me calmara.

Cuando regresé a la casa, el alguacil Wilson se hallaba en el salón con Cookie y Clyde. Estaba sentado en la silla, de espaldas a mí. Mi madre y Clyde se encontraban el uno junto al otro en el sofá. Cogidos de la mano. Encima de la mesa delante de Cookie había un vaso que parecía contener agua, pero yo sabía que no era agua. Mi madre no bebía agua. Tenía que ser vodka.

Cookie y Clyde me miraron. Sus rostros lucían tan duros como martillos. Clyde sacudió la cabeza, apretando tanto los labios que el de abajo sobresalía. Mi madre dejó el cigarrillo en el cenicero y se quitó una brizna de tabaco que se le había quedado pegada en la lengua sin apartar de mí sus diminutos ojos.

El alguacil se dio la vuelta, me miró y se levantó.

—Rosanne, ¿podemos hablar un momento a solas?

El alguacil Cooper se acercó a mí, precedido por su enorme barriga. Andaba como un pato, como si le resultara incómodo que sus muslos se rozaran.

—Sí —dije yo, mirando primero al alguacil y después los rostros de piedra de Cookie y Clyde.

—Vamos a dar un pequeño paseo —dijo él, indicándome con un gesto que pasara yo primero.

Salí por la puerta y él me siguió.

—¿A dónde vamos? —pregunté.

—Sigamos andando —replicó él, arrastrando las botas por el suelo.

Hacía viento, pero yo seguía teniendo calor por los nervios. Cuando llegamos al corral del toro, el alguacil se detuvo. El toro estaba en el centro, observándonos como si tuviera algo que ver. Siempre sentía lástima por él. Parecía muy solo apartado de los castrados.

—Tu madre me ha dicho lo que le has contado.

—Sí —contesté yo—. Lleva haciéndome esas cosas desde que tenía doce años.

—Así que desde que tenías doce, ¿eh? Te voy a preguntar una cosa. ¿Cuánto tiempo hace que conoces a Clyde Hapner?

—Supongo que justo desde que cumplí los once. Ahora tengo catorce, así que, ¿tres años?

—De acuerdo. Lo conoces desde hace alrededor de tres años. Yo lo conozco desde hace más de una década. ¿Quién crees que lo conoce mejor de los dos?

Avanzó un paso hacia mí, su barriga casi chocaba conmigo. Yo me apoyé en los barrotes del corral.

—Creo que yo, porque vivo con él —dije con voz temblorosa.

No era propio de mí mostrarme tan atrevida con una figura de autoridad, pero aquel era un asunto grave. Tenía que saber la verdad.

—Bueno, ¿sabes lo que pienso?

—¿Qué? —dije, con los labios temblorosos.

—Pienso que intentas causar problemas para librarte de tus tareas, eso es lo que pienso...

—¡No es cierto!

—No interrumpas a tus mayores.

—Lo siento.

Miré hacia atrás para ver dónde estaba el toro. De vez en cuando embestía sin motivo.

—Clyde Hapner es un buen hombre, un hombre honesto, íntegro. Puede que a veces haga comentarios un poco descarados. Todos los hacemos. Pero si no quieres que te mire, te sugiero que te tapes. No estoy seguro de qué es lo que esperas cuando te paseas por ahí con esas camisetitas ridículas como la que llevas puesta ahora mismo.

Crucé los brazos de forma instintiva sobre el pecho, aunque no sentía nada. Estaba entumecida.

—De acuerdo —dije.

Deseaba que se alejara de mí. Deseaba que volviera la cabeza para que no viera cuánto estaba temblando.

—Ahora bien, no quiero volver a oír una palabra de esto o tendrás verdaderos problemas. ¿Me has entendido?

—Sí —dije yo.

Me castañeteaban los dientes y sabía que no era de frío.

—Sí, señor —exigió él.

—Sí, señor —repetí.

Me quedé fuera del corral del toro mientras el alguacil caminaba hasta su auto. Vivía en la granja que estaba al norte de la nuestra. Debería haber sabido que no me creería en cuanto a lo de Clyde. Una vez que se hubo alejado, volví despacio a la casa. Puede que si fingía que no había ocurrido nada, Cookie y Clyde también lo hicieran. Es posible que Cookie encontrara embarazoso pegarme delante de Clyde. Y tal vez Clyde, siendo culpable como era, me ahorrara el castigo.

—El embrague está bien —grité desde el vestíbulo.

Me quité las botas y entré en el salón. No había nadie. Los pimientos rellenos estaban en un plato sobre la encimera. Cuatro gatos lo rodeaban y lamían el contenido.

—¿Mamá?

—Estoy aquí —contestó ella desde el otro extremo del pasillo—. ¡Ven!

Los encontré a los dos en el cuarto de baño con la puerta abierta. Clyde estaba sentado en la bañera y me señaló que me sentara frente a él sobre la tapa del inodoro, justo al lado de Cookie, que se hallaba de pie.

—Siéntate —ordenó Cookie, agitando los dedos de uñas rojas delante de mí—. Tienes algunas explicaciones que dar.

—¿Por qué rayos has dicho esas cosas de mí, Rosie? —preguntó Clyde con voz amable. Parecía dolido y sorprendido.

—Porque es verdad —dije yo con los labios temblorosos otra vez.

—¿Por qué iba yo a tocar a una niña cuando tengo a una hermosa mujer dispuesta para mí día y noche?

Cookie sonrió al oírlo. Por su actitud cualquier diría que competíamos por Clyde y ella había ganado.

—Di la verdad —le dije—. ¡Dile lo que me haces!

—¡No le hables así!

Mi madre me agarró del pelo y me haló hacia abajo hasta que mi cabeza golpeó el suelo de linóleo. Clyde se levantó y me observó por un momento, como si estuviera tratando de decidir qué hacer. Y entonces ambos empezaron a darme patadas. El bombardeo fue tan intenso que sentía como si me estuvieran atacando veinte personas. No había una sola parte de mi cuerpo, por mucho que me diera la vuelta o me encogiera, donde no me golpearan. ¡Yo le rogaba a Dios que cayera sobre mí el silencio, la negrura, la tranquilidad, la muerte! Morir era la salida imaginable para aquel intenso dolor que me atravesaba. Un par de minutos después al parecer mis plegarias fueron escuchadas y ya no sentía el cuerpo. No sentía nada.

RECUPERÉ LA CONCIENCIA en plena noche. Gemí al intentar sentarme y sentí un terrible dolor en la espalda. Dejé escapar un sonido que no llegó a ser un grito. Tenía la boca llena de líquido y giré la cabeza en la almohada y escupí algo. Al limpiarme con la mano sentí que tenía los labios hinchados, cortados y cubiertos de lo que supuse era sangre.

—Blue —llamé.

No se produjo movimiento alguno en el suelo. Cuando me volví para mirar por encima de la cama, noté como si unas cuchillas imaginarias me atravesaran la piel. Blue no estaba.

Sentía como si tuviera rotos todos los huesos del cuerpo cuando me acerqué a la puerta. Estaba cerrada por fuera. Regresé como pude a la cama.

La siguiente vez que me desperté había luz fuera. Volví la cabeza lentamente y vi que la almohada estaba cubierta de sangre. También tenía sangre en las manos y los brazos. Intenté sentarme, pero no pude. Me dolía todo: la piel, los músculos, los órganos.

La puerta del dormitorio se abrió y Cookie apareció en el umbral.

—¡Saca tu miserable culo de la cama!

Abrí la boca para hablar, pero tosí y escupí trozos de sangre reseca.

—No puedo.

—¿Que no puedes? —dijo ella, riéndose—. ¡Ya lo creo que puedes! —añadió, entrando y sacándome de la cama por un brazo. El dolor era tan intenso que tuve que concentrarme para no vomitar.

—Solo dame un minuto —supliqué yo, buscando los calcetines en el suelo, pero no veía nada de lo hinchados que tenía los ojos.

—Te salió mal el truco, ¿eh? —dijo Cookie, cogiendo mis zapatillas del suelo y tirándomelas—. ¿Y sabes lo que va a pasar ahora? ¿Esta misma semana?

Me bajé al suelo y me puse los calcetines.

—¿Qué? —pregunté. Hasta los pulmones me dolían al hablar.

—Nos vamos a casar. Sí. ¡A casar! ¡El pobre se siente tan consternado por las mentiras que has dicho sobre él que quiere casarse conmigo solo para demostrar lo equivocada que estás!

—Felicidades —dije, cerrando los ojos.

—¡¿Por qué no lo dices como si lo sintieras de verdad?!

El perro entró corriendo en la habitación y se lanzó sobre mí. Fue como si me clavaran dardos por todo el cuerpo. Me dolía tanto que guardé silencio un momento y tuve que coger aire antes de hablar.

—Felicidades.

La cara me palpitaba por la presión al pronunciar la palabra.

—A partir de ahora lo llamarás papá, ¿has oído?

—Sí.

La idea me provocó espasmos de dolor que me recorrieron la espalda.

—Y no te atrevas a decir nada malo de tu padre en este pueblo, ¿lo has entendido?

—Sí.

Yo seguía en el suelo y tuve que apoyarme en la cama.

—Tu palabra no tiene ningún valor aquí, porque no eres nada, ¿entendiste?

Cookie inclinó su pesado cuerpo sobre mí. Yo asentí.

—¡Dilo! ¡Di que no eres nada!

—No soy nada —mascullé.

—Eso es. No eres más que nuestra esclava —dijo ella, riéndose—. ¡La insignificante esclavita de tu nuevo papá y mía!

—Está bien —susurré.

—Y ahora ve a hacer tus tareas. Tu papá ha llamado a Boone y le ha dicho que no venga hoy, así que tendrás que hacer además su trabajo.

—Está bien.

Clyde volvió ligeramente la cabeza cuando me vio entrar en la sala de ordeño. Después se sonrió con todos aquellos dientes blancos suyos y empezó a hablar como si no hubiera pasado nada. Sin embargo, mi yegua no fingió que todo estuviera bien. Aquella mañana, sintiéndome demasiado débil para montar, me apoyé en ella para ir con paso vacilante del corral de los terneros al gallinero, y de allí al corral del toro.

Cuando terminé, regresé cojeando a la casa y fui directamente al cuarto de baño, apoyándome en la pared para mantenerme erguida. Tardé un minuto en enfocar la vista y poder verme en el espejo. Tenía sangre reseca en la nariz. Y en los cortes de los labios. Mis ojos estaban rojos y tan hinchados que apenas podía abrirlos. Me lavé la cara, encogiéndome de dolor cada vez que levantaba los brazos, cada vez que me tocaba las mejillas, la barbilla, los labios, el entrecejo. No iba a poder ocultar los efectos de aquella paliza debajo de la ropa. Tendría que decir que el toro me había embestido. O podría decir que me había resbalado del tractor sobre un montón de rocas. O tal vez que iba corriendo y me había caído en el guarda ganado: en enrejado de barras con zanjas entre ellas situado en los puntos de entrada y salida de las tierras de Clyde. Todas las granjas instalaban este tipo de pasos para evitar que los animales se escaparan. Tropezar en uno de tales pasos implicaba un buen porrazo si te golpeabas con las barras metálicas. Te podías romper la cara.

El dolor en los huesos, especialmente en la columna, me duró semanas. Lo ignoré lo mejor que pude, tratando de mantener el cuerpo y la mente en constante movimiento como si no hubiera sucedido nada inusual. Mientras más me movía, menos pensaba en ello.

Había otra cosa que quería olvidar: la boda de Cookie y Clyde en el juzgado de una ciudad vecina, a media hora en auto, y de la cual había sido testigo, tal como me lo habían ordenado.

21

La cosecha de Rosie

A COOKIE LE encantaba ser la señora de Clyde Hapner. Y lo dejaba claro en cualquier lugar al que iba: la ferretería, las tiendas de segunda mano en las que compraba cosas a crédito, el mercado donde compraba la comida cuando no bajaba a Oregón.

Todas las semanas nos presentábamos en la iglesia como cualquier otra familia mormona: limpios, de buen humor y fieles a nuestra creencia. A veces, miraba a las personas que se sentaban cerca de mí y me preguntaba si ocultarían secretos oscuros y violentos como los nuestros.

Sorprendentemente, Clyde dejó de tocarme cuando se casó con mi madre. Yo seguía sin poder relajarme cuando él estaba cerca, porque no podía evitar esperar un ataque en cualquier momento. En el otoño, cuando Norm se fue a la universidad en Florida, mi nerviosismo cuando mi padrastro estaba cerca aumentó todavía más.

Aquel año, en décimo grado, continué con todas mis actividades extraescolares para estar lejos de casa todo el tiempo que fuera posible. Y también me ocupaba de Meeco. Todas las tardes, después de trabajar, cabalgaba sobre él a través de los campos tan lejos como podía. Eran minutos de absoluta liberación. A veces imaginaba que Meeco y yo llegábamos a Nueva York, con mis hermanas.

Justo antes de Navidad, añadí una actividad más a las que ya tenía: salir con Gavin.

Solo Paige y Jasmine sabían de mi relación. Él tenía veintitantos años y era dueño de un pequeño rancho. Resultaba muy apuesto, con su pelo lacio, oscuro y abundante que le caía sobre un ojo. Era una de las personas más buenas que había conocido en mi vida. Y al contrario que los chicos de mi edad, no tenía nada de tonto o raro. Estaba totalmente formado, desarrollado por completo; no se encontraba en la fase de una persona que intenta averiguar quién es. Él *simplemente era*.

Por las noches, cuando no hacía planes con Paige o Jasmine para tomar algo donde Sheryl o sentarnos en el césped cerca de la cabina, iba en bicicleta a casa de Gavin. Bebíamos cerveza de vez en cuando. Y teníamos relaciones sexuales. Lo que ocurría entre nosotros era tan íntimo y real que no se parecía en nada, ni por asomo, a las cosas que Clyde me había hecho en los campos y la sala de ordeño.

Aunque Gavin era mayor que yo, era yo la que llevaba la voz cantante. No me refiero a que le diera órdenes como Cookie hacía conmigo. Quiero decir que no hacíamos nada si yo no quería. Él no me tocaba si yo no quería que lo hiciera. Solo bebíamos si yo quería beber. Si lo único que me apetecía era sentarme en el sofá a ver la televisión con la cabeza sobre su cálido pecho, eso es lo que hacíamos. Cuando nos encontrábamos por el pueblo, charlábamos y él siempre me miraba con un brillo especial en los ojos, pero jamás dejaba entrever que estuviéramos juntos. Sabía igual que yo que mi madre lo tomaría como una prueba más de que andaba por ahí zorreando como llevaba acusándome de hacer desde que tenía ocho años.

Me sentía tan unida a Gavin como a Paige y Jasmine. No obstante, nunca le conté lo de las palizas y los años de abuso sexual que había sufrido, como tampoco se lo había contado nunca a ellas. Era algo que solo mis hermanas y los dos perpetradores sabían. Una vez, Gavin comentó que tenía más lesiones decorando mi cuerpo que cualquier chica de granja que hubiera conocido. Sin embargo, no sospechaba que Cookie hacía algo más que gritarme e insultarme en casa. Él sólo pensó que trabajaba más duro y me esforzaba más que todos los demás.

Cuando pasaba la noche con Gavin, mi vida al día siguiente era un poco más fácil de llevar, porque sentía la piel exuberante por su contacto y se me notaba. Era como si me infundiera algo, un combustible que me permitía soportar los horrores de mi hogar.

Una noche en la que tenía intención de escaparme para ver a Gavin, Clyde me llamó al salón. Llevaba puesto un camisón, como para dejarles en claro que me iba a la cama. La televisión estaba encendida y Cookie parecía inmersa en el programa que estaban poniendo. Clyde le rodeaba los hombros con un brazo y giró la cabeza hacia atrás para mirarme por encima del sofá.

—Se te ha olvidado cerrar el corral del toro.

—¿Sí?

No dudaba de lo que decía. Yo había estado bebiendo cada vez más y fumando marihuana también. Para mí esto era una vía de escape, ayudándome a abandonar mi cuerpo y permitiéndome realizar las tareas, cenar con Cookie y Clyde, soportar las palizas nuevas y los ecos de las antiguas como si flotara. Aquel día había fumado marihuana antes de trabajar. Me sorprendía que solo se me hubiera olvidado cerrar el corral del toro.

—Sí. Y ya sabes lo difícil que es volver a encerrarlo —dijo, apartando el brazo de los hombros de mi madre.

—Lo siento mucho —repliqué.

Y era cierto. Sabía que costaba mucho esfuerzo volver a encerrarlo.

Cookie finalmente apartó la vista de la televisión y le dio un codazo a Clyde.

—¿Y vas a tolerarlo? Ahora eres su padre.

—Estoy pensando —dijo él.

La miró y a continuación cogió su vaso de leche de la mesa de centro y se lo bebió de un trago.

—Bueno, pues yo no tengo tiempo para esta mierda —dijo Cookie. Se levantó y corrió hacia mí. Me abofeteó con las dos manos, una y otra vez, y después me agarró del pelo y me tiró al suelo. Clyde estaba sentado en el sofá, mirando. Mi madre me dio una patada fuerte en el estómago y miró a Clyde—. ¡Ahora eres su maldito padre, tú también tienes que hacerlo!

Me agarró otra vez por el pelo, pero esta vez para levantarme del suelo y arrastrarme hasta el sofá, donde me tumbó sobre las rodillas de Clyde. Él levantó la mano y empezó a azotarme en el trasero como si estuviera clavando una estaca en el suelo duro. Cookie seguía dándome patadas, aunque no podía levantar la pierna lo suficiente como para coger impulso. Volví la cabeza hacia Clyde para que no me pateara la cara. Entonces él me levantó el camisón y continuó azotándome con violencia mientras mi madre gritaba y trataba de pegarme patadas con sus piernas débiles por el efecto de las píldoras.

La humillación era mayor que el dolor. Era como si una turbia capa de moho me cubriera instantáneamente desde adentro hacia fuera. Que mi madre hubiera participado en aquel ritual no debería haberme sorprendido, pero lo hizo. Pensé en las píldoras que había en la cómoda de mi habitación. Imaginé que me las tomaba y me quedaba dormida. Un sueño denso, placentero y permanente.

Cuando terminaron, los dos jadeaban y sudaban. Me bajé el camisón, me fui a mi habitación y me vestí. Aquella noche en casa de Gavin me tomé tres tragos de vodka. Y después me tendí en su cama y dejé que me envolviera con su cuerpo como si fuera un escudo humano.

—No te muevas —le susurré—. Quédate así.

—Como tú quieras —dijo él. Era lo que siempre decía.

Pensé contarle lo que había sucedido, pero cuando empecé a hacerlo, las palabras se agriaron en mi boca. Era demasiado grotesco para decirlo en voz alta. Y mientras más tiempo estaba allí con Gavin, más me olvidaba de mi madre y Clyde. Estar en sus brazos podía borrarlo todo. Me sentía feliz y contenta en ese presente.

Por desgracia, Cookie y Clyde no tardaron en añadir la rutina de los azotes en el trasero a su repertorio de palizas. No volví a ponerme camisón. Y a partir de ese momento siempre llevaba pantalón para dormir.

EL VERANO ANTES de empezar el grado decimoprimero, Boone me ofreció su vieja camioneta Chevrolet por solo cien dólares. Él sabía que quería tener mi propia camioneta, y aunque la suya valía mucho más, estaba dispuesto a dejármela por lo que le había costado repararla. En realidad, creo que la única razón por la que Cookie y Clyde aceptaron comprármela fue debido a que Boone me la ofreció en el salón de nuestra casa, delante de todos. ¿Cómo iba a negarse Clyde a seguir fingiendo que era un buen padrastro?

Estaba encantada con mi camioneta, me gustaba incluso lo vieja que era. Originalmente había sido negra o azul, pero entre el óxido y la pintura que cubría algunas de las zonas más oxidadas parecía un gato tricolor.

Un par de semanas después, Clyde tuvo una nueva oportunidad de demostrarle a la comunidad el padrastro respetable que era. Un granjero vecino tenía un caballo árabe blanco ya viejo que se llamaba Ghost, pero no podía entrenarlo. Como él sabía que yo entrenaba a Meeco para el programa 4-H, pensó que tal vez me gustaría tener un segundo caballo. Así que Clyde accedió a cambiarlo por dos novillos castrados y algo de heno, y exigió que en el intercambio estuviera incluido el remolque oxidado para dos caballos que había visto en la propiedad del otro granjero.

Estaba muy entusiasmada con Ghost. Era un ejemplar enorme, arisco y tozudo. Pero al contrario que con mi enorme, arisca y tozuda madre, Ghost se adaptaba a mis necesidades. Aprendió a escucharme. Aprendió a confiar en mí. Aprendió a quererme. Y yo también lo quería. Igual que a Meeco.

Tras cuatro horas de entrenamiento con Ghost, enganchaba el trailer a mi camioneta y me iba con mis dos caballos a competir. Cuando salía de casa con ellos, tenía la impresión de que me iba de viaje con mis dos mejores amigos.

Todo el mundo obtenía un reconocimiento por haber participado en estas competiciones, así que nunca me pareció que se tratara de una verdadera recompensa. Sin embargo, las dos veces que Meeco y yo conseguimos el segundo y tercer puestos en las disciplinas de doma vaquera (*reining*) y monta representaron un estímulo para la confianza y me proporcionaron algo de orgullo. Lo habría hecho igual aunque no hubiera ganado nada. Solo el mero hecho de estar lejos de la granja, con dos criaturas gigantes y elegantes a las que amaba casi tanto como a mis hermanas, para mí ya era un premio.

A pesar de haber pagado por los caballos y haberme permitido quedarme con ellos, Cookie y Clyde no mostraban interés alguno en mis premios y nunca me preguntaron qué tal me iba en las competiciones o en cualquiera de las otras actividades extraescolares en las que participaba. No obstante, Boone sí mostraba generosamente su interés por el resultado de mi desempeño en las competiciones de monta y en muchas otras cosas que hacía lejos de la granja. Quería ver mis premios y que le contara detalles de los eventos. Y a pesar de creer firmemente que «un campo de fútbol es una terrible forma de malgastar un buen terreno de pasto para las vacas», él y su mujer siempre asistían a los partidos de fútbol de su hijo. Y siempre me animaban desde las gradas cuando saltaba en el aire haciendo piruetas con el equipo de las animadoras.

Aquello era mucho más importante para mí de lo que nunca hubieran podido imaginar. A veces sentía que mis logros carecían de valor si no le importaban a nadie. Mis profesores y entrenadores me dejaban claro su reconocimiento con sus abundantes elogios y palabras de ánimo. Desde el punto de vista académico, todo indicaba que era una de las alumnas que debería ir a la universidad. Y Paige, Jasmine y Gavin me hacían sentir que todo lo que hacía era espectacular. Mientras que era totalmente invisible en casa, fuera de ella era visible por completo.

22

La maternal Cookie

Como tenía que trabajar todas las mañanas muy temprano, no me dejaban dormir fuera. Sí permitían que se quedaran mis amigas, y en el grado decimoprimero Jasmine lo hacía con frecuencia. Me sorprendía mucho que nadie pudiera tolerar a los gatos, más de cuarenta por entonces, por mucho que viviera en un pueblo granjero. Era imposible no sentir el olor a orine y excrementos de gato que llenaban suelos y alfombras. Por no hablar del pelo, que estaba por todas partes. Boone me había dicho que una vez vio a Clyde sirviéndose leche en el cereal y que una nube de pelo flotaba en el tazón.

Cookie, siempre llena de píldoras, se mostraba contenta con frecuencia ese año. Para gran regocijo suyo, mi hermano regresó de la universidad. Clyde y ella le habían «cogido prestado» el dinero de la beca y el préstamo para los estudios que había pedido. Pero como aún no se lo habían devuelto, no tenía con qué pagar la matrícula. La alegría de mi madre por el retorno de Norm y la presencia de Jasmine sacaban lo mejor de ella. Era divertida, encantadora, sabía entretener. Preparaba grandes comidas y nos contaba historias de cuando era gogó y cantaba en los coros. Incluso nos enseñó a Jasmine y a mí un baile con música de 1950 que luego presentamos en un concurso de talentos en el colegio.

Yo le había contado a Jasmine suficientes cosas sobre Cookie como para saber que aquello era solo una representación, pero no las suficientes como para que tuviera una verdadera idea de lo mentalmente enfermos que estaban Clyde y mi madre. No sabía que entre los dos me sujetaban y me pegaban y azotaban. Para Jasmine, Cookie era una mujer divertida que de vez en cuando bebía y dejaba salir una faceta cruel.

Fue en una de esas visitas de Jasmine que mi madre, en plena representación de lo que yo llamaba *El Show de Cookie*, se ofreció a coser el disfraz de lechuza para la mascota del colegio. Momentos después, ante una Jasmine que no dejaba de hablar efusivamente de la generosidad de Cookie, mi madre se ofreció además a coserme el vestido para el baile de graduación. En ese momento yo también le agradecí por su generosidad. Estaba tan asombrada que me ofrecí a pagar la tela. Cookie insistió en que *ella* también compraría la tela, pero yo sabía que en cuanto Jasmine se fuera, querría que se la pagara.

Ahora que tenía mi propia camioneta y un poco más de libertad, necesitaba dinero para gasolina y alcohol. Y Jasmine lo necesitaba a fin de comprarse un vestido para el baile. Al contrario que Paige, ella no sabría hacerse algo tan complicado como un vestido elegante. Así que se nos ocurrió organizar un servicio de limpieza e hicimos unos folletos propagandísticos que repartimos por el pueblo. En un día ya teníamos nuestro primer cliente, Craig Harrison, que nos pagaba diez dólares la hora a cada una por limpiarle la casa. Yo lo había visto un par de veces, ya que era amigo de Clyde.

En casa de Craig, Jasmine y yo poníamos en la radio Top 40 a todo volumen y cantábamos y bailábamos mientras trabajábamos. Como el cuarto de baño nos daba asco a las dos, lo limpiábamos juntas lo más rápido que podíamos y solo cuando ponían una canción que nos gustara mucho. A pesar del cuarto de baño, limpiar la casa de Craig era relativamente fácil comparado con limpiar compartimentos de establos, corrales y rediles. Físicamente, era mucho más fácil que cargar con herramientas de granja y cubos de agua. Emocionalmente, era como irse de vacaciones comparado con castrar terneros.

Una mañana en la que Jasmine nos estaba ayudando a Clyde y a mí en la sala de ordeño, saqué el tema de la limpieza en casa de Craig.

Clyde se detuvo, echó la cabeza hacia atrás y sonrió.

—¿Están limpiando la casa de Craig? ¿Cómo no me lo habías dicho?

No se lo había dicho porque pasaba el menor tiempo posible en casa y apenas hablaba cuando estaba con ellos.

—¡Es asqueroso! —exclamó Jasmine—. ¡Tiene la casa hecha un desastre!

Me preguntaba qué pensaría de los montones de excrementos de gato y los ratones muertos que decoraban los suelos de mi casa.

—Ah, pero es un buen tipo.

—Supongo —dije—. En realidad no hablamos nunca con él. Nos deja el dinero en la encimera de la cocina.

—Escuchen —dijo Clyde, poniéndonos un brazo por los hombros a cada una—, estoy seguro de que pagaría mucho más que diez dólares la hora si dos chicas bonitas como ustedes le ofrecieran por añadidura algo más especial.

Jasmine soltó un grito y luego una carcajada. Él Craig que conocíamos nunca haría algo de ese tipo.

—Eso es asqueroso —dije yo.

Me aparté del brazo de Clyde al tiempo que le colocaba las copas de ordeño a la vaca que estaba en la rampa. Jasmine seguía riéndose. Jamás sabría si Clyde hablaba en serio o no. Y yo no pensaba decírselo. Los sucios comentarios de Clyde me recordaban que no había transcurrido tanto tiempo de sus actos igualmente sucios. En realidad, los recuerdos eran como cicatrices en lo más profundo de mi cuerpo, verdugones internos que me acompañarían toda la vida.

UNOS POCOS DÍAS después, Cookie bajó a Oregón y compró metros y metros de tela para mi vestido de graduación. Llevaría un hombro descubierto y volantes, como una bailarina española. Pero en vez de rojo y negro, sería blanco y negro.

En la primera prueba, me quedé en ropa interior junto a la mesa del comedor donde estaba la máquina de coser mientras Cookie me ponía el vestido. El raso era tan suave y brillante que parecía que estuviera mojado. Mi madre no había terminado el dobladillo y todavía le faltaba colocar los volantes en la falda y el hombro, pero ya había ensamblado el cuerpo que se unía a la falda, le había puesto ya la cremallera y el escote estaba terminado.

La cremallera se trabó entre mis omóplatos. Cookie tiró de ella. Volvió a tirar.

—¡Mierda! —dijo.

—¿Qué pasa?

—¡Estos malditos hombros tuyos! ¡Pareces un jugador de fútbol! —contestó ella, sin dejar de tirar.

No había un gramo de grasa en mi cuerpo. No se me podía pellizcar en ningún sitio. Sin embargo, después de llevar trabajando en la granja desde los once años, tenía unos hombros tan anchos y fuertes como los de algunos chicos. Durante mi breve escapada a Nueva York, mis hermanas se habían quedado impresionadas con mis fuertes hombros y mis brazos torneados. Hicieron que me sintiera orgullosa de mi físico. No obstante, para mi madre era un defecto.

—¡Quítatelo! ¡Quítate esta mierda! —dijo, tirando de los dos lados de la cremallera hasta que el vestido se abrió.

—¡Mamá! —exclamé yo, intentando mantener el vestido intacto.

—¡QUE TE LO QUITES HE DICHO! —gritó ella, arrancándome brutalmente el vestido. Me dejé caer en el suelo mientras ella tiraba de la tela. Solo quería salir del vestido para escapar de sus garras furiosas.

Cuando por fin logré quitarme el vestido, Cookie lo cogió y me azotó con él. No me hacía daño, pero me preocupaba que rompiera lo que yo esperaba que fuera un vestido precioso. Le supliqué que conservara lo que ya había hecho.

—¿Conservarlo? ¿Estás bromeando?

Mi madre tiró el vestido hecho una bola en el fregadero de la cocina. Abrió los armarios y empezó a sacar recipientes y platos, y a dejarlos caer sobre la encimera o el suelo. Algunos se rompieron, otros sobrevivieron.

—¿Qué estás mirando?

Quería recuperar el vestido, pero sabía que si me acercaba, empeoraría la situación.

—Nada de esto es tu maldito asunto —dijo ella.

Saco una botella de ron y la volcó sobre el vestido. Ahogué un grito de espanto. Ella encendió una cerilla que estaba en la encimera y la echó sobre el vestido. Me preocupaba que agarrara la bola en llamas que ahora era el vestido y me la lanzara. Sin embargo, no lo hizo. Se quedó allí mirando cómo ardía. Yo me quedé detrás, observando también.

Al día siguiente, Cookie bajó a Oregón de nuevo y compró más tela. Cuando vio que aquel segundo vestido me quedaba demasiado suelto en las caderas, lo destruyó también. Esta vez lo hizo trizas.

Solo el tercer vestido que hizo no terminó destruido por sus manos furiosas. No obstante, se pasó todo el tiempo insultándome: por haber nacido, por ser una chica que quería un vestido, por ser una desagradecida, por tener la altura y los hombros de mi padre, por no merecer ni un milímetro de aquel vestido de raso.

El resultado final fue una maravilla. Cookie tenía talento con la aguja, como Paige. Sin embargo, yo hubiera sido más feliz limpiando más casas y comprándome un sencillo vestido rojo como el que Jasmine consiguió en Boise.

23

Salida de Perilous Peak

Durante mi último año en la escuela secundaria me eligieron secretaria de la asociación de estudiantes, me nombraron editora del anuario escolar, me uní al programa de apoyo a otros estudiantes llamado Natural Helpers Club (en el que, por irónico que pueda parecer en mi caso, recibíamos formación para ayudar a otros adolescentes que sufrían algún tipo de abuso o se encontraban en una situación de riesgo) y me nominaron princesa del baile de bienvenida. Sabía que ya había alcanzado el máximo de actividades que podía llevar a cabo sin dejar de trabajar en la granja, montar a Meeco y a Ghost, y escabullirme de noche para ir a ver a Gavin. La única manera de hacer más cosas sería dejar de dormir. Y ya dormía menos cada vez.

Y también bebía cada vez más. Yo siempre había formado parte de las fiestas de la Escuela Secundaria de Oakview, pero llegó un momento en que parecía que estuviéramos en una competición, luchando para ver quién llegaba a las finales. Había fiestas con cerveza de barril, competiciones a ver quién bebía más de una manguera unida a un embudo que alguien iba llenando de cerveza, concursos de beber tragos, bizcochos de chocolate con marihuana, anfetaminas y hongos alucinógenos. Yo no rechazaba nada. El alcohol y las drogas eran como una esponja gigante que lo borraba todo y suavizaba las aristas cortantes de mi vida. Anteriormente había hecho tantas cosas que implicaban un esfuerzo físico (participar en la rutina de las animadoras después de haber recibido tal paliza que sentía que el cuerpo entero me ardía cada vez que me movía; participar en las competiciones del programa 4-H y otras exhibiciones cuando sentía que me iba a romper con solo subirme al lomo de mis caballos; realizar las tareas de la granja cuando no podía ni levantar los brazos por encima de la cabeza, porque temía que Cookie me hubiera dislocado el hombro) que hacer cualquier actividad bajo los efectos del alcohol o las drogas me resultaba más fácil.

No sé a quién, pero a alguien del grupo se le ocurrió que podíamos inyectarles vodka a las naranjas con ayuda de una jeringuilla de la farmacia. Nos pasábamos el día comiendo naranjas. A mí me gustaba pelar la mía en la clase de matemáticas a primera hora e ir comiendo uno o dos gajos a lo largo de las demás clases. La suave embriaguez me acompañaba hasta que llegaba a casa y cogía un poco del alcohol que tenía escondido Cookie. Aunque mi madre, que era adicta por completo a las píldoras en ese momento, afirmaba que ya no bebía, en la casa había alcohol suficiente para estar de juerga todo el fin de semana.

La tarde después de Halloween, mientras todavía yo estaba con resaca de la noche anterior, entró Cookie en la sala de ordeño cuando Boone y yo trabajábamos. Las vacas empezaron a mugir y a removerse una vez que el humo del cigarrillo de mi madre flotó delante de sus caras.

—Boone, tengo que hablar un momento a solas con mi hija —dijo.

Ella tiró la colilla en el suelo de cemento y la espachurró con una reluciente bota roja que parecía totalmente fuera de lugar en la granja. Sentí un nudo en el estómago. Cookie parecía estar buscando pelea.

—Lo que tengas que decirle a Rosie se lo puedes decir delante de mí —replicó Boone.

Él no miró a mi madre siquiera; se limitó a acoplar las copas de ordeño a la siguiente vaca como si no le hubiera dicho nada. Yo me acerqué más a él para esconderme de ella.

—¡Sal ahora mismo de aquí! —ordenó Cookie.

Boone se detuvo un segundo y miró a mi madre de arriba abajo, tras lo cual se dio media vuelta y siguió con lo suyo.

—Camille, tengo un trabajo que hacer y no pienso detenerlo porque tengas que decirle algo a Rosanne.

Boone no tenía ni idea de lo que llevaba sucediendo todos esos años, pero desde luego que sabía sobre el genio que poseía mi madre. Y probablemente imaginaba que me pegaba un bofetón de vez en cuando, como les pasaba a todos los chicos de la zona.

—Pues estás despedido —dijo Cookie, sacándose el paquete de cigarrillos del escote y encendiendo otro.

—Trabajo para Clyde —respondió Boone—. Que venga él y me despida.

—Eres una maldita molestia, ¿lo sabías? —dijo ella, expulsando el humo—. ¡ROSANNE! —ladró.

—Estoy aquí —dije, asomando la cabeza desde detrás de Boone.

—Me ha dicho un pajarito que te pasas noche y día de fiesta como una borracha sin sesera.

Mi madre llevaba acusándome toda mi vida de ser cosas que no era, mientras que resultaban completamente ciertas con respecto a ella. A los ocho años me llamó prostituta por primera vez, cuando era ella la que se dedicaba a liarse cada noche con un hombre que conocía en algún bar y yo no me había enamorado por primera vez siquiera. Llevaba llamándome cerda y descuidada desde que llegamos a la granja de Clyde, pero era ella la que tenía cuarenta gatos dentro de la casa que se comportaban dentro del salón como si estuvieran al aire libre. Me llamaba vaga, pero ella se pasaba el día durmiendo, no tenía tareas que hacer por las tardes y jamás se había levantado en plena noche para hacer fardos de heno. Me llamaba estúpida, y aunque no creía que ella lo fuera en realidad, siempre que me lo decía, me preguntaba si sería lo que pensaba de sí misma.

Sin embargo, ahora me estaba acusando de ir por ahí como una «borracha sin sesera». Y por mucho que deseara que fuera aplicable a ella en vez de a mí, por primera vez no podía honestamente negar los cargos. Así que mentí.

—No estoy bebiendo.

Cookie rodeó a Boone para colocarse a mi otro lado.

—¿Ah, no? ¿Entonces por qué me acaban de llamar del colegio para decirme que te van a retirar de todos tus estúpidos clubes y actividades?

—¿Qué?

El nudo en el estómago era tan fuerte que sentí como si Cookie me hubiera dado una patada.

—Te das ínfulas de ser una princesa en ese colegio, pues será mejor que recapacites —dijo, dando una profunda calada—. Se acabó lo de ser animadora, el anuario, el equipo de apoyo del colegio o cualquier otra estupidez que hagas allí.

Cookie echó la ceniza en el suelo. Yo la vi caer y sentí que toda mi alma, todo mi ser caía al suelo también con ella. Sin la vía de escape de mis actividades extraescolares, mi vida en casa iba a pasar de brutal y deshumanizadora a profundamente brutal y deshumanizadora.

—Y Clyde va a quitarte la camioneta —prosiguió mi madre—. No nos has dejado otra opción. ¿No tienes nada que decir en tu defensa?

Yo negué con la cabeza. No tenía nada que decir en mi defensa ni en la de nadie. Guardé silencio y me encerré en mí misma para huir de lo que estaba ocurriendo a mi alrededor. Volvía a estar en aquella mecedora en la casa de acogida. Era la niñita separada de sus hermanos.

—Pues deja que te diga una cosa —dijo Cookie.

Ella se acercó un paso más con el cigarrillo preso entre sus dientes. Alargó la mano, me cogió del pelo de la nuca y empezó arrastrarme hacia el suelo de cemento, pero en ese momento Boone se dio la vuelta y agarró a Cookie por las muñecas hasta que me soltó.

—¡Ya basta! —gritó Boone.

Cookie escupió el cigarrillo en el suelo y se puso a gritar:

—¡Quítame tus malditas manos de encima!

—Vuelve adentro —le ordenó Boone, señalando hacia la casa—. Yo hablaré con Rosanne sobre el tema de beber.

—¡Vete a la mierda, estás despedido! —le espetó Cookie haciéndole un gesto obsceno con el dedo al tiempo que salía de la sala de ordeño.

Estaba tan agradecida con Boone por haberme defendido que temblaba de emoción. Quería abrazarlo, pero no era un hombre de abrazos.

Ninguno de los dos dijo nada en los siguientes minutos, hasta que Boone rompió el silencio.

—¿Has estado bebiendo?

—Sí —dije, avergonzada.

—A partir de ahora controlarás el asunto, ¿me has oído?

—Sí, lo prometo.

—Estoy orgulloso de ti, Rosanne. Eres como una hija para mí. Pero me ha decepcionado mucho que hayas estado bebiendo.

—Lo siento —dije, pestañeando para secarme las lágrimas.

Aquella noche me quedé mirando las píldoras cuando me tumbé en la cama. No se me ocurría ninguna otra salida: no tenía dinero ni manera de ganarlo, porque me habían quitado la camioneta y tenía que trabajar en la granja; tampoco tenía a alguien al que acudir legalmente, porque el alguacil era amigo de Clyde y el trabajador social del condado creía todo lo que le había dicho Cookie. Ni siquiera mis hermanas, que me amaban más que a nada, podían ayudarme si no querían arriesgarse a que les quitaran a sus propios hijos. Había decepcionado a Boone, y a mis profesores probablemente también. Y para colmo, la universidad, que para mí había sido el Gran Escape hacia el que había estado dirigiendo todos mis esfuerzos, se me antojaba imposible. Si Norm, a quien Cookie parecía querer, no podía permanecer en la universidad porque le habían robado el dinero de su préstamo, ¿cómo iba a conseguir yo uno?

Cogí el frasco de píldoras y lo agité. Luego lo abrí y volqué el contenido en la palma de la mano. Decidí que al día siguiente saldría a montar a mis caballos para despedirme de ellos. Y entonces le pondría fin a mi vida.

Antes de quedarme dormida, pensé en todas las personas a las que amaba: mis hermanas y Norm en primer lugar; Boone; Gavin; mis profesores y todas mis amigas del colegio, sobre todo Paige y Jasmine. En el tiempo que llevaba en Oakview ellas dos habían sido para mí las hermanas que me proporcionaban el amor y el apoyo que tanto ansiaba. Ellas me mantenían a flote y me ayudaban a llegar a la orilla cuando sentía que me ahogaba. Sin embargo, ahora era demasiado tarde para llegar hasta mí a nado. Era como un cerdo desangrado sumergido en las aguas termales.

Al darme la vuelta en la cama, vi las ropas tiradas en el suelo. Algunas eran de Paige y Jasmine. Tendría que ir un día más al colegio para devolvérselas. No podía dejar que su ropa se desintegrara bajo todos aquellos orines, excrementos y pelo de gato.

A PRIMERA HORA, Jasmine me dio una naranja con vodka. Yo le devolví el suéter de rayas azules y blancas que me había prestado. Paige se sentaba a mi otro lado. A ella le devolví la falda vaquera que se había hecho y las tres camisetas que nos habíamos intercambiado tantas veces que ya no sabía cuál era de quién.

Casi al final de la clase, Mindy Paletto, la profesora de educación especial, se asomó al salón y me pidió que saliera.

Yo me metí en la boca el resto de la naranja y la mastiqué rápidamente mientras guardaba mis cosas en la mochila estoicamente. No iba a volver a clase ni al colegio. Ellos podían quitarme todas las actividades que quisieran. A la hora de la cena ya no *existiría*.

La señorita Paletto y yo recorrimos en silencio el pasillo hasta su despacho. Era una mujer alta con el mismo pelo rizado de permanente y el flequillo corto que llevaban las chicas del colegio. Cuando entramos, nos esperaba adentro la señorita Linden, que era la entrenadora del equipo femenino de baloncesto y de voleibol, y mi profesora de psicología. La señorita Linden tenía el pelo corto y deportivo. Solía llevar en el rostro una enorme sonrisa, pero en ese momento no sonreía.

Me senté en la silla que estaba más cerca de la puerta. Pensé que en caso de necesidad, podría salir corriendo y ponerle fin a la reunión.

—¿Sabes por qué te hemos llamado, Rosanne? —preguntó la señorita Linden.

—Sí —dije yo, reclinándome en la silla.

Sentía la cabeza agradablemente mullida por efecto del vodka.

—No puedes ser una líder estudiantil y estar en el equipo de animadoras, el anuario... —comenzó la señorita Paletto.

—La asociación de estudiantes —añadió la señorita Linden.

—La asociación de estudiantes —repitió la señorita Paletto.

Yo me desplomé en mi asiento y terminé con tono aburrido:

—El equipo de apoyo del colegio, el de atletismo, el de baloncesto y la banda.

Me gustaban mucho esas dos profesoras, pero quería que aquello acabara cuanto antes. Ellas estaban a punto de quitarme mi vida y yo iba a terminar con lo poco que quedara de mí.

—Sí —dijo la señorita Paletto—. No puedes ser un modelo a seguir en todos esos cargos si haces tan malas elecciones en lo que se refiere al alcohol. Los alumnos más jóvenes se fijan en ti. Las elecciones que tú hagas pueden influir en ellos.

—Lo siento —masculle.

Miré el reloj de la pared y me acordé de que tenía gracia que no hubiera aprendido las horas hasta los once años.

—¿Tienes que ir a alguna parte? —preguntó la señorita Linden.

—No.

Llevábamos solo dos minutos hablando y yo ya había terminado. *Tiren del enchufe*, me daban ganas de gritar. *¡Conecten la silla eléctrica, dejen que caiga la cuchilla de la guillotina, disparen el rifle!*

—Ayer tuvimos una reunión todos los profesores y decidimos destituirte de todos tus cargos.

La señorita Linden ladeó la cabeza y trató de que la mirara a los ojos. Yo seguía mirando el reloj.

—No queremos hacerlo —dijo la señorita Paletto.

Yo me encogí de hombros.

—Rosanne, por favor. Queremos ayudarte —dijo la señorita Linden.

Yo me encogí de hombros otra vez.

—Nos preocupamos por ti. Dinos qué te está pasando, por qué sales tanto de fiesta, por qué quieres echarlo todo a perder —continuó la señorita Linden.

—Esto arruinará tus posibilidades de ir a la universidad —dijo la señorita Paletto. Estaba empezando a alzar la voz, parecía enfada y yo me sentía mal por ser la causante de ello.

—No tengo dinero para ir a la universidad de todos modos —mascullé.

—Hay muchas formas de obtener dinero para la universidad —explicó la señorita Linden—. Si nos cuentas a qué se debe esta actitud autodestructiva, por qué estás actuando de esta forma, tal vez podamos ayudarte. Y quizás podamos encontrar la manera de que conserves alguno de tus cargos.

Cerré los ojos.

—¿Ocurre algo en casa? —preguntó la señorita Paletto.

Yo no me moví.

—Rosanne —dijo la señorita Linden—. Abre los ojos. Mírame.

La miré.

—Cuéntanos qué es lo que ocurre en casa.

Las dos me miraron. Iba a acabar con mi vida y nadie conocía mi historia. Mis hermanas sabían la mayor parte, pero no todo. Norm solo sabía lo que había visto. Cookie no creía nada que no tuviera que ver con ella. Y Clyde, que conocía todos los horrores de la sala de ordeño y los campos, no tenía idea de lo que había vivido antes. La historia completa estaba únicamente dentro de mí y moriría conmigo. Sin embargo, quería que se supiera. Necesitaba creer que cuando yo no estuviera, quedaría al menos la verdadera historia de mi vida.

—Pasan muchas cosas en casa —dije.

Y las dos inspiraron profundamente y se echaron hacia atrás en sus asientos a fin de darme espacio para hablar. De modo que hablé. Les conté todo. Y lloré. Sé que se supone que los profesores no lloran en el colegio, porque les hace parecer poco profesionales, pero cuando vi lágrimas en sus ojos, comprendí que estaban de mi parte. Contarles mi historia me proporcionó un inmenso alivio. Sentía como si me hubieran quitado un gran peso de encima. Me había vaciado por completo, pero era un vacío reconfortante. Del mismo modo que siempre necesité que alguien viera mis logros para poder verlos por mí misma, me di cuenta de que necesitaba que alguien viera los abusos que había sufrido, no para poder verlos por mí misma, sino para poder verme como algo ajeno a ellos. Una persona a pesar de todo.

—¿Dónde están las píldoras que pensabas tomarte? —preguntó la señorita Linden.

—Junto a la cama.

Mi madre las veía muchas veces, pero no las quitaba de allí.

—¿Y si te sacamos de allí y te instalas en una habitación que tengo libre? —dijo la señorita Linden. Era el plan que mi hermana Camille había sugerido. La señorita Paletto asintió con la cabeza en señal de conformidad.

—Mi madre nunca lo permitirá —dije yo.

Por supuesto, a mí me encantaría. Vería a mis amigos y llevaría a cabo mis actividades, pero nunca vería a Cookie y Clyde.

—Teniendo en cuenta la alternativa, los pasos legales y la humillación pública que tendrán que enfrentar Clyde y ella si nos hacemos cargo de tu caso, tal vez esté dispuesta a permitirlo —dijo la señorita Paletto.

—¿Puedo llevarme a mis caballos?

Ellos eran lo único que iba a echar de menos de la granja.

—No, lo siento —dijo la señorita Linden—. Y también tendrás que dejar las fiestas.

—Puedo hacerlo —aseguré

Abandonar a mis caballos era lo único que me dolía de dejar a Cookie y a Clyde. Sin embargo, tenía que hacerlo. Mi vida dependía de ello.

Mientras la señorita Linden y la señorita Paletto iban a hablar con mi madre y Clyde, yo me quedé en el colegio trabajando sola en la sala del anuario. No quería ir al ensayo con las animadoras, por si acaso a Cookie se le ocurría aparecerse hecha una furia en el gimnasio y humillarme delante de todos. Aun así, me costaba trabajo concentrarme. No dejaba de mirar hacia la puerta, esperando a que mi madre entrara de un momento a otro y me agarrara del pelo.

Una hora después, apareció la señorita Linden. Me hizo una señal con los dos pulgares hacia arriba. Volvía a tener esa enorme sonrisa suya en el rostro. Corrí hacia ella y nos abrazamos.

—¿Qué ha ocurrido? —pregunté.

La señorita Linden se sentó a la mesa y yo frente a ella. Notaba que no quería decirme cómo habían sucedido las cosas.

—Ha sido extraño —dijo, sacudiendo la cabeza.

—¿Le ha gritado mi madre?

—No.

La señorita Linden me contó que la señorita Paletto y ella habían ido a la granja, pero solo estaba Clyde. Se habían quedado horrorizadas al ver la suciedad que había en la casa. Ninguna de las dos habló de nada con él, porque no era mi tutor legal, así que se fueron, pero prometieron volver por la tarde.

La señorita Linden dejó a su compañera en casa y fue a echar gasolina, y entonces se encontró allí con Cookie. La señorita Linden se bajó de la camioneta y mi madre salió corriendo hacia ella para pedirle ayuda con respecto a mí. Le dijo que yo era una delincuente juvenil, que me iba de fiestas todas las noches y no sabía qué hacer conmigo.

En vez de enfrentarse a ella, como originalmente había pensado hacer, la señorita Linden le propuso hacerse cargo de mí, explicándole que cubriría mis gastos de comida y estancia. Le propuso enderezarme y liberarla de la responsabilidad. Mi madre aceptó sin pensarlo y la señorita Linden la acompañó a la casa.

—Me sorprendió la rapidez con que recogió tu ropa —dijo la señorita Linden con gentileza, como si pensara que esto me podría doler—. Es decir, en menos de cinco minutos todas tus cosas estaban en bolsas de basura y las bolsas se hallaban en la parte de atrás de mi camioneta.

No me dolió como esperaba mi profesora. De todas las cosas que había hecho mi madre, aquella era la menos grave. No obstante, sí estaba confusa. ¿Iba mi madre a ceder con tanta facilidad? ¿Se había cansado de mí definitivamente? Es posible que Clyde y ella no quisieran pelear por retenerme porque ya no era tan esencial en la granja como antes. Ahora que mi hermano había vuelto de la universidad podía trabajar allí la jornada completa. Gran parte de lo que él hacía durante todo el día lo había estado haciendo yo después de clases durante años. Y tal vez Clyde se hubiera cansado de mí ahora que ya no me atrapaba en la sala de ordeño o los campos. Me parecía que era demasiado fácil para ser verdad.

La señorita Linden conducía despacio y con calma. Su casa era de lo más pintoresca, con flores en la parte delantera y postigos en las ventanas. Era una casa móvil, pero tenía un aspecto tan alegre y firme que tardé unos minutos en darme cuenta. Además, la misma estaba en una calle privada, no en un parque de casas móviles.

—¿Estás lista para hacer esto? —preguntó la señorita Linden.

—Totalmente —dije.

—¿Crees que podrás vivir aquí? —preguntó, mirando hacia la casa.

—¡Sí!

—A partir de ahora llámame Alaina —dijo.

—A partir de ahora llámame Rosie —repliqué yo, y las dos nos reímos.

—Antes te decía muy en serio lo del alcohol y las drogas. Y nada de chicos tampoco, lo siento.

—Yo también.

Es posible que Gavin hubiera sido para mí como una droga, una fantasía hermosa y multicolor, llena de humo. Lo amaba, pero estaba dispuesta a dejarlo.

Sacamos las bolsas de basura de la parte trasera de la camioneta de Alaina y las entramos.

La casa estaba limpia, y las sábanas de mi cama habían sido recién lavadas y planchadas. No podía dejar de pensar en lo extraño que resultaba que esa misma mañana al levantarme iba a ser el último día de mi vida. Y no solo seguía respirando, sino que había salido de la granja, conservaba todas mis actividades, no tenía que trabajar y nadie me iba a pegar.

Después de desempacar, fuimos a comprar comestibles y Alaina me permitió escoger cualquier cosa que quisiera. No podía decidir qué tipo de cereal me gustaba más, así que regresé a casa con tres cajas diferentes. Ninguna de ella era de arroz inflado.

DORMÍ HASTA LAS siete. Fue maravilloso. Y cuando entré en la cocina, Alaina estaba preparando café. Ella se encontraba sentada a la mesa de la cocina revisando lo que parecían documentos del colegio. Cerró el cuaderno en el que estaba tomando notas y me sonrió.

—¿Cereal?

—Sí.

—Están en la encimera.

Las tres cajas se hallaban alineadas sobre la encimera. Cogí los *Special K* y luego abrí varios armarios hasta dar con los tazones. Cuando eché la leche en uno, no había pelo de gato flotando. Era solo más que leche y cereales.

Me senté frente a ella. Alaina me dio un cuaderno de espiral. En la tapa aparecía *Zippy the Pinhead*, un personaje de una tira cómica popular en aquella época.

—¿Es para mí?

—Sí —contestó ella—. Es para que lo escribas todo.

—¿Que escriba qué? —pregunté.

—Todo lo que pienses, sientas, oigas, veas y recuerdes. Escríbelo todo. Yo nunca lo voy a abrir para leerlo. Este cuaderno será tu lugar sagrado, donde puedes decir todo lo que quieras.

—Va a ser un cuaderno triste.

—¡No, es para las cosas buenas también! Todos los recuerdos importantes que tengas de tus amigos y tu vida en el colegio.

Cogí el cuaderno, lo abrí por la primera página y me quedé mirando las rayas azules. Tenía mucho que decir. Sabía que lo llenaría.

24

Exorcismo

DESPERTAR CADA DÍA en casa de Alaina me parecía un milagro. Y al no tener que trabajar en la granja, no salir de fiesta, no ver a Gavin y, lamentablemente, no montar a mis caballos, me dedicaba por completo a mis estudios y actividades. Y también conseguí un empleo. Estaba trabajando de mesera en Beanie's Diner, donde todo era tan lento —los clientes, los cocineros, los cajeros— que en ocasiones sentía que yo era la única cosa viviente allí.

Debería haberme sentido aliviada y feliz, pero estaba tensa, en guardia. No podía creer que esta libertad no terminaría pronto. En clase no dejaba de mirar hacia la puerta cada pocos minutos, esperando que apareciera mi madre hecha una furia con su gran cabello, su gran voz y sus grandes uñas para llevarme a casa a rastras. Permanecía vigilante aun después de que Norm me asegurase, en una de sus llamadas telefónicas regulares, que Cookie estaba tan drogada que la mayoría de los días no se levantaba del sofá.

No me sorprendió que Cookie empezara a llamar a Alaina al colegio para pedirle que me mandara de vuelta a la granja. No obstante, sí me quedé asombrada de que no la llamara prostituta, zorra o estúpida, cualquiera de los calificativos que nos había dado a mí y a mis hermanas en el transcurso de los años. En cambio, según me contaba Alaina, Cookie era casi dulce en el teléfono. Le decía que me amaba y me extrañaba, y le preguntaba a Alaina si por favor podría llevarme de vuelta con ella. Incluso cuando afirmaba que había contratado a un abogado para que la ayudara a obtener la custodia permanente sobre mí, no gritaba. Esto demostraba la confusión mental que le estaban creando las píldoras. Mi madre jamás había perdido la custodia sobre mí. Simplemente había aceptado, mientras llenaba el depósito de su camioneta de gasolina sin plomo, que fuera a vivir con Alaina.

Alaina nunca parecía preocupada por el regreso, o el despertar, de Cookie. Sin embargo, yo no tenía la preparación mental para lidiar con mi madre. Y entonces recibí una larga carta de Gi, la persona más concienzuda de nuestra familia. Su riguroso análisis de mi situación, punto por punto, me tranquilizó más que nada. Gi hablaba con lógica: *Si esa mujer no puede pagar ni la factura del teléfono, cómo va a poder permitirse pagarle a un abogado.* Gi me daba su visión clara de las cosas: *Está decidida a controlar tu vida porque no es capaz de controlar la suya... ver que tienes amistades duraderas con tus compañeras de clase la carcome por dentro.* Gi me daba ánimos: *Eres una jovencita extremadamente fuerte e independiente... Ve a la universidad, si no tus posibilidades de futuro serán limitadas... sigue haciéndole frente... no cedas ni te rindas.* Y Gi me ofrecía amor: *Te quiero y pienso mucho en ti... Je t'aime, mia bambina.*

Armada con esta carta, empecé a creer que, como mis hermanas, pronto podría tener el control de mi propia vida.

Esa confianza flaqueó cuando Cookie llamó a Alaina y le dijo calmadamente que Clyde tenía una pistola y que ella le pediría que la utilizara para recuperarme. No teníamos idea de si Clyde sabía de este plan o era solo una amenaza vana de mi madre.

—¿Tiene una pistola? —me preguntó Alaina.

Volvíamos a casa del colegio en su camioneta. Ella se mordía el labio con nerviosismo. Y no dejaba de mirar por el espejo retrovisor como si nos siguieran. Era la primera vez que le afectaban las amenazas de Cookie.

—Todo granjero tiene un arma —contesté yo.

—Mierda —dijo Alaina y sonrió brevemente.

—Sí, mierda —dije, y las dos sonreímos.

A los pocos días, la nuestra había dejado de ser una relación entre una profesora y su alumna; Alaina era más como una madre para mí. Una madre que se interesaba por lo que me pasaba y cuidaba de mí.

—¿Tiene ese tipo de personalidad? ¿Sería capaz de presentarse con una pistola?

—No lo sé —respondí—. Lo he visto dispararles a unos pocos animales cojos. Pero no sé si le dispararía a una persona.

Y entonces pensé en todo lo que Clyde me había hecho, en la forma en que trababa mi cuerpo, mi mente y mi alma. Y añadí:

—¿Sabes qué? Creo que sí le dispararía a una persona. Creo que para él las personas no son personas. O al menos no las mujeres y las niñas.

—Sí. Creo que tienes razón —convino Alaina.

Al llegar, dimos una vuelta alrededor de la casa y cerramos bien todas las ventanas y las puertas. Corrimos también las cortinas para evitar que alguien pudiera estar espiando. Mientras yo preparaba pasta para la cena, Alaina hizo unas llamadas y recabó una lista de personas a las que podía recurrir en caso de que Cookie o Clyde aparecieran por allí. Se trataba de una operación encubierta, según me explicó. No podía decirle a nadie del colegio dónde iba a estar, para que nadie pudiera decírselo a mi madre o a Clyde.

—Las puertas de todos estos hogares están abiertas para ti las veinticuatro horas del día.

Nos sentamos a cenar y Alaina me pasó el papel por encima de la mesa. En la lista estaba la señorita Paletto y también otros profesores del colegio.

Puede que Clyde tuviera armas, pero yo contaba con la protección de un ejército.

EL DÍA QUE salí con el Club de Ayudadores Naturales de la Escuela Secundaria de Oakview para participar en un retiro en la montaña conseguí relajarme de una forma tan extraordinaria que me sentía extraña. Cookie y Clyde no sabían dónde me encontraba, por lo tanto, no podrían ir a buscarme. Estaba a salvo de todo lo que me había amenazado y lastimado desde el día que la trabajadora social de Nueva York nos llevó a Norm y a mí a la casa de los Callahan.

Alaina era la docente al mando, pero en vez de ir con ella en su camioneta, fui a la excursión en el autobús con mis amigas. Jasmine, que también pertenecía al club, llevó una radiocasetera y fuimos todo el camino escuchando música en las filas de atrás del autobús. Poder cantar con Jasmine, bailar en nuestros asientos, dar palmas y gritarle a los autos que pasaban por la ventanilla del autobús me hacía sentir como si me hubieran quitado los grilletes, totalmente liberada. Era la misma sensación que me proporcionaba el alcohol, solo que ahora estaba sobria. Cuando sonó «Whole Lotta Rosie», de AC/DC, Jasmine y yo soltamos un grito y nos pusimos a cantar a voz en cuello, bailando con tanto brío que parecía que se iba a volcar el autobús con nuestros movimientos. Aquello era la libertad verdadera. Y quería que perdurara siempre.

En el retiro, teníamos previstas actividades por la mañana, tiempo libre antes y después de comer, mesas redondas por la tarde, juegos para establecer vínculos y construir la confianza todos los días al atardecer, y reuniones en torno al fuego todas las noches en las que hablábamos de todo lo que habíamos pensado y aprendido durante el día. Yo había vivido en carne propia la mayoría de los temas que discutimos durante la semana: alcoholismo, drogas, enfermedades mentales, abandono, familias de acogida, separación de hermanos, malos tratos físicos y emocionales, abusos sexuales, humillaciones, vergüenzas y que no te creyeran al denunciar el delito. Los trastornos alimenticios eran lo único que no había vivido en persona. Me preguntaba si el hecho de haber pasado hambre y haber tenido que buscar la forma de comer desde tan temprana edad habría impedido que desarrollara algún tipo de trastorno alimenticio.

Casi al final del retiro, Jasmine y yo fuimos a montar en canoa. Estábamos remando tranquilamente, pero de pronto empezamos a jugar a que una se levantaba y agitaba la canoa mientras la otra gritaba. En un momento dado nos levantamos las dos, la canoa volcó y las dos terminamos en el agua helada. Por supuesto, aquello nos pareció muy gracioso y no paramos de reír mientras llevábamos la canoa a nado hasta la orilla y salíamos del agua. Las zapatillas chorreaban agua por todas partes y la ropa se nos pegaba al cuerpo. Nos quedamos en ropa interior y echamos a correr con la ropa hecha una bola en las manos hasta nuestra cabaña a fin de ponernos ropa seca.

Aquella noche, me desperté en mi litera con una sensación de calor que me atravesaba la columna. Jasmine estaba en la litera de arriba. A nuestro alrededor había dieciocho chicas más. Todas dormían. Alguna roncaba suavemente. Y fuera el viento agitaba una rama contra la ventana provocando un sonido sibilante, como cuando te mandan callar.

—Jasmine —susurré. Traté de golpear la parte inferior de su cama con el pie, pero el fuego que me recorría me hizo ahogar un grito de dolor—. ¡Jasmine!

Ella se inclinó por un lado de la cama y me miró.

—¿Qué?

—¡Ayúdame! —le pedí. Intenté levantarme, pero el fuego aumentó como si hubieran echado gasolina a las llamas—. No me puedo mover y me duele tanto que quiero gritar.

Jasmine bajó de un salto y salió a buscar a Alaina. Algunas chicas se despertaron y en cuestión de minutos todas me rodeaban preguntándose qué me ocurría y cómo podrían ayudar.

Cuando Alaina entró en la habitación, empecé a llorar. Le dije que nos habíamos caído al lago temprano ese día, y que tal vez el agua fría me había causado algo.

Mandaron a Jasmine a buscar ayuda y rápidamente llegaron otros profesores. Entre todos me llevaron con el mayor cuidado posible a la camioneta de Alaina. Me hice una bola en el asiento y apoyé la cabeza en el brazo. Decidieron llevarme al servicio de urgencias del hospital que estaba a una hora de camino.

Alaina condujo despacio por el camino de tierra lleno de baches que llevaba al lugar del retiro. Una vez en la carretera, pisó el acelerador y el sonido del auto cambió cuando este salió disparado.

—¿Estás bien? —me preguntó. Yo apenas podía levantar la cabeza para mirarla.

—Tal vez deberíamos volver y ver si se me pasa durmiendo —dije.

Me costaba articular cada palabra debido al dolor, pero la noche era tan silenciosa y oscura, que Alaina podría haber escuchado hasta mi respiración.

—No creo que se te pase durmiendo —comentó Alaina.

—A mi madre no le gusta que vaya al médico.

—Tu madre ya no está a cargo de ti.

Alaina guardó silencio por unos minutos.

—¿Por qué ella no quiere que vayas al médico?

Sabía por su tono de voz exageradamente calmado que estaba buscando explicaciones.

—No sé —contesté yo—. Probablemente tendría miedo de lo que pudieran averiguar cuando me revisaban.

—Ya veo —dijo Alaina, apretando los labios.

Parecía preocupada y me preocupó a mí también, aunque me resultara difícil sentir nada más que dolor.

—No tenemos que contárselo —dije.

—Sí. En el hospital diremos que soy tu madre.

—De acuerdo.

Me encantaba cómo sonaba eso. Incluso se me pasó un poco el dolor.

En el hospital, una enfermera me ayudó a ponerme un camisón azul para examinarme y luego me llevaron a la sala de rayos X.

Después de la radiografía, un doctor con unos profundos ojos negros y una enfermera con un cabello rizo que parecía que tuviera una gorra entraron y se colocaron a los lados de mi cama. Me habían dado una medicación para el dolor y se me empezaban a nublar los sentidos. Me pregunté dónde estaría Alaina y por qué no la habían hecho pasar a la habitación.

—Rosanne —dijo la enfermera—, el doctor Abrams ha examinado tu radiografía y ha visto daños en tu esqueleto que indican severos maltratos físicos.

Ella habló lentamente y con claridad, como si temiera que yo no comprendiera lo que decía.

—Tienes varias fisuras en las vértebras y dos costillas rotas —dijo el médico.

Yo me sentía extrañamente ajena a toda aquella información, tal vez porque no me sorprendía. Llevaba años padeciendo de malos tratos. Sin embargo, ahora vivía con Alaina, era libre de todo eso.

—¿Quién te ha hecho esto, Rosanne? —preguntó la enfermera.

Puse en práctica todo lo que en el grupo Ayudadores Naturales nos había enseñado a rechazar cuando dije:

—Mi caballo me tiró al suelo. Eso es todo.

La mentira fue una reacción instintiva. Aparte del día que le confesé todo a Alaina y a la señorita Paletto, mi vida había sido una mentira constante.

—¿Te tiró tu caballo? —preguntó la enfermera.

—Sí —contesté.

Tan pronto como lo dije, me pregunté por qué seguía manteniendo aquella mentira. Tal vez fueran los calmantes, el hecho de estar rodeada de desconocidos y que todavía no sabía hablar francamente sobre mi madre.

—Hemos visto unas marcas que parece cicatrices de muchos azotes en el trasero —dijo la enfermera con un tono más cortante. Diría que era una madre y no tenía mucha paciencia con las mentiras.

Yo me mantuve firme en mi versión, dejándome llevar por el instinto en vez de la lógica.

—Me caí sobre los cultivos. De ahí las marcas.

—Aquí estás en un lugar seguro —dijo la enfermera—. Puedes contarnos quién te ha hecho estas heridas.

Había escuchado por primera vez la frase *lugar seguro* en el retiro. Y ahora la enfermera estaba usando esas palabras en relación conmigo.

—No te haces una cicatriz así por caerte sobre un cultivo —dijo el médico.

—Si nos dices quién te ha hecho esto, podemos ponerle fin. Podemos ocuparnos del asunto.

La enfermera me miró, pestañeando muy rápido. Deseé que pudiéramos empezar de nuevo y decirle que habían sido Cookie y Clyde. Me costaba recordar que ahora era libre. Y resultaba difícil acostumbrarme a la idea de que ser libre significaba decir la verdad.

—Mi madre y mi padrastro han estado pegándome habitualmente. Pero la situación está solucionada ahora...

La enfermera cogió el teléfono, marcó un número y dijo:

—¡Que alguien detenga a la madre que está en la sala de espera antes de que se escape!

—¡Espere! ¡*Ella* no es mi madre!

La enfermera se puso el teléfono contra el pecho y me miró. Y justo como si hubiera sospechado lo que estaba pasando, Alaina abrió la puerta y entró.

—¿Y bien? ¿Qué le pasa?

—¿Es usted su madre? —preguntó el médico.

—Sí —dijo ella.

El rostro del médico se ensombreció al tiempo que se pegaba a mi cama. Me dio la sensación de que pretendía crear una barrera entre Alaina y yo.

—¡Ella no es mi madre! —exclamé.

—Señora, vamos a hablar afuera —dijo el médico.

—Les juro que no es mi madre —insistí.

Cerré mis ojos. Estaba adormilada por el efecto de la medicación. Casi hablando en sueños dije:

—Mi madre se llama Cookie... Camille... Calcaterra... Brooks... Hapner.

Casi una hora después, la enfermera me despertó y me ayudó a vestirme. Me daban el alta.

Al regreso del hospital, Alaina y yo nos reímos del malentendido.

—La pobre enfermera casi llora de alivio al entender que ya no estabas en esa casa —dijo Alaina—. Tardé media hora en convencerla de que ya me había ocupado de la situación. Si hubieran llamado a la policía, ahora estarías en el sistema de acogida de Boise, lejos del colegio, de tus amigos... —dijo, dejando el resto en suspenso.

—¿Dónde estaba ese tipo de personas cuando las necesité? —pregunté yo, y luego pestañeé y me volví a quedar dormida.

EL DOLOR SE me pasó con unos simples antiinflamatorios. Jamás había sentido un dolor tan fuerte, y siempre me pregunté si la razón por la que el dolor afloró de aquella manera cuando lo hizo fue porque podía hacerlo. Jamás pude permitirme sentir dolor antes. Siempre había más trabajo que hacer y más palizas que soportar. Tenía que ignorar el dolor o enmascararlo con alcohol y drogas. Solo pude sentirlo de verdad estando sobria y sin la amenaza constante de Cookie y Clyde.

O es posible que lo de aquella noche hubiera sido la liberación final de mi dolor. De todo mi dolor. El dolor infligido en tantas palizas, durante tantos años, por tantas personas. Mi exorcismo.

25

Libre

EN ENERO, COOKIE ya no llamaba casi a Alaina. Y cuando lo hacía, estaba tan drogada que casi no era capaz de hilvanar una frase sencilla, según Alaina me contaba. Al final, dejé escapar el aliento que llevaba conteniendo desde que me fuera de la casa el otoño anterior. Los pequeños placeres de vivir en casa de Alaina ahora resultaban para mí una delicia aún mayor. Sentía una especie de atolondramiento de felicidad cada vez que me llamaba alguna de mis hermanas y podía conversar libremente sin tener que tirar del cordón del teléfono para esconderme, hablar en clave o fingir que era otra persona la que llamaba. Y siempre que Norm pasaba a visitarme, no sentía la tensión nerviosa de cuando se aparecía en casa de mis amigas para darme algún mensaje de mi madre, como decirme que fuera a casa a darles de comer a las gallinas, o a ir a buscar un toro que se había extraviado, o a regresar porque había dejado los zapatos en el pasillo y mi madre se había golpeado un dedo con ellos al pasar y estaba esperando para zurrarme con el cinturón. Cuando mis amigas iban de visita, me maravillaba lo cómoda que me sentía sin tener que preocuparme de que mi madre borracha y drogada me avergonzara hablándoles a los gatos con aquella voz chillona medio infantil que empleaba con ellos. Y mi cuerpo se relajaba por completo al saber que nadie le iba a hacer comentarios sexuales a mis amigas como hacía Clyde con aquellas veladas referencias a nuestra juventud y belleza, las cuales en realidad dejaban entrever que era un pervertido.

En la serenidad de la casa de Alaina, me sentí tranquila cuando tuve que rellenar la solicitud para entrar en la Universidad Estatal de Idaho en Pocatello. Me sentía a salvo de las burlas de mi madre siempre que me atrevía a soñar con una vida más allá de la sala de ordeño. Gi y yo hablábamos por teléfono con frecuencia. Mientras que a ella le preocupaba la fecha límite de entrega de la solicitud, a mí me preocupaba más la redacción de las frases contenidas en mi carta de presentación. A Alaina no le preocupaba nada. Ella tenía una fe inquebrantable en mí y mis capacidades.

Aquella primavera, lo primero que hacía nada más llegar a casa del colegio era ir a mirar el buzón. Normalmente había alguna carta de Gi y facturas para Alaina. Las cartas me hacían feliz, pero no quería responder hasta tener noticias de Pocatello.

Y entonces un día recibí un sobre grueso. Lo sostuve en la mano sin poder apartar la vista de mi nombre. El corazón me latía a toda velocidad, como si tuviera un conejo atrapado dentro del pecho, instándome a que lo abriera. Saqué la carta y leí la palabra *¡Felicitaciones!*

—¡LO HE CONSEGUIDO! —grité.

Entré corriendo en casa. Quería llamar a mis hermanas y a Norm para contárselo. Y, sorprendentemente, también quería llamar a Cookie. Me di cuenta en ese momento de que a pesar de todo lo que me había hecho, a pesar de las palizas y los abusos, parte de mí seguía queriendo el amor y la aprobación de mi madre.

Cogí el teléfono y llamé a Alaina, que todavía estaba en el colegio. Ella gritó de contento y oí que le decía a la señorita Paletto:

—¡Rosie ha sido admitida en Pocatello!

Y de nuevo se dirigió a mí:

—¡Llama ahora mismo a tus hermanas! ¡No te preocupes por el costo de la llamada de larga distancia!

Llamé primero a Gi.

—¡MIA BAMBINA! ¡Qué orgullosa estoy de ti! —gritó.

Después llamé a Camille.

—¡FRANK! ¡FRANK! ¡ROSIE VA A IR A LA UNIVERSIDAD! —gritó.

Luego llamé a Cherie.

—¡Ay, demonios! ¡Lo sabía! ¡Lo sabía! —gritó.

Luego llamé a Norm.

—Es genial, Rosie, pero te voy a echar de menos —dijo.

—¿Se lo dirás a mamá y a Clyde?

—¿Quieres que se lo diga?

—Supongo. No sé por qué, pero quiero que lo sepan.

—Te robarán el dinero del préstamo para los estudios si se lo dices —comentó él, y los dos nos echamos a reír.

—¿Saben que nos encontramos en ocasiones? ¿Te preguntan alguna vez si me has visto?

—No —contestó él—. Ahora eres como Gi, Camille o Cherie. Fingen que nunca exististe.

—¡Vaya!

Empecé a sentir que me encerraba en mí misma una vez más.

—Sí, pero a quién rayos le importa lo que piensen —dijo Norm—. ¡Vas a ir a la universidad!

Y así sin más la alegría en la voz de mi hermano me devolvió a mi maravilloso día.

Aquella noche, tumbada sobre la cama, lloré de felicidad. La universidad siempre me pareció algo imposible, algo para niños ricos, chicos que contaban con la ayuda de sus padres a fin de estudiar para los exámenes de ingresos y les pagaban a profesores particulares de matemáticas. Cuando la señora Connors, la bibliotecaria de Caldwell, me dijo que me imaginaba en la universidad, me pareció que quedaba tan lejos que ni siquiera sabía si estaría viva para entonces. Pero allí estaba: viva, a salvo y feliz.

En junio, mis hermanas me enviaron dinero para la graduación. Junté ese dinero con lo que había ahorrado como mesera para comprarme un Mustang viejo y usado. Una vez que tuve el auto, experimenté todo un nuevo nivel de una independencia emocionante. Nadie podía impedirme ir a cualquier parte que deseara o hacer cualquier cosa que quisiera. Realmente era libre.

QUIEN DISFRUTA UNIÉNDOSE a todo tipo de grupos, lo hace siempre. Así que cuando llegué a Pocatello, me uní a una hermandad (Sigma Sigma Sigma), al comité de bienvenida, y durante mi segundo año audicioné y me eligieron para ser Benny el tigre de Bengala, la mascota de la universidad. Sabía que para entrar en el equipo de animadoras de la universidad eran necesarias unas habilidades gimnásticas que yo no tenía, pero no quería renunciar a la diversión de salir a dar saltos por el campo de juego en los partidos.

Mis hermanas me escribían a la universidad y me llamaban con frecuencia para ver cómo estaba. Me sentía como una adulta cuando hablaba con ellas. Seguía siendo la *bambina* de Gi, pero ya no era una bebé. Norm también se las ingeniaba para llamarme desde el teléfono de Cookie y Clyde. Una vez me llamó con un ataque de pánico, porque Paige Paisley había dicho por ahí que estaba intentando decidir entre alistarse en el ejército o casarse con Norm. Bromeaba en lo referente a Norm, pero el rumor se corrió tan rápido que la gente del pueblo no dejaba de felicitarlo por la futura boda cuando se lo encontraban por la calle. Las felicitaciones no cesaron hasta que Paige se alistó en el ejército y se marchó para comenzar el entrenamiento.

Lo más sorprendente de mi primer año en Pocatello fue que Cookie empezó a mandarme tarjetas y cartas. Me decía, con una impecable caligrafía inclinada de colegio católico, todas las cosas que había ansiado escuchar cuando vivía con ella: que me quería y estaba orgullosa de mí. Además me decía que esperaba que hubiera una manera de resolver las cosas entre las dos.

Alaina también me llamaba con frecuencia e incluso fue a visitarme unas cuantas veces. Me decía lo impresionada que estaba conmigo por lo mucho que me esforzaba realizando actividades entre las clases, atendiendo el buró de información de la asociación de estudiantes, y trabajando como mesera los fines de semana. Para mí, todo eso era divertido. Me encantaba hablar con las personas, y no consideraba ninguna de estas cosas como trabajo. Trabajar, en mi mente, era lo que había hecho en la granja antes y después de la escuela. Trabajar era salir a hacer fardos de heno a la una de la mañana en séptimo grado cuando al día siguiente tenía examen de historia estadounidense.

Aquel invierno, Cookie y Clyde vendieron la granja y se mudaron a dos horas de camino hacia el sur, a Prairie Valley, Idaho, donde Norm se les unió para vivir en una granja más pequeña. Alaina tenía la sospecha de que se habían ido por vergüenza. Todo el mundo sabía que yo había vivido con ella durante mi último año de colegio. Y al final, terminaron averiguando el porqué.

En cuanto a los cuarenta gatos, Cookie me contó en una carta que Clyde los había matado a todos menos a tres, ya que no había sitio suficiente para todos en la nueva casa.

Me imaginé a Clyde matando a los gatos y tirándolos al estercolero. No mostraba compasión alguna hacia los animales y siempre sonreía mostrando sus blancos dientes cuando echaba a algún animal muerto al pozo. A mí solo me preocupaban mis caballos. Más de una vez llamé a Norm para asegurarme de que Meeco y Ghost seguían vivos y que Cookie y Clyde no se estaban guardando el dinero que les enviaba cada mes para su cuidado. Le pedía a mi hermano que les acariciara el cuello y el hocico, y que les dijera que seguía queriéndolos mucho. Él gruñía y se quejaba cada vez que le daba el encargo, pero siempre me prometía que lo haría.

Al acabar mi primer año de universidad, después de nueve meses de leer cartas que mostraban los deseos de reconciliación de mi madre, acepté pasar el verano con ella en la nueva granja de Clyde. Alaina y Gi se mostraron firmes en su opinión de que no debía ir, pero ellas no habían estado recibiendo todas aquellas cartas de Cookie en las que me decía que *me quería* y *estaba orgullosa de mí*. Ellas no sabían lo sincera que parecía. Además, me había prometido que me pagaría por mi trabajo en la granja. Teniendo cubiertos los gastos de comida y estancia, podría ahorrar dinero para el año siguiente en Pocatello. Y lo que era aún más importante, vería a mi hermano y a mis caballos, a los que llevaba sin montar desde que me fui a vivir con Alaina.

Los primeros días fueron agradables. Ya no le temía a mi madre y me daba cuenta de que ella lo notaba, que sabía que si tan solo intentaba abofetearme, me largaría en mi auto. Clyde había dejado de ser una amenaza también. La idea de ser una «posesión» de los dos se había esfumado por completo. No me gustaba más que antes, pero ya no se me formaba un nudo en el estómago cuando entraba en la habitación. Sabía que yo era la única dueña de mi cuerpo. No él.

Norm parecía estar bien con Cookie y Clyde. Vivía y trabajaba en la granja, pero lo trataban como a un igual. Además, había hecho amistades en Prairie Valley.

Me encantó volver a ver a mis caballos. Meeco me seguía a todas partes, fiel como un perro, como si no hubiera pasado el tiempo. Ghost, con su enorme corpachón blanco y firme como una estatua, nos observaba desde el corral.

Una mañana, mientras ordeñaba a las vacas con Norm, le recordé nuestra intención de colgarnos de la viga entre los corrales de las vacas y los terneros.

—¿Todavía piensas en ello?

—¿Te refieres a que queríamos hacerlo?

—No, digo que si todavía piensas en suicidarte.

Mi hermano se quedó quieto un momento con la copa de ordeño en la mano. Una especie de corriente fría surgió en mi interior mientras sentía cierta preocupación por él. Hasta que dijo:

—No, ahora estoy bien. ¿Tú piensas todavía en suicidarte?

—No. Es una suerte que nunca lo hiciéramos.

—Sí, es una suerte —dijo, terminando de colocar las copas.

Jamás volvimos a tocar el tema.

Intenté hablarle a Cookie sobre la universidad, las clases, mis amigas, los trabajos que había hecho en clase y mi futuro como Benny el tigre de Bengala, pero ella no mostraba interés. Consciente solo a medias por todas las píldoras que se tomaba al día, prefería ver la televisión a hablar. Cuando le pregunté por su vida diaria y cómo eran las cosas en Prairie Valley, hizo un gesto desdeñoso con la mano, encendió un cigarrillo y dijo:

—Diferente pueblo, la misma mierda.

Después de una semana trabajando en la granja, saqué a relucir el tema del dinero. Estábamos cenando y Norm no se encontraba en casa. Cookie había hecho lasaña. Me encantaba la comida casera.

—¿Pagarte? —preguntó Clyde.

—Por mi trabajo. Habíamos acordado que me pagarían por trabajar aquí durante el verano.

—A ver, si restamos los gastos de comida y estancia, y los gastos de mantener a esos dos malditos caballos que debería haber matado de un tiro hace años, creo que aún nos deberías pagar tú un par de cientos de dólares al mes —dijo él.

—Pensé que no me cobrarían por vivir aquí —repliqué, mirando a mi madre.

—Mira, cariño —empezó a decir con los ojos medio cerrados de tan drogada. Un hilo de queso le colgaba de la barbilla—, sé que eso fue lo que hablamos, pero las cosas son muy difíciles ahora y no nos lo podemos permitir.

Sonrió y dejó el tenedor en la mesa, se sacó los cigarrillos del escote y encendió uno.

—¿Entonces quieren que trabaje aquí como he hecho todos los días *y que encima les pague?*

—No, no —dijo Cookie, echando la ceniza en la ensalada que no se había comido—. No te tendremos en cuenta lo que nos debes. ¿Verdad, Clyde?

—Supongo —contestó él, metiéndose un buen bocado de lasaña en la boca que le llenó los dos carrillos.

—Cariño —prosiguió Cookie—, es que ahora tenemos muchos problemas. Esperábamos que pudieras pedir otro préstamo de estudios y dárnoslo a nosotros para cancelar las deudas.

—Sí, claro, lo haré.

Ellos no solo habían acabado con la carrera académica de Norm, sino que su crédito había quedado arruinado cuando Cookie y Clyde se apropiaron de su préstamo para los estudios. Después de lo que le había sucedido a él, no tenía la menor intención de prestarles el dinero destinado a mis estudios. No obstante, si quería que mi estancia allí fuera pacífica, tendría que fingir que lo haría.

Me levanté de la mesa y empecé a fregar los platos. Clyde se fue a hacer cosas y Cookie se dirigió al sofá. Estaba fumando medio inconsciente delante del programa de los delincuentes más buscados de Norteamérica mientras yo limpiaba la cocina. Cuando terminé, me senté con ella en el sofá. No podía ver nada en la televisión. No podía escuchar nada. Parecía que me fuera a explotar la cabeza del zumbido que tenía dentro.

—Mamá —dije finalmente—. Me iban a pagar por mi trabajo, ¿recuerdas?

—Tienes comida y estancia gratis, ¿*recuerdas*? —dijo ella, sin apartar los ojos sin vida de la televisión.

—Soy tu hija. ¿Hablas de comida y estancia con tu propia hija?

Cookie se volvió hacia mí y me dijo muy despacio:

—Cariño, no vamos a cobrarte por la cama y la comida. Solo necesitamos el préstamo, ¿de acuerdo?

El zumbido terminó por estallar y luego todo fue silencio. Pude ver claramente y a la perfección mi vida pasada, mi vida actual y la vida que me aguardaba. Era como estar viendo una película en alta definición en una sala a oscuras. No había posibilidad de malinterpretar lo que estaba viendo. Y lo que veía era que mi madre solo quería reconciliarse conmigo para conseguir mi préstamo de estudios.

Me acordé de la carta que Gi me envió poco después de que me fuera a vivir con Alaina. La había leído tantas veces que casi me la había aprendido de memoria. *Sigue haciéndole frente... no cedas ni te rindas...*

Mis hermanas tenían razón, siempre la habían tenido. Mi madre no cambiaría nunca. Jamás me daría lo que yo deseaba o necesitaba de ella. Era hora de seguir adelante.

AL DÍA SIGUIENTE durante la cena, Cookie y Clyde me preguntaron si me habían dado el préstamo. Ya le había contado a Norm que iban detrás de mi dinero, y él sabía que yo no pensaba dárselo. Aun así, no fui capaz de mirar a mi hermano a los ojos cuando dije que el banco estaba trabajando en el asunto, lo que era mentira. Por supuesto que no había llamado a ningún banco. Había ido a una cabina telefónica a llamar a Alaina para pedirle que me buscara un lugar en el que pudieran encargarse de Meeco y Ghost. Alaina accedió, menos mal. Ella sabía que no podía hacer llamadas privadas desde casa con Cookie dando tumbos por allí constantemente. Si llegara a enterarse de que pensaba llevarme a los caballos, sería capaz de venderlos a una fábrica de comida para perros o de pegamentos. O tal vez les disparaba con la pistola de Clyde y los tiraba al estercolero solo para fastidiarme.

Continué como si tal cosa durante las siguientes dos semanas: trabajaba en la granja, limpiaba la casa, ayudaba a hacer la comida y montaba a caballo. No hablaba prácticamente con mi madre ni con Clyde, pero a ellos no parecía importarles tampoco. Al contrario, mi madre más bien sentía alivio porque dejara de intentar ser su amiga y arreglar las cosas entre nosotras. Parecía mucho más cómoda ahora que me llamaba otra vez zorra estúpida cuando cocía de más los guisantes, o cerda vaga cuando no me despertaba para ir a ordeñar. Habíamos retomado nuestros antiguos roles, aunque ahora nadie podía ponerme la mano encima.

Cada vez que Cookie salía de casa, algo inusual, o se quedaba inconsciente por haberse tomado muchas píldoras, lo cual era mucho menos inusual, yo rebuscaba en los armarios y el establo, donde mi madre almacenaba todo tipo de porquerías, en busca de algún recuerdo de mi antigua vida. Encontré fotos, premios de equitación, ramilletes de flores prensadas, tarjetas de mis hermanas y anuarios. Lo metí todo en una bolsa de basura que guardé en el maletero de mi Mustang. Me reí al pensar en las bolsas de basura en las que Cookie escondía las cosas que le robaba debajo del sofá de Jackie. Sin embargo, aquello era diferente. Yo no estaba robando. Estaba borrando mis huellas. Cuando me fuera de allí con todas mis cosas, lo único que le quedaría a mi madre de mí serían sus pensamientos.

Todas las noches, Cookie y Clyde me preguntaban durante la cena cómo iba el asunto del préstamo. Y todas las noches les decía que probablemente sería cuestión de un par de días más. Me inventé la historia de que el banco se cuestionaba para qué necesitaba otro préstamo en verano cuando estaba de vacaciones.

—Quieren asegurarse de que lo voy a usar para la matrícula.

—Sí, claro. Te lo devolveremos antes de que tengas que pagar la matrícula —dijo mi madre.

Seguí así mientras Alaina hallaba un buen hogar para caballos, que al final encontró en California. Tuve que aguantar un poco más hasta que llegara el remolque desde California hasta la granja de Cookie y Clyde para llevarse a mis caballos. Mientras tanto, pasaba todo el tiempo que podía con Meeco y Ghost. Los cepillaba a diario y les decía lo que había aprendido gracias a mis hermanas: que ni siquiera la distancia entre Nueva York e Idaho, o entre la tierra y la luna, podía destruir el poder del verdadero amor.

Se llevaron a los caballos una mañana a la hora del desayuno. Para ese entonces ya me había despedido de Norm y lo tenía todo guardado en el auto. Había cubierto con una manta las cosas de mi propiedad que había encontrado en la granja y que había metido en el asiento trasero para que Cookie no se diera cuenta.

Al despertar ese día tenía un nudo en el estómago. Y para las cinco de la mañana, cuando el remolque aún no había llegado, tenía ganas de vomitar. Norm se había ido de pesca con unos amigos. Clyde estaba en la sala de ordeño. Cookie, atiborrada de píldoras, estaba en la cocina golpeando un trozo de carne con un mazo de madera.

Yo pelaba patatas con un ojo en la ventana cuando llegó el remolque. Eché las cáscaras en el fregadero, solté las patatas en la encimera y salí corriendo.

—¿Qué demonios es eso? —preguntó Cookie.

—Me llevo a los caballos —dije, y salí de la casa a saludar al conductor, un hombre con toda la pinta de un vaquero auténtico con su sombrero y sus botas.

Aunque ya me había despedido de ellos a lo largo del día anterior, lloraba de pena cuando besé las aterciopeladas mejillas y acaricié los fuertes cuellos de mis caballos. Parecía como si Meeco pudiera sentir mi pena y me empujaba con la cabeza, como queriendo rodearme en un abrazo. Ghost permanecía tan estoico como siempre.

Cuando le entregué las riendas al vaquero, vi a Cookie asomada a la ventana de la cocina. Nuestras miradas se encontraron, pero ella me dio la espalda. Sabía que en su mundo distorsionado, la idea de que me llevara de allí a los caballos impidiéndole venderlos o matarlos era un triunfo para mí y una derrota para ella. Suponía que fingiría que no había pasado nada y así podría pensar que seguía siendo ella la que mandaba.

Tenía el dedo en la anilla del llavero mientras veía alejarse al remolque. Había pensado largarme a Pocatello sin decir una palabra, pero en vez de subirme al auto, me guardé las llaves en el bolsillo de los vaqueros y me dirigí a la sala de ordeño.

Clyde parecía viejo y ligeramente encogido. Se había ido quedando calvo con los años y sus ojos azules habían adoptado un tono gris turbio. Sin embargo, seguía teniendo unos dientes blancos como la leche.

—Clyde.

—¿Vienes a ayudar?

Le estaba colocando las copas de ordeño a la última vaca.

—No. Quiero decirte algo.

—¿Ah, sí?

Clyde se volvió hacia mí, con la mano apoyada en la barriga de la vaca. Sus piernas arqueadas parecían unos gigantescos paréntesis.

—Quiero decirte que me arruinaste la infancia...

—¿Qué?

Clyde avanzó unos cuantos pasos hacia mí y yo alcé la palma de la mano para detenerlo.

—Dices que eres un hombre religioso —continué, alzando la voz—, pero ninguna iglesia del mundo querría tener que ver nada contigo si supieran lo que me hiciste y lo que le hiciste a la hija de aquella viuda antes que a mí. Y quién sabe a cuántas otras chicas.

—Ay, Rosie, ¿pero qué demonios estás diciendo? —dijo.

Él extendió los brazos como para abrazarme. Yo retrocedí.

—No se te ocurra acercarte, Clyde. No puedes tocarme.

—¿Por qué dices esas cosas? —preguntó, mirándome con los ojos humedecidos—. Te acepté como si fueras mi hija. Te apoyé.

—¡No me vengas ahora con que no sabes de qué hablo! —exclamé, retrocediendo un paso más y mirándolo a los ojos velados.

—Fui un padre para ti —dijo él en voz baja.

Estaba envejeciendo ante mis ojos: contrayéndose, secándose como un trozo de cuero cuarteado.

—Abusaste sexualmente de mí desde que cumplí once años. Y luego empezaste a pegarme cuando los abusos sexuales terminaron.

Nada podía disminuir la fuerza que sentí al ser capaz de verbalizar exactamente lo que había sucedido.

—Te enseñé todo lo que sabes... —dijo él, señalando a la vaca que tenía delante.

—¡Me enseñaste cosas que nunca debería haber sabido, cosas que un niño no debería saber jamás! Eres un pedófilo. Deberías estar en la cárcel.

—No digas eso. No digas cosas que no sientes —dijo él, avanzando otro paso más hacia mí mientras yo retrocedía.

—Retiro lo dicho. La vida en la cárcel sería como estar de vacaciones en comparación con tu vida con Cookie. Te mereces cada miserable minuto de vida con ella.

Salí de la sala de ordeño envalentonada y caminé directo hacia la casa. Cookie estaba poniendo la mesa.

—A mí no me pongas cubiertos. Me voy.

—¿Y la cena? —dijo ella, abriendo el horno para mirar lo que había dentro. Tenía un cigarrillo sujeto en la comisura de los labios.

—Me voy para siempre.

—¿Te vas a vivir a otro sitio?

—No, mamá. Me marcho. Te dejo para siempre.

—¿Qué demonios estás diciendo, Rosanne? —dijo, sacándose el cigarrillo de la boca y echando la ceniza en el suelo—. ¿Cuál es tu maldito problema?

—Mi problema es que llevo esperando toda la vida a que me quieras. Y nunca lo has hecho.

—¡Te di la vida, carajo! —exclamó ella, poniéndose la mano en la inestable cadera.

—He tardado mucho tiempo en darme cuenta de lo que mis hermanas ya sabían. Pero ahora lo sé. Nunca me querrás.

—¡Lo que me faltaba, la zorra dándome un discurso!

Cookie tenía una sonrisa de superioridad en el rostro. Echó la cabeza hacia atrás y le dio una calada al cigarrillo como si estuviera viendo un espectáculo insoportable para ella.

—¿Sabes, mamá? Tenías cinco hijos maravillosos y jamás fuiste capaz de ver lo bueno, de sentir la alegría de tenerlos.

—Sí, sí —se mofó ella—. ¡Dime tú dónde está la alegría de criar a una zorra arrogante como tú!

—Piensa en todo el amor que te podríamos haber dado —dije—. Pero a ti el amor te daba igual, ¿verdad? A ti lo único que te gustaba y te gusta es la desgracia.

Cookie dejó escapar un sonido mitad carcajada y mitad bufido.

—¿Qué dices? ¿Ahora que estás en la universidad te crees que eres Rosie Sigmund Freud o qué?

Dio una profunda calada y una sonrisa de borracha, pero aun así malvada, apareció en su rostro.

—Me da pena pensar que te vayas a morir en esta horrible casa, con ese horrible hombre de dientes blancos, sin saber todo lo que te has perdido con tus hijos.

—¿Ya has terminado? —preguntó ella, saliéndole el humo por entre los labios mientras hablaba.

—Sí —dije yo, levantando las manos con resignación—. He terminado. Se acabó. No quiero saber nada más de ti.

Salí de la casa y me subí al auto. Mi madre no salió a buscarme. Y yo sabía que tampoco estaba mirando por la ventana. Pero yo sí me estaba viendo a mí misma. Allí estaba yo: adulta, fuerte y competente. Y dueña de mi propia vida.

Los neumáticos levantaron nubes de polvo cuando salí de allí. Casi no veía la granja en el espejo retrovisor.

Cuando salí a la carretera asfaltada, bajé la ventanilla e inhalé el que me pareció el aire más dulce del mundo. Me pasó por la cabeza sacar el puño por la ventanilla y gritar: *Estaba aquí, pero no me iba a quedar, y de todos modos, no me gustaba este lugar.* Sin embargo, luego lo pensé mejor: *No, no quiero saber nada más de eso tampoco.*

Epílogo

MIS TRES HIJOS entran y salen de la cocina mientras escribo esto. Lexi, a los quince años, es alta y con un pelo castaño que le cae en su espalda. Ella está enviando mensajes de texto en su teléfono celular y simultáneamente diciéndome que su papá, mi marido, y yo precisamos ir a su juego de baloncesto mañana por la noche. Esta es su mayor preocupación: que Bobby y yo lleguemos a su juego a tiempo. Lexi no sabe lo que es levantarse a las cinco y media de la mañana y realizar trabajos físicos antes de ir a la escuela. Ella no sabe lo que es estar aterrorizada en su propia casa.

Mi hijo de diez años de edad, Brody, está creciendo y come tanto que apenas puedo mantener comida suficiente en la casa. Pero lo intento. Me detengo en el supermercado la mayoría de los días después del trabajo. Cuando olvido algo, lo cual a menudo sucede, Bobby corre a la tienda de comestibles después del trabajo también. Brody puede comerse media caja de cereal en dos horas mientras juega un videojuego. Bebe leche directamente del cartón y deja pozuelos con los restos del cereal reblandecido en el fregadero. Cuando llegué a casa esta tarde, recogí una bolsa de Doritos de encima del sofá que Brody había dejado abandonada la noche anterior. Para mi hijo menor, una crisis de hambre tiene lugar cuando se ha acabado el cereal Cocoa Pebbles y tiene que recurrir al arroz inflado. Brody piensa que tiene hambre, pero él realmente no sabe lo que es estar hambriento, y así es como quiero que sea.

Mi hijo mayor, Daniel, le llama *Bobs* a Bobby. Bobby no es su padre biológico, pero Daniel no piensa en eso. A los diecisiete años, cuando no se encuentra en la escuela, está ocupado produciendo música en su ordenador o trabajando con Bobby en la fabricación de computadoras. Aunque también últimamente ha estado pasando mucho tiempo con su novia. Daniel se encuentra en la cocina ahora, sacando todo de la cesta de artículos electrónicos mientras busca un cargador. Levanto la vista y lo observo por un momento. Y luego me río. La cocina está algo desorganizada, un poco desordenada, pero no hay pelo de gatos decorando los platos; no hay excrementos de gatos secos o ratones disecados que patear debajo de la mesa; no hay humo de cigarrillo nebulizando el aire, ni cenizas por todas partes y colillas con el extremo embarrado de lápiz labial; no hay ira, ni furia, ni rabia. Daniel podría estar un poco molesto porque no es capaz de encontrar un cargador, pero su búsqueda en esta cocina desorganizada representa el contacto más cercano que puede tener su vida con el desorden y el caos.

Bobby acaba de regresar del trabajo. Lo oigo en la sala de estar hablando con Lexi y Brody. Pronto entrará en la cocina. Se inclinará sobre Daniel y tratará de besarlo mientras dice algo como: «¡Vamos! ¡Dame beso!». Daniel lo esquivará y se alejará de este hombre gigante que nunca usa su tamaño para nada más que dar amor. Una vez que Daniel se haya escapado, Bobby se inclinará sobre mí, encorvada ante la computadora, y me besará en la frente. Esperará a que lo mire y luego me besará en los labios. A Bobby le resulta fácil mostrar afecto. Y él prodiga esas dos cosas —el amor y el afecto— cada día de su vida. Por supuesto que peleamos a veces. Pero nunca ha habido violencia. Apenas si se han escuchado algunos gritos. Y la risa es algo que se experimenta todos los días.

Llegar aquí no fue fácil.

Durante mi segundo año en Pocatello, mi enfoque se volvió hacia adentro, estando dirigido a *no* ser como mi madre. Este no era un pensamiento que acudía a mi mente de vez en cuando, sino algo que permanecía latente todo el día. Estaba en mi cabeza continuamente. Cookie me perseguía como un fantasma que me observaba dondequiera que iba. No quería beber como mi madre, tener rabia como ella, endrogarme o salir con hombres como aquellos con los que ella salió.

Y aunque Cookie y Clyde estaban a unas seis horas en auto de distancia de mí, mi cuerpo no podía deshacerse del terror que había sentido. Cuando escuchaba un ruido fuerte, saltaba, esperando un correazo caer sobre mi trasero. Si obtenía una mala calificación o llegaba tres minutos tarde al trabajo, me estremecía con un miedo paralizante. En contra de toda lógica, en contra de lo que sabía que era cierto, mi piel, mi corazón y mis músculos esperaban que mis profesores, supervisores y jefes me golpearan por mis errores. Lo único que aliviaba este terror era el movimiento, la acción, las actividades que absorbían y utilizaban cada molécula de mi atención. Y así, empecé a hacer cada vez más cosas. Me ofrecí como voluntaria en varias organizaciones diferentes; enseñé aeróbicos; asistí a cada juego de la escuela, incluso si yo no estaba actuando como la mascota. Corría de una cosa a la otra tan rápidamente que no me daba tiempo de pensar. O de sentir. Con honestidad, creía que si me movía lo suficiente rápido, podría escapar del fantasma amenazador de Cookie.

Cuando vivir de manera vertiginosa no ayudó, la sobriedad absoluta, que había comenzado en la casa de Alaina, tuvo un final abrupto.

Comencé a beber. Probé algunas de las drogas que me ofrecieron. Saltaba de una relación breve a otra con hombres moralmente cuestionables. Hasta que dejé de saltar y permanecí con un hombre al que llamaré Jeff.

Jeff creía que tenía el derecho de disfrutar de la compañía de cualquier mujer con la que se encontrara. Y yo me sentía tan confundida y frenética, que dejé que este hombre se mudara a la casa móvil donde vivía.

Una tarde regresé a casa y encontré a Jeff y a otra mujer desnuda juntos en el sofá. La Cookie dentro de mí entró en erupción y brotó como una corriente de fuego. Yo era un soplete humano, gritando profanidades al igual que mi madre. Como si estuviera poseída, empecé a tirar cosas. Primero fueron los trastos del desayuno que estaban sobre la mesa de la cocina: un tazón de cereal embarrado de leche, un plato con migas de pan tostado, dos tazas con residuos de un café frío y beige. Jeff y su amante agacharon sus cabezas mientras trataban de vestirse bajo la granizada de vidrio y cerámica. Luego siguieron los platos del fregadero. Estaban sucios, húmedos y llenos de una capa pegajosa de comidas pasadas. Jeff y su amante, con los brazos cubriendo sus cabezas, corrieron bajo la lluvia de platos hacia la puerta. Y fue entonces cuando cogí la abultada bolsa de basura y la lancé hacia ellos. La bolsa se rompió y dejó un rastro de basura desparramada hasta más allá de la puerta abierta detrás de ellos.

Se habían ido, pero yo no había terminado. Abrí los armarios de la cocina y, aún gritando, tiré al suelo y rompí cada plato que poseía.

Luego todo quedó en silencio.

Me paré en la cocina, rodeada de platos rotos y basura, mi pecho subía y bajaba mientras jadeaba por aire. Mis rodillas colapsaron y me desplomé hasta el áspero piso. Me acurruqué sobre mi costado, con las rodillas dobladas hacia el pecho, y sollozaba casi tan fuerte como había estado gritando. Alguna cosa mala estaba sucediendo conmigo, pero se sentía como algo separado de mí. Como un virus que hubiera entrado a mi cuerpo. Quería deshacerme de ello.

Cuando finalmente me puse de pie, caminé directamente al centro de consejería de la escuela. Ese día, empecé la terapia con un terapeuta joven y amable.

Y no le dije casi nada.

Me quejé de mi novio, de los novios que había tenido antes de él, de las presiones en la escuela. Le dije: «¡No sé por qué hago tan malas decisiones en lo que respecta a los hombres!». No mencioné a Cookie y Clyde. No hablé de mi hermano y mis hermanas, ni de lo que habíamos pasado juntos. El consejero hizo lo mejor que pudo con la poca información que le suministré.

No puedo explicar por qué no le conté al terapeuta acerca de mi niñez y mi familia. Supongo que todavía no había entendido la conexión entre mi pasado y mi presente. Sí le conté mi historia a mi mejor amiga en la escuela, Kenda, incluso cosas que mis hermanas y mi hermano no sabían. Éramos de la misma edad, ambas proveníamos de pequeñas ciudades agrícolas de Idaho, y teníamos un pasado complicado. La confianza y la amistad de Kenda me salvaron, justo de la forma en que mis hermanas lo hicieron cuando vivía con ellas. El hecho de que pudiera ser auténtica y honesta con una persona me mantuvo a flote.

Cerca del final de mi segundo año empecé a ver a un hombre al que voy a llamarle Tony. Tenía diez años más que yo y parecía haber madurado y estar en control de su vida.

Estar con Tony era un reto, al igual que lo hubiera sido estar con cualquiera durante ese tiempo. Estaba ciega al caos y el daño que formaban parte de mi vida. Y Tony no fue alguien capaz de verme a través, o más allá, de mi historia de abuso. Comencé a perder la confianza que había obtenido por medio de mis actividades y logros. Cada día cuando iba a la escuela, sentía que todas las personas con las que me encontraba merecían estar allí, mientras que yo era una impostora. No me habría sorprendido si alguien de la administración de Pocatello se presentaba en una de mis clases y me sacaba a rastras por el pelo. A fin de compensar mis deficiencias imaginarias, empecé a ver a tutores. Nada más que una calificación de A podría demostrar mi valía. Y, como muchas mujeres, hice retroceder mis miedos e inseguridades hacia adentro, hacia mi propio cuerpo. Mientras que una vez me había sentido poderosa —lo suficiente fuerte para lanzar fardos de henos de veintisiete kilos a la parte trasera de una camioneta— en ese momento comencé a sentirme inadecuada, mal proporcionada, demasiado grande. Después de cenar cada noche, me excusaba e iba al baño, donde introducía mis dedos hasta la garganta para vomitar lo que había comido. Si había una grieta en mi confianza (y mi confianza era casi tan firme como la falla de San Andrés), cualquier desacuerdo o malentendido que tuviera con Tony hacía mella dentro de mí hasta que me quebraba en dos. Las inseguridades, los miedos y el caos con los que vivía me resultaban familiares. Eran lo que siempre había conocido. Y comprendí mi lugar en medio de esta situación; me sentía cómoda con ella. Con Kenda como mi única confidente, mis hermanas y mi hermano no sabían lo suficiente para alejarme de una relación que funcionaba mal. Y así, a los diecinueve años, me casé con Tony.

Durante mi primer año, cursé las clases de psicología y sociología. Mientras mis amigos se aburrían con las lecturas, haciendo bromas sobre el perro babeante de Pavlov, yo estaba fascinada. Releía las asignaciones. Subrayaba casi todo. Quería comprender a la naturaleza humana, la gente, los deseos, los impulsos. Y quería entenderme a mí misma, mis desencadenantes pavlovianos, por qué actuaba de la manera en que lo hacía. Sin embargo, me esforcé obstinadamente en ser todo lo que Tony esperaba que fuera. También trabajé duro en la escuela, fingiendo con mis nuevos amigos que era alguien sin un pasado complicado, una antigua animadora que creció con un par de caballos.

Varios meses después de nuestro matrimonio, Tony llegó a casa tarde una noche y se produjo una pelea. Al igual que la guerra sin cuartel que terminó conmigo sobre el piso de la cocina lleno de platos rotos, esta pelea también despertó a la Cookie en mí. Fue aterrador ver a mi madre reencarnada, en cierto sentido, a través de mí. Tenía miedo de mí misma, de mis propios impulsos. Especialmente del impulso que me llevó a casarme con alguien que hizo brotar todo aquello con lo que estaba luchando dentro de mí.

Falté a mis clases matutinas al día siguiente y fui directamente al centro de consejería. Allí me desplomé en un delirante estado de dolor. Sollocé e intenté explicar lo mejor que pude en medio de mi quebrantamiento lo que estaba sucediendo. No podía detener el torrente de emociones que sentía. No podía recomponerme lo suficiente como para levantarme e ir a mis clases. Para el final del día, me habían ingresado en un hospital siquiátrico donde permanecí por una semana.

No llamé a mis hermanas ni a Norm. Todos habían estado tan orgullosos de mí mientras progresaba en la escuela, que me preocupaba decepcionarlos. Además, me sentía avergonzada. Me parecía deplorable que después de todas las formas en que me habían apoyado, y lo que habían hecho por mí, yo echara todo a perder.

No me permitieron visitas en el hospital; incluso a mi esposo lo mantuvieron alejado. Cuando salí de allí, no fue a Tony a quien corrí a ver, sino a Kenda, la persona que podía apoyarme cuando me estaba sintiendo débil. Entonces quedó claro para mí que tenía que terminar mi matrimonio.

Mi vida ahora era diferente en muchos aspectos. Comencé a tomar medicamentos recetados (una mezcla que se ajustó durante los próximos años hasta que dimos con el cóctel correcto que todavía tomo hoy), y recibí un diagnóstico que apenas podía susurrarme a mí misma: yo era, *soy*, bipolar. Nadie que conociera había admitido padecer una enfermedad mental. Yo tenía veinte años de edad, y aunque vivía en Pocatello, aún poseía la sensibilidad que había desarrollado en Oakview, donde había trescientas sesenta personas que afirmaban todas estar cuerdas. Incluso nunca habían empleado otro término para referirse a mi madre, quien estaba mentalmente enferma de una manera obvia, que no fuera el de alcohólica. La palabra bipolar me aterrorizaba. Me avergonzaba. Pensaba que tenía que ocultar mi verdadero yo más que nunca. Así que no le conté a nadie sobre mi diagnóstico.

El psiquiatra del hospital me remitió a una terapeuta llamada Linda Barnier. Ella hizo todo lo posible para ayudarme a aceptar el diagnóstico y el tratamiento farmacológico sin sentir vergüenza. Me explicó que padecer del trastorno bipolar no era diferente a tener anemia o hipotiroidismo. Había deficiencias en mi composición química. Las píldoras ayudaron a equilibrar lo que fuera que faltaba. Personas de todo el mundo habían sufrido de un trastorno similar. O tal vez no lo sufrieron porque tomaban regularmente la medicación prescrita. Confié en las palabras de Linda y traté de ver el diagnóstico no como un fracaso de mi parte, sino simplemente como algo que solo había sucedido. Todavía hoy resulta difícil para mí admitir que padezco de trastorno bipolar. Sin embargo, tal vez al decirlo aquí y ahora pueda de una vez por todas deshacerme de la vergüenza de mi diagnóstico. La vergüenza de cualquier persona que enfrente un diagnóstico similar.

Con la dirección de Linda, fui capaz de ser sincera, exponiendo y examinando la verdad de mi vida. Juntas, hemos recorrido mi infancia, analizándola con tanta claridad como ha sido posible a fin de que yo pudiera entenderla mejor. Resultó fascinante ver mis acciones desde la distancia. Esto me permitió ser compasiva conmigo misma, dejando de asumir la culpa por los delitos de los otros. Yo era solo una niña que hizo lo mejor que pudo bajo las circunstancias en las que se hallaba.

Linda me animó a ir a Alcohólicos Anónimos. Lo hice. Y pronto asistí además al grupo Hijos Adultos de Alcohólicos. Y ya que todavía había un par de horas desocupadas en mi semana, también fui a Co-Dependientes Anónimos. Básicamente, si había doce pasos en el programa, tenía mi pie listo para dar el primero. Estos programas me permitieron comprender que el mundo está lleno de personas con historias dolorosas que no somos capaces de ver en sus rostros o de leer en sus cuerpos. Esto me ayudó a nunca juzgar a nadie como más afortunado o cabal que yo.

Uno nunca sabe lo que le ha sucedido a cualquier individuo antes del momento en que su vida converge con la nuestra. Y aun así, no sabes lo que está ocurriendo en su hogar, sus relaciones personales y su vida privada.

A pesar de los programas de doce pasos, los medicamentos y las terapias, Cookie continuó vibrando dentro de mí; ella era un fantasma estresante. Cuando le dije a Linda que todavía sentía a mi madre muy dentro de mí, y que continuaba luchando contra ella, me dijo: «Rosie, deja de enfocarte en quien *no* quieres ser y comienza a concentrarte en quien sí deseas ser». Este fue un consejo simple, lo sé, pero cambió todo. En lugar de que el fantasma de Cookie dictara cómo actué y dejé de hacerlo, comencé a considerarme solo a mí misma y lo que quería de mi vida. Y debido a que no puedo hacer nada a medias, comencé a hacer carteles visibles con palabras y frases recortadas de las revistas. Colgué los carteles en mis paredes y los observaba con detenimiento, leyéndolos una y otra vez y diciéndome a mí misma: *Esa soy yo, esa es quien yo soy.* Mientras permanecía sentada junto a los carteles, escribía en mi diario. O en varios diarios. Todo lo que sabía, pensaba y sentía. Todo lo que me había sucedido durante todo el tiempo que podía recordar. Y también comencé a hacer listas de gratitud que me ayudaron a acallar las voces cuando mi mente comenzaba a mencionar mis fracasos e inseguridades una y otra vez. Cada noche, enumeraba por lo menos diez cosas por las que estaba agradecida. Cuando una oleada de miedo o inseguridad me golpeaba durante una clase, escribía rápidamente por qué estaba agradecida en los márgenes de mis libros o las esquinas de mis cuadernos. Aún conservo todos mis diarios y he hojeado algunos buscando una lista de gratitud. Aquí está una del 18 de septiembre de 1994: *Estoy agradecida por ser una sobreviviente. Estoy agradecida por ser amada. Estoy agradecida por poder ir a la escuela. Estoy agradecida por tener una cama.*

Estoy agradecido por mi amistad con Kenda. Estoy agradecida por tener un traje. Estoy agradecida por tener un techo sobre mi cabeza. Estoy agradecida por tener a Murphy, mi gato. Estoy agradecida por tener un vehículo. Estoy agradecida por tener comida.

El gato ha muerto hace tiempo, pero sigo agradecida por todas esas cosas. (¡Kenda y yo todavía nos hablamos y nos vemos regularmente, y estoy muy agradecida de que actualmente tengo más de un traje que puedo usar para trabajar!) Incluso ahora, cuando me enfrento de lleno a un momento de frustración o enojo, a veces escribo una lista de gratitud. Las listas me traen tanto a un presente pacífico hoy como lo hacían cuando tenía veinte años.

Después de la universidad, continué mi trabajo como voluntaria y tuve algunos empleos pagados también, incluyendo un verano que me desempeñé como consejera en el programa Outward Bound. Con el tiempo, me mudé a Salt Lake City, Utah, donde trabajé en proyectos de desarrollo para una organización nacional sin fines de lucro. Rápidamente hice amigos, tuve una vida social y asistí a una iglesia cristiana donde me sentía cómoda.

En esa iglesia, conocí y me enamoré de un hombre al que llamaré Chip. A los cinco meses estaba embarazada de mi hijo Daniel. Y antes de que él naciera nos casamos. Ningún hijo quiere leer sobre la relación de sus padres, así que voy a pasar por alto esos detalles y pasar directamente al embarazo. Estaba aterrada. Aunque mis hermanas habían cuidado de mí de una manera maravillosa cuando pudieron, yo todavía no entendía lo que significaba ser madre. Sabía cómo amar; amaba a mis hermanas y a mi hermano. Sin embargo, no comprendía cómo amar a alguien de quien estabas a cargo, a alguien cuya vida se hallaba en tus manos.

Durante la mayor parte de ese embarazo, me quitaron la medicación y guardé reposo en cama. Sin embargo, aproveché bien el tiempo, poniendo todo mi esfuerzo y enfoque en mantenerme saludable para poder ser una bueno madre. Kenda y Chip dieron viajes regulares a la biblioteca por mí, trayéndome los libros para padres que había solicitado. Permanecí acostada en la cama y leí esos libros una y otra vez, siguiendo las palabras con mi dedo índice, susurrándolas como oraciones. Me visualicé haciendo las cosas que estaba leyendo. Imaginé al bebé, dulce y suave en mis brazos. Feliz, cálido y seguro.

Tan pronto como Daniel nació, una avalancha de amor brotó en mí. Era diferente a todo lo que había experimentado. Esto hizo que las acciones de Cookie, el tratamiento que les había dado a sus cinco hijos, resultaran todavía más horribles. ¿Cómo podría alguien hacer a un lado este torrente de amor y en cambio encaminarse al terror y la desgracia?

Después de un par de meses del nacimiento de Daniel fue muy evidente para mí que lo correcto que debía hacer por mi salud era separarme de Chip. Él se mudó y yo conseguí un trabajo en un restaurante italiano para mantenerme. Mi amiga en el restaurante, Wendy Linford, me presentó a su familia: su madre, Carolyn; su padre, Alan; su hermano, A. J.; y sus hermanas, Tiffany, Jennifer y Jessica. Tiffany se convirtió en mi niñera, pero establecí relaciones cercanas con todos en el hogar de Linford y pronto llegaron a convertirse en mi familia sustituta. Cuando estaba con Wendy, Tiffany, Jennifer y Jessica, era como si tuviera conmigo a mis hermanas (¡más una!). Ellas son mujeres increíbles y fuertes que ayudaron a cuidar de mí mientras aprendía cómo ser una nueva madre.

Mi mejor amigo en el trabajo era el hombre que pronto se convertiría en mi esposo, Bobby Maloney. Bobby era amable, considerado y cuatro años más joven que yo. Él no se parecía a ninguno de los hombres que yo había conocido en nada de lo que hizo ni nada de lo que dijo. Era una persona fácil de tratar y no exigía nada. No me criticaba. No me consideraba, ni a ninguna mujer que trataba, como algo a ser conquistado y controlado. Me sentía segura con Bobby de la misma manera que me sentía segura con los Linford.

Daniel creció rápidamente, al igual que mi amistad con Bobby. Habíamos estado saliendo juntos durante un año completo antes de que nos besáramos por primera vez. Fue un beso mágico, y me percaté entonces de que Bobby siempre había estado enamorado de mí; él estaba solo esperando a que me diera cuenta de ello. También pude comprobar que amaba a Daniel tanto como me amaba a mí.

Después de dos años de novios, quedé embarazada. En el mismo instante que supe que tendría una niña, mis miedos revivieron de nuevo. De inmediato fui a la biblioteca y tomé prestados todos los mismos libros que había leído antes, y agregué los pocos títulos nuevos que habían salido desde que había estado embarazada de Daniel. Me preguntaba si esa oleada de amor que sentía por Daniel no fluiría de mí cuando conociera a mi hija. Tal vez eso era lo que le había sucedido a Cookie, tal vez por eso podría ser más amable con Norm que con el resto de nosotras. Bobby fue paciente y cariñoso mientras leía y memorizaba los libros frenéticamente. Me aseguró una y otra vez que yo era una madre maravillosa y que él no dudaba de mí ni por un segundo.

Durante este embarazo, antes de que en realidad se me empezara a notar y antes de que tuviera, una vez más, que estar confinada a la cama para descansar, Cookie fue diagnosticada con cáncer terminal.

Conduje hasta la ciudad de Idaho donde Cookie y Clyde estaban viviendo en ese momento. Mi madre se encontraba en una cama de hospital en medio de la sala de estar. Había gatos merodeando cerca, pelo de gato por todas partes, excrementos de gato secándose en las esquinas de las habitaciones... lo usual. Cookie estaba delgada y la piel se le pegaba a los huesos como una sábana húmeda sobre las rocas. Ella tenía solamente cincuenta y siete años, pero parecía tener ochenta. Apenas le hablé a Clyde ese día mientras me senté junto a mi madre. Cookie estiró su mano y yo la sostuve. Estaba fría, pero era delicada, como si sostuviera una bolsa de dados pequeña y sedosa.

Cookie lloró a cada rato a lo largo del día.

—Realmente he estropeado mi vida —dijo.

—Sí —concordé.

—Realmente te jodí, ¿verdad? —dijo llorando mi madre.

—Todo está bien —repliqué—. Te perdono.

—Pero yo solo estaba... ¡Lo eché a perder todo! —dijo ella.

—Tú no sabías cómo ser mamá.

Me froté la barriga embarazada con mi mano libre. El ciclo de la vida de Cookie estaba llegando a su final allí mismo. La bebé dentro de mí, como Daniel, era un nuevo punto de partida.

—Lo siento mucho.

Cookie lloró y siguió pidiendo disculpas. Yo la perdoné todas las veces que ella dijo que lo sentía. No le aseguré que la amaba, porque sabía que no era cierto. Yo amaba a mi hijo, Daniel. Amaba a Bobby. Y amaba a la bebé que llevaba en secreto dentro de mí.

Esa tarde, dos hombres nativos estadounidenses se detuvieron a hacerle una visita. Al parecer mi madre —la supuesta gogó de Nueva York, la supuesta corista de las bandas en la década de 1960, la supuesta mormona, la dueña de Prismatic Fantasies— era ahora una nativa estadounidense. Una vez que mi madre supo que en la cultura nativa estadounidense no hay infierno, ella quería ser parte de estas personas. Cookie sabía tan bien como yo que si había un día de juicio y ella tenía que enfrentar a Dios, ni siquiera estaría haciendo una pausa en el limbo.

Me alojé en un hotel esa noche, ya que no podía soportar dormir bajo el mismo techo que Clyde. A la mañana siguiente me senté con mi madre otra vez por un par de horas. Ella sollozó cuando nos despedimos. Yo no derramé ni siquiera una lágrima.

Tres días más tarde, me desperté de súbito a las tres de la mañana. Me senté e hice una inhalación tan profunda que pude sentirla todo el camino hasta los dedos de mis pies. Había una hermosa ligereza dentro de mí, y supe que mi madre había muerto. Justo en ese momento, sonó el teléfono. Ni siquiera me asusté. Levanté el auricular. Era Clyde.

—Tu madre acaba de morir —dijo.

—Lo siento —repliqué, aunque quería decir *lo sé*.

—Era una buena mujer —dijo Clyde.

—Hummm.

Yo no iba a estar de acuerdo con eso.

—¿Puedes ayudarme a pagar el ataúd? —preguntó Clyde.

—No —le contesté.

—Es tu madre —replicó él.

—No me importa si la entierras en una caja de cartón.

—¡Ella dijo que la habías perdonado!

—Lo hice —aseguré—. Déjame saber cuándo es el funeral.

Colgué el teléfono. Bobby estaba despierto, con los ojos muy abiertos. Y me sonreía.

Daniel y Bobby fueron conmigo al funeral. Norm estaba allí, con el corazón destrozado de una forma que yo no entendía muy bien. Tres hombres nativos estadounidenses se encontraban presentes, uno de los cuales golpeó un tambor durante todo el servicio. Él estaba vestido con un traje típico y tenía una trenza larga con una pluma en ella.

Había también dos mujeres del templo mormón y algunas personas jóvenes que Norm explicó que eran de un «grupo de meditación y cánticos con cristal». Supongo que mi madre estaba cubriendo todas las bases. Ninguna de mis hermanas asistió y no las culpé. Si hubiera necesitado un billete de avión para llegar, tampoco habría ido.

El servicio se realizó en una habitación pequeña y lúgubre de la iglesia mormona. Uno de los hombres del grupo de meditación con cristal, que llevaba una camisa blanca con cuello Nehru, se paró en el frente de la habitación junto al ataúd de madera cerrado. Él habló por unos cuantos minutos sobre mi madre y cómo había llegado a conocerla durante su enfermedad. Luego nos presentó a mí y a Norm, y nos pidió que dijéramos unas palabras. Me levanté y miré hacia el grupo de alrededor de quince personas. Sam, el hijo de Jackie, sorprendentemente estaba presente. Los otros eran extraños, gente que probablemente solo había conocido a Cookie durante sus últimas semanas de vida.

—Estoy agradecida de que mi madre me dio a luz —empecé.

Miré fijamente los rostros de las personas mientras trataba de encontrar algo que decir, cualquier cosa. Ni una sola palabra salió de mi boca. Miré a Bobby; él extendió su mano hacia mí y yo la agarré. Y luego me senté.

Norm habló. Dijo cosas cariñosas y amables acerca de nuestra madre. Ella consiguió mucho más de lo que se merecía de mi generoso hermano.

Cuando Lexi nació, el torrente de amor se desbordó una vez más. Me sentí aliviada, llena de alegría, casi extasiada por la expansión de buenos sentimientos. Llamé a mis hermanas y Norm para contarles de la llegada de Lexi. Todo el mundo estaba emocionado, pero cuando colgué el teléfono, me di cuenta de que nos habíamos separado. Tal vez cada uno de nosotros intentaba demostrar que podía sobrevivir sin los demás. O tal vez todos estábamos tan sensibles por lo que habíamos pasado que no podíamos soportar los recuerdos que aflorarían solo al estar en contacto.

El diez siempre ha sido mi número favorito, por lo que el 10 de octubre de ese año, Bobby trató de sorprenderme con un viaje a Nevada para casarnos. Nuestra bebé Lexi y Daniel, de tres años de edad, se quedarían con la familia Linford.

Resultó que no había capillas abiertas las veinticuatro horas a lo largo del estado. Después de conducir todo el camino hasta Reno y regresar, Bobby y yo todavía no estábamos casados. No obstante, celebramos nuestro matrimonio a la semana siguiente en la sala de estar de un juez jubilado que encontramos a través de un amigo. Daniel estaba con su padre ese día, pero la bebé Lexi se encontraba con nosotros. Fue una ceremonia hermosa, cariñosa y auténtica. No hubo ninguna pompa, pero sí mucho amor.

Después del matrimonio, mientras me concentraba en mi familia, perdí todo contacto con mi hermano y mis hermanas. Habían sucedido muchas cosas en su ausencia, la más notable era el nacimiento de mi tercer hijo, Brody. No hubo dudas sobre mis habilidades maternas la tercera vez. Me sentí sana y fuerte, como si me hubiera convertido en la persona que siempre había querido ser, la persona que habría surgido antes si no se hubiera escondido detrás del miedo, el trauma y una vida sobrecargada. Con tres niños pequeños, estaba tan devotamente dedicada a la maternidad que era casi como si mi pasado no existiera.

Casi.

En el año 2009, empecé a sentir añoranza de nuevo por mis hermanas y mi hermano.

Me inscribí en Facebook y comencé a buscar a mi familia. Inmediatamente, encontré a Gi y le envié un mensaje, que conservo hasta este día.

Ni siquiera sé por dónde empezar... ¿Puedes perdonarme por estar tan alejada y desconectada de todo el mundo durante años? Siento mucho haberme perdido todas las cosas... En realidad los he extrañado a todos.

Gi me respondió: *No hay necesidad de pedir perdón por nada. Te eché de menos y he tenido un agujero en mi corazón por eso.* A medida que nos seguíamos escribiendo, mi hermana me contó que había estado rastreándome a través de blogs y publicaciones de las escuelas de mis hijos.

Tal como lo había hecho desde el día en que Cookie me trajo a casa del hospital como una recién nacida, mi hermana había estado cuidando de mí. No se había acercado porque pensaba que en ese momento era correcto que me mantuviera desconectada de la familia, a fin de que pudiera curarme y madurar por completo. Sin embargo, Gi nunca dejó de desempeñar el papel que ella misma se había asignado como mi protectora y guía.

Unas semanas más tarde, volé a Nueva York y por primera vez desde finales de la década de 1970 Cherie, Camille, Gi, Norm y yo nos reunimos en la misma casa. Esta vez no experimentamos la amenaza de que Cookie entrara, lista para golpearnos. No hubo temor de Clyde o cualquiera de los otros novios de Cookie. Nadie tenía hambre (¡en realidad, era todo lo contrario!). Y no hubo peleas. Todo lo que quedaba de nuestra infancia era la alegría que sentimos cuando estábamos juntos. Como cuando Gi solía organizar el concurso de talentos, o cuando Cherie me peinaba el cabello, o cuando Camille nos hacía bailar juntos, sentimos una felicidad que era imposible de reprimir.

TODAVÍA ESTOY EN la cocina, pero tengo que levantarme pronto y servir la carne que puse a asar a fuego lento esta mañana. Daniel ha encontrado el cargador y probablemente está ahora en su dormitorio hablando por teléfono con su novia. Puedo oír a Brody hablando con el televisor en la sala de estar. Está viendo un partido de fútbol. Mi equipo favorito, los New York Giants, está jugando. Bobby acabó de entrar. Él tomó los platos del armario y los colocó sobre la encimera. Eso significa una cosa: esta noche, cada uno se servirá y luego cenaremos en la sala de estar mientras observamos el partido.

Bobby se inclina hacia la puerta y grita: «¡Niños! ¡A comer!». Luego me mira y dice: «Cariño, hora de cenar. ¡Con los New York Giants!».

Antes de que pueda apagar la computadora, suena mi teléfono. Es Gi. Ella está en una tienda en Manhattan y quiere comprar un par de pantalones para Lexi. *¿Cuál es su talla?*, pregunta. Lexi entra en la cocina a fin de servirse su plato, y le doy el teléfono para que pueda conversar con su tía.

Desde que volvimos a conectarnos, mis hermanas, mi hermano y yo nunca nos hemos alejado. Al principio nadie hablaba del pasado, de lo que cada uno había soportado. Entonces Gi publicó sus memorias, *Grabada en la arena*, y la conversación comenzó. Ninguno de nosotros dejó atrás su infancia fácilmente o incluso en una sola pieza. Sin embargo, todos hemos estado tratando de recuperarnos desde entonces.

Juntos, nuestro mayor orgullo radica en los maravillosos y asombrosos hijos que estamos pastoreando a través de la vida. Estos chicos nunca serán víctimas de abusos, por algún medio o de alguna manera, a manos de mis hermanos y yo. Los cinco —con múltiples apellidos, pero un corazón común— estamos comprometidos a proteger y cuidar a todas las personas a nuestro cuidado, lo que nos incluye a cada uno de nosotros.

Mis hermanas y mi hermano siempre me cuidaron. Ahora, yo también los cuido. Somos campeones y animadores los unos de los otros, Por medio de mis hermanos aprendí cómo sobrevivir y amar. Una vez que me liberé de la carga insoportable de mi madre, un hermoso espacio se abrió y el amor que ya se había expandido hasta mi cuerpo lo llenó. Ahora, hay tanto amor dentro de mí que apenas puedo contenerlo todo.

Te quiero, Cherie. Te quiero, Camille. Te quiero, Gi. Te quiero, Norm. El camino puede haber sido largo, y a veces fue solitario, pero al final, estamos caminando por este camino juntos.

Agradecimientos

GRACIAS A MIS hijos, Daniel, Alexis y Brody, por darme una vida llena de alegría. No podría haber sido la madre que he sido sin el apoyo de mi esposo y mejor amigo, Bobby Maloney. Gracias por amarme en las buenas y en las malas.

Mientras pasaba incontables días y noches trabajando en este libro, el vínculo con mi increíble hermana Regina se ha hecho aun más fuerte. Estoy muy agradecida por todo lo que has hecho por mí; no hay nadie más con quien pudiera haber emprendido la difícil tarea de publicar esta historia.

Quiero darles las gracias a mi hermano y mis hermanas: a Camille por guiarme hacia arriba, hacia el cielo y hacia Dios; a Cherie por su amor eterno e incondicional; a Norm por ofrecerme amor y risas en momentos en que ambas cosas parecían imposibles.

Todo mi aprecio para nuestro brillante y diligente equipo editorial de HarperCollins, Lisa Sharkey, Amy Bendell y Alieza Schvimer, por su orientación, perspicacia y apoyo; y por darnos la oportunidad de contar esta historia.

Gracias a Jessica Blau por capturar la esencia de mi vida en la hermosa voz que tienes. ¡Te quiero!

Le estoy por siempre agradecida a Jenny Swenson y Carol Hill por salvarme el día que ha llegado a ser uno de los más importantes de mi vida. Gracias, Carol, por llevarme a tu casa y ayudarme a convertirme en quien soy hoy.

Mi amor y agradecimiento a Angela Young, Jessica, Jason y J.T. por mostrarme cómo una familia puede trabajar. Y el mismo amor y agradecimiento a Carolyn, Alan, Jessica, Tiffany, Jennifer y A. J. Linford por llevarme a su familia, donde aprendí cómo ser madre y amiga.

Mi mejor amiga, Kenda Baron, ha sido un apoyo invaluable a lo largo de los años, y por eso siempre le estaré agradecida.

Eighmie Reeder y Debra Dibble fueron luces brillantes en una infancia a menudo oscura. Las quiero a ambas y apreciaré por siempre nuestro tiempo juntas.

Gracias a Flavia Feliciano y a su familia, a los Toothmans, los Leonis, Kim Kretten, Koli Reed, Tina Sheffield, Janel Green, Shamona Spreadbuy,

Sarah Loaraine Phelps y Brad Bauer. Su buena voluntad está impresa para siempre en mi alma.

A Jim y Adrian Hust: gracias por su amor y amabilidad. Sé que me están sonriendo desde arriba. Siempre los querré a los dos.

Gracias a Linda Barnier, cuyas ideas terapéuticas cambiaron mi vida cuando más lo necesitaba.

Gracias a la Universidad Estatal de Idaho en Pocatello por proporcionarme los servicios de salud que necesitaba desesperadamente como estudiante. Dave Meyer, Susan Duncan y Julie Hillebrandt me proveyeron su amor y alegría durante mi tiempo en UEI también, y estoy igualmente agradecida con ellos.

Enormes gracias a mi familia de FirstDigital Telecom, especialmente a Alex Jackson y Wesley McDougal, quienes me dieron la libertad para escribir este libro sin censura. Ustedes han creado un ambiente de trabajo cálido, feliz y seguro que resulta raro en el mundo corporativo.

Los maestros, bibliotecarios, administradores escolares y trabajadores del servicio alimenticio de cada escuela y biblioteca que he visitado me sostuvieron en cuerpo, mente y alma. Estas personas son verdaderos héroes y debe reconocérseles más allá de las páginas de este libro. Quisiera agradecer en especial al señor VanOrder, la señora Anderson, la señora Nally, el señor Munden, el señor Wertz y la señora Lunsford.

Muchos síntomas de enfermedades mentales pueden comenzar a una edad temprana debido a experiencias adversas en la niñez. Estas experiencias pueden afectar las funciones del cuerpo y el cerebro. A los adultos y niños que sufren de enfermedades mentales, les ruego que busquen la ayuda de la Alianza Nacional de Enfermedades Mentales, los programas de doce pasos, consejeros, terapeutas, trabajadores sociales y miembros del clero. Estas personas *pueden* ayudarlos a tener poder y control sobre sus vidas. La salud mental es un problema nacional que afecta a la sociedad como un todo. Por favor, apoyen a los servicios de salud mental en su comunidad. Nadie elige la enfermedad mental. Juntos, debemos elegir ayudar a elevar el bienestar de aquellos en necesidad.

—Rosie Maloney

Rosie, aunque conocía de manera general lo que tuviste que soportar, saberlo con el grado de detalle necesario para comunicar tu historia resultó desgarrador y mucho más difícil de lo que pensé. Escuchar acerca de tu travesía y cómo te las arreglaste para continuar avanzando ha hecho que te admire todavía más. Quisiera poder borrar todos esos años y llenarlos de recuerdos felices, pero tristemente no puedo. Así que en cambio confiaste en mi capacidad para compartir tu extraordinaria, inspiradora y poderosa historia. Disfruta este viaje, y por favor siéntete segura de que esta vez no estarás caminando sola, porque yo estaré contigo a cada paso del camino.

Mi tremendo agradecimiento a mis hermanos, Cherie, Camille y Norman, por apoyar la publicación de otro libro sobre nuestra familia. He dependido de su confianza en mi habilidad para comunicar correctamente la historia de Rosie página tras página, mientras luchaba para compartir lo que ella soportaba.

A mi compañero, Todd, por tu amor, compromiso y paciencia, y a su familia por su entusiasmo implacable.

A Brezan, por aceptar con entusiasmo lo que escribí en esta historia durante el mismo tiempo que se hacía realidad. Ser tu mamá ha sido una de las bendiciones más grandes de mi vida.

Gracias por la incondicional amistad de Melanie McEvoy, Ed Moltzen y Reyne Macadaeg, y de todos mis otros queridos amigos, con quienes he caminado juntos a través de toda una vida de aventuras.

La senda a *Grabada en la arena* y *La niña inquebrantable* fue literalmente pavimentada por mi editora y querida amiga, Lisa Sharkey. Tu aliento ilimitado me ha cambiado la vida. Mi agradecimiento a nuestro equipo editorial en HarperCollins, especialmente a mi muy talentosa editora, Amy Bendell, y mi asistente de redacción, Alieza Schvimer, juntas seguimos impactando la vida de muchos.

Jessica Anya Blau, no solo le diste a Rosie tu poderosa voz, sino lo hiciste con mucha facilidad, gracia, sensibilidad y humor. Por todo lo que hiciste, te estoy eternamente agradecida.

Estoy emocionalmente en deuda con todos aquellos que apoyaron a Rosie y le proporcionaron refugios seguros a lo largo de su vida. Que las bendiciones que derramaron sobre ella les sean devueltas perpetuamente a ustedes y sus familias.

Mi tremenda gratitud a mi excepcional maestra de cuarto grado, Louise Muse, por salvaguardar un poema que escribí hace cuarenta años y devolvérmelo personalmente en el momento correcto.

A *Smithtown News*, cuyos archivos brindaron respuestas a preguntas que perduraron durante décadas.

Por último, deseo agradecerles a los lectores de *Grabada en la arena*. Ustedes no solo aceptaron mi historia, sino también respondieron a ella de manera proactiva. Desde la publicación de *Grabada en la arena* en agosto de 2013, los lectores se han convertido en padres de acogida temporales certificados y han adoptado a jóvenes de acogida ya mayores antes de que cumplan la edad en la que termina el cuidado temporal; han cambiado las reglas en los bancos de alimentos para que los niños que no están acompañados ahora tengan un acceso más fácil a la comida gratis; han trabajado voluntario como Defensores Especiales Designados por la Corte para darles una voz a los niños en los hogares de acogida; y han liderado un evento llamado #TeensGottaBelieve donde un chico de tercer año de secundaria empezó una conversación con sus compañeros y toda la comunidad sobre la mala situación de un joven de acogida en edad de salir del sistema y cómo cada niño en cuidado temporal merece una familia para siempre. Esta lista no es exhaustiva, solo constituye un pequeño pero poderoso ejemplo de cómo los lectores han respondido.

Los lectores también acogieron con entusiasmo el tema de mi libro de que «ningún niño es una causa perdida» y el concepto de que ellos pueden influir positivamente en los niños necesitados en ese momento del tiempo cuando estén delante de ellos. A los lectores jóvenes que se enfrentan a circunstancias similares a las que yo experimenté, el libro les ha dado esperanza. Esto último ha sido el mayor regalo de *Grabada en la arena*, y anticipo que será también el de *La niña inquebrantable*.

Porque todos tenemos que creer.

—REGINA CALCATERRA